EL DISCRETO ENCANTO DEL CAPITALISMO

VICENTE MARTÍN VALERO

EL DISCRETO ENCANTO DEL CAPITALISMO

ANÁLISIS CAUSAL DE LA GRAN RECESIÓN Y JUICIO MORAL DE LA ECONOMÍA DE MERCADO EN LA POSMODERNIDAD

PUBLICACIONS DE LA UNIVERSITAT D'ALACANT

Publicacions de la Universitat d'Alacant
03690 Sant Vicent del Raspeig
Publicaciones@ua.es
http://publicaciones.ua.es
Telèfon: 965903480

ISBN: 978-84-9717-492-3
Dipòsit legal: A 702-2016

Disseny de coberta: candela ink
Composició: Página Maestra (Miguel Ángel Sánchez Hernández)
Impressió i enquadernació: Guada Impresores

une
Unión de Editoriales
Universitarias Españolas
www.une.es
Esta editorial es miembro de la UNE, cosa que garantiza la difusión y comercialización nacional y internacional de sus publicaciones.

Dedico este ensayo:

a Nenilla, como siempre;

a mis hijos Vicente, Patricia y Carlos,
y a sus respectivos cónyuges;

a mis nietos, Carlota, Álvaro, María, Alejandra,
Nicolás, Lola, Carlos, Pablo, Patricia y Lucas,
sangre renovadora en tiempos de penumbra moral;

y a mi gran familia turolense-alicantina

ÍNDICE

Tercera parte
ÉTICA Y CAPITALISMO

Epílogo
ÚLTIMAS REFLEXIONES

PREFACIO

Cinco, siete años de aprendizaje [...] me capacitan (tal vez) para planear decorosamente este libro. Inútil agregar que la vida me prohíbe esa esperanza, y aun ese adverbio.

JORGE LUIS BORGES, *Avatares de la tortuga*, Discusión

Exageraba, como todo hombre indignado.

STENDHAL, *La cartuja de Parma*

Defiende una causa y por fortuna no es poeta: así puede seguírsele por todas partes, sin tener que protegerse de él.

ELIAS CANETTI, *Masa y poder*

Jamás dos hombres pensaron igual de una misma cosa, y es imposible que se den dos opiniones exactamente semejantes, no solo entre hombres distintos sino en el mismo hombre a distintas horas.

MICHEL DE MONTAIGNE, *Ensayos*, Libro III, capítulo XIII, "De la experiencia"

NUESTRA HIDRA DE LERNA

En este amanecer del tercer milenio, con la perspectiva que da el paso del tiempo, no podemos sino concluir que el aparentemente sano, fuerte y pujante sistema económico-financiero capitalista que la pasada centuria le legó a Occidente en heredad, se hallaba, en realidad, muy enfermo.

Sabiendo lo que hoy sabemos, no es un disparate el presumir que, al menos desde la década de los ochenta del siglo XX, una especie de infección viral había anidado en los órganos vitales del capitalismo. Pero lo cierto es que, aunque de vez en cuando había tenido trastornos de salud importantes, sus presuntos mecanismos adaptativos de autodefensa, así como las actuaciones más o menos acertadas de los bancos centrales y de otros organismos de control político, le permitieron, no solo recuperarse de sus achaques, sino salir aparentemente fortalecido y crecer de forma disparatada.

Los primeros síntomas graves de la dolencia afloraron durante el cuatrienio 2000-2003 (pinchazo de la burbuja tecnológica, quiebra de Enron y subsiguiente y devastadora avalancha de grandes escándalos financieros en Estados Unidos y en Europa). Pero ni los especialistas con conocimiento suficiente para conjeturar, ni los agentes con poder bastante para actuar, emitieron ninguna señal de alarma general. Así las cosas, la infección se fue extendiendo hasta que, a lo largo del bienio 2007-2008, la enfermedad se fue haciendo visible con toda su malignidad.

Ante la extrema gravedad de la situación, y para impedir que el sistema financiero colapsase, los Gobiernos y los organismos internacionales *ad hoc* (Banco Mundial y Fondo Monetario Internacional) tomaron medidas excepcionales, tanto ortodoxas como heterodoxas o simplemente ocurrentes. Pero no pudieron evitar que la economía occidental entrase en un período de recesión[1] generalizada.

Y en esta situación seguimos hoy en día (primavera del año de gracia 2016).

La salud de los diferentes subsistemas económicos nacionales no se ha deteriorado en Occidente en idéntica medida. Mientras que en Estados Unidos las cosas van mejorando muy lentamente, en la Unión Europea la situación general no es nada halagüeña. Y ello, sobre todo, en el caso concreto de un grupo de países de la zona euro, endeudados hasta las cejas, al que se denomina despectivamente con el acrónimo PIIGS[2] (Portugal, Irlanda, Italia, Grecia y España). Los Gobiernos de tales países (y de otros más pequeños) se ven forzados por la llamada troika[3], muy a su pesar, a adoptar políticas durísimas de recorte de gastos y de subida de impuestos, las cuales, al beneficiar a los más ricos, herir seriamente o cuasi destruir a las antes pujantes clases medias y empobrecer aún más a los que ya poco tenían, deja

1 Desde un punto de vista estrictamente técnico, «recesión» significa disminución importante, pero pasajera, de las actividades económicas en general (producción industrial, empleo, ingresos, comercio, crédito...). Se suele considerar que un país entra en recesión cuando su Producto Interior Bruto (PIB) cae (o, utilizando un oxímoron, tiene un «crecimiento negativo») durante dos trimestres consecutivos. Una recesión, normalmente, dura entre 6 y 18 meses. La «depresión» es algo mucho más grave. Se trata de una recesión severa y prolongada.

2 *PIGS*, en inglés, significa «cerdos». Inicialmente, los miembros del grupo solo eran cuatro: Portugal, Irlanda, Grecia y España (Spain). Pero, tras la incorporación de Italia al mismo, se le ha añadido a tan ominoso acrónimo otra I.

3 Una suerte de triunvirato constituido por la Comisión Europea (CE), el Banco Central Europeo (BCE) y el Fondo Monetario Internacional (FMI).

abiertas de par en par las puertas al descontento social, a la radicalización política, a los movimientos civiles violentos e, incluso, a la revuelta, si la cosa se prolonga mucho más.

Y, para más inri, también ahora se están debilitando las economías de los BRICS (Brasil, Rusia, India, China y Sudáfrica).

Para calificar situaciones tan degenerativas, declinantes y penosas, se suele decir que «estamos en crisis».

Pero la palabra «crisis» tiene, entre otras, dos acepciones fundamentales, a saber: «Mutación importante en el desarrollo de un proceso físico, histórico o espiritual»; y «Situación dificultosa y complicada»[4]. Por ello, para precisar, es necesario acompañarla de un adjetivo. Así, en economía se habla de crisis económicas, financieras, bancarias, bursátiles...; y, en el anchuroso campo de la historia, de crisis históricas. ¿Qué clase de crisis es la que nos aqueja?

A mediados de 2007 se dijo que en Estados Unidos y en países de la vieja Europa se habían desencadenado importantes crisis inmobiliarias, que afectaban gravemente a la banca especializada en la financiación del sector de la construcción y, también, a la banca de inversión. Pero, a partir de ese momento, los problemas se multiplicaron. A la crisis inmobiliaria, vinieron a sumarse casi de inmediato otras tres muy delicadas: la bursátil, las de liquidez y la financiera. Y, cuando en los distintos países sus cuatro crisis ya se manifestaban ceñidas en haz de forma inextricable, emergió una quinta crisis, la de la economía real, de ámbito cuasi mundial. Así pues, nuestra crisis es muchas crisis, pero sobre todo es cinco crisis... o mejor seis. Porque, para colmo de males, desde hace más de un siglo, los países de Occidente vivimos inmersos en una intensísima crisis histórica, que influye de forma inevitable y decisiva sobre las otras cinco.

A tan compleja y amedrentadora crisis sistémica[5], en la que ya llevamos más de ocho años empozados —y lo que te rondaré, morena—, muchos de los escritores que publicaron en 2010 la intitularon Gran Recesión, cosa que yo también voy a hacer en esta obra para no dar la nota. Pero tal denominación, dada la intensidad y duración de la pena que nos aflige, cambiará sin duda en el futuro. Desde un punto de vista puramente técnico, tal vez fuese

4 Diccionario de la lengua española. En lo que sigue, este tipo de citas textuales irán seguidas de las letras DLE entre paréntesis.

5 Se suele decir que estamos ante una *crisis sistémica* «cuando el sistema en su conjunto entra en crisis, esto es, cuando colapsa por incapacidad, traspasamiento de sus límites, o falta de instrumentos para resolver los problemas o desastres creados por su propia dinámica». *Cfr.* blog "Pensamiento Sistémico" de José Monzó Marco, http://jmonzo.blogspot.com.es/.

más acertado denominarla Segunda Gran Depresión, Gran Crisis Sistémica u otro título que se ajuste mejor a la cruda realidad de las cosas: nos encaminamos hacia una duración de dos dígitos. Y eso ocurrirá, quizá, cuando al analizarla abdiquemos de manías ideológicas y actuemos de forma más pragmática y ajustada a la cruda realidad de las cosas. Porque de Gran Recesión, nada; más bien estamos ante las consecuencias de un gran desenfreno, de una gran especulación, como a lo largo de esta obra iremos viendo.

Sea cual sea su nombre, lo cierto es que se trata de una especie de mitológica Hidra de Lerna, ese monstruo acuático con forma de serpiente de seis cabezas, las cuales expelían venenoso aliento. Cada vez que un valiente se atrevía a cercenarle una de ellas, le brotaban otras dos. Solo el gran héroe Heracles fue capaz de matar a tan espantoso engendro, cortándole de un tajo todas sus cabezas y cauterizando de inmediato los muñones.

Pero lo malo es que la era de los titanes solo perdura en la literatura. Ahora únicamente podemos contar con líderes, que, en general, lideran poco, aparte de exhibir una notable pobreza de ideas, bajeza de miras y tendencia a la corrupción; y con sabios, que en buena medida solo lo son presuntamente. No esperemos, pues, que aparezca ningún héroe capaz de matar a nuestra particular Hidra de Lerna, y librarnos así de angustias y quebrantos. Mucho me temo que tendremos que aguardar, con resignación y paciencia, a que acuda en nuestra ayuda «aquel fantoche tan habitual y tan desangelado —el azar», como dejó escrito Nietzsche[6].

NO SABEMOS LO QUE NOS PASA

La crisis sistémica que nos abruma es, ciertamente, una catástrofe de proporciones gigantescas.

Los optimistas antropológicos podrían pensar que no es para tanto, que, sencillamente, «nos han tocado, como a todos los hombres, malos tiempos en que vivir»[7]. Pero si echamos la vista atrás, comprobaremos que hay que remontarse, como poco, hasta la Gran Depresión de los años treinta del siglo XX, para encontrar un panorama tan desolador como el que contemplamos. Vivimos, pues, nos guste o no reconocerlo, una debacle económico-financiera de dimensiones históricas, sin vías de escape conocidas.

¿Cuáles son las causas que la desencadenaron? ¿Quiénes son los culpables últimos de tamaño desastre? ¿Sobrevivirá el capitalismo?

---

6 Friedrich Nietzsche, selección de aforismos realizada por Andrés Sánchez Pascual para Círculo de Lectores, *Humano, demasiado humano*, primera parte de la segunda parte, aforismo 200.

7 Jorge Luis Borges, *Obras completas*, Círculo de Lectores, 1992, Volumen II, *Otras inquisiciones, Nueva refutación del tiempo*, pág. 352.

No se dispone a la sazón de respuestas suficientemente convincentes —y mucho menos irrefutables y categóricas— a semejantes preguntas. Pero eso no quiere decir que no haya opiniones de todo tipo.

Hay quienes, tirando al alto, echan la culpa de todo al capitalismo depredador (que debería ser objeto de «refundación»), y, en concreto, a los mercados financieros (entendidos como patios de monipodio donde los especuladores campan por sus respetos, cual buitres carroñeros o vampiros sedientos de sangre).

Otros, más comedidos y menos ideologizados, le cargan el muerto a los sospechosos habituales, es decir: (i) a los máximos ejecutivos de la banca, tanto de la comercial como, de forma muy especial, de la de inversión; (ii) a los presidentes y altos funcionarios de los bancos centrales y de las instituciones reguladoras de los mercados; (iii) a las agencias de calificación de riesgos crediticios; (iv) a los analistas financieros; (v) a los equipos de asesores económicos de los políticos...

No son pocos quienes, por el contrario, consideran que las causas radicales de la crisis han sido, más bien: (i) el exceso de optimismo —y, también, de avaricia— de los agentes (Gobiernos, instituciones públicas, empresas, especuladores bien informados, pardillos...), que los llevó a endeudarse de forma enloquecida para ver hechos realidad, fácil y rápidamente, sus desquiciados sueños de grandeza política o de enriquecimiento colectivo y personal; (ii) nuestra más que limitada comprensión del funcionamiento de los mercados (una especie de caja negra cubierta con un velo); (iii) nuestra dificultad para percibir los riesgos graves; (iv) el papel decisivo del azar en los acontecimientos humanos; (v) los *animal spirits* keynesianos que anidan en lo más profundo de nuestro inconsciente...

Y no faltan especialistas que, para no decir barbaridades, prefieren callar; porque lo cierto es que, ante tan confusa y heterogénea mezcolanza de supuestas *causas* y de presuntos *culpables*, los propios conceptos de *causa* y de *culpa* quedan del todo difuminados, y resulta muy fácil extraviarse por caminos que llevan a la necedad, al disparate, al desatino, al error en suma.

No se trata de nada nuevo. Las catástrofes económico-financieras de carácter sistémico son, por su propia naturaleza, cuasi inescrutables. Los economistas más ilustres ni siquiera han llegado a un consenso sobre cuáles fueron las causas que desencadenaron la Gran Depresión que se inició en 1929[8]. Tampoco hay consenso sobre las causas del gravísimo *crash* bursátil de octubre de 1987. No basta, pues, el simple transcurso del tiempo —que

8 Fundamentalmente, compiten tres teorías explicativas: la monetarista, la keynesiana, y la de la Escuela Austriaca de economía.

atempera pasiones, diluye obsesiones y aumenta el juicio— para dilucidar asuntos tan confusos y controvertidos como estos.

Pero, ¿por qué no basta? Pues, sencillamente, porque, parafraseando a Winston Churchill, tan problemáticas conjeturas no son, al fin y al cabo, sino «acertijos metidos en un misterio dentro de un enigma»[9]. Y ¿cuál es en nuestro caso el enigma que envuelve al misterio? Pues, nada más y nada menos, que la profunda crisis histórica a la que más arriba he hecho referencia, tal vez la vivencia más imprevisible, compleja y desconcertante que un ser humano puede experimentar, aun sin ser plenamente consciente de ello.

En efecto, a comienzos de la pasada centuria, el hombre occidental emigró de su sistema de ideas y creencias y emprendió un nuevo éxodo hacia otro ámbito histórico, hacia otro modo de existencia. Vivimos, pues, el tránsito de la *modernidad* —un magno proyecto prematuramente fracasado— a una nueva era a la que se suele denominar *posmodernidad.*

No cabe duda de que por obra de la necesidad, el azar y la actividad del hombre, el mundo cambia; lo sabemos, como poco, desde Heráclito. Pero los cambios que nos ha tocado vivir no son progresivos y sin saltos bruscos, como viene siendo lo habitual a lo largo del decurso ordinario de la historia. Por el contrario, son discontinuos, drásticos, revolucionarios, y tanto en el campo del pensamiento como en el de la acción reina un gran desorden, se percibe un permanente y confuso fragor de mudanza. Y esto provoca en nosotros profundos sentimientos de irresolución, confusión, desconcierto y duda, es decir, de perplejidad en el más amplio sentido de la palabra, de esa perplejidad del alma que tan acertadamente simbolizan los ojos abiertos en pasmo de la lechuza que los griegos dieron a Atenea.

Caminando existencialmente, como lo hacemos, por tierras de penumbra, es del todo lógico que nos preguntemos angustiados: ¿Qué es lo que nos pasa? ¿Por qué nos pasa lo que nos pasa?

Nadie conoce las respuestas. Lo único que podemos afirmar es, como hizo José Ortega y Gasset en su obra *En torno a Galileo* —recopilación de unas lecciones sobre las crisis históricas, impartidas en 1933— que «lo que nos pasa es, precisamente, no saber lo que nos pasa»[10].

---

9 Curchill, en un discurso pronunciado en el Parlamento británico el 1 de octubre de 1939 dijo, en referencia a la imposibilidad de pronosticar lo que haría Rusia (declararle la guerra a Alemania o pactar con ella): «I cannot forecast to you the action of Russia. *It is a riddle wrapped in a mystery inside an enigma*: but perhaps there is a key. That key is Russian national interests.»

10 José Ortega y Gasset, *En torno a Galileo*, Espasa Calpe S. A., Colección Austral, 1965, pág. 132.

El reconocer con humildad que no sabemos ni entendemos lo que nos ocurre, en el sentido fuerte de los verbos «saber» y «entender», no implica en absoluto que debamos renunciar a la búsqueda de explicaciones razonables que calmen, al menos un poco, nuestra sed de conocimiento.

Y creo sinceramente que tal búsqueda es posible, aun admitiendo que nuestra capacidad de discernimiento está inevitablemente alterada por la circunstancia histórica en la que vivimos. Porque, dejando totalmente al margen tanto la extrema ideologización de las causas, como el prudente pero inane silencio sobre las mismas, cabe la posibilidad de estructurar, valga como metáfora matemática, una especie de máximo común divisor de los presuntos factores causales más evidentes de la crisis, tanto los que resultan fácilmente identificables por su cercanía, inmediatez y capacidad de individuación en instituciones o personas, como los que son de naturaleza germinal o radical, más etéreos por concernir al pensamiento de la época, a doctrinas de gestión, o a contingencias que emanan de la propia esencia del ser humano y de la circunstancia que lo envuelve. En este sentido, resulta factible el llevar a cabo una suerte de análisis causal estrictamente limitado a los factores comunes a distintas posiciones interpretativas realmente sustantivas —aunque sean incompletas, parciales y enfrentadas—, con su menor exponente de complejidad (es decir, sin entrar en excesivos detalles).

Por poner solo un ejemplo, no cabe duda alguna de que hubo —y sigue habiendo— entes indeseables a los que, si bien no se les puede acusar con pruebas irrefutables de haber provocado de forma directa el incendio que nos calcina, es decir, de ser los causantes primarios del mismo, sí cabe demostrar que contribuyeron decisivamente a atizarlo y propagarlo. Y no surgieron de la nada por ensalmo.

En efecto, algunos destacados personajes de los mundillos del pensamiento económico y de las finanzas, ya venían avisando desde hacía tiempo de que, en los mercados financieros, los agentes estaban jugando con fuego (con sofisticados productos de financiación estructurada y con derivados de crédito de alta complejidad) de forma imprudente y temeraria, y de que, en el momento más inesperado, se podía desencadenar una deflagración devastadora. En su día se les consideró pesimistas empecinados, aguafiestas de oficio. Hoy, la cruda realidad de lo ocurrido los ha promocionado a los altos rangos de gurús y de profetas.

Sí resulta, pues, posible identificar a los entes indeseables más obvios, y, en concreto, y para abrir boca: (i) a ciertas doctrinas de gestión erróneas, que fueron caldo de cultivo del mal comportamiento directivo; (ii) a personas jurídicas e instituciones públicas, en cuyo ámbito se llevaron a cabo prácticas contrarias a la profesionalidad y al decoro; y (iii) a altos ejecutivos corporativos y a funcionarios públicos, que perpetraron, alentaron o toleraron todo tipo de imprudencias, abusos y tropelías. Todos ellos son eslabones de una larga cadena causal, cuyo principio resulta muy arduo hallar. Pues si, como reza la sentencia del derecho romano, «*Causa causae est causa causati*» (La causa de la causa es causa del mal causado), nos vamos a topar, de forma inevitable, y en último término, con la índole del ser humano, con su conciencia moral; y, también, con la casualidad, con lo fortuito, con lo imprevisto, con el azar en suma.

Así las cosas, me he fijado tres objetivos muy ambiciosos, a saber: (i) realizar un análisis técnico causal de la monumental crisis en la que está empantanado el sistema capitalista occidental y, por contagio, aunque en muy diverso grado, el mundial; (ii) someter a crítica el paradigma económico aún prevalente, pero ya periclitado, y proponer uno nuevo y más acorde con la realidad; y (iii) elucubrar sobre la eticidad y futuro del capitalismo, dentro del marco de una civilización en profunda crisis histórica, la cual afecta tanto al pensamiento como a la acción del hombre. Se trata de tres grandes desafíos que se encadenan inexorablemente. Y lo hago con una exclusiva finalidad: que el lector perplejo, pero curioso, pueda llegar a entender sin demasiado esfuerzo lo que nos está pasando en el ámbito socioeconómico y sacar sus propias conclusiones.

Organización de la obra

Toda la obra tiene como escenario y telón de fondo a una gran nación, los Estados Unidos de América, personalizada en una ciudad fascinante, Nueva York, y en un mítico distrito, Wall Street, que es aún centro del microcosmos económico-financiero occidental y, por ende, mundial.

Para alcanzar los objetivos que me he fijado, he decidido estructurar mi discurso en una reflexión inicial (Preliminares) y cuatro partes.

A cada una de las partes la configuro dentro de un ambiente o marco de reflexión diferente: analítico-narrativo, la Primera parte (*¿Por qué nos pasa lo que nos pasa?*); económico-estadístico, la Segunda parte (*Explorando territorios nuevos*); socio-filosófico, la Tercera parte (*Ética y capitalismo*); y, expresivo-apelativo, el Epílogo (*Últimas reflexiones*).

Estas cuatro partes no son independientes, sino que están del todo correlacionados, por cuanto unas cosas se infieren de otras de forma secuencial, en un intento de construir una estructura explicativa única, pedagógica, persuasiva y razonablemente hilvanada sobre las cuestiones objeto de inquisición.

En Preliminares anticipo algunas cuestiones básicas, de las cuales el lector debe tener noticia antes de adentrarse en el corpus de la obra.

La Primera parte la estructuro en dos capítulos.

En el capítulo 1, me adentro en el proceloso mundo de las causas. Empiezo por hacer referencia a las presuntas causas oficiales de la crisis *subprime* y, en último término, de la Gran Recesión, analizadas desde un punto de vista político. Se trata de las causas incluidas en los informes emitidos por comisiones del Gobierno y del Congreso de Estados Unidos, de las cuales selecciono aquellas que considero realmente fundamentales, aportando información adicional para dar mi opinión sobre las mismas.

Y, en el capítulo 2, analizo las causas de la Gran Recesión desde un punto de vista holístico y muy personal. En concreto: (i) hago una diagnosis de la grave enfermedad que afecta a la totalidad de nuestro sistema económico-financiero, a la que denomino «enrolehmanosis»; (ii) diserto sobre la causa principal de dolencia tan grave, que no es otra que la que denomino «religión de lo inmediato», doctrina de gestión de la que han sido muy devotas seguidoras las élites de Wall Street; y, finalmente, (iii) analizo uno de los mandamientos más dañinos de tal religión, a saber, los sistemas de incentivación de los altos ejecutivos.

La Segunda parte la estructuro en tres capítulos.

En el capítulo 3, pongo en cuestión la totalidad del paradigma económico aún prevalente, que ya ha mostrado hasta el hartazgo sus errores y carencias. Para ello: (i) expongo las características fundamentales de la llamada síntesis neoclásica; (ii) demuestro que las finanzas no son gaussianas, como postula la teoría económica prevalente, y lo hago mediante un análisis estadístico de las fluctuaciones diarias de un índice clave de la bolsa neoyorquina a lo largo de un período de más de treinta años; (iii) describo la herética, incómoda y decisiva teoría financiera de Benoît Mandelbrot; y, finalmente, (iv) escudriño la volatilidad de los movimientos de los mercados, adentrándome en el corazón de la escabrosidad salvaje.

En el capítulo 4, doy noticia de las teorías económicas emergentes o «neoeconomías». En concreto me refiero a la «perspectiva Santa Fe», a la psicología cognitiva y a la economía conductual.

Y, en el capítulo 5, bosquejo un «nuevo paradigma», más ajustado a la realidad de la conducta humana y, por lo tanto, más apropiado para ayudarnos a explorar senderos nuevos que nos permitan salir del atolladero en el que estamos atascados.

La Tercera parte la estructuro en cuatro capítulos.

En el capítulo 6, hago algunas reflexiones sociológicas y filosóficas sobre lo que nos pasa. En concreto: (i) especulo sobre el fuste torcido de la naturaleza humana, así como sobre la coyunda entre el poder y la avaricia, que lleva inexorablemente a la corrupción; (ii) me refiero a nuestra sociedad nihilista, que banaliza la avaricia y el fraude y antepone el diosecillo Dinero a la moral; y (iii) me refiero a la ética en la era posmoderna o, mejor, en la era de la perplejidad.

En el capítulo 7, diserto sobre ese magno sistema socio-económico al que llamamos «capitalismo». En concreto especulo sobre su naturaleza y evolución a lo largo del tiempo y hago amplia referencia a las teorías clásicas del mismo.

En el capítulo 8 doy una respuesta a la gran pregunta que todos nos hemos formulado alguna vez: El capitalismo, ¿es moral? Y lo hago, por cuestiones pedagógicas, siguiendo el enfoque del filósofo André Comte-Sponville.

Y, finalmente, en el capítulo 9 abordo los muy delicados problemas de la justicia social y de la distribución de la riqueza.

Para concluir, en el Epílogo hago unas reflexiones muy personales sobre: (i) el funcionamiento de los mercados financieros de renta variable; (ii) la intervención del Estado en la economía; (iii) el futuro del capitalismo; y (iv) el final de esta gran crisis sistémica que nos ha sumido en una noche de descontento y miedo, cuyo amanecer no se avista.

A lo largo de la obra cito numerosos textos extraídos de obras literarias, filosóficas, religiosas y científicas, así como de informes de investigación de comités del Congreso de Estados Unidos (Cámara de Representantes y Senado) y, también, de trabajos académicos publicados en revistas especializadas. Y lo hago para contrastar, reforzar, enriquecer y, también, amenizar mi discurso[11].

Esta obra poliédrica no es un ensayo escrito por un economista de carrera u oficio. Pero, en absoluto, es un «ensayo errático o a lo que salga», como calificó Don Miguel de Unamuno a algunos de sus propios escritos volanderos que, por cierto, eran de gran calidad, como toda su obra. Es, más bien, un ensayo literario serio y muy trabajado, escrito por un ingeniero industrial, ensayo en el que se van encadenando reflexiones de carácter económico, con

11 Advertencia: Las citas que incorporo al propio texto general de la obra, las enmarco entre comillas españolas (« »), cosa que no hago con las citas separadas, por cuento son textos con visibilidad propia, dada su individualización (sangría a izquierda y derecha y menor tamaño de letra). En todos los textos que cito, pongo en letra cursiva (*K*) aquellos fragmentos (palabras, conjuntos de palabras o párrafos completos) que, por la razón que sea, considero oportuno enfatizar. Cuando una cita incluye fragmentos ya enfatizados en cursiva por el propio autor citado, hago distinción de los mismos enmarcándolos entre comillas inglesas (" ").

otras de naturaleza física (teorías de la complejidad), matemática (estadística), sociológica, histórica y filosófica (epistemología y ética). He hollado, pues, los anchurosos territorios de lo multidisciplinario y, parafraseando a Pierre Teilhard de Chardin en su celebrada obra *El fenómeno humano*[12], he podido comprobar que, tal como sucede con los meridianos a medida que se acercan al polo, disciplinas tan distintas como las más arriba citadas, convergen necesariamente al aproximarse a lo que cabría denominar el «todo social».

Ojalá encuentre el lector originalidad, seriedad, novedad y, sobre todo, utilidad en mi discurso, muy alejado de la teoría económica que aún defienden a machamartillo los académicos neoclásicos, teoría que ya doy por fenecida a efectos prácticos.

12 Teilhard de Chardin, sacerdote jesuita, filósofo y teólogo francés, intentó conciliar la doctrina católica con la teoría de la evolución. Realizó notables descubrimientos paleontológicos y geológicos. En su obra *El fenómeno humano*, publicada en castellano por Taurus Ediciones en 1965, dice en su "Advertencia" preliminar: «Tal como sucede con los meridianos a medida que se acercan al polo, la Ciencia, la Filosofía y la Religión convergen necesariamente al aproximarse al Todo. [Y ello] sin confundirse y sin cesar, hasta el fin, de asediar lo Real desde ángulos y en planos diferentes.»

PRELIMINARES

Antes de la peluca y la casaca / fueron los ríos, ríos arteriales...

PABLO NERUDA, *Canto general*,
"La lámpara en la Tierra"

Pero un día, [Sherman McCoy] en un arranque de euforia, después de haber descolgado el teléfono para aceptar un pedido de bonos que habían supuesto para él una comisión de 50.000 dólares, *así de sencillo*, aquellas palabras habían brotado en su mente. En Wall Street, él y unos pocos más, ¿cuántos?, trescientos, cuatrocientos, quinientos a lo sumo... se habían convertido [...] en Amos del Universo. ¡Sin limitación alguna!

TOM WOLFE, *La hoguera de las vanidades*

He leído repetidamente en diversos textos que los animales elaboran su «pensamiento» en el córtex, y que las criaturas que tienen mayor córtex son también más inteligentes: los seres humanos tenemos el mayor córtex, seguidos de los ejecutivos de la banca, los delfines y nuestros primos los monos.

NASSIM NICHOLAS TALEB, *El cisne negro*:
El impacto de lo altamente improbable

—Hay dos géneros de ilicitud —dijo Jeff Peters— que deberían ser reprimidos por la ley. Me refiero a la especulación al estilo de Wall Street y al robo.

O. HENRY, *Obras Selectas*, Tomo I,
El honrado tramposo, "El hombre que más valía"

Ruega, generoso, piadoso, orgulloso;
ruega casto, puro, celeste, animoso;
por nos intercede, suplica por nos,
pues casi ya estamos sin savia, sin brote,
sin alma, sin vida, sin luz, sin Quijote,
sin pies y sin alas, sin Sancho y sin Dios.

RUBÉN DARÍO, *Letanía de nuestro señor Don Quijote*

Érase una vez en América...

Tras un pavoroso período de medio siglo, que se inició en 1929 con la Gran Depresión, y se cerró en 1979 con la revolución del Irán y la segunda crisis petrolífera, en Estados Unidos se empezó a vivir una nueva era: la fascinante, turbulenta y enloquecida década de los ochenta.

Durante esta década, y por lo que hace al sistema financiero: (i) se creó el mercado de bonos basura gracias al talento y denodado empeño de Michael Robert Milken; (ii) se desarrolló el cuasi inexistente mercado de bonos hipotecarios bajo el liderazgo del banco de inversión Salomon Brothers; (iii) nutridos grupos de matemáticos y físicos —los *quants*— invadieron Wall Street para desarrollar sofisticados modelos matemáticos de evaluación de los riesgos crediticios; (iv) se conformó la llamada *financiación estructurada*; y (v) se produjo el mayor crac bursátil de la historia (el 19 de octubre de 1987 —recordado como el «lunes negro»—).

En época tan dislocada convivieron de consuno innovaciones financieras sumamente peligrosas, pautas de gestión degeneradas y conductas corporativas inmorales y delictivas.

Fue una era dominada por los tiburones financieros —tan certeramente retratados en la película *Wall Street* de Oliver Stone y en la novela *La hoguera de las vanidades* de Tom Wolfe—. Uno de los más destacados especialistas del tiburoneo fue Ivan Boesky, conocido en Wall Street como el «rey de los arbitradores». Boesky inspiró el papel de Gordon Gekko en la película citada. En concreto, el discurso que Gekko pronuncia en una junta general de accionistas, elogiando la codicia como motor de los negocios[1], está basado en parte en un discurso que Boesky pronunció en 1986 en la Universidad de California (Berkeley), en el que llegó a decir algo así como: «Pienso que la avaricia es saludable. Puedes ser avaro y todavía sentirte bien contigo mismo».

«La avaricia es buena» fue una sentencia que circuló profusamente por los *campus* de la mayoría de las grandes escuelas de negocios estadounidenses durante el período 1980-2000.

En un ambiente tan propicio al enriquecimiento, se desquició la sempiterna avaricia de las élites directivas, a las que se les habían abierto de par en par las puertas a la desmesura. Y comenzó el imperio de la primera generación de «amos del universo».

1 *«Greed, for lack of a better word, is good»* (La codicia, a falta de palabra mejor, es buena). Gordon Gekko, con su lapidaria frase —siguiendo a Boesky— se convirtió en un símbolo de la cultura popular de codicia desenfrenada.

En estos Preliminares no pretendo contar la historia de la Gran Recesión; ya se han publicado numerosas obras que la narran[2], y mis objetivos han quedado muy claros en el Prefacio.

Pero, si bien no voy a contar historias, lo que sí voy a hacer, por motivos estrictamente pedagógicos, es una conjetural «historia gráfica» de los mercados bursátiles.

También considero necesario dar cuenta, de forma muy escueta, de la financiación estructurada, algunos de cuyos productos más sofisticados, utilizados de forma impropia, casi hicieron volar por los aires en 2008 el sistema financiero occidental. Estas reflexiones previas ayudarán al lector a entender por qué nos encontramos donde nos encontramos.

Una historia gráfica (1980-2016)

Voy a mostrar unos gráficos que vienen a representar, de forma puramente alegórica pero muy expresiva, las vicisitudes de euforia y desencanto, de alegría y tristeza, de valentía y miedo, de ganancia y pérdida, de riqueza y pobreza, que han experimentado durante los últimos treinta y cinco años los ciudadanos de Occidente.

Los gráficos I.1A, I.1B, I.2A, I.2B, I.3A y I.3B muestran la evolución de los índices bursátiles Dow Jones Industrial Average (DJIA), Standard & Poor's 500 (S&P 500 o SPX) y Nasdaq 100 a lo largo del período 1980-2016. Se trata de los índices bursátiles más representativos de las dos bolsas de valores de renta variable mayores del mundo, ambas neoyorquinas: el NYSE y el NASDAQ[3].

Pero, ¿qué tienen que ver estos gráficos con las vicisitudes que acabo de encadenar? Pues, ciertamente, mucho —hablando en términos alegóricos, por supuesto—. Y ello porque el inaprensible e inconmensurable curso de las contingencias humanas citadas guarda mucha relación con la turbulenta evolución de los mercados, en los que se cuece, en último término, el éxito y el fracaso de los inversores e, indirectamente, de todo el mundo.

2 *Cfr.*, por ejemplo, Andrew Ross Sorkin, *Too Big to Fail*, Penguin Books, 2010.

3 El NYSE es una bolsa de negociación física y electrónica en la famosa y emblemática sede de Wall Street. Sus dos índices más universales son el Dow Jones Industrial Average (DJIA) —que incluye las 30 principales empresas de la economía americana—, y el Standard & Poor's 500 (S&P 500 o SPX) —que incluye las 500 empresas más emblemáticas de los principales grupos industriales de Estados Unidos (del orden de un centenar)—. El NASDAQ es una bolsa de negociación electrónica, y su índice más conocido es el Nasdaq 100 —que incluye a las 100 empresas tecnológicas más importantes del mercado NASDAQ—. Empezó a operar en 1985.

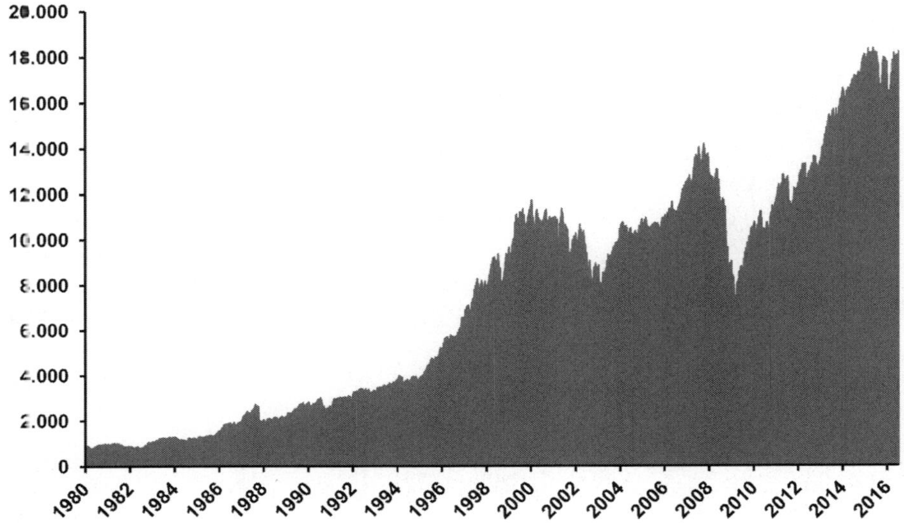

GRÁFICO I.1A. *Evolución del índice DJIA (INDU)*

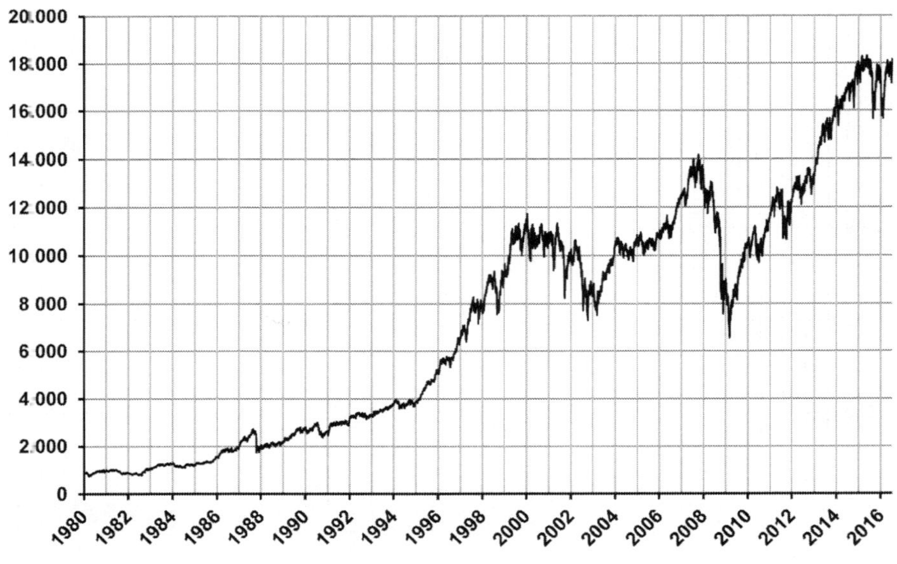

GRÁFICO I.1B. *Evolución del índice DJIA (INDU)*

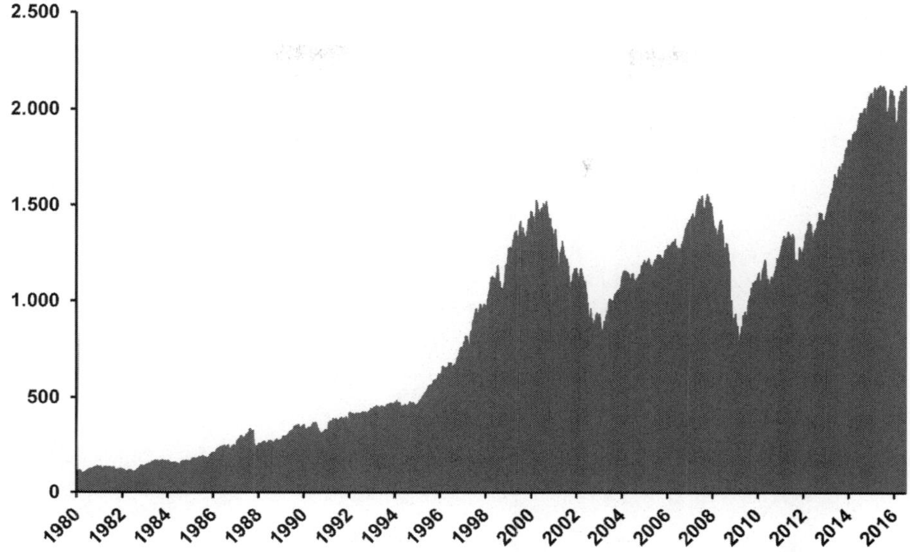

GRÁFICO I.2A. *Evolución del índice S&P 500 (SPX)*

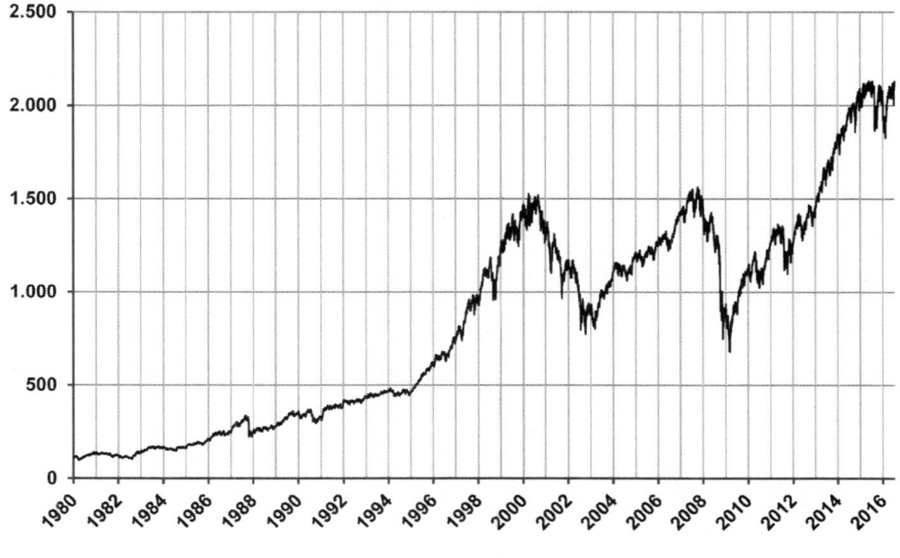

GRÁFICO I.2B. *Evolución del índice S&P 500 (SPX)*

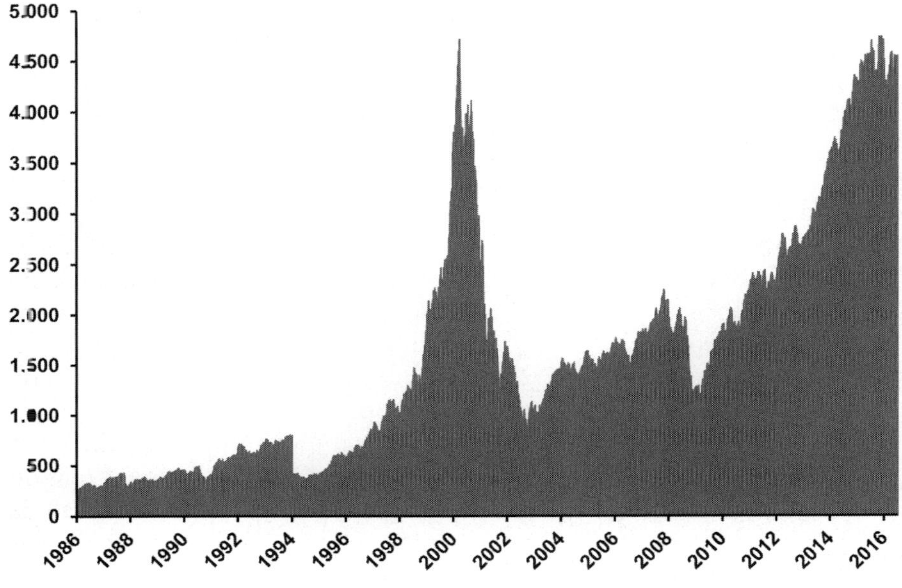

GRÁFICO I.3A. *Evolución índice Nasdaq 100 (NDX)*

GRÁFICO I.3B. *Evolución índice Nasdaq 100 (NDX)*

A mi juicio, las representaciones gráficas de los movimientos de los índices bursátiles más usados y conocidos en el ámbito global, aparte de instructivas, pedagógicas y visualmente impactantes, resultan tan útiles para el análisis de aspectos cruciales de la micro y de la macroeconomía, como lo son los sismogramas para el estudio de los movimientos vibratorios de la corteza terrestre, o los electrocardiogramas para el registro de la actividad eléctrica del corazón.

Estos seis gráficos también son un reflejo de la historia. En efecto, vienen a ser retratos de un cambio histórico, de una profunda transmutación de las preferencias económicas. En efecto, del énfasis en lo económicamente consistente y tangible, en lo industrial, se ha pasado a lo largo de las tres últimas décadas —al principio de forma progresiva, y más tarde con inusitada rapidez— a la fascinación por la economía virtual, al acelerado desvanecimiento del futuro como horizonte de deseo, a la preferencia por lo inmediato, a la utilización de los mercados financieros globales como casino con ruletas trucadas, donde juegan de forma tramposa quienes disponen de una información (privilegiada o no) que la inmensa mayoría de los inversores desconoce.

Además, y poniendo a prueba los límites de nuestro discernimiento, pueden ayudarnos, no solo a comprender lo que nos ha pasado, sino también a augurar —o, mejor dicho, adivinar— lo que nos puede ocurrir en un futuro próximo, como hacían las pitonisas del Oráculo de Delfos.

El simple examen visual de los tres gráficos A nos muestra que la historia de los índices bursátiles (y por ende, de las finanzas) no es una suave curva ascendente sino que, más bien, se asemeja a la escabrosa silueta de un escarpado macizo montañoso de la cordillera del Everest, la cual dibuja en el horizonte una sucesión de dientes de sierra, de picos y valles irregulares.

Los tres gráficos B no nos muestran horizontes montañosos sino los movimientos extremadamente violentos y erráticos de los índices bursátiles.

Ambos tipos de gráficos están construidos a partir de los mismos datos, pero con perspectivas distintas: artística el primero (el A), que busca impactar al observador; y científica el segundo (el B), que muestra la extremada escabrosidad de los movimientos de los mercados y se orienta hacia el análisis fenoménico de la evolución de los mismos.

En tales gráficos es posible detectar con una claridad meridiana dos burbujas especulativas ya históricas: la «burbuja tecnológica» (1995-2003), y la «burbuja inmobiliaria» (2003-2009). Se trata de dos ochomil de las finanzas.

a) *Primer ochomil*
Miremos con especial atención el gráfico I.3B.
La bolsa se desquició durante el período enero 1995-marzo 2000, un quinquenio largo de aparente prosperidad. La economía de Estados Unidos, único motor real de la economía occidental, parecía funcionar a pedir de boca.

Los procesos de privatización de empresas y de desregulación de la economía norteamericana en general, y de su sistema financiero en particular, iniciados en la década de los setenta, y sobre todo, la fiebre de oro de Internet y de las «puntocom», propiciaron, en un ambiente de extraordinaria euforia económica, un *boom* bursátil de proporciones sin precedentes. La nueva economía parecía haber anulado las leyes generales de la «gravitación bursátil».

En tan solo cinco años, la capitalización media ponderada de los valores de la economía clásica (DJIA y S&P 500) se multiplicó por algo más de 3 y el índice Nasdaq 100 por más de 11; un verdadero disparate.

Durante el período 2000-2001, los valores tecnológicos registraron caídas muy severas, pero a finales de 2001 la totalidad del mercado sufrió una inesperada y violenta convulsión tras la quiebra de la energética Enron y el desencadenamiento a comienzos de 2002 de un *Big One* de grandes escándalos financieros que hizo temblar a Wall Street, y cuyas réplicas se prolongaron hasta 2006. Tales escándalos pusieron al descubierto el comportamiento avaricioso, felón y corrupto de no pocos grandes ídolos de la América corporativa y de los miembros más destacados de sus correspondientes equipos directivos. Hubo escándalos de todo tipo[4] [5]:

- Escándalos sistémicos: en la banca de inversión (Salomon Smith Barney, Merrill Lynch, Morgan Stanley, Goldman Sachs...); en empresas de patrocinio gubernamental (Freddie Mac y Fannie Mae); en instituciones públicas (parqué del NYSE, gestoras de fondos de inversión, mercado de divisas); en el sector seguros (AIG)...
- Escándalos no sistémicos: industriales (Enron, Tyco, WorldCom, AOL Time Warner, HealthSouth, empresas de alta tecnología...);

4 *Cfr.* Vicente Martín Valero, *La era de la perplejidad. Una reflexión en torno a posmodernidad y empresa*, Publicaciones Universidad de Alicante, 2003. Para citas, *Perplejidad* seguida de un número de página. En *Perplejidad*, págs. 522-538, doy una primera noticia de los grandes escándalos financieros acaecidos hasta mediados de 2003.

5 *Cfr.* Vicente Martín Valero, *El lado oscuro del capitalismo. El caso Enron*, Publicaciones Universidad de Alicante, 2012. Para citas, *Enron* seguido de un número de página.

individuales (Jack Welch, Sam Waksal, Marta Stewart, Richard Grasso, Conrad Black)... y un largo etcétera.

La bolsa se desplomó, hasta tocar fondo el 11 de marzo de 2003. A partir de esa fecha, la bolsa dio por descontadas todas las grandes desgracias acaecidas durante su caída (incluidos los atentados terroristas del 11 de septiembre de 2001) y empezó a crecer de nuevo.

b) *Segundo ochomil*

Miremos aún más atentamente todos los gráficos B.

El pinchazo de la burbuja tecnológica hizo que los inversores huyesen en desbandada de la bolsa para refugiarse en el pujante sector inmobiliario. A ello contribuyó no poco la política monetaria de la Reserva Federal (Fed), que, con el fin de facilitar el acceso al crédito para reactivar la economía, bajó en poco tiempo el tipo de interés de referencia hasta el 1%.

Esta nueva situación propició un lamentable proceso aventurero, catalizado por la ignorancia e imprudencia de muchos, la temeridad consciente de no pocos, y la avaricia de casi todos. Su final no podía ser otro que el desastre.

En efecto, la bolsa pasó del miedo a la euforia y emprendió una nueva escalada que la llevaría hasta cimas nunca holladas. Durante el período marzo 2003-octubre de 2007 los índices bursátiles Dow Jones IA, S&P 500 y Nasdaq 100 crecieron, respectivamente, un 88,3%, un 98,5% y un 133,5%, alcanzando máximos históricos.

Y, holladas estas cimas, la burbuja inmobiliaria pinchó.

Después de esto vino el desastre: la gran crisis del sistema financiero, que alcanzó su máxima intensidad en 2008, pero que aún continúa viva; y el comienzo de un estancamiento económico que llevaría a Occidente a la Gran Recesión.

¿Nadie se dio cuenta de lo que estaba pasando? ¿Por qué no se tomaron medidas para evitar este inmenso desastre?

Hoy sabemos que no pocos lo pronosticaron.

A partir de 2005, como ya he anticipado en el Prefacio, destacados personajes de los mundillos del pensamiento económico y de las finanzas, venían gritando ¡que viene el lobo! Pero nadie les hizo caso. Y mucho menos la pandilla de «amos del universo» que a la sazón gobernaban el sistema financiero. Sabían muy bien lo que estaban haciendo. Actuaban de acuerdo con su fiera naturaleza, la cual les impulsaba de forma incondicionada a ganar dinero, mucho dinero. El cómo se hiciera no importaba. El 8 de julio de 2007, tres meses antes de que la bolsa empezara a despeñarse, Chuck Prince,

CEO de Citigroup pronunció unas palabras de han pasado a la historia[6]:

> Cuando pare la música... las cosas se complicarán.
> Pero mientras la música siga sonando, hay que aventurarse y bailar.
> Por ahora, en ello estamos.

¡Y tanto que en ello estaban!; bailando una polca rápida.

Y lo que tenía que ocurrir, ocurrió. Y fue penoso, muy penoso.

En efecto, desde finales de 2007 y a lo largo del año 2008 Wall Street vivió sus días más oscuros: (i) enormes pérdidas de los grandes bancos comerciales y de inversión que provocaron el cese de numerosos CEO (Stanley O'Neal, de Merrill Lynch; Charles Prince, de Citigroup; Zoe Cruz, de Morgan Stanley; James Cayne, de Bear Stearns; Marcel Ospel, de UBS; Martin Sullivan, de AIG; Daniel Mudd, de Fannie Mae; Richard Syron, de Freddie Mac; Richard Fuld, de Lehman Brothers...); (ii) quiebra de Lehman Brothers; (iii) rescates de Bear Stearns, Countrywide Financial Corp, Fannie Mae, Freddie Mac y AIG; (iv) rescate forzado de la totalidad del sistema financiero norteamericano (Ley de estabilización económica de emergencia de 3 de octubre de 2008)...

Y la angustia sigue, porque el viacrucis aún no ha terminado. Una banda de CEO financieros de peluca y de casaca ha destruido lo que antaño fueron ríos arteriales. ¿Volverán a serlo algún día?

Las burbujas financieras que retratan los dos ochomil contribuyeron decisivamente a llevarnos a la Gran Recesión.

Fijemos ahora nuestra atención en la zona de los gráficos que empieza en marzo de 2009 y acaba en nuestros días.

Lo que vemos es algo así como la cara norte de un Everest, una pared de perfil estremecedor que ya ha batido todo record de altura, que ya es el mayor de los ochomil bursátiles. ¿Acaso ha tocado techo? ¿Seguirá subiendo? ¿Se hará meseta? ¿Acabará precipitándose al abismo?

Nadie puede preverlo. Pero sí cabe conjeturar, es decir, formarse juicio por indicios y observaciones.

Y hay un indicio que considero indiscutible. En efecto, dado que el vuelo aguileño a las más altas cumbres no lo ha provocado una vigorosa recuperación de la economía sino, más bien, las políticas monetarias muy

6 *Cfr.* Alan S. Blinder, *Y la música paró*, Centro Libros PAPF, S. L. U., 2014, pág. 15.

expansivas de los bancos centrales, cabe pensar que la escalada es puro humo, el cual puede disiparse en cuanto cesen las enormes inyecciones de liquidez que mantienen en pie a no pocas instituciones financieras zombis. Si así fuese, lo que puede sobrevenir es el pinchazo de una descomunal burbuja de deuda soberana, que nos llevaría inexorablemente a la segunda Gran Depresión de la historia de Occidente.

Y es esas estamos, con nuestra Hidra de Lerna aletargada pero no descabezada. Habrá que seguir esperando... ¿A Godot? No, tal vez a Don Quijote o, mejor aún, a San Benito.

Creación de la financiación estructurada

El gráfico II muestra las dos áreas fundamentales de la financiación estructurada: los créditos estructurados y los derivados de crédito.

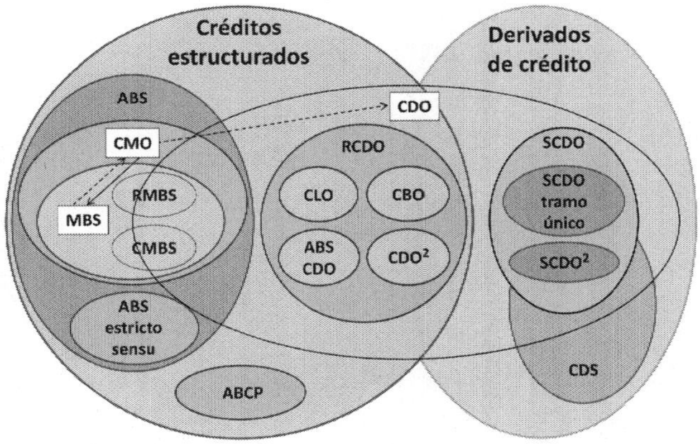

GRÁFICO II. *La financiación estructurada*

¡No se asuste el lector ante tan amenazadora figura! Para entender un poco de qué va la cosa, bastará (al menos eso espero) el siguiente texto.

Veamos.

El sueño —o, mejor, uno de los grandes sueños— del ciudadano norteamericano es poseer en propiedad un hogar. Pero la Gran Depresión de 1929 puso en carne viva una penosa realidad: sin recibir ayudas, ciertos segmentos de la población nunca podrían ver cumplido tal sueño. Y la política entró en juego.

En efecto, el Congreso creó, con la categoría de empresas patrocinadas por el Gobierno, las tristemente famosas Fannie Mae y Freddie Mac, con el objetivo de hacer que fluyera el crédito hacia los más débiles y necesitados (hacia los prestatarios de categoría *subprime*, es decir, con mal historial crediticio o sin historial alguno), para lo cual era necesario reforzar y estimular el mercado secundario de bonos hipotecarios, un manantial de liquidez imprescindible.

Pues bien, estas acciones no dieron los resultados que se esperaba. Pasaban los años, y el mercado de bonos hipotecarios no acababa de funcionar, ni siquiera en la fracción de bonos garantizados por el Gobierno (los merecedores de la etiqueta oficial Ginnie Mae).

Pero la necesidad acaba creando el órgano, y en la década de los ochenta quedaron establecidos los fundamentos básicos de la financiación estructurada, la cual puso en marcha un mercado de bonos hipotecarios de todo tipo y condición, que acabaría teniendo dimensiones gigantescas.

La tragedia había comenzado, aunque en aquel entonces nadie lo supiera.

Los créditos estructurados y los derivados de crédito fueron desarrollados por los más destacados profesionales de la banca de inversión y por físicos puros reciclados (los *quants*). Y lo hicieron: (i) interpretando a su manera, y según su ingenio, las teorías financieras canónicas al uso; (ii) actuando con la fe de los antiguos alquimistas y con la juvenil temeridad de lukasianos aprendices de brujo; y, por supuesto, (iii) contando con la complicidad de las agencias de calificación de riesgos crediticios (*rating agencies*), bien dispuestas a prodigar las calificaciones triple A —ver apéndice—, tragándose sin parpadear modelos matemáticos de alto nivel que apenas entendían . De esa forma, pergeñaron múltiples, sofisticados, y cuasi incomprensibles productos financieros. No se trataba, si bien se mira, de grandiosas novedades, de inventos portentosos. Eran, en general, enésimas reinvenciones de la rueda, adaptadas, en cada caso, a las imperiosas necesidades del momento.

Así, fueron saltando a la palestra:

a) Los *créditos estructurados* (resultantes de la titulización de activos generadores de flujo de caja):
   - En 1981, los MBS (*Mortgage-backed securities*) o bonos respaldados por hipotecas, en sus variedades RMBS (*Residential* MBS) y CMBS (*Commercial* MBS).
   - También en 1981, la primera operación de cobertura tipo *swap* (permuta financiera).
   - En 1983, las CMO (*Collateralized mortgage obligations*) u obligaciones garantizadas por hipotecas.

- En 1987, las CDO (*Collateralized debt obligations*), o títulos respaldados por deuda, en su versión RCDO (*Real Collateralized debt obligations*) *o Cash-Flow* CDO.

b) Los *derivados de crédito* (resultantes de la titulización de deuda que no genera flujos de caja):
   - A finales de la década de los noventa, las *Synthetic* CDO u obligaciones respaldadas por deuda sintética consistente en una cartera de CDS (*Credit default swaps*) o permutas de incumplimiento crediticio.

Si examinásemos —cosa que no vamos a hacer ni en broma— los MBS y las CMO, nos tropezaríamos con el fenómeno de la «titulización», es decir, con la conversión de carteras o fondos de préstamos hipotecarios reales (mayoritariamente *subprime*), en tramos de títulos negociables en el mercado con diferentes calificaciones crediticias, plazos y tasas de retribución (los llamados, inicialmente, tramos *senior* —oro fino—, *mezzanine* —así así— y *equity* —¡eche a correr!—).

Y al hacer lo mismo con las RCDO (el producto de financiación estructurada por antonomasia), nos daríamos de bruces: (i) con el fenómeno de la «segunda titulización», es decir, con la conversión de títulos residuales (*mezzanine*), difícilmente comercializables, en una segunda generación; y (ii) con el fenómeno de la «tercera titulización», es decir, con la conversión de títulos residuales, difícilmente comercializables, de la segunda generación, en una tercera generación... y así *ad infinitum*.

Todo esto nos provocaría justificado asombro. Porque la primera titulización (una especie de mitológica mano del rey Midas, que convertía en oro cuanto tocaba) transformó en oro fino (calificación crediticia triple A) del orden del 80% de lo que no eran sino montones de basura hipotecaria *subprime*. La segunda titulización transformó en oro de no menos quilates a una parte notable (entre un 93% y un 76%) del segmento de tramos de más difícil comercialización. Y ya, para colmo, una tercera titulización vino a transformar, también en oro, una fracción nada pequeña (el 60%) de los residuos invendibles generados por la segunda titulización. Increíble, pero cierto. Hay que descubrirse ante la fértil imaginación de los caraduras inventores de la CDO y de sus múltiples secuelas, sin duda las mejores máquinas de reciclaje de basura que jamás haya fabricado el ingenio humano.

Pero es al examinar las CDO sintéticas cuando el asombro se convierte en estupor. Porque, bien mirado, y puestos a hacer virguerías, ¿qué falta les hacía a los especuladores profesionales tomarse la molestia de comprar carteras de productos *subprime* reales, que, además de tóxicos, eran limitados?

¿Por qué no simular «carteras de referencia» puramente virtuales, construidas con los nombres de valores realmente existentes, y jugar con ellas mediante la suscripción, al margen de los mercados regulados, de derivados tipo CDS (*credit default swaps*)? Aquí no había límite alguno a la propagación mundial del *tsunami subprime*. El volumen de las emisiones de bonos podía expandirse mientras hubiese jugadores —analfabetos financieros sin acceso a las vías normales de crédito, y tahúres profesionales—, dispuestos a asumir riesgos extremos.

El lector se pierde, ¿no es verdad? No hay que preocuparse; en absoluto. Porque ni siquiera los más avispados especialistas financieros, que estudiaron estos instrumentos cuando se inició la crisis, llegaron a entenderlos. Además, en lo que sigue, solo voy a citar los acrónimos.

Los derivados de crédito fueron, como los denominó Warren Buffett —el «oráculo de Omaha»—, *armas financieras de destrucción masiva*, instrumentos que crearon, utilizaron y vendieron las instituciones crediticias y la banca de inversión, sobre todo durante el período de locura hipotecaria (2003-2007), lo que provocó un desastre de proporciones aún desconocidas.

Con tan austero equipaje, vamos a adentrarnos en las espesas tinieblas que envuelven a nuestra maltrecha economía de mercado.

Apéndice
Agencias de calificación de riesgos crediticios
Moody's Investor Service, Standard & Poor's y Fitch Ratings
Calificaciones a largo plazo

Agencia		**Comentarios**
MOODY'S	**S&P/FITCH**	
Categoría de "inversión"	Categoría de "inversión"	
Aaa	AAA	Calidad óptima
Aa1	AA+	Calidad alta
Aa2	AA	Calidad alta
Aa3	AA-	Calidad alta
A1	A+	Calidad media-alta
A2	A	Calidad media-alta
A3	A-	Calidad media-alta
Baa1	BBB+	Calidad media (i)
Baa2	BBB	Calidad media (i)
Baa3	BBB-	Calidad media (i)
Categoría de "especulación"	Categoría de "especulación"	
Ba1	BB+	Seguridad moderada (ii)
Ba2	BB	Seguridad moderada (ii)
Ba3	BB-	Seguridad moderada (ii)
B1	B+	Seguridad reducida (iii)
B2	B	Seguridad reducida (iii)
B3	B-	Seguridad reducida (iii)
Caa	CCC	Altamente especulativa
Ca	CC	Extremadamente espec.
C	D	Incumplimiento declarado

(i) Satisfactoria.
(ii) Especulativa. A partir de la calificación Ba1 o BB+ se entra en el ámbito de los denominados *junk bonds* (bonos basura).
(iii) Nivel de alta degradación. El grado extremo es el C o D, que se asigna en el caso de *default* (incumplimiento declarado).

PRIMERA PARTE

¿POR QUÉ NOS PASA LO QUE NOS PASA?

Capítulo 1
CAUSAS DE LA GRAN RECESIÓN: PUNTO DE VISTA POLÍTICO (USA)

«*I am just a banker "doing God's work"*».
(Soy un banquero que "hago el trabajo de Dios".)

LLOYD BLANKFEIN, CEO de Goldman Sachs.
Estupefaciente manifestación hecha en una entrevista publicada el 8 de noviembre de 2009 en el periódico *Sunday Times*

INVESTIGACIONES DEL CONGRESO Y DEL GOBIERNO

El 3 de octubre de 2008, apenas ratificada por la Cámara de Representantes del Congreso y rubricada por el presidente de Estados Unidos la *Emergency Economic Stabilization Act* (Ley de estabilización económica de emergencia), en la que se establecía el *Troubled Asset Relief Program* (Programa de rescate de activos problemáticos), la maquinaria política estadounidense se puso en marcha con el fin de investigar las *causas* de la crisis financiera y proponer las medidas necesarias para evitar su repetición.

Son de destacar los trabajos llevados a cabo por una comisión de la Cámara de Representantes, el *Committee on Oversight and Government Reform*; por una subcomisión del Senado, el *Permanent Subcommittee on Investigations*; y por una comisión bipartidista temporal creada ad hoc por el Gobierno, la *Financial Crisis Inquiry Commission.*

La Comisión Waxman

El primero en saltar a la palestra fue el fogoso y prestigioso congresista demócrata Henry Waxman, a la sazón *chairman* del *Committee on Oversight and Government Reform* (Comisión de supervisión y reforma del Gobierno) de la Cámara de Representantes, competente en materia de responsabilidad corporativa, quien, a las pocas horas de la ratificación de la ley de emergencia, anunció la celebración de una serie de seis audiencias en las que comparecerían, previa citación, personalidades muy destacadas del mundillo financiero. Su propósito era investigar las causas de la crisis, así como su impacto sobre Wall Street. En concreto se trataba de examinar: (i) los errores de regulación y los excesos financieros que condujeron a la quiebra de Lehman Brothers y al rescate gubernamental de AIG; (ii) las actuaciones de las tres principales agencias de calificación de riesgos crediticios (*rating agencies*), Standard & Poor's, Moody's y Fitch; (iii) el papel desempeñado por los reguladores federales en el desencadenamiento de la crisis financiera; (iv) los riesgos sistémicos que acarrearon las actuaciones de los *hedge funds*; y, finalmente, (v) las actuaciones de Fannie Mae y Freddie Mac.

Las audiencias empezaron el 6 de octubre y concluyeron el 9 de diciembre. Por ellas pasaron notables personalidades del mundo financiero y altos funcionarios del Estado.

En sus declaraciones de apertura de las audiencias, el demócrata Waxman criticó sin tapujos y reprendió la conducta de los «sospechosos habituales»: los reguladores federales y la flor y nata de Wall Street, con la excepción de los gestores de los *hedge funds*, que salieron ilesos.

Tales declaraciones marcaron decisivamente los debates, en los que los comparecientes se limitaron a defender lo ya dicho en sus respectivos testimonios escritos que previamente habían enviado a la Comisión.

Solo destacaré algunas consideraciones de Waxman, espigadas en las declaraciones de apertura realizadas en las audiencias que presidió y pilotó. Tales consideraciones, pueden resumirse así, hablando en primera persona:

a) Primera audiencia: *Lehman Brothers*. Si Wall Street no hubiese sido tan imprudente, y los reguladores federales (el secretario del Tesoro, Paulson y el *chairman* de la Fed, Bernanke) hubieran estado más atentos, la crisis financiera se podría haber evitado[1].
b) Segunda audiencia: *AIG*. Los altos ejecutivos de la empresa, como todos los de Wall Street en general, niegan tener responsabilidad alguna en el desastre que obligó a una costosa operación de rescate con dinero público. Su sistema de retribuciones estaba presuntamente orientado a incentivar la obtención de beneficios. Pero el contribuyente americano no solo está pagando los desastrosos resultados de la gestión enloquecida de tales ejecutivos, sino también sus desqui-

1 Fuente: http://democrats.oversight.house.gov/legislation/hearings/committee-holds-hearing-on-causes-and-effects-of-the-lehman-brothers-bankruptcy.

ciadas compensaciones, indemnizaciones por despido, y, lo que es aún más irritante, sus festines y francachelas[2].

c) Tercera audiencia: *Rating Agencies*. Las agencias de calificación de riesgos han sido durante casi un siglo unos guardianes financieros esenciales. De hecho, sus calificaciones triple A venían a ser el patrón oro de la seguridad de los valores de renta fija (bonos). Pero su historia es la historia de un colosal fracaso. Las agencias de calificación crediticia ocupan un lugar especial en nuestros mercados financieros. Millones de inversores dependen de ellas para disponer de evaluaciones independientes y objetivas. Las agencias de calificación rompieron este vínculo de confianza, y los reguladores federales ignoraron las señales de alarma y no hicieron nada para proteger al público. El resultado es que todo nuestro sistema financiero está ahora en peligro[3].

d) Cuarta audiencia: *Federal Regulators*. La lista de errores regulatorios y malinterpretaciones es larga, y el coste para los contribuyentes y la economía es asombroso. La Fed dejó la ponchera del crédito barato sobre la mesa durante demasiado tiempo, y no se consintió que se impusiera un mayor control sobre los productos financieros derivados de alta complejidad (los opacos y herméticos CDS, por ejemplo) respaldados por créditos hipotecarios *subprime*, lo que propició prácticas irresponsables y abusos intolerables en el mercado financiero. La SEC relajó los estándares de apalancamiento en Wall Street. Las Oficinas de Supervisión del Ahorro y de Control de la Moneda dificultaron los esfuerzos del Estado para proteger del prestamismo depredador a los compradores de viviendas. Y el Departamento de Justicia redujo sus esfuerzos para perseguir el fraude de «cuello blanco». El Congreso no está exento de responsabilidad. Hemos aprobado leyes en 2000 que eximían de regulación a los instrumentos financieros derivados, y hasta principios de este año [2008] no hemos legislado sobre el endurecimiento de la supervisión de Fannie Mae y Freddie Mac. Una y otra vez triunfaba una ideología de gobernanza según la cual los reguladores debían convertirse en facilitadores más bien que en imponedores. La confianza en la sabiduría de los mercados fue infinita. «La regulación gubernamental es mala», se convirtió en un *mantra*. Pero el mercado no es infalible. Alan Greenspan, el

2 Fuente: http://democrats.oversight.house.gov/legislation/hearings/committee-holds-hearing-on-the-causes-and-effects-of-the-aig-bailout-1

3 Fuente: http://democrats.oversight.house.gov/legislation/hearings/committee-holds-hearing-on-the-credit-rating-agencies-and-the-financial-crisis

principal defensor de la desregulación de los mercados financieros, la voz más influyente que ha abogado por dejar que los mercados se regulen por sí mismos, se equivocó al oponerse a la regulación de las transacciones de derivados fuera de los mercados organizados (*over the counter derivative transactions*), se equivocó al presumir que el interés propio de las organizaciones, específicamente de los bancos, sería capaz, por sí solo, de proteger a sus propios accionistas y a su patrimonio en las empresas, desdeñó las advertencias sobre una burbuja emergente y no hizo nada para acabar con el prestamismo irresponsable. De facto, al abandonar la presidencia de la Fed «entregó en ruinas todo el edificio intelectual de la moderna gestión de riesgos»[4].

e) Quinta audiencia: *Hedge Funds*. No se trata en esta audiencia de debatir sobre lo que lo que presuntamente estas instituciones han hecho mal en el pasado, sino de conocer su opinión sobre lo que podría ir mal en el futuro, para poder prevenir los daños antes de que se produzcan[5].

f) Sexta audiencia: *Fannie Mae*. Según un documento confidencial de Fannie Mae, la empresa se enfrentó a una «encrucijada estratégica» en junio de 2005. El documento dice: «Nos enfrentamos a dos opciones duras: (i) mantener el rumbo; o (ii) buscar mercado donde está el mercado». «Mantener el rumbo» significaba centrarse predominantemente en la compra de las hipotecas más seguras, las *prime* (máxima calidad crediticia) a tipo de interés fijo. Pero la verdadera «oportunidad de generar ingresos» residía en la compra de hipotecas *subprime* y de otras hipotecas alternativas. Para seguir este rumbo, la empresa tendría que aceptar un riesgo mayor y una mayor volatilidad de los ingresos. La propia empresa reconoció que los inmuebles estaban siendo utilizados como un «cajero automático». También se tuvo conciencia de que el invertir en las hipotecas *subprime* y alternativas, conllevaría la disminución de la calidad del crédito y

4 Fuente: http://democrats.oversight.house.gov/legislation/hearings/committee-holds-hearing-on-the-the-role-of-federal-regulators-in-the-financial.

5 Fuente: http://democrats.oversight.house.gov/legislation/hearings/committee-holds-hearing-on-hedge-funds-and-the-financial-market. Los comparecientes Alfred Paulson, George Soros, James Simons, Philip A. Falcone y Kenneth A. Griffin, fueron los cinco gestores de fondos privados mejor pagados del mundo en 2007. Recibieron unas compensaciones asombrosas: 3.700, 2.900, 2.800, 1.700 y 1.500 millones de dólares, respectivamente (información del *Institutional Investors Alpha magazine*). La intervención más larga y compleja fue la de George Soros, quien expuso con gran detalle su *teoría de la reflexividad*, que ya hacía tiempo que había circulado, sin pena ni gloria, por Wall Street y por las librerías del mundo.

una mayor exposición a riesgos desconocidos. Pero la tentación de obtener beneficios adicionales resultó ser demasiado grande... y se decidió «cambiar el rumbo». Fannie Mae y Freddie Mac sabían lo que estaban haciendo. El tomar estos riesgos resultó tremendamente lucrativo para los CEO de Fannie y Freddie, pero sus decisiones irresponsables les están costando ahora a los contribuyentes miles de millones de dólares. Sin embargo es un mito decir que fueron los creadores de la crisis *subprime.* Fundamentalmente, siguieron al mercado, no lo condujeron. También es un mito culpar a los objetivos de la nación en materia de vivienda[6].

Waxman concluyó esta sexta manifestación, un tanto partidista: (i) reprimiendo severamente a los ex CEO de Fannie Mae por las graves imprudencias que cometieron, para, a continuación, absolverlos, por cuanto no fueron los iniciadores del devastador incendio del mercado hipotecario, al que siguieron pero no condujeron; y, (ii) defendiendo sin tapujos el mantenimiento de los dos pilares del sueño americano, que tampoco fueron el cáncer del mercado hipotecario que metastatizó en crisis financiera, de la cual no fueron responsables. Como buen demócrata, tal vez crecido por la reciente victoria de Barak Obama —elegido presidente el 4 de noviembre—, no podía dejar de defender a ultranza el benemérito servicio que estaban prestando las dos empresas de patrocinio gubernamental (celosos guardianes de «los objetivos de la nación en materia de vivienda») y, de paso, rejonear a la minoría republicana. Y esta actitud sorprende más aún si se tiene en cuenta que en la audiencia *Federal Regulators* había machacado sin piedad al republicano Alan Greenspan, personaje tan odiado como idolatrado, pero, en todo caso, merecedor de ser tratado con deferencia, por muy cuestionable que sea su ideología.

La Financial Crisis Inquiry Commission[7]

El 21 de mayo de 2009, el presidente Obama firmó la *Fraud Enforcement and Recovery Act, Public Law 111-21*[8] (Ley para la recuperación

6 Fuente: http://democrats.oversight.house.gov/legislation/hearings/the-role-of-fannie-mae-and-freddie-mac-in-the-financial-crisis.

7 Fuente: "The Financial Crisis Inquiry Report: Final Report of the National Commission on the Causes of the Financial and Economic Crisis in the United States", Official Government Edition, The Financial Crisis Inquiry Commission, Submitted by Pursuant to Public Law 111-21, January 2011. Accesible en la página web http://www.gpo.gov/fdsys/pkg/GPO-FCIC/pdf/GPO-FCIC.pdf. En lo que sigue, este informe (634 páginas) será citado como "Informe FCIC", seguido de un número de página. Public Affairs publicó una edición en papel (545 páginas).

8 http://www.gpo.gov/fdsys/pkg/PLAW-111publ21/pdf/PLAW-111publ21.pdf.

y contra el fraude) que, entre otras cosas, estableció la creación de una Comisión bipartidista, la *Financial Crisis Inquiry Commission* (FCIC), con el mandato expreso de examinar las causas de la crisis financiera y económica en la que estaba sumido el país, y presentar al presidente, al Congreso y al pueblo norteamericano las oportunas conclusiones y recomendaciones[9].

La FCIC se formó con un panel de diez miembros, seis elegidos por la mayoría demócrata y cuatro por la minoría republicana. Todos ellos fueron ciudadanos con experiencia en vivienda, economía, finanzas, banca, regulación de los mercados y defensa del consumidor. El demócrata Phil Angelides, extesorero del Estado de California, fue nombrado *chairman* de la FCIC.

A la Comisión se le dieron instrucciones precisas y competencias muy amplias.

Durante más de año y medio de intenso trabajo, la FCIC examinó millones de documentos, citó a más de 700 testigos, y celebró 19 audiencias públicas en diversas ciudades. La FCIC realizó también minuciosas investigaciones de varias instituciones financieras especialmente relevantes: AIG, Bear Stearns, Citigroup, Countrywide Financial, Fannie Mae, Goldman Sachs, Lehman Brothers, Merrill Lynch, Moody's y Wachovia.

También examinó el papel desempeñado por los legisladores y las principales instituciones reguladoras, desde la Federal Reserve Board (Fed) al Departamento del Tesoro.

Como resultado de su trabajo de investigación, la FCIC pudo presentar en enero de 2011 el informe titulado "*The Financial Crisis Inquiry Report: Final Report of the National Commission on the Causes of the Financial and Economic Crisis in the United States*". Tal informe, incluidas sus recomendaciones, contó con el voto a favor de los seis miembros nombrados por la mayoría demócrata, y con el voto en contra de los cuatro miembros nombrados por la minoría republicana. Los miembros disconformes incorporaron al texto opiniones particulares.

Solo mencionaré los párrafos que dan inicio a cada una de las nueve Conclusiones[10] del Informe.

- Primera conclusión: La crisis financiera pudo evitarse.
- Segunda conclusión: Los fallos generalizados en la regulación financiera y en la supervisión resultaron ser devastadores para la estabilidad de los mercados financieros de la nación.

9 Informe FCIC, págs. xi-xii.
10 Ibíd., págs. xv-xxviii.

- Tercera conclusión: Una causa decisiva de esta crisis fueron ciertos fallos dramáticos en materia de gobernanza corporativa y de gestión del riesgo en muchas instituciones financieras sistémicamente importantes.
- Cuarta conclusión: Una combinación de excesivo endeudamiento, inversiones arriesgadas y falta de transparencia puso al sistema financiero en rumbo de colisión con la crisis.
- Quinta conclusión: El Gobierno estaba mal preparado para la crisis, y su respuesta inconsistente aumentó la incertidumbre y el pánico en los mercados financieros.
- Sexta conclusión: Se produjo un fallo sistémico en responsabilidad y ética.
- Séptima conclusión: El desmoronamiento de los estándares del prestamismo hipotecario y los conductos por los que fluyó la titulización de los paquetes de hipotecas encendieron y propagaron la llama del contagio y de la crisis.
- Octava conclusión: Los derivados de crédito al margen del mercado bursátil contribuyeron significativamente a esta crisis.
- Novena conclusión: Los fallos de las agencias de calificación de riesgos crediticios fueron piezas esenciales en el engranaje de la destrucción financiera.

¿Fueron estas las conclusiones de la FCIC o, tan solo, las conclusiones de la mayoría demócrata? ¿En el Informe, se interpretan los hechos de forma imparcial y exhaustiva, o parcial y selectiva?

Lo cierto es que el Informe de la FCIC, incluidas sus recomendaciones, solo contó con el voto a favor de los seis miembros nombrados por la mayoría demócrata. Los cuatro miembros nombrados por la minoría republicana votaron en contra, incorporando al texto dos extensas declaraciones de disconformidad[11] [12].

¿Por qué resultó necesaria la incorporación de estos votos particulares? Pues, sencillamente, por la existencia de áreas de desacuerdo suficientemente significativas.

En dichas Declaraciones, se le reprocha a la mayoría demócrata, entre otras muchas cosas, que el (su) Informe: (i) únicamente hace énfasis en aquéllos argumentos que implican la necesidad de una mayor regulación gubernamental; (ii) es desequilibrado y conduce a conclusiones incorrectas

11 Ibíd., págs. 411-439.
12 Ibíd., págs. 441-538 (texto completo en la versión digital PDF) y págs. 441-450 (texto «recortado» en la edición papel).

acerca de lo que causó la crisis; (iii) es partidista; (iv) no ha realizado una investigación objetiva ni exhaustiva; y, finalmente, (v) no reconoce que las políticas de vivienda del Gobierno de Estados Unidos fueron, precisamente, el principal factor causante de la crisis financiera de 2008.

Al leer estas opiniones disidentes, se da uno de bruces con el envenenado problema de la búsqueda de la verdad... siguiendo las leyes de la democracia. ¿Acaso quien tiene más votos tiene *más* razón o, incluso, *la* razón? Hay casos en que tal pregunta parecería ridícula para cualquier biempensante. Por ejemplo, a nadie en su sano juicio se le ocurriría someter a votación la validez o invalidez del Segundo principio de la termodinámica. «Es cosa de científicos», se diría, no susceptible de una votación política, que siempre estará sesgada por las ideologías, los intereses partidistas y, como es de suponer, por la absoluta ignorancia de los padres de la patria sobre cuestiones tan abstrusas.

Pero, ¿y en el caso de una devastadora crisis económico-financiera mundial? ¿Puede una comisión federal capitolina determinar por votación mayoritaria por qué ocurrió lo que ocurrió? Creo que no. ¿Y si con habilidad y generosidad consigue llegar a un amistoso consenso con la minoría, de forma que las conclusiones finales de la investigación puedan ser aprobadas por unanimidad? Pues, a mi juicio, menos aún, porque la verdad, entendida como conformidad de las cosas con el concepto que de ellas forma la mente (DLE), no es algo que pueda ser alcanzado por consenso. En el *Juan de Mairena* de Antonio Machado alguien afirma: «La verdad es la verdad, dígala Agamenón o su porquero»[13]. Pasando por alto la tautología que tal afirmación encierra, lo cierto es que pone el dedo en la llaga. La verdad no depende del poder de las mayorías, ni de su benévola disposición a alcanzar educadamente acuerdos consensuados: «La verdad es la que es, y sigue siendo verdad aunque se escriba al revés»[14].

Dicho esto, opino que las conclusiones de la FCIC son lo que son: unas cuestionables opiniones de la mayoría demócrata, trufadas de ideología presuntamente progresista, y refutadas, al menos en parte, por las declaraciones de disconformidad de la minoría republicana. Es decir, un ejercicio político para cubrir un mandato del Gobierno. Así debe entenderse su informe, sin despreciarlo en absoluto, por cuanto aporta una cantidad abrumadora de información sustantiva que merece la pena conocer.

13 Antonio Machado, *"Juan de Mairena. Sentencias, donaires, apuntes y recuerdos de un profesor apócrifo". Prosas Completas*, Espasa Calpe, 1989, pág. 1.909.

14 Antonio Machado, *Campos de Castilla (1907-1917)*, "Proverbios y cantares", poema XXX, Ediciones Cátedra, 1978, pág. 146.

El Informe Levin

Apenas transcurridos tres meses desde la publicación del informe de la FCIC, concretamente el 13 de abril de 2011, el *Permanent Subcommittee on Investigations* (Subcomisión Permanente de Investigaciones) del *Committee on Homeland Security and Governmental Affairs* (Comisión de Seguridad Nacional y Asuntos Gubernamentales) del Senado de Estados Unidos, presidido a la sazón por el senador Carl Levin, publicó un Informe de su Staff, titulado "*Wall Street and the Financial Crisis: Anatomy of a Financial Collapse*" (Wall Street y la crisis financiera: Anatomía de un colapso financiero), y aprobado por la mayoría demócrata y la minoría republicana (en lo que sigue, el «Informe Levin» o, simplemente, el Informe)[15].

Tal documento fue el resultado de una larga investigación iniciada a comienzos de 2009, y que incluyó cuatro audiencias.

En lo que sigue me limitaré a dar brevísima noticia del Resumen ejecutivo del Informe[16].

En el Texto introductorio se dice que «la investigación descubrió que la crisis no fue un desastre natural, sino el resultado de productos financieros complejos de alto riesgo; de conflictos de intereses no revelados; y del fracaso de los reguladores, de las agencias de calificación de riesgos crediticios, y del propio mercado para frenar los excesos de Wall Street»[17].

Esta escueta introducción marca claramente distancias entre los objetivos de la FCIC, un organismo efímero creado, fundamentalmente, por motivos políticos para cumplir una misión concreta; y los del PSI, un organismo permanente del Congreso, de larga tradición, que actúa de oficio en todos los problemas de relevancia federal dentro del ámbito de sus competencias. En efecto, mientras que la FCIC pretendió, nada más y nada menos, que encontrar *las causas* de la crisis financiera —es decir, buscar *la verdad* o, mejor, *su verdad*—, el PSI, mucho más comedido y consciente de sus limitaciones, «no intenta examinar cada momento clave, o analizar cada causa importante de la crisis», sino que se limita a proporcionar «evidencia nueva, detallada y convincente de lo que ocurrió». En concreto, solo hace referencia a cuatro posibles causas de la crisis financiera que considera especialmente relevantes, a saber: (i) el prestamismo de alto riesgo; (ii) el

---

15 WALL STREET AND THE FINANCIAL CRISIS: Anatomy of a Financial Collapse, MAJORITY AND MINORITY STAFF REPORT, PERMANENT SUBCOMMITTEE ON INVESTIGATIONS, UNITED STATES SENATE, April 13, 2011. Este Informe, de más de 600 páginas, es accesible en formato PDF en numerosas páginas de Internet. Cosimo Reports publicó una edición en papel (639 páginas).

16 Informe Levin, págs. 1-14.

17 Ibíd., pág. 1.

fracaso de la regulación (solo la del ahorro); (iii) las calificaciones crediticias hinchadas; y (iv) los abusos de los bancos de inversión.

Para abordar el análisis de estos cuatro factores causales, hace un minucioso análisis de cuatro «casos de estudio», a saber: (i) *Washington Mutual Bank,* la mayor bancarrota de la historia de Estados Unidos; (ii) *Office of Thrift Supervision,* la oficina federal de supervisión del ahorro que fiscalizó el cierre de Washington Mutual; (iii) *Moody's y Standard & Poor's,* las dos mayores agencias de calificación de riesgos crediticios del país; y (iv) *Goldman Sachs* y *Deutsche Bank,* dos líderes en el diseño, comercialización y venta de valores respaldados por préstamos hipotecarios.

La estructura y propósito de esta obra no me permiten entrar en detales. Solo diré que las recomendaciones del PSI están plagadas de referencias a la Dodd-Frank Wall Street Reform and Consumer Protection Act, promulgada el 11 julio de 2010[18]. Se trata de una ley mastodóntica que acomete una profundísima reforma de la industria de los servicios financieros. En sus más de 800 páginas, abarca a casi todos los aspectos de tal industria. Su objetivo no es otro que el devolver a los inversores la confianza en la integridad de un sistema financiero manifiestamente corrompido.

Conclusiones provisionales: una visión crítica

Salta a la vista que los tres organismos federales —COGR (Comisión Waxman), FCIC (una comisión ad hoc) y PSI (Subcomisión Levin)— se fijaron única y exclusivamente en miembros de la amplia familia de «sospechosos habituales» a la que me he referido en el Prefacio, a varios de los cuales consideraron «causantes principales» de la crisis financiera. Pero lo hicieron con distinto talante, y, tal vez, propósito.

A mi juicio, Waxman actuó de forma apresurada y un tanto partidista. También fue, al parecer, partidista el trabajo de la FCIC, bajo la presidencia de Angelides. Solo Levin tuvo la prudencia y la experiencia necesarias para evitar meterse en berenjenales en los que «las dos partes de la cuestión», es decir, los puntos de vista de los miembros demócratas y republicanos, podían entrar —y, sin duda, entrarían— en conflicto.

En todo caso, tras haber leído —solo por encima, salvo casos particulares— los documentos que he citado, y dando de lado a un tema tan sensible como es la política federal en materia de vivienda, me parece que, a manera de primeras conclusiones de *consenso*, cabría decir que el quinteto

18 Se puede leer un breve resumen de esta complejísima y muy discutida ley en la página web: http://banking.senate.gov/public/_files/070110_Dodd_Frank_Wall_Street_Reform_comprehensive_summary_Final.pdf. Al texto completo de la ley se puede acceder en la página web http://www.sec.gov/about/laws/wallstreetreform-cpa.pdf.

- proliferación pandémica de productos financieros estructurados de alto riesgo,
- regulación ineficaz e insuficiente,
- abusos de la banca de inversión,
- mal comportamiento de las agencias de calificación de riesgos crediticios, y
- desquiciadas ratios de apalancamiento permitidas por la SEC a la banca de inversión.

viene a constituir una suerte de máximo común divisor razonablemente representativo de la opinión de la grey política norteamericana sobre las principales causas —causas inmediatas— de la crisis financiera.

Pero, dicho esto, hay que poner énfasis sobre un hecho evidente, a saber: ninguno de los tres organismos federales hizo referencia alguna a otras causas no inmediatas más elementales o primarias, más radicales y fundamentales. Y, además, resulta obvio que no tuvieron en cuenta, al menos de forma expresa, que las cinco causas principales detectadas no operaron por libre, sino que son miembros de un mismo «conjunto», entre los que hay múltiples y complejísimas interacciones económicas y políticas que tuvieron necesariamente que jugar un papel decisivo en el diseño y montaje de la bomba atómica financiera que explosionó en 2008. De esta realidad intentaré dar cuenta, a mi manera, en el capítulo 2 siguiente.

Centrándome estrictamente en lo que los dos informes dicen, y dejando aparte, por el momento, el eterno problema ideológico-técnico-moral de la regulación, el cual será objeto de análisis en el Epílogo, creo conveniente cerrar este capítulo dando alguna información complementaria relevante en torno a los abusos de la banca de inversión, al penoso comportamiento de las agencias de calificación de riesgos crediticios, y a la presunta responsabilidad de la Securities and Exchange Commission o SEC al permitirle a la gran banca de inversión ratios de apalancamiento desquiciados.

Los abusos de la banca de inversión: Goldman sachs como paradigma

Tanto en el Informe del FCIC, como en el del PSI, se critican los más que evidentes abusos cometidos por el sistema bancario y, en concreto, por los bancos de inversión, en la «originación» y comercialización de productos de financiación estructurada respaldados por, o referenciados a, una ingente cantidad de fondos de créditos hipotecarios *subprime*. Pero no deja de resultar llamativo que en ambos Informes se preste una especial atención a las CDO sintéticas de alta gama de la factoría Goldman Sachs, y, en concreto, a las pertenecientes a la tristemente famosa familia Abacus.

El Informe del FCIC, en el capítulo 8, titulado *The CDO Machine*, y dentro del epígrafe *Goldman Sachs:* “Multiplied the Effects of the Collapse in Subprime”[19], se analiza la primera CDO sintética de dicho banco: la «Abacus 2004-1». Se trata de un producto de extrema complejidad, difícil de comprender incluso por especialistas en la materia.

Pues bien, parece ser que tan egregio banco de inversión —«El Banco», un banco que «dirige el mundo»[20]— pergeñó tan exótica virguería, llena de sutiles tejemanejes, para vender «gato por liebre» a sus mejores clientes. Pero, ¿cómo lo hizo?

Según las investigaciones realizadas por el FCIC, Goldman Sachs ocultó, o no explicó claramente en el memorándum de colocación de la emisión de la CDO sintética Abacus 2004-1, que ya había tomado una posición corta, o pensaba hacerlo más adelante, sobre el fondo de activos de referencia, es decir que, actuaba como un inversor corto[21].

¿Se trataba de un hecho relevante del cual debería haber dado cuenta a sus clientes antes de que estos tomasen la decisión de comprar? Por supuesto que sí. Entonces, ¿por qué no informó del mismo?

La explicación más lógica, aunque conjetural, es que, ya en 2004, Goldman Sachs intuía que se estaba hinchando una burbuja inmobiliaria de carácter especulativo, y que convenía empezar a tomar algunas precauciones, máxime tratándose de su primera emisión de una CDO sintética, cuyo fondo de activos de referencia era de calidad más que discutible. Y se puso corto sobre dicho fondo, pensando que el destino del mismo no era otro que perder valor. Hablando en plata, traicionó la confianza que los inversores habían depositado en tan acreditada institución.

Pero hay más. Apenas transcurrido un año, Goldman Sachs, a pesar de que su posición corta en el fondo de referencia compensaba con creces su propia exposición en la operación, decidió transferir a la aseguradora AIG el riesgo crediticio de su posición presumiblemente larga como principal cliente del tramo *super senior*, a cambio del pago de la correspondiente prima. Esto convirtió a la que era a la sazón la primera compañía de seguros del mundo, en el mayor inversor de dicho tramo y, por tanto, en el mayor perceptor de las primas de cobertura.

19 Informe FCIC, op. cit., págs. 142-146.

20 Marc Roche, *El banco. Cómo Goldman Sachs dirige el mundo*, Deusto, Grupo Planeta, 2011.

21 En la jerga financiera, un inversor toma una posición corta o bajista, u opera corto (hace *short selling*) cuando vende un valor o activo que no posee o ha pedido prestado, para comprarlo más tarde a un precio más bajo, devolverlo y obtener un beneficio. Esta operación está motivada por la creencia de que el precio del valor caerá (bolsa bajista o bolsa «oso» —«*bear*»—). Tomar una posición larga es la operación inversa: comprar un valor o activo, en la creencia de que su precio subirá (bolsa alcista o bolsa «toro» —«*bull*»—).

Así las cosas, si todo iba bien, es decir, si los activos de referencia generaban los flujos de caja previstos, los inversores ganarían millones de dólares. Pero si todo fallaba, Goldman Sachs podía llegar a tener beneficios por importe del principal de la CDO (1.995 millones de dólares), por cuanto había conseguido transferir a terceros la totalidad del riesgo.

Y, ¿cómo acabó esta película de jugadas poco limpias? Pues, muy mal para los clientes, y sumamente bien para Goldman Sachs, que tras negociar con la parte perdedora, acabó ganando *solo* 930 millones de dólares[22].

Pero Abacus 2004-1 fue solo una gota de lluvia precursora de un diluvio. Entre julio de 2004 y mayo de 2007, en la antesala del desastre, Goldman Sachs empaquetó y vendió 47 CDO sintéticas por un valor nocional total de 66.000 millones de dólares. En muchas de ellas tomó posiciones cortas.

El Informe del FCIC, critica el papel de Goldman Sachs en el Abacus 2007-AC1[23], uno de los casos de estudio del PSI, y en otros muchos CDO sintéticos. También lo hace el Informe del PSI, que lo considera «caso de estudio».

Pero estos Informes no tuvieron eco mediático, porque las críticas severas a la banca de inversión ya habían comenzado mucho antes de que los Informes políticos fueran publicados en 2011.

En efecto, los tejemanejes de Goldman Sachs ya habían sido descubiertos, y en noviembre de 2009, un año después de la caída de Lehman Brothers, Lloyd Blankfein, el gran timonel del banco, lloró en señal de contrición al decir: «Hemos participado en acciones que eran profundamente malas, y nos arrepentimos de ello»[24].

Pues bien, para estupor de Blankfein y de su equipo, la SEC publicó el 16 de abril de 2010, sin comunicárselo al banco previamente, una nota de prensa[25] en la que decía que «había presentado cargos [en el tribunal federal del Distrito Sur de New York] contra Goldman Sachs y uno de sus *vice presidents* [Fabrice Tourre] por estafar a los inversores, tergiversando y omitiendo hechos clave sobre un producto financiero vinculado a hipotecas *subprime* [el Abacus 2007-AC1], precisamente cuando el mercado inmobiliario empezaba a tambalearse». En concreto, en dicho comunicado de prensa, la SEC alegaba «que Goldman Sachs estructuró y comercializó una CDO sintética cuyo rendimiento dependía de valores RMBS *subprime*. Goldman Sachs no reveló a los inversores información vital sobre la CDO, y, en concreto, el papel que jugó un gran *hedge fund* en el proceso de se-

22 Informe FCIC, op. cit., págs. 143 y 145.
23 Ibíd., capítulo 10, epígrafe *Credit default swap: "Dumb question"*, págs. 192-193.
24 *El banco. Cómo Goldman Sachs dirige el mundo*, op. cit., pág. 125.
25 http://www.sec.gov/news/press/2010/2010-59.htm.

lección del fondo de referencia, y el hecho de que tal *hedge fund* hubiese decidido tomar una posición corta contra la CDO». En efecto, la SEC «alegaba que Paulson & Co., uno de los mayores *hedge funds* del mundo, pagó a Goldman Sachs para que estructurase una transacción de forma que dicho fondo pudiese tomar posiciones cortas contra valores hipotecarios seleccionados por él mismo, basándose en la creencia de que tales valores podrían experimentar incidencias de crédito (*credit events*)». Y Goldman permitió que Paulson «asesorase» —«barriendo para su casa», por supuesto— a la empresa responsable de la selección de los activos del fondo de referencia, ACA Capital Management, una empresa especializada, objetiva e independiente que, para mayor sarcasmo, fue después uno de los dos grandes inversores de la CDO sintética, buena prueba de que, aunque equivocadamente, confiaba en ella.

El escándalo fue mayúsculo y el banco tuvo que aguantar humillaciones insoportables, por excesivas[26]. Se dijo en la prensa que «¡La SEC ha tratado al número uno de las finanzas mundiales como si fuera un vulgar ladrón de gallinas!». Y por Wall Street comenzó a correr como la pólvora un ominoso juego de palabras: «Ya no diga más Goldman Sachs, diga Goldman Sacks [Goldman saquea]». Y, también, lindezas como «Goldman despoja a sus víctimas, roba a sus clientes como los piratas: ¡la bolsa o la vida!».

Como es lógico, Goldman Sachs puso en funcionamiento todos los mecanismos de poder para que «la sangre no llegase al río», y, tras un proceso de negociación de tres meses, la SEC publicó el 15 de julio de 2010 un comunicado de prensa[27] en el que anunciaba «que Goldman Sachs pagará 550 millones de dólares [250 millones para resarcir a los inversores perjudicados, y 300 millones para el Departamento del Tesoro] y reformará sus prácticas de negocio, para sobreseer los cargos presentados por la SEC por engaño a los inversores en un producto hipotecario *subprime*, emitido precisamente cuando el mercado de la vivienda de Estados Unidos empezaba a derrumbarse».

Se trató de la mayor multa de la historia impuesta hasta el momento por la SEC a un banco de servicios financieros de Wall Street. Con razón dijo Lorin L. Reisner, subdirector de la Division of Enforcement de la SEC: «El mensaje inequívoco de la demanda y del acuerdo extrajudicial de hoy es que las medias verdades y los engaños no pueden ser tolerados, y que la integridad de los mercados de valores depende de que todos quienes participan en ellos actúen con adhesión inflexible a las exigencias de veracidad y honestidad».

26 *El banco. Cómo Goldman Sachs dirige el mundo*, op. cit., pág. 98.
27 http://www.sec.gov/news/press/2010/2010-123.htm.

En el acuerdo extrajudicial, Goldman Sachs, «sin admitir ni negar las acusaciones, reconoció que los materiales de *marketing* para la transacción Abacus 2007-AC1 contenían información incompleta. En particular, consideró que fue un error escribir en tales materiales de *marketing* que la cartera de referencia estaba "seleccionada por" ACA Management LLC sin revelar el papel de Paulson & Co. Inc. en el proceso de selección de tal cartera y que los intereses económicos de Paulson & Co. eran contrarios a los inversores de la CDO, y lamentó que los materiales de *marketing* no contuviesen tal revelación».

El acuerdo de sobreseimiento de cargos dio por zanjada la demanda de la SEC contra Goldman, pero no la demanda contra Fabrice Tourre, la cual fue aceptada por el tribunal federal del Distrito Sur de Nueva York. Los fiscales detectaron, entre otras muchas cosas, un correo electrónico que envió a su novia, en el que le confesaba que estaba «vendiendo monstruosidades que arruinarían a viudas y huérfanos». El día 1 de agosto de 2013, Tourre fue declarado culpable de seis de los siete cargos que se le imputaban por violación de la ley federal de valores, con propósito de engañar a los inversores, y por ayudar a, y colaborar con, Goldman Sachs en un supuesto delito de fraude. El 12 de marzo de 2014, Tourre fue condenado al pago de más de 825.000 dólares (175.463 por ganancias relacionadas con la operación Abacus 2007-AC1, y 650.000 en concepto de multa civil).

Desde luego, hay que reconocer que Goldman Sachs, cuyo CEO, Lloyd Blankfein, le reveló sin empacho, en noviembre de 2009, a un reportero del periódico londinense *Sunday Times* que él y su banco «hacen simplemente el "trabajo de Dios"», ha dado sobrados motivos para que pueda sostenerse la tesis de que tan prestigiosa institución traicionó a sus mejores clientes y a sus compadres, poniendo siempre por delante sus propios intereses; es decir, hizo más bien, el trabajo de Satanás, pues nada hay más bajo que el engaño y la mentira.

Goldman se defendió, es su comparecencia del 27 de abril de 2010 ante el PSI[28] declarando que no les ocultó a sus clientes información, ni tampoco les engañó, por cuanto no tenía obligación alguna de alertarles sobre los riesgos especialmente altos de los productos que comercializaba, máxime teniendo en cuenta que tan sofisticados compradores de CDO sintéticas de la familia Abacus disponían de toda la información necesaria para evaluar por sí mismos tales riesgos. Pero a nadie convencieron estos argumentos. Porque lo cierto era que, ni siquiera los inversores de élite podían intuir los peligros de un trato tan cuidadosamente trufado de engaño.

---

28 http://www.hsgac.senate.gov/subcommittees/investigations/hearings/-wall-street-and-the-financial-crisis-the-role-of-investment-banks.

Resulta hoy evidente, que los astutos banqueros de Goldman (que veían más lejos que sus compañeros de fatigas y de botines), al tiempo que intentaban ordeñar las ubres de una vaca, la *subprime*, que sabían enferma de muerte, ya habían tomado con anterioridad posiciones cortas en el mercado hipotecario, es decir, habían apostado precisamente contra los compradores de los productos que generaban con prodigalidad; y de forma muy apalancada por cierto, para acrecer el beneficio neto final. Ya pueden argumentar lo que quieran. Pero lo cierto es que sus lucrativas actuaciones, que tanta riqueza y poder les han dado, han dejado muchos cadáveres por el camino. Puede que sus discutidas actuaciones no sean ilegales; eso solo pueden juzgarlo los tribunales de justicia. Pero, desde luego, no parecen éticas, al menos dentro de los patrones morales que rigen la vida del común de las gentes.

Ahora bien, toda crítica, por bien fundada que parezca, debe pasar por el filtro de la ecuanimidad. Porque se puede ser duro, pero no parcial.

Los detractores de Goldman Sachs son muchos. Algunos, parafraseando el calificativo que le dio el primer ministro británico Edward Heath al tiburón de las opas, Tiny Rowlands, consideran que Goldman Sachs es «la faz inaceptable del capitalismo»[29].

Creo que se pasan. Quienes participaron, en calidad de clientes, en los engendros de la familia Abacus no fueron ingenuas monjas de la caridad, ni pequeños inversores proclives a la estafa, sino contrapartes ávidas de lucro y adictas al riesgo, que contaron con especialistas de alta cualificación para valorar los memorandos de colocación. Quien juega con fuego se quema. Y el responsable del estropicio no es quien enciende la hoguera, sino quien comete la imprudencia de meter su mano en ella para ver lo que saca, sin tomar las debidas precauciones.

Tres inquisidores y sus letales «opiniones»

Mucho se nombra en esta obra a las tres agencias que cuasi monopolizan el mercado de la calificación crediticia: Moody's, Standard & Poor's y Fitch.

El inmenso poder de estas agencias privadas, bendecidas por la autoridad política, radica en que, con un dictado brevísimo, cuyo texto esencial consiste en un máximo de tres letras, con la eventual adición de un número (1, 2 o 3), de un signo algebraico (+ o -) o de una lapidaria coletilla, pueden santificar o llevar a los infiernos a cualesquiera emisiones de valores, empresas y países, incluso a la propia nación que les ha otorgado su privilegiado estatus de grandes guardianes inquisitoriales de la verdad crediticia que,

29 *El banco. Cómo Goldman Sachs dirige el mundo*, op. cit., pág. 232.

presuntamente, les es «revelada» como consecuencia de su aguda visión, portentoso talento y esclarecido trabajo.

Y, ¿con qué limitaciones ejercen su poder? Pues, de facto, sin limitación eficaz alguna.

Cuando ellas hablan (cuando emiten sus calificaciones), los mercados financieros mundiales escuchan; y punto final.

Y, además, algunos de los agentes financieros se ven obligados por la ley a sufrir las consecuencias de inesperadas degradaciones en la calificación. Tal es el caso, por ejemplo, de grandes fondos de pensiones norteamericanos, tales como el CalPERS —California Public Employees' Retirement System—, que están obligados a no mantener en sus carteras valores que hayan sido degradados a la «categoría de especulación», tarea nada fácil en tiempos convulsos.

Cualquier persona normal pensaría que, para poder llegar ejercer tanto poder, su ejecutoria profesional debe ser irreprochable. Pues nada de eso. Las agencias de *rating* tienen una larga historia de fallos imperdonables, resultado de flagrantes conflictos de intereses y de la utilización maquinal de métodos de evaluación del riesgo equivocados, especialmente durante los últimos veinticinco años.

Ya en 2002, y como consecuencia de su inexplicable comportamiento en el caso Enron, las agencias de *rating* fueron objeto de severo escrutinio y crítica por parte del Congreso de Estados Unidos, dentro del marco de una investigación de amplio espectro. En efecto, el Committee on Governmental Affairs (CGA) del Senado de Estados Unidos, presidido por el senador Joseph Lieberman, celebró, el 20 de marzo de 2002, una audiencia bajo el título "Rating the Raters: Enron and the Credit Rate Agencies". En su informe final, titulado "Financial Oversight of Enron: The SEC and Private-Sector Watchdogs[30], se mostró muy crítico con el comportamiento de las agencias de calificación de riesgos en el caso Enron.

El informe habla de falta de responsabilidad. En efecto, las agencias de calificación crediticia son conscientes de que muchas de sus decisiones pueden afectar a las fortunas de las empresas que califican y a las de sus inversores. Sin embargo, las declaraciones ante el CGA de varios calificadores de alto nivel pusieron de manifiesto que estos no se sentían responsables de sus decisiones. Según ellos, se limitaron a aceptar la palabra de Enron, compañía en la que tenían una «confianza» basada en «sólidos» juicios previos, es decir, en simples presunciones. En torno al delicado problema de la responsabilidad de las agencias, los altos ejecutivos comparecientes

30 *Cfr. Enron*, págs. 254-261.

sostuvieron que, en último término, las calificaciones no son otra cosa que simples *opiniones* que, en ausencia de circunstancias especiales, estarían protegidas por la Primera Enmienda de la Constitución de Estados Unidos[31]. En resumen, como mantuvo el secretario general de Fitch, un índice de calificación vendría a ser «el editorial más corto del mundo».

Aunque es cierto que la Primera Enmienda solo ampara la comunicación de asuntos de interés público que responden a un conocimiento real de las cosas, y no a un temerario desprecio de la exactitud de las mismas, no lo es menos que tan elevado nivel de protección deja al comunicador virtualmente aislado de cualquier responsabilidad, salvo en el caso de falsedad o manifiesta intención de difamar. De hecho, se conocen varios precedentes jurídicos de que se ha concedido a las calificaciones crediticias la protección de la Primera Enmienda. Pero los miembros del CGA manifestaron, como haría cualquier persona no acostumbrada a deslizarse entre las mallas de esa red tan frágil que es la ley, que el extender el «privilegio del periodista» a un calificador de riesgos crediticios parece, cuando menos, exagerado. Porque, en realidad, el mercado ve las calificaciones más como una certificación (categoría de «inversión» o categoría de «especulación») o como un índice de referencia, que como una simple «información», y el hecho de que en centenares de estatutos, normas y regulaciones así se contemple, parece indicar que las calificaciones no son equivalentes a editoriales del *New York Times*, y que el trabajo de las agencias de calificación no está exento de una gran responsabilidad.

A la vista de estos hechos, el *staff* del CGA no pudo menos que concluir que, aun cuando las calificaciones crediticias son en general correctas, fueron defectuosas y equivocadas en el caso de Enron. Este pobre desempeño, unido al fallo clamoroso de otros perros guardianes del mercado financiero, tuvo graves consecuencias. En este sentido, se mostró crítico con el estatuto de las agencias etiquetadas NRSRO, el cual, de acuerdo con lo previsto en la ley Sarbanes-Oxley, recientemente promulgada, debía ser urgentemente reconsiderado por la SEC, para abrir a la competencia la función de calificación crediticia. En efecto, resultaba obvio que la limitada responsabilidad de las agencias de calificación de riesgos —todas ellas privadas—, y su confortable posición de poder que da el oligopolio, no incentivaban el esfuerzo necesario para atrapar a la minoría de empresas dispuestas a actuar de forma inmoral. Por ello resultaba urgente la adopción de medidas reguladoras para que ese incentivo primigenio renaciera en unos profesionales que, tal vez, carecían en ese momento de la formación necesaria para comprender las

31 Que defiende la libertad de opinión, expresión, manifestación, culto...

extraordinarias complejidades de las operaciones realizadas por empresas como Enron.

Pero nada cambió.

Y lo malo es que a la fiebre del oro tecnológica vino a sustituirla, a partir de 2003, una fiebre del oro aún más intensa, la inmobiliaria. Y los clásicos buscadores de oro se forraron, agencias de *rating* incluidas.

Bien es cierto que hay que remontarse hasta 1983 para encontrar el origen de la fiebre de oro inmobiliaria. En efecto, las agencias de *rating* entraron en escena cuando fueron contratadas por Salomon Brothers para contribuir al invento de la *collateralized mortgage obligation* (CMO). Su papel en tal proyecto fue dual. Por un lado prestaron servicios de consultoría; y por otro actuaron como calificadores de los productos resultantes de la titulización de paquetes de préstamos hipotecarios *subprime*. Sus servicios fueron realmente decisivos. Y Salomon Brothers pudo presentar en sociedad a un producto financiero ciertamente prodigioso: se trataba de una emisión de bonos estratificada, en la que cada capa tenía un grado de riesgo distinto, pero el estrato sénior, que venía a representar el 80% de la emisión, era merecedor de la calificación crediticia triple A. La prodigiosa mano del rey Midas había aparecido para obrar un portentoso milagro: transformar el 80% de un montón de quincalla en oro de muchos quilates. A partir de ahí, como sabemos, la creatividad de los banqueros de inversión se disparó, y en unos veinte años se produjo la eclosión de las RMBS, CMBS, CDS, ABS, *cash* CDO, CDO *squared*, CDO sintéticas..., así como su multiplicación asombrosa y su expansión pandémica por todo el mundo.

A partir de 2003, las agencias de *rating* siguieron calificando como triple A las partes sustanciales —del 80% en adelante— de millares de emisiones de RMBS y de CDO, tanto *cash* como sintéticos, obteniendo a cambio sustanciosos ingresos. Pero las tasas de mora e incumplimiento hipotecario habían subido de una forma dramática. Lo que podía tener defensa —hasta cierto punto— en las décadas de los ochenta y de los noventa, ya no lo tenía en absoluto en 2004, y muchísimo menos en 2007. ¿Cómo se puede entender que Moody's otorgase la calificación Aaa a las capas sénior de los engendros que acabamos de apuntar en el pasivo de Goldman Sachs (el Abacus-AC1, por ejemplo)? ¿Había perdido el juicio? ¿Era ya lo mismo la basura, que la triple A otorgada a una corporación tan emblemática como, por ejemplo, General Electric, cuya probabilidad de *default* era minúscula?

Cuando a mediados de 2007 el desastre hipotecario era ya más que evidente, Moody's y S&P reaccionaron compulsivamente, y empezaron a degradar a diestro y siniestro, primero centenares y luego millares de sus calificaciones de las RMBS y CDO, algunas con menos de un año de antigüedad. Por poner solo un ejemplo, Moody's realizó en julio de 2007 una degradación histórica, por súbita y demoledora (de diez a dieciocho escalones). ¿A quiénes podían engañar, con estos gestos de autoridad, los que habían sido, apenas un año antes, colaboradores necesarios para perpetrar semejantes emisiones? ¿Acaso no fue un torpe intento de eludir responsabilidades profesionales y morales más que evidentes?

Ante este acertado, pero bochornoso, cambio de rumbo de un día para otro, ¿qué alto ejecutivo podía seguir defendiendo la patraña de que las calificaciones crediticias de tales compañías eran algo así como «editoriales del *New York Times*»? Por supuesto, ninguno que tuviese el más leve sentido de la moral. Es más, y siguiendo con la metáfora, a las calificaciones de los exóticos productos de la grey *subprime* se las podría considerar, en no pocos casos, como vulgares artículos ligeros de tabloide de medio pelo, escritos bajo la presión de la avaricia.

Ni que decir tiene que, a partir de este momento, se produjeron críticas muy severas a las tres grandes agencias de calificación de riesgos crediticios, a las que se acusó de que el flagrante conflicto de intereses que se les planteó desde el momento en que aceptaron el doble papel de calificadores y de altos asesores de los bancos de inversión, se había resuelto en beneficio de estos últimos y en claro perjuicio de los inversores. Y actualmente sigue viva la misma polémica que se inició tras la quiebra de Enron en diciembre de 2001. Hoy mismo se sigue hablando de sanciones muy severas, de demandas por daños y perjuicios, de la reforma radical de la función de *rating*, de la creación de órganos de regulación, vigilancia y control de tal función... La ley Dodd-Frank de 2010, al igual que ya hizo la ley Sarbanes-Oxley de 2002, incluye importantes modificaciones de la función calificadora, que aún no han sido totalmente implementadas, con el resultado de que, a día de hoy, apenas se han producido cambios significativos en esta importante área.

Y la vida sigue; muy buena para los calificadores y, con frecuencia, muy mala para los calificados.

En torno a la SEC y al apalancamiento de la banca de inversión

El 18 de septiembre de 2008, Lee Pickard, exfuncionario de la SEC, manifestó en una entrevista de prensa[32] que cabía culpar a tan importante agencia reguladora de la totalidad de las enormes pérdidas que habían sufrido los mercados financieros y la banca. Y la causa de tal inculpación no era otra que

32 Artículo de Julie Satow publicado el 18 de septiembre de 2008 bajo el título "Ex-SEC Official Blames Agency for Blow-Up of Broker-Dealers: 'They constructed a mechanism that simply didn't work'".

la implantación en 2004 de una nueva norma de cálculo algorítmico de los requisitos mínimos de capital, solo aplicable a los cinco grandes de la banca de inversión (Lehman Brothers, Merrill Lynch, Bear Stearns, Morgan Stanley y Goldman Sachs). La aplicación de tal norma habría provocado, según Pickard, el extremo endeudamiento de tales bancos, que pasó de una ratio de apalancamiento estándar de 12 a 1 a otra del orden de 30-40 a 1 e, incluso, más. Los resultados de endeudamiento tan enloquecido fueron devastadores. En efecto, con ratios de apalancamiento de, pongamos por caso, 33 a 1, un banco queda prácticamente sin margen de error, pues una modesta caída del 3% en el valor de sus activos puede descapitalizarlo por completo en pocos días, provocando su absoluta insolvencia. Y eso fue, según Pickard, lo que ocurrió: una metedura de pata de la SEC, permitió a la banca de Wall Street asumir unos riesgos crediticios sin precedentes, que condujeron al desastre.

Según el filósofo Jean-François Lyotard, todo gran proyecto cultural, cuya finalidad sea ofrecer una visión integral del mundo, precisa de *grandes relatos* o *narrativas* que legitimen o justifiquen unas formas de pensamiento y acción coherentes con el mismo.

Bajando un par o tres de escalones, cualquier intento serio de explicar la Gran Recesión requiere también *una* narrativa. Y digo *una*, porque hay muchas, entre ellas la mía.

Pues bien, una de tales narrativas, que aún tiene amplio eco, es, precisamente, la que defiende Pickard. Joseph Stiglitz se sitúa en esta misma línea de pensamiento, pues considera que el incremento desmesurado de las ratios de apalancamiento fue uno de los cinco errores decisivos para el desencadenamiento de la crisis. También Alan Blinder, exvicepresidente de la Junta de Gobernadores del Sistema de la Reserva Federal y profesor de Economía de Princeton, sintonizó en 2009 con las ideas de Stiglitz, aunque posteriormente ha rectificado como otros muchos han hecho, al escrutar más a fondo, en los archivos de la SEC y de la Fed, la evolución histórica de los estados financieros de la banca de inversión.

¿Son las cosas así de simples? ¿Las elevadas ratios de apalancamiento lo explican todo, o casi todo?

La respuesta a ambas preguntas en *no*.

En primer lugar no era cierto que la SEC hubiera dulcificado en 2004 los requisitos mínimos de capital de alta calidad establecidos ese mismo año en el acuerdo Basilea II[33]. Lo que ocurría —como declaró el *chairman* de

33 En este acuerdo internacional se determinó que el capital neto debía ser superior al 8% de los activos de riesgo —sobre todo, de crédito y de tipo de cambio—, lo que equivalía a una ratio de apalancamiento inferior a 12,5 a 1.

la SEC Christopher Cox el 23 de octubre de 2008 en una audiencia de la Comisión Waxman—, era que las compañías *holding* de banca de inversión no estaban a la sazón sujetas a supervisión alguna, y lo que hizo la SEC no fue reducir las regulaciones sino incrementarlas. La nueva norma que estableció, malinterpretada y arteramente aplicada, no permitía el desquiciado incremento experimentado por la ratio de apalancamiento de la banca de inversión. Cosa distinta es el que la SEC no realizase con la suficiente eficacia sus tareas de supervisión.

En segundo lugar, tampoco es cierto que un apalancamiento excesivamente alto sea, necesariamente, algo así como «la madre de todas las crisis». Los bancos de inversión de Wall Street habían operado durante décadas precedentes con apalancamientos muy altos, sobrepasando en ocasiones la ratio 35 a 1, y no había habido ningún problema. ¿Por qué tenía que haberlo en 2008?

En opinión de William D. Cohan[34], escritor de éxito y reputado columnista financiero, que ha estudiado a fondo la crisis de 2008, el problema no fue el apalancamiento exagerado sino los sistemas de incentivos perversos. Dice Cohan:

> Desde luego, *incluso un dólar de deuda es demasiado si usted no tiene ni la menor idea de cómo administrar el riesgo.* Y con un par de excepciones notables (Goldman Sachs y JPMorgan Chase), en el inestable 2008, la gestión del riesgo en Wall Street ya había devenido en farsa, con los gestores de riesgo arrollados por banqueros, operadores (*traders*), y ejecutivos centrados casi exclusivamente en maximizar los beneficios anuales... y el tamaño de sus monumentales retribuciones anuales (*bonus*). Sin embargo, hubo un largo período —más o menos entre 1935 y los últimos años de la década de los ochenta— durante el cual la habilidad de Wall Street para gestionar el riesgo fue uno de sus éxitos más singulares, reportando una gran riqueza a sus socios y ejecutivos, haciendo que sus firmas fueran la envidia de todo el mundo, y ayudando a aumentar el nivel de vida de la mayoría de los norteamericanos al facilitar capital, por igual, a los peque-

34 Fuente: Artículo de William D. Cohan, publicado en *The Atlantic* el 21 de mayo de 2012 bajo el título "How We Got the Crash Wrong: Leverage was not the problem—incentives were, and still are" (Cómo se conformó el *crash* equivocado: El apalancamiento no era el problema; los incentivos lo eran, y todavía lo son). Ha publicado tres *best sellers* de notable éxito: *The Last Tycoons: The Secret History of Lazard Frères & Co.* (2007); *House of Cards: A Tale of Hubris and Wretched Excess on Wall Street* (2009); y *Money and Power: How Goldman Sachs Came to Rule the World* (2011). Es columnista de *BloombergView*, y publica regularmente en *The Atlantic*, *BloombergBusinessWeek*, *The Washington Post*, *The Financial Times*, *The New York Times* y *The New York Times Magazine*.

ños y medianos negocios. Esto no cambió mucho el apalancamiento sino la actitud hacia el riesgo.

La gran crisis financiera no la originaron unas ratios de endeudamiento excesivas. Lo que la origino fue la imprudencia temeraria de altos ejecutivos de Wall Street y de sus mesnadas de adláteres, quienes, cegados por una avaricia enloquecida, no se fijaban en los descomunales riesgos a los que exponían a los accionistas de sus compañías al especular con sofisticados productos derivados que apenas entendían; solo veían fantásticas oportunidades de hacerse ricos, muy ricos. La gran prudencia y la permanente atención al riesgo de los recios gerentes de las empresas cuasi familiares de corretaje que operaron en Wall Street hasta finales de 1970 —socios copropietarios de las mismas— se fue diluyendo, hasta extinguirse por completo en 2006, cuando tales empresas se habían convertido en grandes sociedades anónimas cotizadas en bolsa. Ya no era un dueño quien, cuando se apalancaba, digamos 100 a 1, sabía muy bien lo que estaba haciendo porque había estudiado y calibrado adecuadamente, por la cuenta que le traía, los riesgos de sus operaciones. Ahora, tan delicada faena la hacían los nuevos ídolos de la América corporativa, que jugaban con dinero ajeno, y que no tenían otras participaciones en el capital de las empresas por ellos administradas que las que les adjudicaban (*stock options*) los consejos de administración por su presuntamente portentosa visión del negocio y brillantísima gestión del mismo, acciones de las que se deshacían, en general, en cuanto podían hacerlo.

El exceso de endeudamiento no fue el causante primario de la crisis. La peste negra que a punto estuvo de llevarse por delante a la totalidad del sistema financiero fue, al menos a mi juicio, un *sistema de incentivos* equivocado, como más adelante veremos.

Concluye aquí la exposición de la opinión de tres comisiones federales sobre las causas fundamentales de la crisis financiera, con algunos comentarios críticos del autor.

Se trata, al fin y al cabo, de una versión ilustrada y documentada del extenso repertorio de *idola fori* baconianos de carácter económico-financiero, es decir, de ideas y prejuicios que han circulado —y siguen haciéndolo— por el foro, ágora o plaza pública, y por los medios.

Para llegar a comprender mejor por qué nos pasa lo que nos pasa, debemos continuar nuestra andadura por caminos menos baratos, por senderos más difíciles y empinados, que ya he descubierto pero aún no he hollado en esta obra. Eso lo iré haciendo progresivamente en los capítulos siguientes y en el Epílogo (la traca final).

Capítulo 2
CAUSAS DE LA GRAN RECESIÓN: PUNTO DE VISTA HOLÍSTICO

¡Oh ciudadanos, ciudadanos; lo primero que hay que buscar es el dinero; / la virtud vendrá con las monedas! [...] Procúrate dinero; / si puedes, honradamente, si no, de cualquier modo.

HORACIO, *Epístolas,* Libro I, I, 53-54 y 65-66

Caballos que no necesitan pienso: se alimentan de sus coces y del ruido de sus cascos al trotar.

ELÍAS CANETTI, *Apuntes,*
"La provincia del hombre", año 1972

En el capítulo 1 me he referido a las causas más obvias, aunque no necesariamente más relevantes, de la Gran Recesión. Y lo he hecho desde el punto de vista general de tres instituciones políticas estadounidenses. Se trata de un punto de vista en el que las causas se individúan, se particularizan, sin tener en cuenta en absoluto sus mutuas interacciones.

Lo que en este capítulo me propongo hacer, por el contrario, es un análisis holístico de las causas (bastantes más que las cuatro o cinco que antes he comentado), que ya no son vistas como simples objetos separados, sino como un todo, distinto de la suma de las partes que lo componen.

Confío en que este punto de vista ayudará al lector a comprender mejor por qué nos pasa lo que nos pasa.

LA ENROLEHMANOSIS

A lo largo de mi fatigoso caminar por el hediondo pantanal de los escándalos financieros, que ya inicié en 2002 a raíz de la quiebra de Enron, me he dado de bruces, sin buscarlos, con muchos de los síntomas más evidentes de una gravísima enfermedad del espíritu.

En efecto, he ido chocando: con todas las gamas de la conducta empresarial torcida; con la práctica generalizada de la manipulación contable; con flagrantes conflictos de intereses en las actividades de auditoría-consultoría, banca de inversión-análisis bursátil, calificación de riesgos crediticios, y servicios bancarios altamente especializados; con la proliferación de sociedades interpuestas en paraísos fiscales, constituidas con «propósitos especiales»; con el uso impropio, equivocado y, en último término, suicida, de instrumentos financieros exóticos (créditos estructurados y derivados de crédito); con la extrema fijación por una gestión a cortísimo plazo; con sistemas de incentivación equivocados que propiciaban la falsificación de las cuentas y la pérdida del sentido de los negocios; con la torpeza e incompetencia de los muchos órganos públicos creados por el poder político para el control del sistema económico-financiero; con el cabildeo, el tráfico de influencias, el manejo obsceno de información privilegiada, la vista gorda, el cohecho, el maridaje entre los poderes político y económico, la deshonestidad, la corrupción..; con las pestilentes cloacas de nuestro sistema socioeconómico, en suma.

A esta virulenta enfermedad del alma, que aflige a nuestro sistema socioeconómico desde hace mucho tiempo, la bautizo «enrolehmanosis», sin duda una *causa* radical y cuasi omnicomprensiva de la gran crisis sistémica que nos aqueja.

Y denomino a esta grave enfermedad con nombre tan rebuscado, por cuanto el virus que hoy la origina —hablando irónica y metafóricamente, claro está— viene a ser una complejísima recombinación genética de dos conjeturales virus malignos que habrían producido las pandemias de la «enronosis» (2001-2006) y de la «lehmanosis» (2007-2009)[1], hermanos siameses de imposible separación, y que, al igual que ocurrió con la célebre pandemia de gripe A (H1N1) de 2009, tiene material genético procedente de: (i) una cepa viral *humana* (el «patrimonio genético» del espíritu del hombre, conformado por una mezcla inextricable de vicios tan moralmente letales como son la avaricia, la mentira, la deshonestidad, la temeridad..., y de virtudes tan fundamentales —cardinales— como son la prudencia, la justicia, la fortaleza y la templanza); (ii) una cepa viral *aviaria* (propia de gallinas y aves de rapiña); y (iii) dos cepas *porcinas* (propias, exclusivamente, de una nueva raza de *cerdos*, ya descubierta, pero aún no bautizada).

1 Los casos de Enron (burbuja tecnológica) y de Lehman Brothers (burbuja inmobiliaria) pueden ser considerados prototipos de patología conductual *degenerativa*, por lo que resulta lingüísticamente obligada la terminación «osis» (y no «oma» o «itis»).

Creo que esta enfermedad es incurable, por cuanto el mutante virus de la enrolehmanosis siempre ha estado presente en el sistema económico-financiero occidental. Pero hoy resulta obvio que lo que permaneció en estado latente a lo largo de decenios, empezó a mostrarse como moderado resfriado de escasa morbilidad durante la década de los setenta y anteriores, se tornó en peligrosa epidemia gripal durante las décadas de los ochenta y de los noventa, para acabar manifestándose como gravísima pandemia a partir de 2002. ¿Qué es lo que propició tan radical mutación viral? ¿Cuáles fueron las causas subyacentes que más contribuyeron a agravar la enfermedad, hasta transformarla en una especie de medieval peste negra, con una tasa altísima de mortalidad? ¿Qué cambios «medioambientales» propiciaron su propagación pandémica? ¿Qué «religión de gestión» perversa practicaban quienes provocaron con su conducta la peste que nos aterra?

En lo que sigue intentaré dar mi respuesta a tales interrogantes.

Para ello hablaré de nuevas reglas de juego, y de lo que yo llamo la *religión de lo inmediato*, con especial referencia a uno de sus rasgos cruciales, a saber, los sistemas de retribución de los altos directivos.

El análisis crítico de este tema esencial permite, al menos a mi juicio, empezar a entender por qué ocurrió lo que ocurrió.

Unas nuevas reglas de juego

Tengo para mí que para rastrear la eclosión de la enrolehmanosis hay que remontarse a las nuevas reglas de juego que de forma tácita y, también, expresa se dio el propio neoliberalismo hegemónico, fundamentalmente a lo largo de la década de los ochenta, para no poner barreras que impidiesen el funcionamiento del libre mercado, en un ambiente de prosperidad económica sin precedentes en el que se desarrollaban a un ritmo vertiginoso la cibernética, la automática, la biotecnología y las nuevas tecnologías de la información y de las comunicaciones y, al mismo tiempo, cambiaban de forma radical tanto la organización de las empresas como los principios de gestión, mientras una nueva generación de líderes ocupaba la cúpula de unas corporaciones que se habían transmutado en entes transnacionales cuyo mercado era el mundo.

Pero, ¿cuáles fueron las reglas anteriores, que solo se empezaron a modificar en la década de los ochenta? Para responder a esta pregunta debemos retroceder hasta los años de la Gran Depresión.

Las reglas anteriores

La Gran Depresión —una profunda recesión económica mundial que siguió al *crash* bursátil del NYSE, desencadenado el día 24 de octubre de 1929 (el «jueves negro»)— inauguró un largo período de intervención del Gobierno en los asuntos económicos.

Las equivocadas medidas adoptadas por Herbert Hoover, a la sazón presidente de Estados Unidos, para proteger la economía nacional, sobre todo el control de numerosos precios de productos agrícolas, y la adopción de medidas proteccionistas resultaron contraproducentes, por cuanto al promover la propagación de la crisis a todas las economías occidentales a partir de 1931, ahondaron la depresión y retrasaron la recuperación de la economía estadounidense (quiebras de bancos y empresas industriales, pánicos financieros, desordenes monetarios, deflación, paro masivo, extraordinaria caída del nivel de vida...). La confianza se hizo añicos y la desesperanza se adueñó del país.

En 1932, Franklin Delano Roosevelt ganó las elecciones, y el 4 de marzo de 1933 asumió la presidencia, con el país inmerso en una delicada situación de pánico bancario; de ahí que pronunciase en su discurso inaugural su famosa frase de aliento: «*The only thing we have to fear is fear itself* (A lo único que debéis tener miedo es al miedo mismo)».

Se esperaba, tal como había prometido en su campaña electoral, que daría un giro de 180 grados a la política económica de su predecesor. No fue así. Su *New Deal* (Nuevo pacto) no derribó las barreras erigidas por Hoover, sino que levantó otras nuevas, promoviendo y promulgando leyes intervencionistas con dos objetivos fundamentales: (i) la reactivación de la economía por las vías del consumo y de la inversión pública; y (ii) el establecimiento de controles bancarios más estrictos para evitar que se produjese otro *crash* bursátil en el futuro; todo ello adobado con una mayor preocupación por los sectores de la sociedad más desfavorecidos (ejércitos de trabajadores vagabundos «deambulaban de un estado a otro de la Unión huyendo de la miseria y en pos de la supervivencia»)[2]. Entre las muchas leyes promulgadas destacaron las encaminadas a embridar a la banca y a los mercados financieros[3].

---

2 Wikipedia. Tal drama fue reflejado de forma genial por el escritor John Steinbeck en su célebre obra *The Grapes of Wrath* (Las uvas de la ira).

3 La Emergency Banking Act (ley de Emergencia Bancaria) de 9 de marzo de 1933; la Securities Act de 27 de mayo de 1933; y la Banking Act de 19 de junio de 1933, más conocida como la "second Glass-Steagall Act" (segunda ley Glass-Steagall) o, simplemente, como ley Glass-Steagall. Esta última fue, sin duda, la que mayor alcance tuvo en la regulación del sistema bancario norteamericano. Estableció la separación entre la

Este gran esfuerzo legislativo fue una especie de Cruzada emprendida en Estados Unidos para reconquistar los sagrados territorios de la confianza, tan trágica y lamentablemente perdidos. Ni que decir tiene que también en otros muchos países se tomaron medidas acomodadas a sus singularidades y circunstancias.

La Gran Depresión duró diez años. Solo a partir de 1939, la economía de guerra propició una notable recuperación que convirtió a Estados Unidos en la primera potencia mundial.

Acabada la Segunda Guerra Mundial, los costes de tan horroroso conflicto pasaron factura, y todas las principales potencias beligerantes entraron de nuevo en recesión. Situación tan delicada como previsible fue superada poco a poco gracias a los acuerdos de la conferencia de Bretton Woods (julio de 1944), en la que se decidió la creación del Banco Mundial y del Fondo Monetario Internacional, así como el uso del dólar como moneda de referencia, convertible en oro.

Comienza el cambio de reglas

Los asuntos económicos funcionaron razonablemente bien, al menos en apariencia, hasta el año 1970.

Pero en 1971, la considerable merma de las reservas de oro de Estados Unidos como consecuencia de su excesivo gasto en inversiones exteriores y en la guerra de Vietnam, obligó al presidente Richard Nixon a suspender la convertibilidad dólar-oro y, más tarde, a suprimirla y a devaluar el dólar de forma significativa.

Al entierro del patrón oro vino a sumarse en 1973 la primera crisis del petróleo, que afectó muy negativamente a los países más industrializados.

Entre enero de 1973 y diciembre de 1974 se produjo un gran *crash* bursátil, a lo largo del cual el índice Dow Jones IA perdió un 45% de su valor, y el FT 30 de la bolsa de Londres un 73%. Tan catastrófico episodio bursátil fue uno de los factores que llevaron a la economía mundial a una recesión que duraría hasta 1975. Entre las causas principales de la misma se citan la guerra de Vietnam, el colapso del sistema acordado en Bretton Woods, la dimisión del presidente Nixon como consecuencia del escándalo Watergate y la devaluación del dólar, sin ignorar, por supuesto, la primera

---

banca comercial y la banca de inversión, con el fin de evitar el flagrante conflicto de intereses entre banqueros comerciales y corredores o agentes de bolsa (*brokers*), y creó el FDIC (Federal Deposit Insurance Corporation) —el equivalente a nuestro Fondo de Garantía de Depósitos—, lo cual contribuyó a la progresiva recuperación de la confianza en el sistema bancario.

crisis petrolífera. Se trató de una recesión de características nuevas, en la que se acuñó el término «estanflación», por cuanto en ella convivió el estancamiento económico con niveles altos de inflación; uno de los peores escenarios macroeconómicos que cabe imaginar.

En 1979 estalló la revolución en Irán y, tras el derrocamiento del Sha y la instauración de la República Islámica, se desencadenó la segunda crisis petrolífera. Pero Occidente ya había aprendido la lección, y empezó a explotar su propio petróleo.

Para hacer frente a estos graves problemas sobrevenidos, en la década de los setenta se inició en Estados Unidos un proceso de notable trascendencia, que acabaría extendiéndose por todo Occidente: la progresiva desregulación de la economía, en un ambiente intelectual influido por las investigaciones de la Universidad de Chicago, y por las teorías de Ludwig von Mises, Friedrich Hayek, Milton Friedman y otros grandes economistas, defensores a ultranza de la capacidad de autorregulación del libre mercado.

La situación económica estaba reclamando no solo el progresivo levantamiento de las severas regulaciones establecidas en la Gran Depresión (en materias tales como relaciones laborales, condiciones de trabajo, oleoductos, transporte por carretera, líneas aéreas, ferrocarriles, instituciones financieras…), sino también la paulatina liberalización de ciertas industrias de servicio público a las que se impusieron regulaciones muy duras durante el período 1890-1920 (agua, gas, electricidad, comunicaciones…) para evitar situaciones de monopolio y otros abusos que perjudicaban a los consumidores. Desde aquella época se habían producido en el mundo cambios de extraordinario alcance, la competencia en todas las áreas económicas era fuerte, y convenía levantar los obstáculos que frenaban la innovación, el incremento de la productividad y, en suma, el progreso del país y la generación de riqueza.

A lo largo del período 1976-1979 se moderó la legislación *antitrust*, y se produjo la progresiva desregulación de los sectores de transportes (terrestre, aéreo y marítimo), energía (gas y electricidad), comunicaciones y financiero.

Consolidación de las nuevas reglas de juego

A lo largo de la década de los ochenta, la economía norteamericana experimentó una recuperación importante sin excesivos sobresaltos, dejando al margen, claro está, la *Savings and Loan crisis*, los bonos basura para compras apalancadas de empresas en apuros, los Milken y los Boesky, el aplaudido pero obsceno grito de combate «¡La codicia es buena!» y, por supuesto, el *crash* bursátil ocurrido el 19 de octubre de 1987 (el «lunes negro»).

En 1980 se inició, de facto, el proceso de desregulación del sistema bancario con la promulgación de la Depository Institutions Deregulation and Monetary Control Act, que vino a revocar algunas de las disposiciones de la Glass-Steagall Act de 1933. En concreto, aparte de dar acceso a la totalidad los bancos e instituciones del sistema financiero a los préstamos de la Fed, estableció la progresiva derogación, a lo largo de un período de seis años, de la «Regulation Q» que, entre otras cosas, prohibía el pago de intereses a las cuentas corrientes a la vista, y regulaba las tasas de interés aplicables a los depósitos a plazo. En 1982, como respuesta a la *Savings and Loan crisis*, la Garn-St. Germain Depository Institutions Act desreguló la industria de las entidades de ahorro y préstamos.

La gran banca consideró que estos pasos legislativos eran insuficientes y seguían existiendo barreras indeseables que dificultaban la fascinante galopada de la «nueva economía». Así las cosas, el 7 de abril de 1998, Citicorp —un gran banco de inversión— y Travelers Group —un gran conglomerado de negocios, que incluía banca comercial y compañías de corretaje y de seguros— se fusionaron para crear Citigroup Inc., la mayor compañía norteamericana de servicios financieros. La fusión era ilegal, pero los CEO de las dos corporaciones fusionadas consideraron que podían cambiar una ley sumamente incómoda por la vía de los hechos consumados. Y, desde luego, pudieron. Tras un eficacísimo proceso de cabildeo, el 12 de noviembre de 1999 el presidente Clinton rubricó la Gramm-Leach-Bliley Act, que vino a derogar la ley Glass-Steagall y a honestar una fusión impropia. En efecto, la nueva ley permitió la consolidación de bancos comerciales, bancos de inversión, compañías de corretaje y compañías de seguros. La desregulación del sistema financiero había quedado completada. Y la enrolehmanosis empezó a enseñar su feo rostro.

¡A desregular!

Lo cierto es que a lo largo de la década de los ochenta y, sobre todo, de la de los noventa, con las cotizaciones bursátiles subiendo como un cohete, fueron mayoría quienes pensaban, tanto dentro como fuera del sector financiero, que resultaba irracional poner freno al avance imparable de prosperidad tan esplendorosa. Para que la «nueva economía» pudiera desarrollar todo su enorme potencial se precisaba, de forma generalizada, un menor grado de regulación y una normativa más flexible. En un entorno que cambiaba de forma imprevisible y a velocidad de vértigo, convenía dar a las empresas un amplio margen de confianza. En ese ambiente, el grito libertario ¡A «desalambrar»! (las tierras), lanzado en 1968 por el cantautor uruguayo Daniel Viglietti, fue sustituido por el berrido liberal ¡A desregular! (la economía).

Y todo el mundo puso manos a la obra: (i) los Gobiernos, tanto en Estados Unidos como en Europa, privatizaron y desregularon, a veces de forma torpe, precipitada, falsa o, incluso, tramposa, las telecomunicaciones y algunos monopolios naturales (gas y electricidad); (ii) las agencias supervisoras de los mercados financieros de acciones (SEC) y de futuros (CFTC), que siempre habían alertado sobre los peligros de una contabilidad relajada y de la asunción de riesgos exagerada, rebajaron sus niveles de exigencia y vigilancia, y obraron con extraordinaria discreción y miramiento ante las denuncias de infracciones de la normativa; (iii) las agencias reguladoras sufrieron una notable merma de sus ya escasos recursos; (iv) las empresas de auditoría, a las que se permitió autorregularse (algo así como regularse según su conciencia), no solo auditaron, sino que se transformaron en consultoras de amplio espectro; (v) los bancos de inversión compatibilizaron el análisis de inversiones con una muy provechosa intervención directa en operaciones financieras (fusiones, adquisiciones, salidas a bolsa y préstamos); (vi) las instituciones públicas y privadas (nacionales e internacionales), responsables tanto de la elaboración de las normas contables, como del control de su aplicación y del ejercicio profesional y decente de las funciones de contaduría, auditoría e intervención, flexibilizaron sus tradicionales posturas de intransigencia y de rigor...

Lo que se pretendía era quitar corsés a la empresa, permitirle actuar con mayor libertad. El propio mercado sería el que se encargaría de detectar y corregir eventuales actuaciones impropias de tan fantástico sistema de generación de riqueza y bienestar.

Para gobernar las empresas con estas nuevas reglas de juego, en un entorno dominado por la incertidumbre, la competencia y la creciente exigencia de los mercados financieros, se requerían nuevos líderes, y se produjo un gran cambio generacional. Los consejos de administración colocaron en los más altos niveles ejecutivos a personajes muy singulares; los profesionales grises y callados, pero discretos y eficientes, dieron paso a los magnates del perfil de Lee Iacocca o de Jack Welch, los «salvadores» de Chrysler y de General Electric, respectivamente. La era de los CEO, visionarios, carismáticos, audaces y locuaces había comenzado, Wall Street les dio la bienvenida, y los medios de comunicación de masas centraron su atención en las historias, hechos y dichos de los nuevos «héroes corporativos».

Pero también había llegado la era de los gurús del *management* y, sobre todo, la era de los consultores, porque nuevas reglas de juego y nuevos magnates requerían conceptos, ideas, lemas, técnicas y servicios también nuevos.

Lo cierto es que durante estos años de vino y rosas se creó el ambiente propicio para que prosperasen las conductas sistémicas torcidas. Y, como es del todo lógico, prosperaron. Y vimos como una congregación de sujetos sin honor y sin moral, que se autodenominaban «amos del universo» y profesaban la impía *religión de lo inmediato*, esquilmaban la riqueza de las naciones, desestabilizaban su rumbo y erosionaban su prosperidad.

LA *RELIGIÓN DE LO INMEDIATO*

Llamo alegóricamente *religión de lo inmediato* a un conjunto de ideas y creencias de gestión que cautivaron a la aristocracia directiva de la América corporativa y de todo Occidente durante las dos últimas décadas de la pasada centuria, y que, al menos en parte, aún siguen muy vivas en nuestros días. Se caracteriza por:

— la eliminación, en una metafórica «ecuación» de gestión corporativa, del largo plazo, del futuro, del mañana, del proyecto…;

— la absoluta prostitución del tópico lema CVA («creación de valor para el accionista»); y,

— la consideración de la codicia como un «valor» socialmente bueno.

Se trata de una especie de mosaico conceptual que he ido formado poco a poco con las muchas teselas que he encontrado a lo largo de mi dilatado proceso de análisis de los grandes escándalos financieros, las cuales he intentado encajar razonablemente para reflejar de forma sintética y, sobre todo, pedagógica, los rasgos más evidentes de la ideología perversa que provocó tales escándalos.

Las recetas de esta ideología las aplicaron algunos, sin mala fe, por papanatismo, ignorancia, incompetencia, simple moda, inercia…; otros por oportunismo, negligencia, imprudencia, irresponsabilidad, temeridad, egotismo, locura…; no pocos con taimado propósito doloso y fraudulento (engañando, simulando, mintiendo, falsificando, estafando, robando…); casi todos por avaricia.

De tan pernicioso conjunto de ideas y creencias, deseo destacar las más llamativas:

✓ *Becerros de oro, objeto de suprema adoración*: Los diosecillos Poder y Dinero.

✓ *Dogma capital*: «Nada a largo plazo».

✓ *Camino de salvación*: Actuar a corto plazo (con un horizonte trimestral).

✓ *Templo sagrado*: El Mercado de Valores de Renta Variable.

✓ *Primer mandamiento*: ¡Crearás valor para el accionista!... visible cada trimestre.

- ✓ *Pontífice máximo*: Jack Welch.
- ✓ *Grandes sacerdotes*: Kenneth Lay, Jeffrey Skilling, Bernard Ebbers, Dennis Kozlowski... la flor y nata de los CEO, en suma.
- ✓ *Profetas*: Numerosos astros del firmamento del *management* (gurús, profesores de finanzas y contabilidad de las más reputadas escuelas de negocios, consultores, autores de libros académicos y de *best sellers*, periodistas especializados, eruditos a la violeta...).
- ✓ *Iglesia (comunidad de los creyentes)*: Una parte considerable de las congregaciones del sistema socioeconómico, encabezadas por los profetas, los grandes sacerdotes, los creyentes más fervorosos y fanáticos (no todos, pero sí una buena parte de los CEO de élite), sin olvidar a los inversores, tanto los profesionales, como los ocasionales (analfabetos financieros en su inmensa mayoría).
- ✓ *Biblia económica*: La síntesis neoclásica samuelsoniana, enriquecida con teorías de galardonados con el Premio Nobel de Economía.
- ✓ *Dogmas*: (i) Los mercados son eficientes. No hay «burbujas bursátiles» sino la volatilidad inherente a los ajustes entre la oferta y la demanda; (ii) las finanzas son gaussianas; y (iii) El *homo oeconomicus* actúa de forma absolutamente racional.
- ✓ *Paraíso prometido*: Las verdes y amenas praderas donde se pasta la hierba de la riqueza fácil y rápida.
- ✓ *Catecismo de gestión corporativa* (especie de vademécum de prácticas, tendencias, manías y obsesiones):
  - obsesión por la cotización diaria de la acción;
  - obsesión por la «creación de valor para el accionista» a corto plazo y a cualquier precio;
  - abdicación de la estrategia industrial en beneficio de la táctica financiera;
  - práctica sistemática de la manipulación contable (contabilidad creativa, agresiva, inciso-cortante, fraudulenta...);
  - tendencia a acomodar los beneficios por acción a las expectativas trimestrales de los analistas de Wall Street;
  - aplicación de sistemas de retribuciones, incentivos y compensaciones erróneos y muy desequilibrados (sustancialmente basados en las *stock options*), sumamente vinculados a la obtención de beneficios a corto plazo;
  - consideración del empleado, no como persona ni como valioso activo, sino como simple recurso de usar y tirar;
  - obsesión por la reestructuración (reducción compulsiva de plantillas mediante aplicación de las técnicas del *benchmarking*,

downsizing, *outsourcing*, *reengineering* y demás modas efímeras), todo ello con el único objetivo de «ganar más» y responder así a las insaciables exigencias de los mercados financieros;
- obsesión freudiana por el tamaño (fusiones, adquisiciones...);
- obsesión por la diversificación;
- olímpica despreocupación por el endeudamiento (¡idiota el que no se apalanque!);
- uso de sociedades de propósito especial en paraísos fiscales, al margen de los libros de contabilidad oficiales;
- uso compulsivo con fines especulativos e impropios de los instrumentos financieros derivados creados por genios de Wall Street extraordinariamente creativos (generalmente *quants*).

✓ *Ética:* Auge del relativismo moral. La corrupción, como modelo de vida. El egoísmo priva sobre los principios éticos de las grandes religiones (la «regla de oro», por ejemplo) y sobre los que enseña la filosofía. Insensibilidad ante el problema que supone la distribución de la riqueza.

✓ *Discurso «moral» subyacente*: «¡La avaricia es buena!»; los «héroes corporativos» merecen lo que ganan, por cuanto hacen ricos a los accionistas, benefician a la sociedad en general, y contribuyen a la construcción de un mundo mejor.

✓ *«Do ut des»:* Maridaje de conveniencia con el poder político, basado en un «amor interesado», en un «doy para que des» —dentro de un orden, por supuesto— en los ámbitos legislativo y ejecutivo.

En este prolijo mosaico conceptual que he formado; en esta suerte de religión impía que me he inventado; en este maremágnum de elementos de todo rango y jaez, cuyas mutuas y plurales interacciones tejen una complejísima red cuasi inextricable; en este *todo* explicativo, que no individúa sino que aúna, están recogidas las causas primarias, tanto próximas como lejanas en el tiempo, del origen y desarrollo de esa monstruosa Hidra de Lerna que tanto daño nos ha hecho y que, probablemente, nos seguirá haciendo mientras no descubramos la manera de exterminarla.

Someter a crítica todas estas desviadas ideas y creencias requeriría una enciclopedia de muchos tomos. Por ello, en este libro voy a centrar exclusivamente mi atención en tres enmiendas que considero decisivas y urgentes, a saber: (i) la reforma de la «biblia económica»; (ii) la reforma del discurso ético; y (iii) la reforma del sistema de incentivos y compensaciones.

De las dos primeras reformas, de carácter fundamentalmente estructural, me ocuparé en las Segunda y Tercera partes, respectivamente.

La reforma tercia la abordaré a continuación.

Los sistemas de incentivación

Tras el pinchazo de la burbuja tecnológica, la cuestión de las compensaciones (remuneraciones ordinarias e incentivos) vino a minar, aún más si cabe, la confianza de los inversores y de los trabajadores en los máximos ejecutivos de las grandes corporaciones, especialmente de las envueltas en escándalos.

En efecto, la opinión pública quedó atónita e indignada al conocer los sistemas de compensaciones de los CEO de muchas grandes empresas y de los miembros de sus equipos de colaboradores más directos. Y esto no solo por motivo de la cuantía total de las percepciones —realmente escandalosa, incluso en ejercicios en los que se habían registrado pérdidas ingentes— sino, también, por los asombrosos costes sociales de tales sistemas (que corrían a cargo del contribuyente de a pie), así como por la extrema deformidad de su estructura, un complejo polinomio en el que, simplificando mucho, cabe diferenciar, conceptualmente al menos, tres paquetes retributivos, nominalmente homogéneos y de pesos relativos muy diferentes, a saber:

a) Incentivos fijos monetarios. Un salario base fijo en metálico (de cuantía *relativamente* pequeña).
b) Incentivos variables, monetarios o en especie. Gratificaciones variables en metálico (bonus), compensaciones extra salariales en especie, e incentivos a medio y largo plazos en metálico.
c) Incentivos variables accionariales. Incentivos a plazos medio y largo (acciones restringidas) y corto (opciones sobre acciones).

En torno a la desmesura de las cuantías

En cuanto a volumen, las percepciones de muchos CEO habían llegado a finales de la década de los noventa a niveles que, al menos desde el punto de vista social, cabía calificar de obscenos.

Ya en 1981, Peter Drucker, fundador de la ciencia del *management*, escandalizado por la exagerada cuantía de las retribuciones que percibían los miembros de un pequeño y muy selecto grupo formado por los más altos directivos de no más de treinta empresas muy grandes, alertó en uno de sus libros[4] sobre el insensato mensaje que el mundo corporativo estaba lanzando a la sociedad norteamericana, que ya opinaba a la sazón que «los directivos ganaban demasiado». Para Drucker la única razón de que un encargado cobrase anualmente 20.000 dólares brutos y un mánager de élite percibiese un millón de dólares no se justificaba por la lógica del mercado sino por

4 Peter F. Drucker, *El cambiante mundo del directivo*, Ediciones Grijalbo S. A., 1983.

la propia lógica interna de la estructura jerárquica, muy sobrecargada de niveles intermedios del todo innecesarios, entre los cuales debían existir diferencias retributivas bien visibles, acordes con sus respectivos grados de presuntas cualificación y responsabilidad. En efecto, para que el de abajo percibiese 20.000 dólares era necesario que el de arriba percibiese, pongamos por caso, unas 50 veces más.

Así las cosas, Drucker proponía una innovación radical: aparte de la supresión inmisericorde de los niveles intermedios superfluos, las empresas debían adoptar públicamente una política de topes máximos a las compensaciones de todos los directivos empresariales, expresando dichos topes como una cifra múltiplo del salario mínimo interprofesional. Decía Drucker[5]:

> Cuál haya de ser exactamente esa relación, importa menos que la existencia de una relación definida. Para la pequeña empresa podría ser de 15 a 1 [...]. Para la gran empresa [...] una relación de 25 a 1 [resultaría adecuada]. Y con esto habríamos dado cuenta de todas las empresas, excepto un pequeñísimo número de las muy grandes.
>
> Pero incluso una relación de 30 a 1 [...] sería aún bastante inferior a la relación que estiman actualmente los empleados, los dirigentes sindicales, los catedráticos, los periodistas y los mandos intermedios. La mayoría de estas personas creen que la relación es de 50 a 1, o incluso de 100 a 1. Una relación de 25 a 1 está lejos de la igualdad. Pero se halla dentro de la escala que muchas personas de este país, incluyendo la gran mayoría de los trabajadores de base, pueden considerar adecuada, e incluso deseable. [...]
>
> Así que empiecen las campañas contra «esos directivos que ganan demasiado» —y temo mucho que va a ser muy pronto—, las empresas se pondrán a lamentar «la ignorancia de la opinión pública en materia económica» y protestarán por el «ambiente hostil al empresariado». Pero los culpables no serán otros sino las empresas mismas. Pues forma parte de sus responsabilidades, así como de su interés bien entendido, el desarrollar una estructura sensata de compensaciones para los directivos, que refleje y codifique el gran logro de la empresa norteamericana de este siglo [el XX]: el de haber cerrado cada vez más el abanico de la renta entre el «potentado» y el «proletario».

Resulta evidente que Drucker consideraba que superar la sensata —por adecuada y deseable— relación 25 a 1 suponía sobrevalorar de forma imprudente la contribución del CEO al éxito de la empresa.

Pues bien, durante el período 1980-2002, los salarios reales del CEO medio conjugaron a tope el verbo *sobrevalorar* y pasaron de unas 40 veces

---

5 Ibíd., págs. 43-44.

a más de 500 veces. Pero la referencia no era el salario de un trabajador de base (de los que cobran el salario mínimo interprofesional) sino el de un *trabajador medio.*

La filtración de tan escandalosas compensaciones provocó, en pleno pinchazo de la burbuja tecnológica, la ira de los pequeños accionistas, de los trabajadores y del público en general.

Y, tal como había profetizado Drucker, se inició una gran campaña contra «esos directivos que ganaban demasiado», en la que la voz cantante no la llevaron los estudiosos de la materia sino el periodismo de investigación especializado. La campaña sigue, aunque su intensidad varía en el tiempo, de acuerdo con las peripecias de la economía.

Una fuente caudalosa de datos para la realización de estudios sobre las compensaciones de los CEO son los informes que, desde hace ya tiempo, suministran *Forbes*, la *Associated Press*, *Bloomberg*, ciertos periódicos de gran tirada (*The Wall Street Journal*, *The New York Times*, *Business Week*, *Fortune*...) y otros periódicos y centros de investigación.

Otra veterana fuente de información sobre las compensaciones de los CEO es el Institute for Policy Studies (IPS)[6], el cual, junto con la United for a Fair Economy (UFE) llevan más de veinte años publicando anualmente sus controvertidos informes "Executive Excess", de sesgo marcadamente político[7]. Sus portadas suelen venir ilustrados con viñetas de humor vitriólico que presentan al CEO como un hombre rechoncho, vestido de etiqueta, y sediento de dinero, que se enriquece abusivamente a costa de los ahorradores, pensionistas, trabajadores y contribuyentes. En estos beligerantes y un tanto destemplados informes se hace casi siempre referencia a las desmesuradas compensaciones que se pagan a los duques de la aristocracia corporativa americana, comparándolas con las que reciben los trabajadores normales.

A manera de resumen histórico, en el informe décimo tercero ("Executive Excess 2006. *Defense and Oil Executives Cash in on Conflict*") se publicó una evolución actualizada de la «*CEO-worker pay ratio*», es decir, de la ratio (Pagos «CEO medio») / (Pagos «Trabajador medio») a lo largo del período 1990-2005, evolución que se muestra en la tabla 2.1 y en el gráfico

6 El Institute for Policy Studies es un movimiento social configurado como una especie de gran comité de expertos (*think tank*) con investigación independiente, pensamiento visionario, y vínculos con las bases sindicales, los docentes y los funcionarios públicos electos, cuya misión es transformar «ideas» en «acción» para la paz, la justicia y el medio ambiente, todo ello en orden a promover una sociedad más democrática, próspera y libre.

7 Estos informes anuales son fácilmente accesibles en formato PDF a través de la página web del IPS.

2.1. Dados los cambios de metodología realizados por el IPS a lo largo del tiempo, las ratios son simples aproximaciones, pero dan una idea muy clara del estado de la cuestión. Con los datos que han aportado informes posteriores, he extendido el período de evolución de la ratio hasta 2013.

Esta tabla y este gráfico son vivos retratos de la desmesura, del descomedimiento, de la falta de respeto al trabajador normal, de la sinrazón, de la avaricia en estado puro.

TABLA 2.1. «*CEO-worker pay ratio*»

Año	**(Pagos «CEO medio») / (Pagos «Trabajador medio»)**
1965	20
1980	44
1990	107
1991	132
1992	201
1993	195
1994	142
1995	180
1996	269
1997	348
1998	455
1999	516
2000	525
2001	428
2002	281
2003	301
2004	431
2005	411
2006	364
2007	344
2008	299
2009	263
2010	325
2011	380
2012	354
2013	331

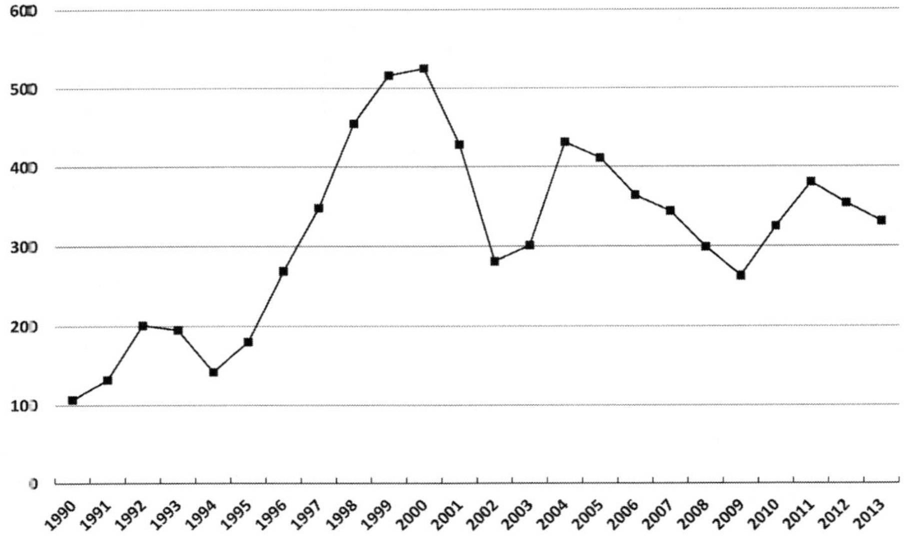

GRÁFICO 2.1. «*CEO-worker pay ratio*»

De los estudios publicados a lo largo del período 2006-2013, es especialmente interesante, a efectos de mis propósitos analíticos, el fechado en 29 de agosto de 2007, bajo el título "Executive Excess 2007. The Staggering Social Cost of U.S. Business Leadership". En dicho informe se mostraba el «asombroso» coste social del liderazgo empresarial estadounidense. Entre otras cosas se comparaban las retribuciones durante el año 2006 de los CEO norteamericanos con: (i) las de los trabajadores normales de la industria manufacturera; (ii) las de otros líderes de la sociedad norteamericana (ejecutivos del Gobierno federal, altos mandos militares, congresistas…); y (iii) las de sus homólogos europeos. Tales comparaciones resultaban impactantes, tal como refleja la tabla 2.2.

En efecto, aparte de corroborar que un CEO medio (en este caso, el de un colectivo de 386 miembros del muy selecto y exclusivo club de los 500 de la revista *Fortune*) ganaba casi 400 veces más que un trabajador industrial medio, si se tomaba como referencia al grupo de los 20 CEO mejor pagados se veía que ganaban, en números redondos, 1.200 veces más que un trabajador normal, 200 veces más que las élites del Gobierno de Estados Unidos, de sus fuerzas armadas, y del Congreso, 100 veces más que el presidente de Estados Unidos, y unas 40 veces más que personalidades de la sociedad civil tan relevantes como son los gerentes de universidades, grandes centros médicos, museos y orquestas filarmónicas de primerísima fila.

TABLA 2.2. *Retribuciones CEO estadounidenses 2006*
Comparaciones con otros grupos de líderes sociales

Colectivo (1)	**Ítem**	**Percepciones totales y comentarios** (2)
CEO estadounidense medio	[a]	10,8 millones de dólares
Trabajador estadounidense medio	[b]	29.544 dólares
Los 20 mejor retribuidos		
CEO estadounidense medio	[c]	36,4 millones de dólares
CEO europeo medio	[d]	12,5 millones de dólares
Gestores PE y HF (3)	[e]	657,5 millones de dólares
Gestores organiz. sin ánimo de lucro (4)	[f]	965.698 dólares
Altos ejecutivos del Gobierno federal (5)	[g]	198.369 dólares
Altos mandos militares	[h]	178.542 dólares
Altos miembros del Congreso	[i]	171.720 dólares
Ratios sobre Trabajador medio		
[a]/[b]		366 veces más
[c]/[b]		1.232 veces más
[e]/[b]		22.255 veces más
Ratios sobre grupos de líderes sociales		
[c]/[d]		3 veces más
[e]/[c]		18 veces menos
[c]/[f]		38 veces más
[c]/[g]		183 veces más
[c]/[h]		204 veces más
[c]/[i]		212 veces más

(1) Fuentes: Investigación de la *Associated Press* sobre las retribuciones de los CEO, hecha pública el 11 de junio de 2007, que incluye las 386 compañías de la lista Fortune 500, cuyos años fiscales finalizaron después del 15 de diciembre de 2006 y presentaron sus cuentas el 1 de junio de 2007 de acuerdo con las nuevas normas de la SEC. Los datos correspondientes a los otros colectivos proceden de diversas Fuentes. (U.S. Department of Labor, *Forbes Magazine*, *Chronicle of Philanthropy*, U.S. Office of Personnel Management, Defense Finance and Accounting Service), y de la propia *Associated Press*.

(2) Las percepciones incluyen salarios, bonificaciones (bonus), ventajas extra en especie (*perks*), intereses por encima de mercado sobre compensaciones diferidas (*deferred compensations*), y valor de las adjudicaciones de acciones restringidas y de opciones sobre acciones (*stock options*).

(3) Gestores de empresas estadounidenses que invierten en el campo de las *Private Equity* (empresas que no cotizan en el mercado de valores), y gestores de *Hedge Funds*.

(4) Fundaciones, universidades, asociaciones, colegios profesionales y otras organizaciones estadounidenses sin ánimo de lucro. Al frente de la lista figura Harold Varmus, del Memorial Sloan-Kettering Cancer Center, con una compensación de 2,5 millones de dólares (datos de 2005).

(5) El presidente Jeorge Bush percibió 400.000 dólares en concepto de salario base.

A quienes los CEO de grandes empresas cotizadas en bolsa no lograban batir era a los gestores de sociedades de inversión del tipo *private equity funds* y *hedge funds* quienes, en promedio, ganaban 18 veces más que ellos, es decir, unas 22.000 veces más que un trabajador normal (se embolsaban en menos de 10 minutos lo que un trabajador de una línea de montaje de automóviles, valga como ejemplo, ganaba en un año). Y es que una alta «tecnología financiera» sumamente innovadora estaba siendo la creadora de la nueva dinastía de grandes fortunas, como lo fueron en el siglo XIX las industrias del acero y del petróleo. Lo tangible iba haciendo discretamente mutis por el foro, y lo mágico ya señoreaba.

En la tabla 2.3 se muestran, solo a título de ejemplo, las compensaciones de los cinco directivos mejor pagados durante el año 2006 en los fondos privados y en las compañías cotizadas. Las cantidades vienen dadas en millones de dólares (M$).

TABLA 2.3

Fondos privados (*mánager*)	
James Simons, Renaissance Technologies	1.500 M$
Steven Cohen, SAC Capital	1.200 M$
Kenneth Griffin, Citadel Investment Group	1.200 M$
T. Boone Pickens, BP Capital	1.100 M$
George Soros, Soros Fund Management	950 M$
Compañías cotizadas (CEO)	
Terry Semel, Yahoo	72 M$
Bob Simpson, XTO Energy	59 M$
Ray Irani, Occidental Petroleum	53 M$
Stanley O'Neal, Merrill Lynch	46 M$
H. Lawrence Culp, jr., Danaher	46 M$

Fuente: Fondos privados, *Forbes Magazine*; CEO, *Associated Press.*

Si estas compensaciones dejan sin aliento, las correspondientes al año 2007 son estratosféricas, como se ha visto en el capítulo 1, página 46.

Pero todas estas cifras, aunque muy expresivas de los excesos que se advertían en las más altas cimas del poder financiero y corporativo, se quedaban un tanto cortas en el reflejo de la verdad de las retribuciones reales, sobre todo porque no tenían en cuenta algo tan importante como son las dotaciones a los fondos de pensiones.

Las propias autoridades bursátiles estadounidenses ya habían reconocido públicamente que la situación de las retribuciones de la flor y nata del empresariado estadounidense estaba fuera de control, a pesar de las llamadas al orden de la Reserva Federal (Fed), del Departamento del Tesoro y del Comité de Servicios Financieros de la Cámara de Representantes, presuntamente dispuesto a promover una ley que tendiese a moderar tamaños excesos.

Lo cierto era que la brecha existente entre las retribuciones de los presidentes ejecutivos y CEO de las grandes corporaciones, y el trabajador medio norteamericano, es enorme. Incluso, tras sufrir una catástrofe económico-financiera de dimensiones históricas, en 2013 la «*CEO-worker pay ratio*» era 331. Nada invita a pensar que exista una tendencia hacia la moderación. Más bien se detecta que su evolución temporal parece seguir, más o menos, al índice Standard & Poor's 500. Y en esas estamos.

El lector podría sacar la conclusión de que la principal culpable de nuestras desventuras ha sido la evidente desmesura de las retribuciones de los altos ejecutivos de la América corporativa, y, en especial, la de los CEO de las instituciones financieras más importantes e imprudentes, que solo han podido sobrevivir gracias a masivas ayudas públicas.

Sería esta una conclusión atinada, pero conviene matizarla. Porque no es incorrecto ni inmoral el que un alto ejecutivo perciba cantidades astronómicas por un trabajo eficaz y un desempeño sobresaliente, que contribuyan de forma decisiva al engrandecimiento de la empresa de forma consistente y sostenible, y al enriquecimiento de los accionistas. Ejecutivos de esta raza existen, aunque no abundan; y es lógico que las empresas compitan para incorporarlos a sus filas. Nadie debe, ni puede, poner límites a sus retribuciones.

Lo absolutamente incorrecto e inmoral es que las empresas hayan establecido *sistemas de incentivación* desquiciados, que abren de par en par las puertas al riesgo moral, a la adopción de decisiones sumamente peligrosas e inaceptables que solo benefician a plazo muy corto a las cúpulas del poder corporativo. Entramos, pues, en el ámbito de la mala conducta directiva, que propicia y alienta un aparente y efímero éxito, que conduce generalmente al más absoluto desastre. Aquí entra plenamente en juego el fuste torcido de la naturaleza humana, que será objeto de escrutinio en el capítulo 6.

Los sistemas de incentivos perversos tienen, pues, todos los números para figurar como una de las causas radicales y mediatas de la crisis sistémica que nos devora.

Por ello, considero que merece la pena profundizar un poco más sobre los excesos retributivos de los directivos. Prosigamos, pues, el análisis de los mismos, pues aún hay más motivos para nuestro disgusto y nuestro descontento.

En torno a las deformidades estructurales

Los sistemas de retribución vigentes en Estados Unidos en los años de la burbuja tecnológica no solo escandalizaron por la cuantía total de las compensaciones sino, también, por el gran desequilibrio existente entre el peso de los distintos componentes de su estructura triádica.

En efecto, con carácter general se apreció que en los niveles ejecutivos más altos de las grandes empresas: (i) el primer componente de la tríada (el salario base fijo en metálico) era muy pequeño; (ii) el segundo componente (la suma de la gratificación variable en metálico —bonus—, de las compensaciones extra salariales en especie, y de otros incentivos en metálico según objetivos) era ciertamente considerable; y, (iii) el tercer componente (la suma de los incentivos en acciones, tanto a corto plazo —*stok options*— como a medio y largo plazos —*restricted stocks*—) era, con mucho, el de mayor cuantía.

En 2006, cuando cabía suponer que los CEO de las grandes empresas, abochornados por los fenomenales escándalos financieros que habían llevado a la cárcel a algunos de sus compañeros, ya habrían hecho examen de conciencia, realizado acto de contrición, y formulado firme propósito de enmienda, pudo comprobarse que la estructura retributiva media de los «20 principales»[8] era tan disparatada como la que se muestra en la tabla 2.4.

TABLA 2.4

Concepto retributivo	**Compensación**		
	Total (10^6\$)	**Media (10^6\$)**	**Estructura retributiva media (%)**
Salario base fijo	22,106	1,105	3,03
Bonus y otros conceptos (*perks*...)	268,247	13,413	36,85
Stock options y *restricted stocks*	437,646	21,882	60,12
Total	727,999	36,400	100,00

A mi juicio, un sistema de retribución tan deforme como el descrito (hoy aun ampliamente difundido en Estados Unidos, a la par que defendido a machamartillo por no pocos especialistas en técnicas para la retención de directivos) es, además de tramposo (por cuanto permite premiar incluso la generación de pérdidas efectivas), esencialmente perverso dada

8 *Executive Excess 2007, The Staggering Social Cost of U.S. Business Leadership, Appendix 2*, pág. 26.

su extraordinaria dependencia de la cotización en bolsa de las acciones de la empresa.

En efecto, en manos de gente poco escrupulosa, puede suponer (y, de hecho, lo supuso durante la gestación de las burbujas tecnológica e inmobiliaria) un incentivo clarísimo para que el objetivo corporativo central, si no único, de la más alta dirección no sea otro que incrementar, a cualquier precio, el beneficio de la empresa a corto plazo, todo ello con el declarado propósito de «crear valor para el accionista» de forma que suba la cotización en bolsa de las acciones de la empresa y, por lo tanto, se multiplique la capitalización bursátil de la misma... y, de paso, el valor de realización de las *stock options*, parte esencial de los paquetes retributivos.

Pero, siendo todo esto cierto con carácter general, lo que nos ha enseñado la actual gran crisis sistémica es que la mayoría de los más distinguidos jefes de la élite financiera, a quienes cabía suponer dotados de la decisiva virtud de la prudencia, asumieron durante años y años riesgos absolutamente suicidas para sus compañías. ¿Cómo se atrevieron a manejar de forma imprudente y temeraria coeficientes tan estratosféricos de apalancamiento financiero con el único objetivo de acrecer el beneficio a corto plazo? ¿Cómo pudieron autorizar, además, la proliferación incontrolada de exóticas, por no decir aberrantes, cadenas de productos derivados, cuya garantía última era solo un crédito hipotecario calificable de pura basura, cadenas que tuvieron un efecto multiplicador aún desconocido sobre el apalancamiento global, aparte de intoxicar a la totalidad del sistema financiero mundial? Me atrevo a postular que a los principales capos de esa especie de mafia financiera en la que se acabó convirtiendo la antes prestigiosa banca de inversión, ya no les importaba nada el futuro de sus compañías. Perdieron por completo el sentido de la realidad, incentivados y programados de forma perversa, como lo estaban, para alcanzar rápidamente fortuna y prestigio profesional... aunque se hundiera el mundo. Y casi se hundió. Pero ninguno de ellos ha dado, que yo sepa, con sus huesos en la cárcel.

El *tsunami* de escándalos financieros del año 2002 ya hizo aflorar casos de retribuciones manifiestamente abusivas y de liberalidades que causaron el estupor de los inversores arruinados y suscitaron la crítica de los medios de comunicación y de no pocos miembros muy destacados del mundillo empresarial de la época del pinchazo de la burbuja tecnológica. Y tan hiriente asunto ha vuelto a saltar a la palestra con ocasión de nuestra hodierna gran crisis sistémica.

Hoy, la polémica sobre las retribuciones estándar, las jubilaciones y las indemnizaciones por despido de los eximios miembros de la aristocracia corporativa sigue viva. Se habla en todos los foros de la conveniencia de poner límites estrictos a su desmesura, a la que se acusa de ser causante de la penosa situación económica en que nos encontramos. Los políticos han enarbolado, con alarde, la bandera de tan remunerativa causa (en votos, naturalmente) y, moviéndose entre la racionalidad y la demagogia, plantean soluciones más ocurrentes que realistas.

Pero, ¿cuál es la raíz del problema? ¿Se trata de una cuestión que se puede resolver por decreto, apretando las tuercas de la regulación?

Veamos.

¿Tanto vale el trabajo de un CEO?

Tras todas estas reflexiones cabe preguntarse, patologías conductuales al margen: ¿tanto vale el trabajo de un CEO?

Con toda sinceridad, creo que no.

Pero esta manifestación no es simplemente un atrevido juicio de valor de tipo moral —y, por lo tanto, esencialmente subjetivo— que vale lo que vale sino, sobre todo, un juicio basado en el reconocimiento por mi parte de un hecho esencial: que las organizaciones empresariales son entes de naturaleza cuasi orgánica, en nada parecidos a instrumentos o artilugios mecánicos que pueden ser gobernados a voluntad, como antes se creía.

Asumida esta nueva forma de percibir la realidad, el mundo de la empresa no puede ser visto, valga la metáfora, como una especie de medieval campo de justas donde aristocráticos héroes fuertes y valientes pelean en singular combate contra sus rivales a caballo y con lanza, jugándose la propia vida en pos de la gloria; si así fuese, la enormidad del riesgo justificaría la esplendidez del galardón. Por el contrario, dicho mundo debe ser contemplado como un sistema, donde el robusto caballo de guerra es reemplazado por el jet y la limusina, y la poderosa arma que supone la organización empresarial en nada se parece a una lanza relativamente rígida y pasivamente obediente a la mano de quien la empuña. En efecto, y tal como más adelante veremos (capítulo 4), estamos ante un sistema complejo adaptativo, activo, indócil, imprevisible, de naturaleza cuasi orgánica, poco obediente a la mano de quien intenta gobernarlo, y de comportamiento potencialmente caótico, sobre todo en el siempre azaroso largo (y no tan largo) plazo. Si esto es cierto, y lo es, deslumbrantes éxitos de gestión presentes, premiados con largueza, pueden ser causa inexorable de catástrofes corporativas futuras (valgan como ejemplo los casos de los grandes capitanes de Merrill Lynch, Stan O'Neal, y de Citigroup, Charles Prince).

Así las cosas, ¿qué es lo que en realidad se juega, por ejemplo, un reconocido mago de los negocios —con frecuencia de perfil netamente financiero y una mirada sin párpado centrada fijamente en lo inmediato— cuando toma sus grandes decisiones de gestión empresarial (geniales, visionarias, audaces, fantasiosas, arriesgadas, temerarias, peligrosas, desalmadas, laboralmente genocidas...) para batir a sus competidores y alcanzar riqueza, fama y galardones? Desde luego no su vida física, ni siquiera su fortuna personal (que, aparte de protegida —salvo actuación indubitablemente dolosa— por las pólizas de seguros de responsabilidad civil que amparan a todos los consejeros y altos directivos, es cuasi inmune a la calidad de su desempeño). Como mucho se juega su reputación y prestigio profesionales, y eso en pocos casos, pues el sistema económico-financiero suele perdonar con facilidad los errores, locuras y desmanes de los prohombres más soberbios y encumbrados, dándoles con frecuencia nuevas y mejores oportunidades para que continúen acreciendo su riqueza, mientras que, por lo contrario, se muestra inclemente con los empleados modestos, que no necesitan cometer error alguno para ser expulsados sin contemplaciones del ya abolido paraíso del empleo.

Lo que realmente sí se juega es la vida de la empresa, es decir, el dinero de los accionistas y el medio de vida de los trabajadores, así como la supervivencia de algunos proveedores y subcontratistas... la vida de *otros*, en suma. Es decir, todo CEO, con independencia de su cualificación, honestidad y desempeño, participa con ventaja en esa especie de juego de ruleta al que se asemeja la gestión empresarial de vanguardia, la que intenta romper moldes (aunque de vez en cuando lo que haga pedazos sean otras muchas cosas).

No. El trabajo de un CEO no vale tanto. Entonces, ¿cuánto vale?

Es dificilísimo contestar con solvencia a semejante pregunta; pues una cosa es tener suficiente sensibilidad para percibir la desmesura, y otra muy distinta evaluar su cuantía o atreverse a definir un intervalo de equidad. Yo, desde luego, me siento absolutamente incapaz de hacerlo. Pero opino que Peter Drucker no anduvo demasiado desencaminado cuando sugirió que toda compensación que supere 25 veces la retribución media de los empleados normales es, moralmente al menos, muy difícil de justificar. De hecho, se acercó un poco —solo un poco— a las ideas de Platón, quien dejó escrito que «ninguna persona debería valer cuatro veces lo que otra»[9] y, también, a las reflexiones de Montaigne quien, en un ensayo sobre la austeridad de los clásicos, enfatizó lo siguiente: «A Tiberio Graco al ir en comisión por la república, siendo entonces el primer hombre de los romanos, no le pagaron

9 *Cfr.* Charles Handy, "El papel de la empresa en la sociedad actual", *Harvard Deusto Business Review*, número 112 (enero-febrero 2003).

más que cinco sueldos y medio al día»[10]. Claro está que, desde entonces, han fluido mucho poder y mucha corrupción por los ríos arteriales de la historia.

Tengo para mí que esta idea druckeriana no es hoy compartida por ningún CEO o aspirante a magnate que se precie. En un Congreso y Exposición Internacional de Management (EXPO MANAGEMENT) celebrado en Madrid en 2003, Jack Welch, el «salvador» de General Electric, no tuvo empacho en manifestar[11]:

> Todo esto es una tontería y, como siempre, los medios de comunicación se han vuelto locos. Vivimos en el mercado libre, que tiene sus fisuras, pero también muchas cosas a favor. Permite a la gente cumplir sus sueños... Intentar poner ratios es una tontería. Un directivo no puede ganar más de 40 veces lo de un obrero. ¿Por qué? Esto es el libre mercado. [Grandes aplausos.]

Precisamente porque estoy plenamente convencido de las virtudes del mercado libre, funcionando dentro de los límites que imponen el derecho, la legislación y el decoro, la argumentación de Welch me parece una burla descarada. Y es que las retribuciones que pretende defender (aquellas de las que gozó, por ejemplo, con anterioridad a su retiro dorado) no son consecuencia inexorable del funcionamiento de las leyes de la oferta y la demanda en el libre mercado de héroes de los negocios (si es que tal mercado existe realmente); antes bien, con mucha frecuencia, son simplemente el resultado de acuerdos poco o nada transparentes adoptados en el seno de los consejos de administración por personas que no se mueven obedeciendo a una presunta legalidad económica de obligado cumplimiento en materia de recompensa de la gestión excelente, sino que también (y tal vez sobre todo) intentan cumplir sus propios sueños.

En efecto, no es una invisible mano smithiana la que guía los ingresos monumentales de los directivos; es, más bien, como sostienen muchos estudiosos de la materia, el invisible apretón de manos entre camaradas que actúan de acuerdo con el precepto del derecho romano *do ut des*, o sea, «doy para que des». Porque, si me muestro duro como consejero de tu empresa al fijar tu retribución como CEO, ¿qué harás tú cuando, como consejero de mi empresa, te corresponda fijar la mía? Así lo reconocen en privado no pocos

10 Michel de Montaigne, *Ensayos*, Ediciones Cátedra, S. A., 1996, Tomo I, capítulo LII ("De la austeridad de los clásicos"), pág. 379.

11 Diario *Expansión*, 23 de mayo de 2003. Citado también por Joaquín Estefanía en un artículo publicado en *El País* el día 9 de junio de 2003 bajo el título "La rebelión de los pequeños accionistas". EXPO MANAGEMENT se celebró en Madrid del 21 al 23 de mayo de 2003 en el Parque Ferial Juan Carlos I (IFEMA).

consejeros presuntamente independientes. Y es que la compleja maraña de participaciones cruzadas que se detecta en los consejos de administración de las mayores empresas da lugar, se quiera reconocer o no, a inevitables conflictos de intereses. Y aun cuando estos cruces no existieran, a un consejero supuestamente independiente, nombrado de forma más o menos directa por el máximo ejecutivo de la empresa quien, a su vez, preside el consejo de administración, le va a resultar muy difícil, por no decir imposible, decir que no a las pretensiones de quien ostenta el poder. Pensar otra cosa es de una ingenuidad enternecedora.

Dejando aparte cualesquiera opiniones personales sobre si las cuantías de las retribuciones de los más altos directivos son o no desmesuradas, lo lógico sería pensar que, en todo caso, tiene que existir una correlación significativa entre las mismas y la calidad del desempeño de quienes, presuntamente, se hacen acreedores a ellas. Así lo exigen no solo la racionalidad económica, sino también el decoroso cumplimiento de las promesas hechas en materia de retribuciones por los apóstoles de la buena gobernanza corporativa.

Pues va a ser que no. Porque ha quedado estadísticamente comprobado que, en muchos casos, tal correlación es muy débil, nula o, incluso, negativa[12].

En todo caso, no es posible ignorar la incomodidad social que suscita la existencia de estas enormes desigualdades de fortuna. Con razón dejó escrito Marguerite Yourcenar en sus *Memorias de Adriano* que «Parte de nuestros males proviene de que hay demasiados hombres vergonzosamente ricos o desesperadamente pobres»[13]. Ningún ser humano vale lo que un pueblo; cosa distinta es que sepa y pueda salvarlo de la desdicha.

Solo aclarar que esta crítica severa a la remuneración desquiciada, que a muchos podrá parecer exagerada, no conlleva censura alguna a las retribuciones de la inmensa mayoría de excelentes y honestos profesionales de la empresa, en todos los niveles del organigrama (cada vez más virtual que real), que no hacen otra cosa que vender sus servicios al precio que el mercado global está dispuesto a pagar. Hacen bien en aprovechar sus oportuni-

12 *Cfr.* a) Lucian Bebchuk y Jesse Fried, *Pay Without Performance: The Unfulfilled Promise of Executive Compensation*, Harvard University Press, Cambridge, 2004; y b) Robert Daines, Vinay B. Nair y Lewis Kornhauser, *The Good, The Bad and The Lucky: CEO pay and skill*, New York University y University of Pennsylvania Law School, noviembre de 2004 (revisado en agosto de 2005). Investigación comentada por la periodista norteamericana Nomi Prins en un artículo publicado en *La Vanguardia* el 15 de marzo de 2005, bajo el título "Por qué unos sueldos tan descomunales".

13 Marguerite Yourcenar, *Memorias de Adriano*, Edhasa, 1983, traducción de Julio Cortázar, pág. 100.

dades. Lo malo es que, aunque no sea justo, son víctimas inevitables de la ley de Tuchman: «El hecho de ser publicado multiplica el alcance aparente de un hecho deplorable por cinco o por diez» (o por la cifra que el lector crea más justa)[14].

Concluye aquí mi identificación de las causas más inmediatas de la Gran Recesión, así como la crítica específica de una de ellas: los desatinados sistemas de incentivación de los «amos del universo» que señorean Wall Street, de esos «caballos que no necesitan pienso: se alimentan de sus coces y del ruido de sus cascos al trotar».

Permeando hasta las entrañas de ese todo esbozado en mi religión de lo inmediato, está una causa que aún no he mencionado explícitamente: el fuste torcido de la naturaleza humana. Se trata, a mi juicio, de una causa germinal, primigenia y omnicomprensiva, cuyo análisis abordaré en el capítulo 6.

Pero la causa general más importante es, tal vez, la que he denominado «Biblia económica», una amalgama de conocimientos e ideas, una teoría que da soporte a la acción del *homo oeconomicus*, defendida con uñas y dientes por una mayoría de grandes universidades estadounidenses. Se trata de la síntesis neoclásica samuelsoniana, gestada en los años cincuenta del siglo pasado, que ha ido experimentando ajustes y ampliaciones a lo largo del tiempo y sigue siendo considerada por la academia base teórica fundamental del paradigma económico aún prevalente.

No milito en esa casta. Más bien lo hago en otra bien distinta, de la que daré amplia noticia en la Segunda parte, capítulos 3, 4 y 5. Y hasta me permitiré la osadía de proponer un bosquejo de nuevo paradigma económico, más ajustado al comportamiento real del ser humano actuando en libertad.

14 *Cfr.* Barbara W. Tuchman, *Un espejo lejano. El calamitoso siglo XIV*, Ediciones Península S. A., 1978, Preámbulo, pág.19.

SEGUNDA PARTE

EXPLORANDO TERRITORIOS NUEVOS

Capítulo 3
UN PARADIGMA FINANCIERO CUESTIONADO

La curva de campana, ese gran fraude intelectual.

NASSIM NICHOLAS TALEB, *El cisne negro*,
título del capítulo 15

LA SÍNTESIS NEOCLÁSICA

En 1948, el economista norteamericano Paul Samuelson publicó su celebérrima obra *Economics: An Introductory Analysis*, quizás el libro de texto sobre economía moderna más famoso de la historia[1]. En dicha obra, Samuelson acuñó y popularizó la denominada *síntesis neoclásica*, que vino a revalidar los principios clásicos fundamentales sobre la formación de los precios, y a hermanarlos con las políticas monetaria y fiscal keynesianas, salvando así la separación entre microeconomía y macroeconomía[2]. Dicha síntesis ha sido desde entonces la corriente económica dominante (*mainstream economics*), considerada en Estados Unidos la *economía ortodoxa*, en contraposición con la académicamente denominada *economía heterodoxa*[3].

1 Traducido al español bajo el título *Curso de economía moderna*, Aguilar S. A. de Ediciones. En mi época de estudiante en la Escuela Técnica Superior de Ingenieros Industriales de Barcelona, todos lo denominábamos coloquialmente «el Samuelson», al que considerábamos una especie de biblia económica. Claro está que en aquella época yo aún desconocía por completo las teorías de la Escuela Austriaca de economía (Ludwig von Mises, Friedrich Hayek...), las cuales han ido esculpiendo y forjando mi forma de pensar los fenómenos económicos. De ellas daré breve noticia en el capítulo 5 y comentaré de forma extensa en el capítulo 7.

2 *Curso de economía moderna*, op. cit. decimotercera edición de 1965, págs. 424-425.

3 Un variopinto cajón de sastre en el que tienen cabida todas las economías *non gratas* para la corriente dominante, a saber: la marxista, la socialista, la pos-keynesiana... y, aunque parezca mentira, la de la Escuela Austriaca de economía.

Dentro de la *mainstream economics* han venido coexistiendo dos corrientes de pensamiento: la «*saltwater*» y la «*freshwater*». La primera dominó en las principales universidades próximas a las costas este y oeste de Estados Unidos (Berkeley, Harvard, Cornell, MIT, Princeton, Columbia, Stanford, Yale...). La segunda señoreó, fundamentalmente, en universidades cercanas a la región de los Grandes Lagos (Chicago, Carnegie Mellon, Rochester, Minnesota...). Tradicionalmente se ha asociado a las universidades «agua salada» con las ideas keynesianas de intervención del Gobierno en los mercados. Por el contrario, en las universidades «agua dulce» siempre se han mantenido reservas sobre el supuesto papel benéfico del intervencionismo gubernamental en la economía[4].

A lo largo de la segunda mitad del siglo XX, y, en especial, durante sus tres últimas décadas, se fueron consolidando, dentro del marco de la corriente económica dominante, una serie de teorías y modelos econométricos basados en la utilización de estadística matemática de altos vuelos, para, entre otras cosas: (i) medir el riesgo de la pléyade de productos financieros, cada vez más sofisticados, que la exuberante creatividad de los especialistas de la banca de inversión iba engendrando —en algunos casos, perpetrando—; (ii) gestionar carteras de valores; y (iii) valorar opciones de compra de acciones.

Tales modelos (los de Markowiz, Sharpe, Black-Scholes...), que se convirtieron pronto en la doctrina financiera ortodoxa aceptada en Wall Street, partían de tres premisas matemáticas fundamentales relativas a los *cambios de precios*: (i) se trata de variables aleatorias estadísticamente independientes; (ii) se distribuyen de acuerdo con la ley normal de Gauss; y (iii) la mejor predicción del precio de mañana es el precio de hoy. El conjunto de estas tres premisas es conocido como hipótesis del «paseo aleatorio gaussiano» (*gaussian random walk*)[5].

Tal conjunto de premisas esenciales llevaba implícito otro conjunto de asunciones, entre las que cabe destacar: (i) que la gente actúa siempre de forma racional y solo busca su enriquecimiento; (ii) que todos los inversores son prácticamente iguales, sean grandes, medianos o pequeños, en el sentido de que piensan igual y, ante una determinada información, toman las mismas decisiones; (iii) que el proceso que genera los cambios de precios

4 Wikipedia.

5 Un paseo aleatorio (término introducido por Karl Pearson en 1905) no es sino la formalización matemática de una ruta que consiste en una sucesión de pasos aleatorios. Tal paseo aleatorio se adjetiva como «gaussiano» cuando el tamaño y orientación del paso varían de acuerdo con la distribución normal de Gauss. Es similar al movimiento browniano, matematizado por Albert Einstein.

es continuo, porque la naturaleza no da saltos (*Natura non facit saltus*); y (iv) que tal proceso generador también es estacionario, es decir, es invariante con respecto al tiempo.

Pero los fundamentos de estas teorías y modelos no fueron fruto de la inspiración de unos cuantos destacados economistas y estadísticos matemáticos, fascinados por los fenómenos financieros. En realidad, los primeros cimientos de la economía financiera moderna ya los había establecido en 1900 un joven matemático francés, Louis Bachelier, en una tesis doctoral[6] en la que aplicó la teoría de las probabilidades a las variaciones de los precios de los bonos del Estado francés, llegando a la conclusión de que tales variaciones respondían a la ley de distribución normal de Gauss. En la Francia académica de la época, ligar la vileza del dinero con la prístina pureza de las matemáticas era cuasi una herejía. De ahí que la «doctrina Bachelier» no tuviese buena acogida en su patria, permaneciendo prácticamente ignorada hasta la década de los sesenta, a lo largo de la cual una notable mayoría de los economistas norteamericanos la hizo suya.

A ello contribuyó de forma decisiva el economista Eugene F. Fama[7], profesor de Economía de la Universidad de Chicago. Plenamente convencido de que los mercados son racionales, estableció su famosa «hipótesis del mercado eficiente» o de la «competencia perfecta»[8]. Según esta hipótesis —una especie de pseudociencia—, en un mercado ideal, en el que se asume que existen tantos vendedores como compradores de un mismo bien o servicio, ninguno de los cuales, actuando independientemente, puede influir sobre la determinación del precio, éste resulta fijado por las propias fuerzas del mercado, como resultado de la interacción de las leyes de la oferta y la demanda (neoclasicismo en estado puro). Así las cosas, en un mercado bursátil eficiente, por ejemplo, toda información relevante está ya descontada en el momento actual. Dicho de otra forma, las oportunidades de ganancia

6 Louis Bachelier, "Théorie de la Spéculation", *Annales Scientifiques de l'École Normale Supérieure* (III) 17 (1900), págs. 21-86. El supervisor de la tesis fue Henri Poincaré.

7 Eugene F. Fama, primer ganador del Premio Deutsche Bank en Economía Financiera, fue laureado con el Premio Nobel de Economía 2013, junto con Robert Shiller (universidad de Yale) y Lars Peter Hansen (universidad de Chicago).

8 Fama distingue tres formas dentro de su hipótesis: (i) la forma «débil» (las cotizaciones ya reflejan la información pasada, por lo que el famoso «análisis técnico» resulta banal); (ii) la forma «semifuerte» (las cotizaciones reflejan, también, la información recién conocida sobre la empresa y el mercado de valores en general, por lo que el no menos famoso «análisis fundamental» resulta invalidado); y (iii) la forma «fuerte» (las cotizaciones reflejan *toda* la información). De nada valen, pues, estos dos muy veteranos y profesionalizados tipos de «análisis» (el «técnico» y el «fundamental»), métodos de previsión del futuro en el que tantos inversores siguen creyendo hoy mismo a pie juntillas, aunque tienen más relación con la adivinación y la magia que con la ciencia económica.

especulativa se eliminan casi instantáneamente. No existen, pues, valores infravalorados o supervalorados. Nadie puede «sacar tajada».

Pero esta hipótesis no se compadece con la realidad. Los mercados son todo, menos eficientes, como más adelante comentaremos.

Las ideas de Fama son, en general, un tanto extremas. Sostiene, por ejemplo, que la palabra «burbuja», que hoy se utiliza con profusión, es una idea sin fundamento científico[9], y que lo que ahora se llama una «burbuja financiera» no es sino un aumento de precio motivado por un cambio, plenamente racional, de la percepción del riesgo. Se trata de una idea antagónica a la que sostiene Robert Shiller, también Premio Nobel de Economía 2013, para quien una burbuja es un aumento provocado por una euforia irracional, es decir, por un fenómeno de realimentación psicológica[10].

Pero lo cierto es que en la década de los setenta, plenamente aceptada ya por el *establishment* económico la doctrina Bachelier, remozada por Fama, Wall Street también le rindió pleitesía, así como a los modelos en ella basados.

Sin embargo, a pesar de su aparente solidez granítica, estos modelos canónicos empezaron pronto a agrietarse, a mostrar debilidades y síntomas de fracaso. El primer aldabonazo sobre la incoherencia de tales modelos lo dio en 1963 el gran matemático Benoît Mandelbrot, como más adelante veremos. Nadie le hizo demasiado caso. Pero a partir de 1987, las llamadas de atención se multiplicaron.

Cuando el siglo XXI alboreaba, ya se habían acumulado numerosos episodios de grave trastorno en los mercados, con importantes caídas en un solo día de los índices bursátiles (el «lunes negro» de 1987, la crisis económica asiática de 1997, la crisis monetaria rusa de 1998, el pinchazo de la burbuja tecnológica de 2000, y otros muchos de entidad menor, con frecuencia arracimados), los cuales no encajaban en absoluto en el paradigma al uso, que daba a este tipo de sucesos unas probabilidades de ocurrencia inimaginablemente pequeñas (medibles en mil millonésimas y, en algunos casos, en cifras muchísimo más diminutas, carentes de sentido

9 La palabra «burbuja» (*bubble*), para referirse a los episodios de euforia financiera especulativa, empezó a utilizarse en 1720 con ocasión de la gran crisis que se produjo en la bolsa de Londres como resultado de la quiebra de la Compañía de los Mares del Sur, la cual arruinó a muchísima gente. La ley promulgada en 1920 por el Parlamento británico para evitar que proliferasen las sociedades por acciones, fundadas para llevar a cabo los proyectos más descabellados, llevó por título "Bubble Act". *Cfr.*, por ejemplo, John Kenneth Galbraith, *Breve historia de la euforia financiera*, Ariel. El DLE, en su versión actualizada, define burbuja (financiera) como «Proceso de fuerte subida en el precio de un activo, que genera expectativas de subidas futuras no exentas de riesgo».

10 Robert Shiller, *Exuberancia irracional*, Ciro Ediciones S. A., 2011.

por cuanto estaban fuera de la escala de la naturaleza); es decir que, pura y simplemente, semejantes cosas no podían ocurrir. Pero habían ocurrido, y en abundancia.

Como es del todo lógico, no pocos profesionales de las finanzas muy asustados y decepcionados, especialistas en estadística matemática consternados, y grandes inversores gravísimamente damnificados, empezaron a sospechar que algo tenía que estar equivocado en tales modelos de evaluación del riesgo, dando la razón a visionarios aguafiestas que ya venían denunciando la inanidad de la doctrina canónica desde hacía décadas.

Y ¿qué es lo que estaba equivocado? Pues, sobre todo, dos de las tres hipótesis estadísticas fundamentales en que se basan. En efecto, ni los cambios de precios son variables aleatorias estadísticamente independientes, ni tampoco se distribuyen de acuerdo con la ley normal de Gauss. Pero, como en su momento veremos, tampoco la tercera premisa está hecha de piedra blindada. Y en lo que concierne al conjunto de asunciones que de ellas se derivan, también veremos más adelante que son sumamente discutibles.

El lamentable resultado de todo ello fue una extremada y escandalosa subestimación del riesgo financiero.

Las finanzas, ¿son gaussianas?

En torno a la campana de Gauss

Todos los fenómenos económicos, en tanto que naturales, son esencialmente azarosos, caóticos, confusos, indeterminados... aparte de extremadamente complejos. Por ello, para estudiar su evolución no sirven los clásicos modelos deterministas. De ahí que muchos científicos hayan considerado imprescindible el recurso a modelos aleatorios o estocásticos, basados en leyes de probabilidad, que el ingenio de los matemáticos puros han generado en abundancia. Tales leyes son afanosamente probadas por los estadísticos prácticos para encontrar las que mejor se amoldan a los múltiples fenómenos de todo tipo que pretenden analizar.

En economía, son ejemplos de variable aleatoria las fluctuaciones de las cotizaciones de una acción o de un bono, de los valores de un índice bursátil, de los precios de una *commodity*, de los tipos de cambio de una divisa, de los tipos de interés del mercado interbancario, de las primas de riesgo de la deuda pública... y un interminable etcétera.

De todas las leyes estadísticas que se manejan en los diversos campos del conocimiento para estudiar la variabilidad, la más popular (en el sentido de conocida y aplicada con profusión) es, sin duda, la *ley normal de Gauss*. Pero no es, en absoluto, una especie de ley universal. En general solo es aplicable cuando las causas perturbadoras elementales que provocan las fluctuaciones observadas en las variables aleatorias objeto de estudio son *muy numerosas*, *mutuamente independientes*, de *influencia pequeña*, y de *efectos aditivos*. Cuando se dan estrictamente estas circunstancias específicas, las fluctuaciones de la variable aleatoria en cuestión se suelen ajustar muy bien a dicha ley[11].

La ley normal de Gauss se caracteriza por una función de densidad de probabilidad con tan solo dos parámetros fácilmente calculables: (i) la *media* m, uno de los parámetros característicos para medir la tendencia central de una población; y (ii) la *desviación tipo* σ (sigma), también uno de los parámetros característicos para medir la dispersión (o volatilidad) de una población. Realizar cálculos de probabilidades con la ley normal de Gauss o ley N(m; σ) resulta muy complejo. Afortunadamente, si una variable aleatoria X sigue la ley N(m; σ), la variable reducida

$$t = (x - m) / \sigma$$

sigue una ley N(0; 1), es decir, una ley normal de m = 0 y σ = 1, la cual está tabulada. El muy conocido perfil tipo campana de la ley de densidad de probabilidad N(0; 1) de Gauss, es el que muestra el gráfico 3.1.

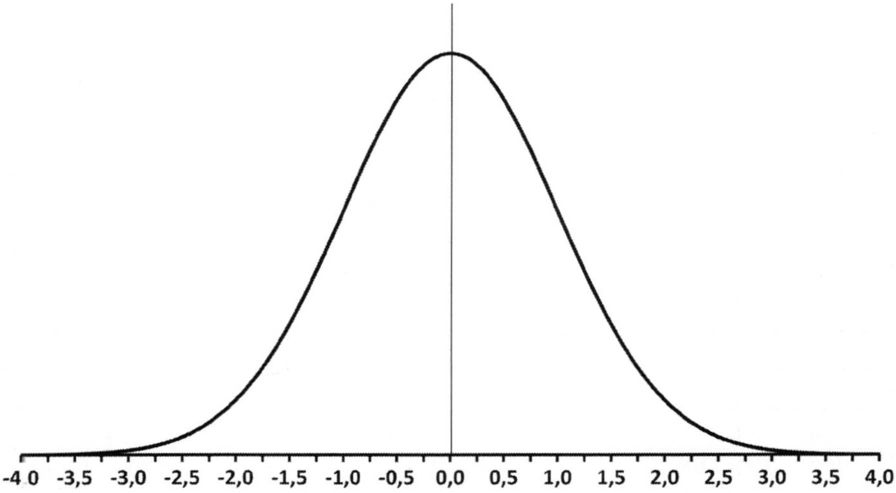

GRÁFICO 3.1. *Ley normal reducida N(0; 1)*

11 Vicente Martín Valero, *Estadística matemática y control de calidad*, Publicaciones de la Fundación Juan March, Guadarrama, 1973, págs. 26-27.

Además de la belleza geométrica de tal curva, hay algo en ella que llama la atención. Dado que el área delimitada por la misma y el eje de abscisas es necesariamente 1 (o, dicho de otro modo, el 100%, imagen numérica de la certeza), se aprecia a simple vista que se produce una gran concentración de probabilidad en la parte central, así como un rápido adelgazamiento de las *colas* (áreas comprendidas entre –∞ y –t, y entre +t y +∞) en cuanto t sale del intervalo m ± σ —es decir, del intervalo reducido ±1—. Por ejemplo, los valores fuera de los intervalos ±1,96, ±2,58 y ±3,09 tienen, respectivamente, probabilidades inferiores al 5%, al 1% y al 2‰. La reducción del grosor de las colas es, pues, no ya rápido, sino vertiginoso. De facto, más allá del intervalo ±4 la delgadez de las colas es extrema, tal como muestra con meridiana claridad la tabla 3.1.

TABLA 3.1. *Colas de la distribución N(0; 1)*

Abscisa t	**Grosor «cola»** g	**Probabilidad de ocurrencia (aproximada)** 1/g
0	0,5	Una vez cada 2
0,5	0,308537539	Una vez cada 3
1,0	0,158655254	Una vez cada 6
1,5	0,066807201	Una vez cada 15
1,96	0,024997895	Una vez cada 40
2,0	0,022750132	Una vez cada 44
2,5	0,006209665	Una vez cada 160
3,0	0,001349898	Una vez cada 740
3,09	0,001000782	Una vez cada 1.000
3,5	0,000232629	Una vez cada 4.300
4	$3{,}16712 \times 10^{-05}$	Una vez cada 32.000
5	$2{,}7215 \times 10^{-07}$	Una vez cada 3.500.000
6	$9{,}86588 \times 10^{-10}$	Una vez cada 1 millardo
7	$1{,}27981 \times 10^{-12}$	Una vez cada 780 millardos
8	$6{,}22096 \times 10^{-16}$	Una vez cada 1.600 billones
9	$1{,}12859 \times 10^{-19}$	Una vez cada 9 trillones
10	$7{,}61985 \times 10^{-24}$	Una vez cada 130.000 trillones
11	$1{,}91066 \times 10^{-28}$	Una vez cada 5.000 cuatrillones
...	...	...
22	$1{,}4399 \times 10^{-107}$	Una vez cada 7×10^{106}

En efecto, a partir de 4σ, que no es una desviación disparatada de la media, el grosor (g) de las colas, tanto a la derecha como a la izquierda, es 0.0000316712, es decir, la probabilidad de que ocurra un acontecimiento que supere tal desviación es de una vez cada 31.646 (el inverso del grosor de la cola). Se trata, ciertamente, de una probabilidad minúscula.

Y, a partir de ahí, el ritmo de adelgazamiento de las colas se dispara hacia lo inconcebible. Casos como el de desviaciones iguales o superiores a 11σ tienen una probabilidad de 1 cada 5.000 cuatrillones, es decir, un 5 seguido de 27 ceros, una cantidad inimaginablemente pequeña. Y si la desviación se sitúa entre 21σ y 22σ, la probabilidad de ocurrencia es del orden de una cada 10^{100}, o sea, un 1 seguido de 100 ceros. A este descabellado número, inventado en 1938 por un niño de nueve años, se le denomina en inglés *googol*, una cantidad tan inmensa que escapa a las dimensiones del universo conocido, cuyo número de átomos no llega a alcanzar ni de lejos semejante disparate. De tal número se deriva el nombre del célebre buscador Google.

Así las cosas, resulta más que evidente que en la teoría gaussiana no hay lugar alguno para las «rarezas», para los «cisnes negros», para esos acontecimientos considerados altamente improbables, por no decir imposibles.

Todo eso estaría muy bien si tales acontecimientos realmente no ocurrieran. Pero lo cierto es que ocurren, y con mayor frecuencia de lo que somos capaces de reconocer y aceptar, como bien demuestra el estado de perplejidad que nos provoca nuestra presente desventura.

Entonces, ¿acaso las finanzas no son gaussianas, como la *mainstream economics* postula?

He dicho más arriba que siempre y cuando las causas de las fluctuaciones de los valores de una variable aleatoria sean múltiples, independientes, aditivas, y de pequeña incidencia, la distribución gaussiana se ajusta muy bien a las observaciones registradas. De hecho, son numerosos los ejemplos de variables aleatorias gaussianas asociadas a fenómenos naturales de carácter biológico, sociológico y psicológico. Pero de ahí no se puede inferir que la ley normal sea una especie de *ley de la naturaleza*. Porque, ciertamente, no lo es. Son infinidad las variables aleatorias ligadas a fenómenos puramente naturales y económicos cuya distribución dista mucho de ser la amistosa y confortable ley normal, a la que tantos han convertido erróneamente en panacea estadística a la que echar mano en cualquier situación.

En efecto, y como ya he dicho más arriba, la dura realidad de las cosas ha venido a demostrar de forma contundente que son erróneos los modelos de medición del riesgo financiero desarrollados por los *quants*, y aplicados con devoción por los profesionales de las finanzas poco familiarizados con los complejos vericuetos de la estadística matemática y nada prevenidos contra las trampas del azar.

A manera de introducción a tan importante cuestión, que será objeto de especial escrutinio más adelante, voy a dar cuenta de los resultados de un análisis estadístico de las fluctuaciones diarias del índice Dow Jones IA, que realicé hace cuatro años por pura curiosidad intelectual. Su resultado fue contundente: tales fluctuaciones no se ajustan en absoluto, como tantos creen, a la ley normal de Gauss. En efecto, tomando como población estadística el conjunto de valores diarios de dicho índice bursátil durante el período de más de 32 años comprendido entre el 2 de enero de 1980 y el 12 de mayo de 2012, calculé las diferencias diarias (8.165, para ser exactos), las ordené de menor a mayor, y las agrupé en intervalos de 10 puntos. El histograma de frecuencias que obtuve es el reflejado en el gráfico 3.2, el cual muestra una distribución con una media de 1,454 puntos y una desviación tipo de 86,11 puntos.

Al histograma le superpuse, en línea de trazos, el perfil que tendría la distribución estadística de las diferencias diarias en caso de responder a la ley normal N(1,454; 86,11).

Como se puede apreciar a simple vista, la diferencia entre el perfil que sugiere el histograma y el perfil de la supuesta ley normal es, ciertamente, muy notable.

En efecto:

a) El histograma de frecuencias es mucho más puntiagudo que la campana, o, dicho de otra forma, la concentración de valores en torno a la media es muy superior a la supuestamente «normal».

b) Mientras que en la ley normal, los episodios fuera del intervalo $m \pm 4\sigma$ son altamente improbables (aproximadamente, una vez cada 16.000, o sea, cada 64 años[12]), en el histograma de frecuencias se detectan hasta 75 episodios presuntamente «anormales» según el paradigma prevalente, lo que equivale, aproximadamente, a una vez cada 100 sesiones bursátiles (una vez cada 5 meses). Las colas $(-\infty, m-4\sigma)$ y $(m+4\sigma, +\infty)$ son, pues, unas 155 veces más «gruesas» que las de una distribución gaussiana.

12 16.000/250. En las principales bolsas mundiales se registran anualmente, en promedio, unas 250 sesiones de negociación de valores de renta variable.

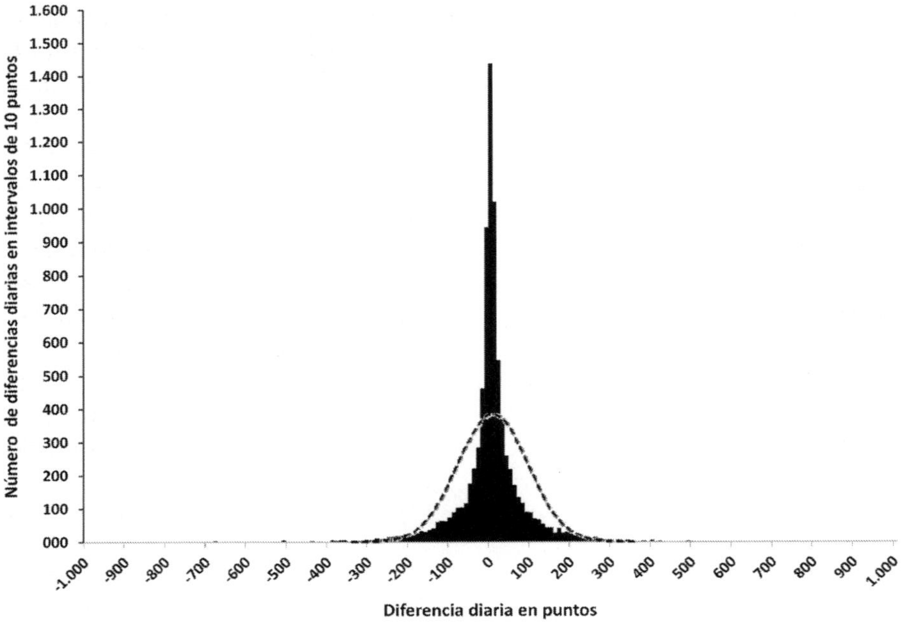

GRÁFICO 3.2. *Índice Dow Jones IA*
Período 2 enero 1980-12 mayo 2012
Histograma real versus ley normal

c) La cola (–∞, m–4σ) incluye dos debacles bursátiles históricas:
(i) El 19 de octubre de 1987, el llamado «lunes negro», se produjo por sorpresa la mayor caída de la historia de la bolsa en un solo día (el Dow Jones IA perdió 507,99 puntos, es decir, el 22,61% de su valor). Los especialistas en la materia aún se hacen cruces.
(ii) El día 29 de septiembre de 2008, tras darse a conocer que la Cámara de Representantes había rechazado el Plan Paulson de rescate de la banca norteamericana, el Dow Jones IA perdió 777,68 puntos (el 7%), su máxima caída histórica en términos de «enteros».

Pues bien, según el paradigma prevalente a la sazón, ninguno de tales acontecimientos debería haber ocurrido jamás. El primero, en números redondos, tenía una probabilidad de una vez cada mil millones (una vez cada cuatro millones de años). En cuanto al segundo, su probabilidad era de una vez cada nueve trillones, lo cual carece por completo de sentido (el universo solo tiene una edad de unos 14.000 millones años, según la teoría del *Big Bang*).

d) En cuanto a la cola (m+4σ, +∞) incluye, entre otros, un acontecimiento realmente excepcional: el 13 de octubre de 2008, el Dow Jones IA experimentó una subida record de 936,42 puntos, tras darse a conocer que el Tesoro iba a realizar una inyección forzosa de capital a la banca norteamericana, en un intento desesperado de hacer frente a la crisis financiera. Probabilidad gaussiana de semejante subida: una vez cada cinco mil cuatrillones (un 5 seguido de 27 ceros). Sin comentarios.

Ante estos hechos, tosco ejercicio de comprobación de un genial descubrimiento realizado por el matemático Benoît Mandelbrot a comienzos de la década de los sesenta, del que daré cumplida noticia en el epígrafe siguiente, solo cabe una conclusión. La venerable ley de Gauss debería ser desterrada de por vida del ámbito de las finanzas. Visto lo visto, no hay otro remedio.

Pero, ¿si las fluctuaciones observadas en los precios de los valores, y en otras muchas variables de naturaleza financiera no se ajustan a la ley de Gauss, a qué ley o leyes se ajustan?

Peliaguda pregunta a la que trataré de dar a continuación algunas contestaciones (puramente conjeturales)[13].

La teoría financiera de Mandelbrot

El hombre

Benoît Mandelbrot (1924-2010) fue un gran matemático polaco-franco-norteamericano, mundialmente conocido como padre de la *geometría fractal*[14], uno de los paradigmas de la *revolución de la complejidad*[15], la tercera revolución de la física del siglo XX, después de la *relatividad* y de la *mecánica cuántica*[16]. Esta tercera revolución no se basa en nuevos principios físicos, sino en constataciones de tipo matemático sobre la evolución temporal de los sistemas complejos no lineales que entran dentro del ámbito de la nueva ciencia del caos y de los fenómenos de auto-organización.

---

13 Precisamente, tras conocer los resultados de la investigación realizada por Mandelbrot sobre la variabilidad de los precios del algodón, y, además, visitar y estudiar la página web http://en.wikipedia.org/wiki/Stable_distribution, conjeturo que la distribución de las fluctuaciones diarias del índice DJIA, agrupadas en intervalos de 10 puntos, durante el período 2 de enero de 1980-12 de mayo de 2012, parece responder —solo *parece*— a una ley alfa-estable de Lévy, con un coeficiente α (alfa) comprendido entre 0,5 y 1, es decir, ubicado en algún lugar entre Pinto y Valdemoro. Se trata de una ley exclusivamente conocida por matemáticos de altos vuelos, que solo suscitó cierta curiosidad cuando Mandelbrot empezó a utilizarla.

14 Benoît Mandelbrot, *Los objetos fractales: forma, azar y dimensión*, Biblioteca Universal, Círculo de Lectores S. A., 1997, Prólogo de David Jou.

15 *Perplejidad*, págs. 231-261.

16 Ibíd., págs. 213-230.

La geometría fractal viene a enriquecer las tradicionales geometrías de raíz euclidiana. Desde la escuela básica nos acostumbramos a pensar geométricamente en términos de líneas rectas, circunferencias, triángulos, cubos, esferas... Pero si observamos la naturaleza, no vemos ninguno de estos entes ideales (platónicos), a cuyo estudio innumerables matemáticos han dedicado tanto esfuerzo y tanto tiempo a lo largo de los siglos. Lo que vemos, por el contrario, son entes en extremo irregulares. Pues bien, la geometría fractal se ocupa, precisamente, del estudio de entes matemáticos y naturales, irregulares y fragmentados, de extraordinaria complejidad y escabrosidad, los *fractales*. Fractales son, por ejemplo, los perfiles de una costa o de una cordillera, de las ramas de un árbol o de las inflorescencias de una coliflor, del delta de un rio caudaloso, de los gráficos que muestran la evolución temporal del precio de una *commodity*, de la cotización de una acción, o del valor de un índice bursátil...

En cuanto a la propiedad clave de los conjuntos u objetos fractales, Mandelbrot la precisa mediante la invención del adjetivo *escalante*, neologismo que define de la siguiente forma: «Dícese de una figura geométrica o de un objeto natural *cuyas partes tienen la misma forma o estructura que el todo*, salvo que están a diferente escala y pueden estar ligeramente deformadas»[17]. El decir que un objeto es escalante significa, pues, que posee —o cuasi posee— la propiedad matemática llamada *self-similarity* (auto-similitud o auto-semejanza), es decir, que tal objeto es exacta o aproximadamente similar a cualquier parte de sí mismo.

La rugosidad y la escabrosidad propias de la naturaleza y de las observaciones que hacemos de ella y de los fenómenos sociales (incluidos los económico-financieros), son el tema central de la obra de Mandelbrot, la cual abarca numerosísimos campos de la ciencia.

Pero tan revolucionaria obra ha sido vista frecuentemente con recelo por el *establishment* científico y por la aristocracia de las finanzas. A lo largo de toda su vida, Mandelbrot fue un científico independiente, inconformista y disidente, un solitario corredor de fondo, un pensador original que se movía ortogonalmente frente a las modas científicas, un matemático a quien no le gustaba transitar en manada. En el ámbito de la economía, sus aportaciones son muy importantes.

Para comprender el pensamiento económico-financiero de Mandelbrot, nada mejor que leer el libro que publicó en 2004, en colaboración con Richard L. Hudson, bajo el título *The (mis)Behavior of Markets. A fractal view of Risk, Ruin and Reward*. En la edición revisada de 2008, el libro aparece

17 *Los objetos fractales*, op., cit., Léxico de neologismos, págs. 203-204.

rebautizado con el título *The (mis)Behavior of Markets. A Fractal View of Financial Turbulence*[18]. El uso de la extraña expresión *(mis)Behavior* puede sorprender al lector, pero a mí me parece que tiene una intención evidente. En efecto, *misbehavior* significa «mal comportamiento», y, al separar la sílaba *mis* (poniéndola entre paréntesis) y la palabra *Behavior*, creo que lo que Mandelbrot pretendió sugerir, desde el mismo título de su obra, es que lo de mal comportamiento hay que ponerlo en cuestión, que los mercados se comportan como se comportan (ni bien ni mal; simplemente, de acuerdo con su naturaleza), y que el problema —grave problema— es que malentendemos tal comportamiento, con el resultado que no detectamos una de las causas, no por menos obvia menos importante, de la debacle financiera mundial que se inició en 2007-2008.

En lo que sigue, y basándome fundamentalmente en tal libro, intentaré describir la visión mandelbrotiana del funcionamiento de los mercados, del movimiento de los precios y de la evolución de los riesgos, visión que supone una enmienda a la cuasi totalidad de la doctrina canónica sobre estas materias económico-financieras, que la clase dirigente de Wall Street aún se resiste a rectificar de forma sustancial; de forma parcial, ya lo ha hecho... a regañadientes. En buena medida, la rectificación se ha llevado a cabo de forma un tanto heurística —engrosando las colas lo suficiente para dar entrada al «imposible gaussiano»—, o de forma más «científica», eligiendo leyes de distribución diferentes.

La variabilidad de los precios del algodón: el «efecto Noé»

El interés de Mandelbrot por temas de naturaleza financiera se despertó súbitamente en 1961 debido a una afortunada casualidad. Apenas incorporado al Centro de Investigaciones Thomas J. Watson de IBM en Nueva York, Mandelbrot estaba trabajando sobre un nuevo uso de los ordenadores para el estudio de los fenómenos económicos. En concreto, investigaba a la sazón la distribución de la riqueza, y, en concreto, de los ingresos, entre los individuos de una sociedad (pobres, ricos, y multimillonarios).

18 Publicado por Basic Books. Citaré dicho libro como *The (mis)Behavior of Markets*, seguido de un número de página. Existe traducción al español, bajo el título *Fractales y finanzas. Una aproximación matemática a los mercados: arriesgar, perder y ganar*, Tusquets Editores S. A., 2010, traducción de Ambrosio García Leal. El título en español es una curiosa mezcla de los títulos en inglés de las ediciones de 2004 y de 2008, con la expresa elusión de la cuasi intraducible expresión *(mis)Behavior*. Citaré dicha traducción (solo revisada en algunas expresiones de carácter puramente técnico) como *Fractales y finanzas*, seguido de un número de página.

Tal como él mismo relata[19], su trabajo llamó la atención de unos pocos economistas de Harvard, quienes le invitaron a dar una charla. Y fue precisamente al pasar a saludar a su anfitrión, el profesor Hendrik S. Houthakker, cuando se dio cuenta, con asombro, de que en la pizarra de su despacho aparecía un diagrama cuyo perfil —una forma convexa peculiar, una suerte de «V» asimétrica volcada y desplazada hacia la izquierda— era cuasi idéntico al gráfico que se proponía presentar. Tras un intercambio de impresiones, Houthakker le aclaró que su diagrama nada tenía que ver con la distribución de la riqueza, sino que era subproducto de un estudio que estaba realizando sobre la variabilidad de los precios del algodón, con el propósito de escudriñar si tal variabilidad se ajustaba o no a las teorías de Bachelier, que los economistas de la corriente principal habían redescubierto recientemente y que trataban de validar.

Esta aclaración le fascinó e intrigó y, de manera fulminante, una serie de preguntas empezaron a bombardear su inquisitiva mente, siempre en guardia: «¿Por qué un diagrama sobre la distribución de ricos y pobres en la sociedad se parecía tanto a otro acerca de las oscilaciones del precio del algodón? ¿Era una pura y simple coincidencia? ¿Podría ser la manifestación de alguna conexión más profunda entre ambos gráficos, alguna misteriosa verdad subyacente?».

Houthakker le confesó que, a pesar del extraordinario esfuerzo de investigación que había realizado a partir de unos registros muy fiables realizados con rigor durante más de un siglo por la lonja del algodón de Nueva York, que centraliza la totalidad del enorme mercado interestatal norteamericano, «no había llegado a ninguna parte». No había encontrado la forma de hacer encajar los datos en el modelo de Bachelier. Había detectado demasiadas subidas y bajadas desmesuradas en los precios, cambios continuos de la medida estándar de la volatilidad (la desviación tipo), períodos de estabilidad y de gran agitación... Todo cambiaba, nada era constante. Así las cosas, ninguna de sus herramientas estadísticas le habían permitido resolver tamaño enredo. «Ya me he cansado», le dijo.

Ante tales manifestaciones, Mandelbrot no dudó ni un instante en pedirle a Houthakker que le permitiese continuar su investigación. Éste le entregó sus cajas de cartón llenas de tarjetas perforadas con los datos de precios digitalizados y le deseó mejor suerte.

Se iniciaba un proceso a lo largo del cual Mandelbrot iría elaborando una teoría sobre el comportamiento de los mercados, que venía a demoler los pilares básicos del modelo Bachelier, de naturaleza gaussiana, considerado canónico por la academia y por Wall Street.

19 *The (mis) Behavior of Markets*, págs. 148-149. *Fractales y finanzas*, págs. 160-162.

La investigación de Mandelbrot, empezó a dar fruto apenas transcurrido un año, dada su portentosa formación estadística y su extraordinario ingenio[20].

En 1963, Mandelbrot publicó un estudio sobre los precios del algodón, titulado "The variation of certain speculative prices"[21] (La variación de ciertos precios especulativos). En dicho estudio, Mandelbrot dio cuenta de un primer descubrimiento muy importante:

a) La distribución estadística de los precios del algodón distaba mucho de ser exponencial (gaussiana). Las variaciones de precios respondían a una ley potencial, con colas gruesas (en concreto a una ley alfa-estable de Lévy con $\alpha = 1,7$).
b) Fuera cual fuese el período temporal que se contemplase («unos cuantos años de comercio diario, o un siglo de comercio mensual»), las distribuciones seguían idéntica pauta, es decir, que las variaciones de precio eran escalantes.
c) En todo caso, las fluctuaciones de precios observadas no respondían a lo que en aquella época él ya denominaba una aleatoriedad suave, blanda (*mild randomness*[22]) —cuyo emblema estadístico era la distribución de Gauss—, sino a una aleatoriedad salvaje, violenta, indomable, incómoda (*wild randomness*[23]). A este tipo de aleatoriedad la denominaría más tarde «efecto Noé», queriendo significar con ello que se observan en los mercados eventos realmente inesperados y catastróficos tipo diluvio universal, pero transitorios. Después de la gran inundación, las aguas regresan a sus cauces[24].

«El alboroto académico fue sonoro», dice el propio Mandelbrot. Su estudio fue recibido con hostilidad. Se trataba de un estudio sobre los precios de una mercancía muy peculiar, el aparato matemático utilizado resultaba intratable dada su extrema complejidad, y se traducía finalmente en un gráfico un tanto simplista y, por tanto, insuficiente para extraer de él conclusiones generales. De forma que se necesitaban mayores seguridades para tenerlo en cuenta. Y tales seguridades no tardaron en llegar. Pero no fueron reconocidas. El propio Mandelbrot ironizó diciendo que[25]: «La "economía moderna" era la religión oficial. Mi hipótesis la contradecía, y yo era tan

20 IBM *Research Report* NC-87, marzo de 1962.
21 Publicado en 1963 en *Journal of Business* 36, págs. 394-419. Se corrigió un error en *Journal of Business* 45, 1972, págs. 542-543.
22 *The (mis)Behavior of Markets*, págs. 32-33.
23 Ibíd.
24 La gran catástrofe bursátil del 19 de octubre de 1987 es un ejemplo paradigmático.
25 *Fractales y finanzas*, pág. 179.

bienvenido en la iglesia establecida de la economía como un hereje arriano en el concilio de Nicea».

Pero Mandelbrot se tomó la cosa con filosofía. Nadie había podido rebatir sus hipótesis, ni cuestionar las evidencias que les daban sostén; el tiempo acabaría dándole la razón

La dependencia entre los precios: el «efecto José»[26]

Desde la noche de los tiempos se sabía que la prosperidad o la miseria de Egipto dependían de las crecidas del Nilo. Si sus periódicos desbordamientos provocaban grandes inundaciones, los sedimentos arrastrados rio abajo, muy ricos en nutrientes, así como la ampliación de la tierra cultivable, propiciaban cosechas excelentes; por el contrario, si las inundaciones apenas se notaban, el hambre estaba garantizado. En el *Génesis*, primer libro del *Pentateuco*, al narrar la historia de José, hijo de Jacob, se habla de períodos de siete años de abundancia o vacas gordas (inundaciones), seguidos de siete años de penuria o vacas flacas (sequías) (Gn 41, 1-32).

Pues bien, los resultados finales de una investigación científico-técnica de este fenómeno, llevada a cabo por Harold Edwin Hurst (1880-1978), un funcionario del imperio británico al que fue encomendado en 1906 la tarea de estudiar en Egipto las pautas de los desbordamientos del Nilo, le permitió a Mandelbrot atar cabos, identificar otro error fundamental en la teoría financiera prevalente, y añadir un segundo eslabón al modelo general del mercado.

Egipto se hallaba desde 1882 bajo jurisdicción británica y, a la sazón, al Gobierno le preocupaba mucho la escasa eficacia de los embalses que se habían ido construyendo en el Nilo a lo largo de su descomunal cuenca (6.695 kilómetros) para intentar controlar su caudal y poder así garantizar razonablemente las cosechas de algodón que iban a parar en último término a las hilanderías de Manchester. Y el primer encargo dado a Hurst fue cartografiar y medir el río, y estudiar las fluctuaciones de su caudal a lo largo del tiempo, con la ayuda de un nutrido grupo de ingenieros hidráulicos. Se trataba de un reto formidable. La amplitud de las fluctuaciones fluviales respecto a las medias históricas, así como la errática periodicidad con la que se producían los casi siempre arracimados grupos de años húmedos y secos, ponían de manifiesto que el caudal no respondía a ninguna pauta predecible.

La única solución práctica al problema era construir presas capaces de embalsar agua de varios años húmedos, y desembalsarla en los años secos. Pero, ¿cuál debía ser su altura? Los ingenieros de aquella época asumían

26 *Fractales y finanzas*, págs. 185-206.

que las variaciones anuales del caudal de un río eran variables estadísticamente independientes, y que la variable aleatoria «rango» de las riadas[27], es decir diferencias entre el valor máximo y el valor mínimo de las mismas, medidas durante un determinado período de tiempo, se distribuían de acuerdo con la ley de Gauss. Esto les permitía calcular la altura de las presas que había que construir.

Pero Hurst no compartía esta idea[28]; opinaba que los ingenieros se quedaban cortos, y la presa debía ser más alta. Había estudiado hasta la saciedad las series históricas a largo plazo de las crecidas del Nilo, así como las pautas observadas en otros muchos fenómenos a lo largo y ancho del mundo: crecidas de otros ríos; cambios del nivel de lagos; índices de pluviometría; espesor de capas de sedimentos lacustres; registros climáticos; anillos de crecimiento de pinos y secuoyas... Ni las manchas solares se habían escapado a su inquisitivo escrutinio. Y, en casi todos los casos, «cuando trazó un gráfico del rango de cada registro en función del número de años medidos, descubrió que el rango se ensanchaba muy rápidamente, al igual que en el Nilo. De hecho, encontró que, en todas partes, los diferentes fenómenos obedecían a la misma fórmula: el rango se ampliaba no según una ley potencial de exponente ½ [equivalente a una ley de Gauss], sino según una ley potencial de exponente ¾ (0,73, para ser precisos)». Hurst reconoció que se trataba, ciertamente, de un número un tanto extraño, pero lo consideró «un hecho fundamental de la naturaleza». Y, durante el período 1951-1956, Hurst, al que ya se conocía en Egipto como *Abu Nil* (padre del Nilo), publicó una serie de ensayos, que fueron recibidos por los hidrólogos con escepticismo.

Mandelbrot no tuvo noticia de las investigaciones de Hurst hasta 1963, cuando ya había publicado su estudio sobre la variabilidad de los precios del algodón. Un oyente desconocido que asistía a una de sus conferencias se lo hizo saber. ¡Una nueva ley potencial entraba en escena! Su primera reacción instintiva fue que las crecidas grandes eran como las grandes subidas de precio, y las sequías desastrosas como los *cracs* financieros. Pero no tardó en darse cuenta de que el principal mérito del descubrimiento de Hurst era que no se había limitado a estudiar la magnitud de la variabilidad de las crecidas del río sino «su secuencia precisa». En el caso del algodón ya había detectado que «las correlaciones entre los precios pasados y futuros eran obvias», pero para no demorar la publicación de sus resultados, había

27 En estadística, rango es «la amplitud de la variación de un fenómeno entre un límite menor y uno mayor claramente especificados» (DLE).

28 *The (mis)Behavior of Markets*, págs. 178-180

pospuesto la investigación de este hecho hasta mejor ocasión; la hora de hacerlo había sonado. La gran pregunta a responder era: ¿en qué medida el pasado condiciona el futuro? En el lenguaje de la estadística, dada una variable aleatoria (por ejemplo, la diferencia entre dos índices bursátiles al cierre de dos sesiones consecutivas), el problema es saber si el suceso x_t es independiente del suceso $x_{t+\tau}$, o, por el contrario, hasta qué punto está correlacionado —acoplado—, y en su caso, si se trata de una dependencia a corto plazo (que se desvanece pronto), o de una dependencia a largo plazo (que tarda mucho en desvanecerse, o nunca llega a hacerlo del todo). Mandelbrot, tenía ya las ideas muy claras al respecto: entre las variaciones de precios (de una mercancía, de una acción, de un bono, de una divisa...) existe una dependencia a largo plazo. Por ello, en *Fractales y finanzas* dice[29]:

> Nadie está solo en este mundo. No hay acto que no tenga consecuencias para otros. [...] Las compañías y la cotización de las acciones, los flujos de comercio y los tipos de cambio de las monedas, los rendimientos agrícolas y los futuros de commodities, todos están interrelacionados en mayor o menor grado, de una manera que apenas estamos empezando a comprender. En un mundo así, es de sentido común que los sucesos del pasado remoto continúen teniendo eco en el presente.

Este descubrimiento suponía la demolición del otro presupuesto básico que da fundamento a la teoría de Bachelier: la hipótesis de *independencia estadística* de las fluctuaciones de los precios, lo que equivale a postular que lo que ocurre en el tiempo t es absolutamente independiente de lo que haya podido acontecer en el tiempo t – τ, es decir, que los mercados carecen por completo de «memoria».

De ahí que el presunto descubrimiento de una dependencia a largo plazo entre dos versiones de una misma variable aleatoria, pero desplazadas en el tiempo, pregonado por Mandelbrot, fue primero ignorado, y más tarde visto con notable reticencia, o combatido de forma facilona: ¿Qué demonio tenían que ver las finanzas con el Nilo, la pluviometría, los anillos de los troncos de las secuoyas o las manchas solares? Parecía la broma pesada de un científico ensimismado que pretendía echar abajo la totalidad de la teoría financiera prevalente.

Ciertamente, Mandelbrot y otros economistas detectaron numerosos casos en los que la dependencia a largo plazo era indudable (se encontraron evidencias en los precios del oro, en los mercados del petróleo, en algunos cambios de divisas...). Pero también se toparon con muchos mercados que

29 Págs. 196-197.

no se ajustaban a la teoría. De ahí que Mandelbrot reconociese con franqueza que «la pauta aún no está clara».

A esta pauta evidente, aunque borrosa; a la sutil interdependencia de los cambios de precio a lo largo del tiempo, o «memoria a largo plazo»; a estos cuasi ciclos, que no son sino un segundo rasgo o forma dual de la variabilidad salvaje del mercado, Mandelbrot la denominó «efecto José», pues ya estaba prefigurada en la narración del *Génesis* antes citada, al igual que también lo estaba su hermano gemelo, el «efecto Noé» (las «colas gruesas» y las sacudidas de precios). Mandelbrot consideraba que tales «efectos» o formas de escabrosidad no eran, al fin y al cabo, sino «dos aspectos de una sola realidad», dos caras de una misma moneda, y los defendió hasta su muerte en 2010.

VIAJE AL CORAZÓN DE LA ESCABROSIDAD

Lo que los gráficos muestran

Con el fin de entender mejor la volatilidad de los mercados, voy a intentar contemplarla cara a cara. Para ello me adentraré en el corazón mismo de la escabrosidad, siguiendo un camino ya recorrido por el propio Mandelbrot en *Fractales y finanzas*.

Regresemos a mi estudio de la evolución del índice bursátil Dow Jones IA a lo largo del período comprendido entre el 2 de enero de 1980 y el 12 de mayo de 2012. El gráfico 3.3 es una forma de reflejar tal evolución (tal

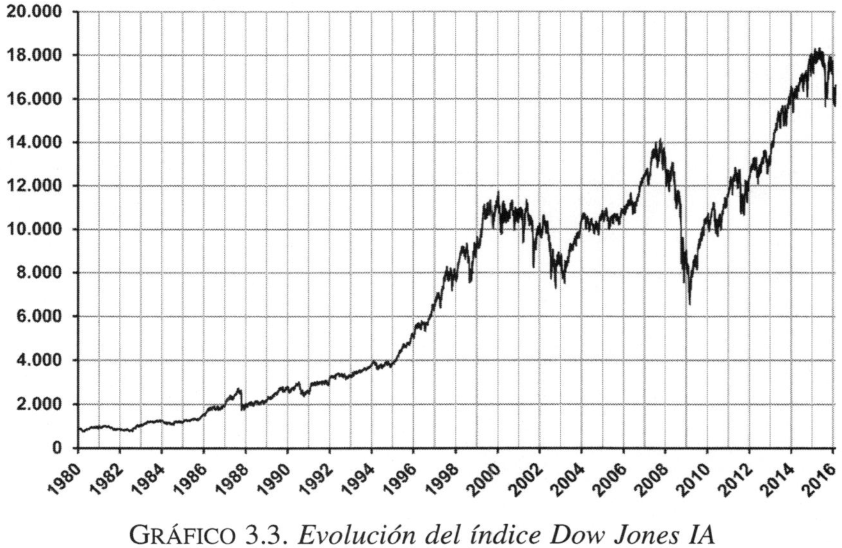

GRÁFICO 3.3. *Evolución del índice Dow Jones IA*

proceso estocástico). En efecto, al contemplarlo, vemos una especie de perfil de cadena montañosa, que muestra con claridad lo anfractuosa, quebrada y tortuosa, desigual y áspera que es la evolución temporal de dicho índice. Pero este gráfico oculta muchísimo más que lo que exhibe.

En efecto, si calculamos la diferencia entre el valor (en puntos o enteros) del índice en un día determinado, y el registrado en el día anterior, el gráfico 3.4, que muestra la evolución temporal de tales diferencias es realmente impactante. Este gráfico asombroso, que nos mete de lleno en el corazón de la variabilidad violenta propia de muchísimos parámetros relacionados con fenómenos económicos (índices bursátiles, tipos de cambio de divisas, precios de *commodities*...), nos permite empezar a darnos cuenta de hasta qué extremo la escabrosidad de lo macroscópico esconde una volatilidad, es decir, una inestabilidad verdaderamente salvaje.

¿Refleja este gráfico de forma certera la evolución de la volatilidad de las fluctuaciones diarias del índice Dow Jones IA durante el período analizado?

Pues la verdad es que solo hasta cierto punto. Porque, el operar con los valores de las diferencias diarias en puntos, tal como se hace en el citado gráfico, no es la mejor forma de valorar ni de reflejar la evolución de tal volatilidad.

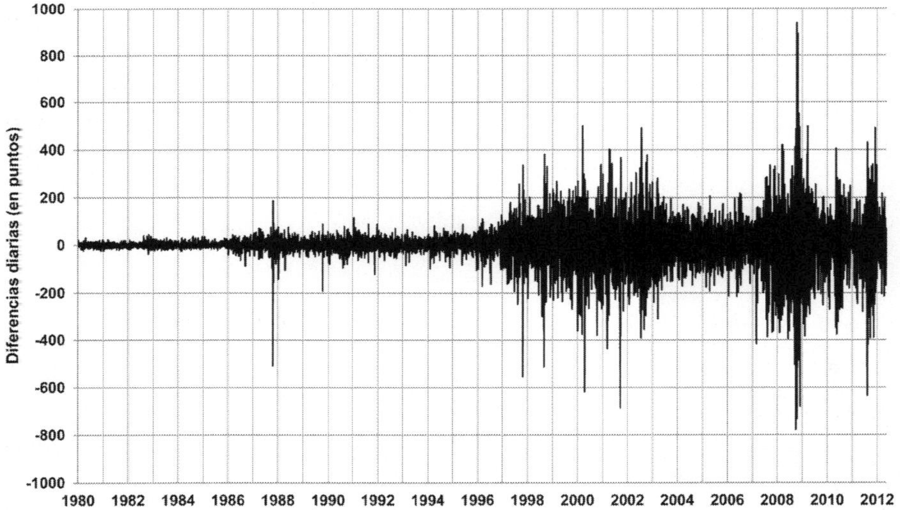

GRÁFICO 3.4. *Índice Dow Jones IA*
Evolución de las fluctuaciones diarias, en puntos

TABLA 3.2. *Índice Dow Jones IA*

Las mayores y más significativas pérdidas y ganancias en un día Período 02/01/1980-12/05/2012							
Fecha	**Pérdidas**			**Ganancias**			**Notas**
	Puntos	**%**	**Puestos *rankings* históricos** (a)	**Puntos**	**%**	**Puestos *rankings* históricos** (a)	
19/10/1987	-507,99	-22,61	14/1				(b)
27/10/1997	-554,26	-7,18	8/15				(c)
31/08/1998	-512,61	-6,37	12/–				(d)
14/04/2000	-617,78	-5,66	7/–				(e)
17/09/2001	-684,81	-7,13	3/17				(f)
15/09/2008	-504,48	-4,42	15/–				(g)
17/09/2008	-449,36	-4,06	17/–				(h)
29/09/2008	-778,68	-6,98	1/20				(i)
09/10/2008	-678,91	-7,33	5/13				(j)
13/10/2008				936,42	11,08	1/5	(k)
15/10/2008	-733,08	-7,87	2/9				(l)
28/10/2008				889,35	10,88	2/6	(m)
05/11/2008	-486,01	-5,05	16/–				(n)
01/12/2008	-679,95	-7,70	4/12				(o)
08/08/2011	-634,76	-5,55	6/–				(p)
30/11/2011				490,05	4,24	7/–	(q)

(a) [Puesto en el *ranking* histórico de las 20 mayores pérdidas o ganancias diarias en puntos del índice Dow Jones] / [Puesto en el *ranking* histórico de las 20 mayores pérdidas o ganancias diarias en % del índice Dow Jones].
(b) El «lunes negro» de octubre de 1987.
(c) Crisis asiática.
(d) Crisis rusa.
(e) Pinchazo de la «burbuja tecnológica»: primera gran caída.
(f) Reapertura del NYSE tras los atentados terroristas del 11 de septiembre de 2001.
(g) Caída de Lehman Brothers.
(h) Descuento bursátil del rescate de AIG.
(i) Un nuevo «lunes negro«: El Congreso de EE. UU. rechaza el Plan Paulson para el rescate del sistema financiero.
(j) Se agudiza la crisis financiera.
(k) EE. UU. y la Unión Europea deciden actuar de forma coordinada para el rescate de la banca.
(l) La crisis financiera afecta ya de forma muy seria a la economía real.
(m) Rumores de inmediata bajada del tipo de interés de la Fed.
(n) La bolsa inicia un proceso de desplome, que solo se detendría el 20 de noviembre. El índice Dow Jones perdería en doce sesiones 2.073 puntos (un 21,54%).
(o) Fulminante desplome de la bolsa ante la intensificación de la crisis sistémica mundial.
(p) Temor de los mercados ante la desaceleración de la economía de EE. UU.
(q) Rebote en las bolsas mundiales ante un cierre masivo de posiciones cortas.

En efecto, para cualquier tipo de índice bursátil, no es lo mismo una caída de 100 puntos en un día si su valor en ese momento es 10.000 puntos, que si tan solo es 1.000 puntos; ciertamente, no da igual perder en un día el 1% de la capitalización bursátil, que perder el 10% de la misma.

A veces, esta obviedad se pasa por alto. En la tabla 3.2 se muestran algunas de las diferencias diarias más relevantes (tanto en puntos como en %) registradas durante el período estudiado.

He elegido las que más llaman la atención al escudriñar el gráfico 3.4.

La primera del *ranking* por puntos (la que más destaca en el gráfico) es la caída del 29 de septiembre de 2008, provocada por el rechazo político del Plan Paulson (compra de activos tóxicos con cargo al erario público). Pero su magnitud es engañosa, pues solo supuso una pérdida de capitalización bursátil del 6,98%, lo que la sitúa en el vigésimo puesto en el ranking por porcentajes. Sin embargo, la que, con razón, se considera la mayor catástrofe sufrida por la bolsa americana (el 19 de octubre de 1987), aunque medida en puntos fue un 35% inferior, medida en porcentaje supuso un récord aún no batido: una pérdida del 22,6% de la capitalización bursátil en un solo día.

Es obvio que algo hay que hacer para no equivocarnos demasiado en nuestro análisis de la volatilidad.

Así las cosas, salta a la vista que los gráficos de volatilidad diaria no se deberían establecer en términos de las diferencias $X_i - X_{i-1}$, sino, más bien, en términos del cociente $(X_i - X_{i-1})/X_{i-1}$.

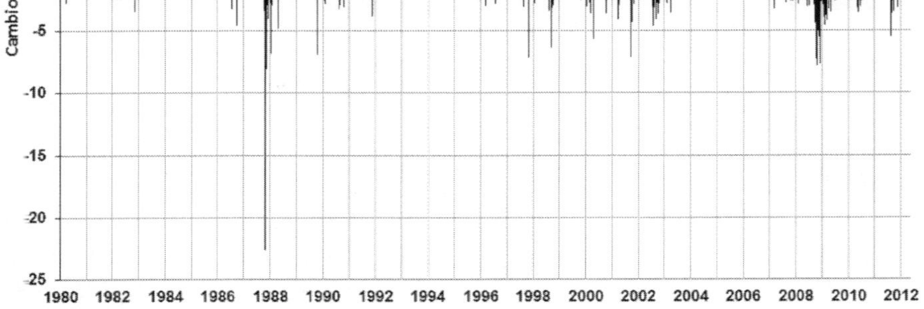

GRÁFICO 3.5 Índice *Dow Jones IA*
Evolución de las fluctuaciones diarias, en %

El resultado de operar así se muestra en el gráfico 3.5. El cambio es, ciertamente, espectacular; se siguen detectando tres huracanes —o concentraciones de ellos— de volatilidad, pero el de categoría máxima ya no es el de 2008 sino el de 1987.

¿Es, pues, este el mejor modo de representar gráficamente la volatilidad? Pues no necesariamente. En matemáticas, la forma clásica de abordar este tipo de problemas es mediante recurso a los logaritmos. En efecto, la aplicación de logaritmos a un número equivale a una *transformación de escala* que facilita la comparación entre números de distintos órdenes de magnitud (1, 10, 100, 1.000...). Y este es, precisamente, nuestro caso.

En gráfico 3.6 se muestra la volatilidad en términos de las diferencias entre los logaritmos naturales del índice de un día y el del anterior.

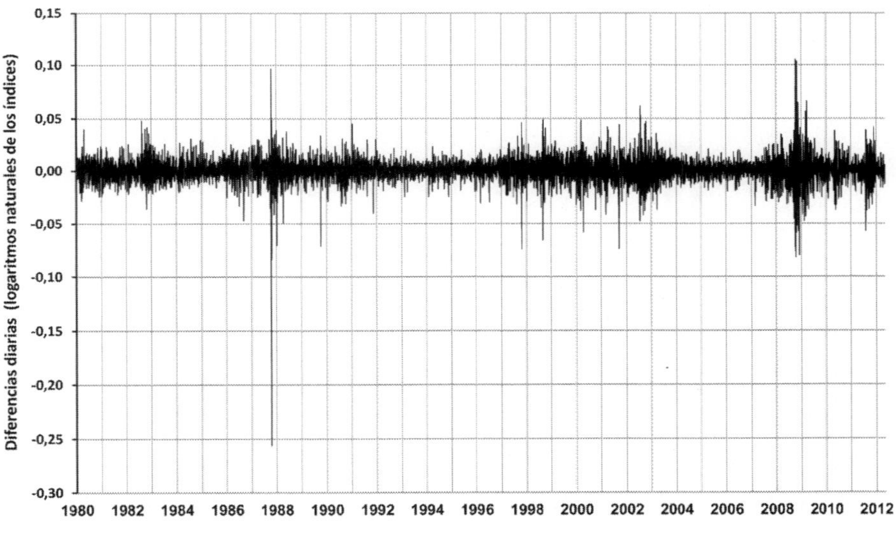

GRÁFICO 3.6. *Índice Dow Jones IA*
Evolución de las fluctuaciones diarias,
en diferencias entre logaritmos naturales del índice

Es de destacar el hecho de que los gráficos 3.5 y 3.6 son muy similares. El cálculo logarítmico parece revelarse como un excelente sistema matemático para representar gráficamente la volatilidad. De hecho, este es el método utilizado por Mandelbrot a lo largo de su ya citada obra *Fractales y finanzas,* para mostrar la escabrosidad (*roughness*) de las variables aleatorias de naturaleza financiera.

Otra forma de medir la escabrosidad es hacerlo en términos de desviaciones tipo. En efecto, dado que σ es la medida de la dispersión por antonomasia, resulta posible, tomando como variable aleatoria la diferencia entre los logaritmos naturales del índice de un día y el del anterior, calcular la media m de la correspondiente distribución, así como su desviación tipo σ, y determinar, en último término, el valor absoluto (el módulo) del cociente entre las diferencias y la desviación tipo. La correspondiente representación gráfica, sumamente expresiva, se muestra en el gráfico 3.7.

Visto lo visto, no cabe sino reconocer la asombrosa riqueza de los gráficos bursátiles.

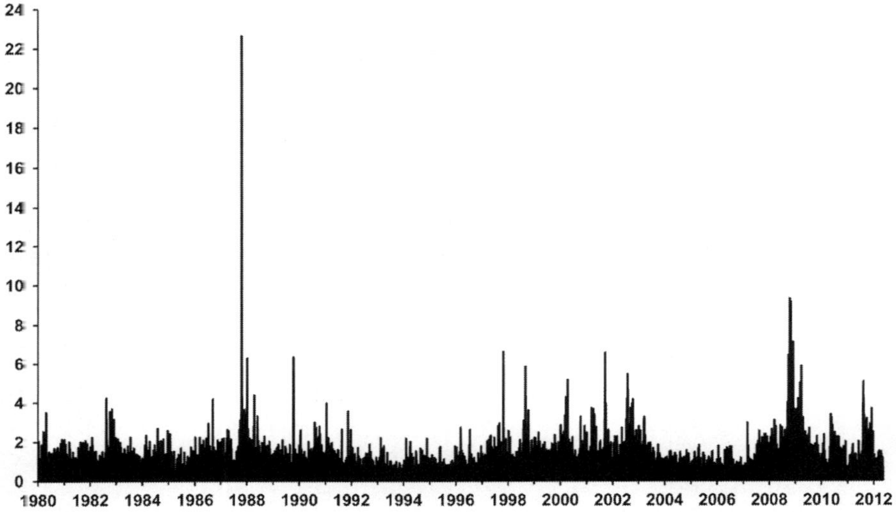

GRÁFICO 3.7. *Índice Dow Jones IA*
Evolución de las fluctuaciones diarias, en valores absolutos,
del cociente entre diferencias logarítmicas
y la desviación tipo de la distribución estadística de las mismas

Algunas conclusiones importantes

Hasta aquí los gráficos, ciertamente impactantes a simple vista. Pero, ¿qué conclusiones podemos sacar tras observarlos con atención?

a) Los mercados son turbulentos
El simple análisis visual de los gráficos 3.4, 3.5 y 3.6 nos muestra la emergencia de períodos de oscilaciones violentas —generalmente

arracimadas y similares a las que dibuja un sismógrafo cuando se produce un terremoto— a los que suceden períodos de relativa calma... hasta que se desata un nuevo período de turbulencias salvajes, y así sucesivamente *ad infinítum*. El *efecto Noé* (los cambios abruptos) y el *efecto José* (la cuasi-tendencias o cuasi-rachas de tales cambios desbocados) quedan claramente retratados.

Y, ¿por qué se comportan los mercados de esa manera? Misterio. Lo que parece cada vez más obvio es que los mercados financieros tienen un comportamiento que se asemeja bastante al que exhiben multitud de fenómenos naturales (terremotos, turbulencias de las corrientes atmosféricas y oceánicas, actividad volcánica, actividad de las manchas solares, y un larguísimo etcétera).

b) Las variaciones de precios no son gaussianas

Centremos nuestra atención en el gráfico 3.7, que muestra la evolución de las fluctuaciones diarias del índice Dow Jones IA durante el período de más de 32 años comprendido entre el 2 de enero de 1980 y el 12 de mayo de 2012, en valores absolutos del cociente entre diferencias logarítmicas y la desviación tipo de la distribución estadística de las mismas (σ). El perfil del proceso estocástico representado bajo esta modalidad de cálculo incluye 6.427 episodios de amplitud inferior a σ; 1.375 de amplitud comprendida entre σ y 2σ; 256 entre 2σ y 3σ, 61 entre 3σ y 4σ, 23 entre 4σ y 5σ; 10 entre 5σ y 6σ, 6 entre 6σ y 7σ; 3 entre 7σ y 8σ, 1 entre 8σ y 9σ, 2 entre 9σ y 10σ, y, finalmente, uno que supera las 22σ (en concreto, 22,6σ).

Pues bien, si en vez de atenernos a la realidad de las cosas, intentamos simular este proceso estocástico mediante un modelo de paseo aleatorio gaussiano, el perfil que obtendríamos sería similar a una especie de corte transversal de la capa de césped que cubre un jardín que hace bastantes días que no ha sido segado. En efecto, aproximadamente, el 68% de los tallos de hierba tendrían una longitud comprendida entre 0 y σ; del orden de un 27%, entre σ y 2σ; poco más de un 4% entre 2σ y 3σ; y a partir de 3σ, solo habría una probabilidad del 2‰ de que un tallo superase semejante tamaño. Cualquier parecido con la realidad es pura coincidencia.

c) ¿Qué queda de la teoría financiera clásica?

Desde un punto de vista estrictamente científico, queda bastante poco de la teoría financiera canónica que se mantenga en pie.

En efecto, la doctrina de Mandelbrot, supone una enmienda a la cuasi totalidad de la doctrina considerada ortodoxa.

¿Cuáles son sus principales tesis?

- Premisas falsas
  Mandelbrot sostiene que las dos primeras premisas estadísticas fundamentales de la teoría canónica, a saber, la independencia estadística y la distribución gaussiana de los cambios de precios, son, pura y simplemente, falsas[30]. Los mercados financieros son turbulentos, muy turbulentos. Los efectos Noé y José, de los que existen evidencias abrumadoras por todas partes, lo demuestran.

  El gráfico 3.7 lo expone con una claridad meridiana. Si nos centramos en lo que ocurrió a lo largo de 32 años (en 8.165 sesiones seguidas de bolsa), los grandes beneficios o las grandes pérdidas de los valores que conforman el índice Dow Jones IA se concentraron solo en 46 sesiones, en las que se produjo el imposible gaussiano, es decir, que se rompió la barrera de lo altamente improbable (digamos cuatro veces la desviación tipo), aunque los episodios más devastadores (por encima de 6 sigmas) no pasaron de 13.

  La turbulencia implica riesgo, y, en concreto, los mercados han resultado ser, ciertamente, mucho más peligrosos de lo que la teoría estándar imaginaba. El grosor de las colas de las distribuciones estadísticas de numerosas variables aleatorias de naturaleza financiera, muestra de forma inequívoca que aquello que los epígonos de Bachelier consideraban cuasi imposible, ocurre con muchísima mayor frecuencia de lo que ellos postulaban, con resultado de episodios de ruina total, el máximo terror del inversor. Por poner solo un ejemplo, recordemos que la presunta probabilidad que tenía de arruinarse antes del 19 de octubre de 1987 el tenedor de un producto financiero basado en la evolución del índice Dow Jones IA, era, más o menos, de una vez cada 4 millones de años. ¡Que se lo cuenten a quienes se arruinaron aquel infausto día!
- En torno a la impredecibilidad de los precios
  La tercera premisa («Nuestra mejor predicción (*guess*) del precio de mañana es el precio de hoy»)[31], conocida en estadística como «condición de martingala», es la única que, al menos en apariencia, se salva de la quema. En el epígrafe, "Predecir (*Forecasting*) precios puede ser peligroso, pero es posible estimar la volatilidad

30 *Fractales y finanzas*, pág. 256.

31 *The (mis)Behavior of Markets*, pág. 247. Lo que Mandelbrot dice exactamente es que «*your best guess of tomorrow's price is today's price*».

> futura"[32], Mandelbrot suscribe esta premisa, pero solo hasta cierto punto, por cuanto dice que «aunque los datos no la sustentan, al menos no la contradicen demasiado; y ciertamente ayuda a explicar, de manera intuitiva, por qué erramos tanto en nuestras predicciones (*guess*) del mercado»[33]. No hay que malinterpretar esta cita. Mandelbrot no usa ni una sola vez en el original de los textos que acabo de citar, las palabras *predict* o *prediction*, sino las palabras *guess* (en el sentido de «estimación») y *forecast* (en el sentido de «pronóstico» o «previsión»). La diferencia conceptual que existe entre «anunciar con certeza un acaecimiento», y «estimar», «pronosticar» o «prever» algo que puede suceder, es abismal. Los mercados no exhiben las pautas enteramente racionales y dóciles postuladas por los teóricos financieros del pasado. Se ven como lo que son: sistemas dinámicos, impredecibles (*unpredictable*), y a veces peligrosos.

Concluyo aquí mi exposición de la teoría financiera de uno de los científicos más destacados e influyentes de la segunda mitad del siglo pasado: el genial Benoît (Benito) Mandelbrot, un griego entre romanos[34].

Si el paradigma financiero aún prevalente está periclitado, es ya un anciano renqueante y cascarrabias por no decir un zombi, ¿dónde está el nuevo paradigma que, bien sea de forma explícita o implícita, tiene que estar ya en funcionamiento o, como mínimo en pruebas?

A esta pregunta, daré respuesta en los capítulos 4 y 5.

---

32 *Fractales y finanzas*, pág. 256. En el original de Mandelbrot —*The (mis)Behavior of Markets*, pág. 247— el título original es: "Forecasting Prices May Be Perilous, but You Can Estimate the Odds of Future Volatility".

33 Ibíd.

34 Nassim Nicholas Taleb, en su obra *El cisne negro*, incluye la siguiente dedicatoria, acertada y respetuosa: «A Benoît Mandelbrot, un griego entre romanos».

Capítulo 4
PIONEROS DE UNA NUEVA TEORÍA FINANCIERA

> Las convicciones son enemigas de la verdad, más peligrosas que las mentiras.
>
> FRIEDRICH NIETZSCHE, *Humano, demasiado humano*

> Todo lo que se ve, todo lo que se toca, no es más que la piel, el cuero, la corteza, en resumidas cuentas, la última superficie de otra materia impalpable, invisible, interior.
>
> JOSEPH JOUBERT, *Pensamientos*

> La mayoría de las decisiones que tomamos, y sobre todo algunas de las más importantes de nuestra vida, las tomamos porque «nos parecen bien».
>
> GEORGE A. AKERLOF y ROBERT J. SHILLER,
> *Animal Spirits*: Cómo influye la
> psicología humana en la economía

> Nos manda la pasión con harto mayor vehemencia que la razón.
>
> MICHEL DE MONTAIGNE
> *Ensayos*, Libro II, capítulo XXXIV

La trama de la realidad —de cualquier realidad— se nos revela, en cuanto intentamos escrutarla, como algo extraordinariamente complejo, como una vasta e intrincada red de interrelaciones muy difíciles de desenmarañar. La sencillez es, en general, pura apariencia, y el llegar a comprender la verdadera naturaleza de un fenómeno complejo es tarea que nos desborda, que cae fuera de nuestras posibilidades.

Hoy, una pléyade de teorías que emergieron a lo largo del siglo XX, y que se suelen agrupar bajo el término «ciencias de la complejidad», ha abierto nuevos horizontes para el análisis de lo complejo, enmarañado, difícial. Entre ellas cabe destacar la teoría de sistemas complejos adaptativos, la teoría del caos y la teoría de la auto-organización. Sus fronteras no son nada nítidas y tienen extensas áreas de solape, de forma que no es infrecuente ver como se mezclan y confunden conceptos que, de hecho, pertenecen a disciplinas distintas.

El término «ciencias de la complejidad» se acuñó a raíz de la fundación del Instituto Santa Fe —Estado de Nuevo México—, dedicado al estudio de sistemas físicos, naturales y sociales que exhiben complejidad. Se trata de aquellos sistemas complejos en los que se manifiestan fenómenos de cambio súbito y violento (fluctuaciones, turbulencias, volatilidad, inestabilidad, escabrosidad...), y cuya evolución temporal pone al descubierto propiedades sistémicas muy singulares[1].

Dado el propósito de esta obra, en lo que sigue solo haré inevitable referencia a la teoría de sistemas complejos adaptativos (*complex adaptive systems*), desarrollada por los científicos del Instituto Santa Fe.

También esbozaré la llamada economía conductual.

La «perspectiva Santa Fe»

El Instituto Santa Fe

Este famoso Instituto (en lo que sigue SFI, por sus siglas en inglés) fue fundado en 1984 por eminentes físicos, la mayor parte de los cuales trabajaban a la sazón en el Laboratorio Nacional de Los Álamos. Uno de los socios fundadores fue Murray Gell-Mann, descubridor de la partícula elemental *quark*, y Premio Nobel de Física 1969.

El SFI fue concebido por sus padres fundadores como un foro orientado hacia la investigación en las ciencias de la complejidad. Según Gell-Mann[2],

> [tal investigación] no solo intenta desentrañar el significado de lo simple y lo complejo, sino también las semejanzas y diferencias entre los sistemas complejos adaptativos implicados en procesos tan diversos como el

---

1 *Cfr. Perplejidad*, págs. 231-261. En esta obra multidisciplinar se exponen, de forma muy esquemática, las juveniles ciencias de la complejidad y, en concreto, las teorías del caos (Edward N. Lorenz), de la auto-organización, y de los sistemas complejos contemplados desde la perspectiva de la termodinámica de no equilibrio (Ilya Prigogine). Aparte de estas tres teorías y la de los sistemas complejos adaptativos, existen otras muchas que, en principio, cabe etiquetar como ciencias de la complejidad; por ejemplo, la geometría fractal (Benoît Mandelbrot), la teoría de las catástrofes (René Thom), y la vida artificial (Christopher Langton).

2 Murray Gell-Mann, *El quark y el jaguar. Aventuras de lo simple y lo complejo*, Tusquets Editores, S. A., 1995, págs. 34-35.

origen de la vida, la evolución biológica, la dinámica de los ecosistemas, el sistema inmunitario de los mamíferos, el aprendizaje y los procesos mentales en los animales (incluido el hombre), la evolución de las sociedades humanas, el comportamiento de los inversores en los mercados financieros y el empleo de programas o equipos informáticos diseñados para desarrollar estrategias o hacer previsiones basadas en informaciones previas.

Lo que tienen en común todos estos procesos es la existencia de un sistema complejo adaptativo que adquiere información acerca tanto de su entorno como de la interacción entre el propio sistema y dicho entorno, identificando regularidades, condensándolas en una especie de «esquema» o modelo y actuando en el mundo real sobre la base de dicho esquema. En cada caso hay diversos esquemas en competencia, y los resultados de la acción en el mundo real influyen de modo retroactivo en dicha competencia.

Y Gell-Mann añade[3]:

En muchos aspectos, cada uno de nosotros funciona como un sistema complejo adaptativo (de hecho, el término "esquema" se emplea desde hace tiempo en psicología para referirse a una estructura conceptual de la que el ser humano hace uso para comprender un conjunto de datos, para darle sentido). [...]

Cuando alguien planea una aventura comercial, mejora una receta o aprende un lenguaje, se está comportando como un sistema complejo adaptativo. [...] Cuando uno invierte en bolsa se convierte, junto con los otros inversores, en un sistema complejo adaptativo que forma parte de una entidad colectiva en evolución a través de los esfuerzos de todos sus componentes para mejorar su posición o, por lo menos, para sobrevivir económicamente. Tales entidades colectivas organizadas, del tipo de una empresa o una tribu, constituyen sistemas complejos adaptativos en sí mismas. La humanidad en conjunto no está aún demasiado bien organizada, pero en un grado considerable ya funciona también como un sistema complejo adaptativo.

En aquellos años, el mundo de la economía ya sentía gran curiosidad ante la posible aplicación práctica al estudio de los mercados financieros de los modelos desarrollados por la física estadística para la investigación de sistemas naturales conformados por un número inmenso de moléculas y partículas elementales. De ahí que se produjera un nuevo desembarco de físicos en Wall Street.

---

3 Ibíd., págs. 35-36.

Hoy en día son muchos los físicos que se dedican plenamente a trabajar en el campo de la economía financiera, lo que ha permitido acuñar un flamante neologismo para designar una disciplina nueva: la econofísica. Este novedoso campo de investigación científica, nacido en el entorno del SFI, aplica teorías y métodos de modelización desarrollados por físicos, para entender y resolver problemas económicos y, en especial, aquellos que involucran procesos estocásticos o dinámicas no lineales, e introduce también el caos determinista en los patrones de simulación de variables financieras y de pronóstico de su evolución temporal.

El SFI y la economía

Primeros contactos (1986)

En el SFI estaban convencidos de que la economía era uno de los sistemas complejos adaptativos que convenía investigar con la mayor premura. En efecto, la doctrina financiera ortodoxa estaba cuestionada, y resultaba prioritario el organizar encuentros con profesionales de la economía, con el fin de plantearles la posibilidad de estudiar sus problemas desde el punto de vista de la nueva perspectiva emergente en ciencia: la complejidad.

Había llegado al oído de miembros del consejo de administración del SFI que algunos altos ejecutivos de Wall Street estaban dispuestos a financiar la investigación de una «nueva economía» capaz de explicar y prever episodios de crisis de deuda externa del Tercer mundo, cosa que sus colegas y consultores habían sido incapaces de hacer. Y se acordó establecer de inmediato contacto con una serie de destacadas personalidades del mundo de la economía y de las finanzas, para invitarlos a visitar el SFI y celebrar un primer cambio de impresiones

El encuentro, al que asistieron destacadas personalidades del mundo académico y de Wall Street, tuvo lugar en 1986[4].

Pronto se vio que el diálogo entre los profesionales de las finanzas ortodoxas y los económicamente heterodoxos científicos del interdisciplinar SFI no iba a resultar fácil porque ambas partes hablaban idiomas distintos. Sin embargo, los potenciales patrocinadores consideraron que el SFI era el

4 Una fuente solvente y extensa que narra el proceso histórico de aplicación de la teoría de sistemas complejos adaptativos (o evolutivos) a la economía es un documento titulado *The Santa Fe Perspective on Economics: emerging patterns in the science of complexity*, del que es autora Magda Fontana, Università di Torino, Dipartimento di Economia "S. Cognetti de Martiis", Centro di Studi sulla Storia e i Metodi dell'Economia Politica "Claudio Napoleoni" (CESMEP), Working paper No. 08/2009 (a efectos de cita, Fuente 1 y número de página). También cito la obra de R. Mansilla, titulada *Introducción a la econofísica*, Equipo Sirius S. A., 2003 (a efectos de cita, Fuente 2 y número de página).

entorno ideal para intentar aunar posturas, y aceptaron contribuir a la financiación de las investigaciones que serían desarrolladas a partir de 1987 dentro del marco del aún vacío Programa económico (Economic Program) del SFI.

Para llenar tal Programa, se acordó la celebración en 1987 de un primer simposio bajo el título "*The Evolutionary Paths of the Global Economy*" ("Los caminos evolutivos de la economía global").

El propósito del mismo era abrir el diálogo entre los economistas y los físicos sobre sus respectivas teorías y métodos, todo ello con el fin de explorar la posibilidad de establecer interacciones productivas que permitiesen abordar los nuevos y complejos problemas planteados por una economía que había devenido global.

El simposio de 1987

El simposio, copresidido por Kenneth J. Arrow[5] y Philip W. Anderson[6], tuvo lugar, tal como había sido programado, en la nueva y austera sede del SFI: las antiguas instalaciones del convento de Cristo Rey, al pie de la sierra de la Sangre de Cristo.

Las ponencias de este simposio se integraron en un libro que fue publicado en 1988 bajo el título "*The economy as an evolving complex system*" ("La economía como un sistema complejo evolutivo")[7], lo que supuso formalizar el comienzo de lo que se dio en llamar «perspectiva Santa Fe» (Santa Fe Perspective).

Entre las múltiples ponencias, destacaron dos, con puntos de vista antagónicos.

Kenneth J. Arrow defendió, como era de esperar, su laureada teoría del equilibrio económico general.

Por su parte, John Holland[8] presentó un marco nuevo en el que las múltiples economías de las instituciones y agentes individuales operaban bajo

---

5 Pontífice de la corriente económica dominante y galardonado con el Premio Nobel de Economía 1976 por su teoría del equilibrio económico general.

6 Eminente físico galardonado con el Premio Nobel de Física 1977 por sus investigaciones teóricas fundamentales acerca de la estructura electrónica de los sistemas magnéticos desordenados.

7 "The economy as an evolving complex system : the proceedings of the Evolutionary Paths of the Global Economy Workshop", held September, 1987 in Santa Fe, New Mexico, edited by Philip W. Anderson, Kenneth J. Arrow, and David Pines, Redwood City, Calif.: Addison-Wesley Pub. Co., 1988. A efectos de cita, "Anderson, Arrow y Pines", seguido de un número de página.

8 John Holland, científico, profesor de Psicología, Ingeniería eléctrica y Ciencia de la computación en la Universidad de Michigan, y pionero de los «algoritmos genéticos», una de las líneas más prometedoras de la inteligencia artificial.

hipótesis que diferían mucho de las de la economía neoclásica. En efecto, en la economía neoclásica los agentes son racionales, y operan en un entorno lineal, estático y estadísticamente predecible. Pero, en la realidad, son muchedumbre inmensa los agentes de racionalidad limitada y comportamiento mudable que interaccionan de forma intensiva y no lineal en un entorno en el que se producen fluctuaciones periódicas y cambios estructurales (bifurcaciones y transiciones hacia el caos) absolutamente impredecibles. Tales agentes aprenden, se adaptan y evolucionan, mediante una suerte de proceso de innovación perpetua, que conduce al incremento de los retornos, de forma que la economía opera lejos de un equilibrio óptimo (o «atractor» global). Así las cosas, Holland rechazó un enfoque puramente matemático de la economía, puesto que, una vez se ha establecido una teoría dinámica en términos de ecuaciones, ya no hay camino alguno para que el sistema cambie endógenamente de trayectoria. Por ello se inclinó claramente a favor de un análisis computacional basado en la simulación de escenarios económicos que imitan a los procesos de evolución natural. Es decir, propuso el mismo modelo con el que se investigaban a la sazón los sistemas complejos adaptativos, a los que se refirió denominándolos redes adaptativas no lineales[9]. Holland propuso, en concreto, el uso de «algoritmos genéticos» para la modelización en economía[10].

Pero a pesar del ardor de los debates, las partes, enfrentadas y distanciadas, acabaron dándose cuenta de que debían aunar sus esfuerzos. Era tiempo de siembra, y estaba cumplidamente justificada la financiación externa del multidisciplinar Economic Program, el primer Programa residencial del Instituto.

Resultado: Brian Arthur[11], economista un tanto heterodoxo, fue elegido primer director del Programa económico del SFI.

---

9 Anderson, Arrow y Pines, págs. 117-118.

10 Un algoritmo genético permite simular la evolución de una población de individuos, a los que se somete a episodios o incidencias aleatorias semejantes a las que se identifican en la evolución biológica (mutaciones y recombinaciones genéticas), así como a un proceso de selección de acuerdo con criterios de supervivencia de los individuos mejor adaptados.

11 Nacido en Belfast, Irlanda del Norte. Católico. Profesor de economía y estudios poblacionales, y biología humana en la Universidad de Stanford. Miembro distinguido del Instituto Santa Fe, del que fue director de su multidisciplinar Programa económico (Economic Program) en los períodos 1988-1990 y 1994-1995, miembro de su comité científico (Science Board) entre 1988 y 2006, y miembro de su consejo de administración (Board of Trustees) entre 1994 y 2004.

Consolidación del modelo basado en el agente

La elección de Brian Arthur, así como la influencia de John Holland, resultaron fundamentales en el proceso de determinación de los conceptos que constituirían el núcleo de la «perspectiva Santa Fe» y orientarían los programas de economía en una dirección crecientemente divergente de la corriente económica dominante[12].

En efecto, pronto quedó de manifiesto la plena comunión de Arthur con las ideas de Holland y de otros científicos, en el sentido de que en las investigaciones a realizar había que sustituir el tradicional enfoque matemático, de naturaleza analítica, por la técnica de modelización «*agent-based model*» (modelo basado en el agente)[13], de naturaleza computacional. Se trataba de una forma totalmente nueva de enfocar el estudio de los fenómenos económicos. En la teoría económica neoclásica el fundamento único para la toma de decisiones óptimas es el agente racional, y los instrumentos teóricos a utilizar por tal agente son puramente deductivos (ecuaciones y más ecuaciones que tiene que resolver). Pero en el mundo real, las cosas no ocurren así. No existe *el* agente racional sino una multiplicidad de agentes heterogéneos de racionalidad limitada y con previsiones o expectativas diferentes, lo que da lugar a una toma de decisiones que depende de la inducción más que de la deducción.

Así las cosas, lo que Arthur se propuso no fue la reforma radical de la economía. Se conformó con catalizar ciertas correcciones sustantivas que consideraba inevitables, en particular el tránsito de la economía del equilibrio estándar, a una economía alejada del equilibrio basada en el agente (*agent-based, out-of-equilibrium economics*)[14].

En 1988, el Programa económico, que venía a agrupar en un proyecto unitario y coherente cualesquiera sub-proyectos de investigación, arrancó con fuerza, totalmente orientado hacia la aplicación de las matemáticas al análisis de procesos estocásticos simulados por computador.

Durante el extremadamente heterodoxo período 1988-1990 los avances fueron apreciables. Iba emergiendo el paradigma nuevo soñado por Arthur,

12 Fuente 1, págs. 6-7.

13 El «"*agent-based model*" (ABM), o "modelo basado en el agente", es un tipo de modelo computacional para la simulación de acciones e interacciones de individuos autónomos (tanto entidades individuales o colectivas, como organizaciones o grupos) con vistas a evaluar sus efectos sobre el sistema como un conjunto. Combina elementos de *teoría de juegos*, *sistemas complejos*, *emergencia*, *sociología computacional*, *sistemas multiagente*, y *programación evolutiva*. Se usan métodos Monte Carlo para introducir la aleatoriedad. Los ABM se suelen usar en ámbitos científicos no relacionados con las ciencias de la computación (biología, ecología, ciencias sociales...)». (Wikipedia)

14 Fuente 1, págs. 12-13.

y se decidió organizar un seminario en 1991 bajo el título "*Prediction & Pattern Recognition/Financial Markets*" ("Los mercados financieros: Predicción y reconocimiento de patrones").

El encuentro de 1991

Este encuentro de tres días se celebró en febrero, siendo nuevo director del Programa económico José A. Sheinkman, profesor de Economía de la Universidad de Princeton[15]. Asistieron, además de científicos puros (especialmente físicos y biólogos), profesionales de Wall Street en representación de importantes bancos de inversión (Goldman Sachs, Salomon Brothers, Bear Stearns...).

Durante la primera jornada, los economistas profesionales de Wall Street hablaron de las técnicas que utilizaban para la modelización del mercado. En el segundo día fueron los científicos quienes presentaron técnicas de modelización basadas en la investigación de los sistemas no lineales. Y, finalmente, durante el tercer día se desarrolló una intensa discusión entre ambos bandos, con el propósito de implementar el uso en los mercados reales de las nuevas técnicas desarrolladas *in vitro*. Contra todo pronóstico, los banqueros de Wall Street defendieron con vehemencia la hipótesis del mercado eficiente, la cual hacía innecesario el uso de las nuevas técnicas de predicción y de reconocimiento de patrones.

Los científicos no salían de su asombro. Los profesionales de la banca de inversión habían hecho alarde de los grandes beneficios obtenidos por sus organizaciones, así como de su exitosa gestión personal, premiada con retribuciones muy altas. También resultaba obvio que algunos agentes del mercado, tan famosos como Michael Milken, Warren Buffet y George Soros, se habían hecho de oro especulando. ¿Cómo resultaban posibles tamaños enriquecimientos si los mercados eran totalmente eficientes? Si así fuera, las bolsas de valores estarían prácticamente desiertas. Pero no lo estaban... porque era un hecho empírico la posibilidad de obtener ganancias como resultado de las múltiples ineficiencias del mercado.

Así las cosas, Doyne Farmer —físico especializado en sistemas complejos y, a la sazón, profesor del Instituto Santa Fe— intervino para decir que no merecía la pena perder más tiempo discutiendo sobre la eficiencia, o la falta de ella, de los mercados financieros. Lo único que estaba claro es que se podían obtener beneficios especulativos. ¿Por qué no asumir esta realidad y estudiar la forma de sacarle el máximo partido? Pero los profesionales de Wall Street hicieron oídos sordos y se mantuvieron en sus trece. El SFI ten-

15 Fuente 2, págs. 62-63.

dría que seguir luchando. Lo que se había preparado como encuentro había devenido en desencuentro[16].

El regreso de Brian Arthur

En 1994, Brian Arthur volvió a asumir la dirección del Programa económico, e intensificó la investigación de los procesos inductivos de toma de decisiones.

Él mismo contribuyó de forma decisiva al desarrollo de tales procesos mediante la formalización del ya célebre problema del bar El Farol[17], en el cual se viene a concluir que ante un dilema de elección, la decisión correcta es siempre la del grupo minoritario.

El modelo de Arthur ha sido el germen de otros muchos modelos posteriores que pretenden captar las sutilezas de los mercados. Los más conocidos son, sin duda, los «juegos de minoría» (*minority games*)[18].

El simposio de 1996

Transcurridos diez años desde el primer simposio específicamente dedicado a la economía como sistema complejo evolutivo, tuvo lugar el segundo simposio para elaborar un estado de la cuestión sobre la contribución a la economía de la investigación de la complejidad.

Durante esta década se habían producido cambios importantes en la dirección del Programa económico de SFI. Ahora eran codirectores del Programa Lawrence Blume —profesor de Economía y de Ciencias de la Información en la Universidad de Cornell— y Steven N. Durlauf —profesor de la Cátedra de Economía Kenneth J. Arrow en la Universidad de Wisconsin-

---

16 Convencido, como estaba, de que su propuesta no era una tontería, ese mismo año Doyne Farmer, Norman Packard —físico teórico, especializado en teoría del caos— y James McGill fundaron la empresa Prediction Company. Empezaron empleando técnicas de la teoría del caos determinista para descubrir las regularidades presentes en las fluctuaciones mercantiles e invertir de acuerdo con ellas. Se trataba de un sofisticado sistema de negociación algorítmica (*algorithmic trading*) que pronto despertó el interés de los especialistas. Así, Prediction Company suscribió en 1992 un contrato exclusivo con O'Connor and Associates, una empresa especializada en comercio con derivados, con sede en Chicago, para proporcionarle servicios de asesoramiento y tecnología. Poco después, O'Connor se fusionó con Swiss Bank Corporation, que en 1998 se fusionó con Union Bank of Switzerland (UBS). El contrato de Prediction Company fue renovado año tras año y, en 2005, UBS acabó comprando la totalidad de la empresa. Prediction Company es ahora una filial de UBS. *Cfr. El quark y el jaguar*, pág. 64.

17 *Cfr.* Fuente 2, págs. 64-67.

18 Modelo elaborado por los físicos Yi-Cheng Zhang y Damien Challet (Universidad de Friburgo).

Madison— los cuales consideraron conveniente celebrar un simposio para fijar la «perspectiva Santa Fe».

Si Anderson, Arrow y Pines fueron los protagonistas del primer simposio, del segundo lo fueron Arthur, Durlauf y Lane.

Este encuentro se celebró en un entorno de sosegada imparcialidad, sin discusiones acaloradas.

Las ponencias de este simposio (una de ellas presentada por Blume) se integraron en un libro que fue publicado en 1997 bajo el título "*The economy as an evolving complex system II*"[19], lo que supuso la formalización de la «perspectiva Santa Fe».

En dicho libro se pone de manifiesto con claridad que, a lo largo del decenio 1987-1996, las cosas han dado un giro radical. Aunque no se diga de forma explícita y contundente en estas actas, la presunta relación de complementariedad entre el punto de vista ortodoxo de la *mainstream economics* y el punto de vista heterodoxo del Programa económico del SFI parece ser una quimera, sobre todo en dos aspectos esenciales: el equilibrio general y la racionalidad del agente.

De todas formas, de la lectura de las actas del simposio cabía sacar como conclusión que la teoría económica que se deriva de la «perspectiva Santa Fe» y la teoría económica estándar, a pesar de que diferían de forma sustancial, podían coexistir de forma no ya pacífica, sino, sobre todo, muy fructífera, como ya lo estaban haciendo. El bienintencionado intento de parchear o apuntalar la economía ortodoxa, que fue consensuado en el simposio de 1987, había conducido a la germinación de un paradigma económico nuevo, aún en vías de formalización, dada la vastedad de las disciplinas científicas y sociales que constituían su sistema arterial, lo que le daba un grado extremo de transversalidad.

Ciertamente, las actas del simposio de 1996 merecieron opiniones muy favorables, dada la alta calidad de las investigaciones llevadas a cabo por los científicos adscritos al Programa económico del SFI.

¿Había triunfado la «perspectiva Santa Fe», es decir, la concepción de la economía como un sistema complejo adaptativo? Parecía que sí, aunque había que consolidarla.

Pero lo cierto es que a partir de 1997 el Programa económico empezó a marchar en una dirección diferente. La «perspectiva Santa Fe» perdió peso de forma apreciable, y los investigadores, bajo la dirección de Blume y

19 "The Economy as an Evolving Complex System II", Proceedings Volume XXVII, Santa Fe Institute Series, editado por W. Brian Arthur, Steven N. Durlauf y David Lane, publicado por Addison-Wesley, 1997. A efectos de cita, "Arthur, Durlauf y Lane", seguido de un número de página.

Durlauf, centraron su atención en el estudio de las aplicaciones de la física a temas concretos y, también, a métodos, de la economía estándar[20]. ¿Acaso se trataba de un contragolpe de los enrocados en la ortodoxia?

El simposio de 2001

En 2000 fue nombrado director del Programa el economista neo-marxista Samuel Bowles, profesor emérito de la Universidad de Massachusetts Amherst, y director del Programa de Ciencias del Comportamiento del SFI. Muy interesado en la aplicación de tales ciencias sociales a la investigación de la dinámica de grupos, del papel de los sistemas cognitivos y emocionales en el comportamiento humano, de la comprensión de la persistencia de las desigualdades económicas y sociales, y de los problemas de redistribución, consideró conveniente dar un nuevo y último paso para cerrar, por la hegeliana vía de la síntesis, el enfrentamiento entre la teoría económica estándar (tesis) y la economía vista desde la «perspectiva Santa Fe» (antítesis). A tal efecto se celebró en 2001 un nuevo simposio bajo el título "*The economy as an evolving complex system III*".

Las ponencias de este simposio se integraron en un libro que fue publicado cuatro años más tarde (a finales de octubre de 2005) bajo el título "*The economy as an evolving complex system III: Current Perspectives and Future Directions*"[21]. El simple hecho de que el libro de actas tardara tanto en ser publicado, y, además, llevase única y exclusivamente la firma de Blume y Durlauf, ya decía de por sí muchas cosas, y encendía señales de alarma, plenamente justificadas.

En la primera página del libro, dedicado a Kenneth J. Arrow como homenaje en su octogésimo aniversario, Blume y Durlauf sostienen que las ponencias presentadas en el simposio han puesto de manifiesto que la deseada fusión entre *economía* y *complejidad* ha madurado, quedando cumplidas las expectativas iniciales del Programa económico, que no fueron otras que la inyección de nuevos métodos en el cuerpo teórico de la corriente económica prevalente. Ha desaparecido la clara oposición teórica entre la economía neoclásica y la «perspectiva Santa Fe». De hecho, esta perspectiva ha quedado relegada al papel de un «esfuerzo fracasado»[22]. En efecto, Blume y

20 Fuente 1, pág. 17.

21 "The Economy as an Evolving Complex System III: Current Perspectives and Future Directions", editado por Lawrence E. Blume y Steven N. Durlauf, publicado por Oxford University Press, 2005. A efectos de cita, "Blume y Durlauf", seguido de un número de página.

22 Fuente 1, pág. 18.

Durlauf dicen[23]: «El libro muestra que algunos de los propósitos iniciales no se cumplieron. Los modelos presentados no suponen rechazo alguno de la economía neoclásica. Una de las razones de que esto haya ocurrido así está relacionada con la mala interpretación por parte de muchos no economistas de la naturaleza de la economía neoclásica; en pocas palabras, la teoría ha sido capaz de absorber los avances tipo SFI sin cambiar su naturaleza fundamental. Dicho de otro modo, la teoría económica tiene un número inmenso de fortalezas que se han complementado y enriquecido por el acercamiento al SFI. Por lo tanto, en relación con el período tranquilo de los años ochenta, este libro [de las series de publicaciones del SFI] es más modesto en sus afirmaciones, pero creemos que mucho más fuerte en sus logros».

¿Es esta una síntesis seria? Creo que no. Se trata, al menos a mi juicio, de una síntesis claramente sesgada, ayuna de objetividad, que refleja única y exclusivamente la opinión de Blume y Durlauf. Más bien parece, valga solo como metáfora, una notificación torpe de la derrota de un contrincante, y de la subsiguiente incorporación de sus territorios a los del vencedor. Y esto no puede sino suscitar sorpresa y, también rechazo. Porque lo cierto es que el simposio de 1996 puso de manifiesto el abismo teórico existente entre dos visiones de la economía: la neoclásica y la de la «perspectiva Santa Fe». ¿Cómo era posible que Durlauf, que había sido coeditor de las actas de dicho simposio, y que no había formulado en el texto introductorio de las mismas ninguna opinión particular o declaración de disconformidad sobre la «perspectiva Santa Fe», la ningunease ahora, considerándola un esfuerzo fracasado?

Todo este enredo tiene una posible explicación. El pertenecer a la corriente principal de la economía implica muchas prebendas, tanto en el ámbito académico ortodoxo, como en el profesional de Wall Street. La heterodoxa «perspectiva Santa Fe» mantenía intactas en 2001, como no podía ser de otra manera, las virtudes que le fueron reconocidas en el simposio de 1996. Pero las clases dirigentes preferían a la sazón considerarla como si se tratase de un variopinto conjunto de procedimientos que permitían sellar las enormes grietas que se habían ido abriendo en la economía neoclásica, una especie de autopista mal pavimentada y peor bacheada que aún mantenía unidos a los prebostes de la academia y a los dueños del dinero y del poder. Si había que utilizar, en ciertos terrenos, los sofisticados métodos de la heterodoxia, pues se utilizaban, y punto; el dinero es el dinero, y el pragmatismo siempre acaba imponiéndose. Pero de ahí a reconocer tal perspectiva como germen de un nuevo paradigma, mediaba un abismo.

23 Ibíd.; y Blume y Durlauf, pág. 2.

¿Acaso esta especie de opa hostil de la corriente principal sobre la «perspectiva Santa Fe» suponía el final de la película, su *the end*?

Desde luego que no. Muchos de los contenidos del Programa económico del SFI gozaban ya, y siguen gozando, del aprecio de los especialistas y profesionales del mundo de la economía y, en especial, de las finanzas. Tales agentes, eclécticos por naturaleza, compaginan las doctrinas que les parecen mejores y más verosímiles. De ahí que los modelos y métodos desarrollados como resultado de las investigaciones realizadas en el marco de dicho Programa tengan un amplísimo rango de seguidores y fanes entusiastas, que ya se han acostumbrado a utilizarlos de forma sistemática.

Solo quedaba en el aire una pregunta: ¿Cuánto tardará la academia en dar su brazo a torcer y abandonará la teoría neoclásica?

PSICOLOGÍA COGNITIVA Y ECONOMÍA

Daniel Kahneman (Tel Aviv, 1934) y Amos Tversky (Haifa, 1937-Stanford, 1996), verdaderos genios de la psicología cognitiva, contribuyeron de forma decisiva a la creación de una nueva disciplina económica: la economía conductual (Behavioral Economics). Dos de sus trabajos conjuntos, publicados en 1974 y 1979, les dieron fama universal. En 2002, Kahneman fue el primer no economista galardonado con el Premio Nobel de Economía «por haber integrado aspectos de la investigación psicológica en la ciencia económica, especialmente en lo que respecta al juicio humano y a la teoría de decisiones en condiciones de incertidumbre».

La teoría financiera ortodoxa sostiene, como ya he dicho, que la gente actúa siempre de forma racional y es egoísta (solo busca su enriquecimiento).

Kahneman y Tversky no compartían tales ideas sobre el pensamiento y el comportamiento humanos. Consideraban que las personas no son ni enteramente racionales ni enteramente egoístas. Y, sintiendo un interés común por estos temas, empezaron a trabajar juntos en 1969.

De sus dos trabajos fundamentales, solo citaré el relativo a la toma de decisiones bajo condiciones de incertidumbre.

Tversky y Kahneman centraron su interés sobre la toma de decisiones y, en concreto, sobre las actitudes de los seres humanos ante acciones arriesgadas.

La teoría canónica para el análisis de la toma de decisiones bajo riesgo era a la sazón —y aún sigue siéndolo en nuestros días— la teoría de la utilidad esperada (*Expected utility theory*), todo ello dentro del marco del modelo prevalente de comportamiento económico de los agentes (racional y egoísta). Tal teoría, cuyas reglas rigen las «elecciones racionales» fue desarrollada a partir de los trabajos del matemático John von Neumann y del economista Oskar Morgenstern, quienes establecieron la axiomática de la teoría de juegos.

Kahneman y Tversky escrutaron a fondo esta teoría, y no tardaron en detectar en ella inconsistencias serias en su presunta racionalidad. Psicólogos como eran, se propusieron entender «cómo los humanos hacen realmente elecciones arriesgadas sin presuponer nada sobre su racionalidad». No intentaban, pues, «caracterizar la elección más racional o ventajosa; querían entender la elección intuitiva, la única que entonces consideraban tentadora»[24].

Tras cinco años de realizar múltiples experimentos llegaron a la conclusión de que varios aspectos de las elecciones entre opciones arriesgadas «estaban en flagrante contradicción con la teoría de la utilidad esperada»[25]. Y para explicar y superar tales contradicciones elaboraron una nueva teoría, la teoría de las perspectivas, la cual entraba dentro de un campo de la psicología llamado psicofísica, disciplina que estudia las relaciones entre la magnitud de los estímulos físicos y la intensidad de las sensaciones que producen.

En 1979 publicaron un trabajo que llevaba por título "Prospect Theory: An Analysis of Decision under Risk"[26] (Teoría de las perspectivas: análisis de las decisiones bajo riesgo).

Este trabajo sentó las bases fundacionales de la economía conductual; y, en 2002, valió un merecidísimo Premio Nobel de Economía.

En lo que sigue voy a realizar un simple esbozo de los fundamentos de la teoría de las perspectivas.

Kahneman y Tversky no partieron de la nada. Entre otras muchas cosas atinentes al área del conocimiento que se proponían explorar, estaban al tanto de las ideas germinales del científico suizo Daniel Bernoulli, quien, en 1738 ya se dio cuenta de la diferencia entre el valor psicológico o moral del dinero, es decir, de la utilidad del mismo para el sujeto, y su valor nominal, debida a que el ser humano, en general, tiene aversión al riesgo[27]. La teoría de Bernoulli supone que lo que hace a los individuos más o menos felices es la utilidad de su riqueza. Tuvieron que transcurrir 250 años para que se descubriera que esta teoría contenía un error capital.

---

24 Daniel Kahneman, *Pensar rápido, pensar despacio*, Random House Mondadori S. A., 2013, pág. 22.

25 Ibíd., pág. 354.

26 Publicado en la revista *Econometrica*, vol. 47, nº 2, 1979, págs. 263-292.

27 *Pensar rápido, pensar despacio*, págs. 355-361.

Pues bien, Kahneman y Tversky siguieron su clásica metodología de investigación. Las reflexiones realizadas por los autores se basaron en las respuestas dadas por estudiantes y profesores universitarios a múltiples problemas de elección hipotéticos.

Solo me referiré a lo que denominaron «efecto aislamiento». Se trata de un fenómeno, que considero especialmente revelador, y que se manifiesta cuando un mismo problema de elección entre alternativas es presentado de formas diferentes. Los agentes tienden a ignorar (aislar) aspectos que son compartidos por todas las perspectivas en liza, y eligen alternativas diferentes según sea el planteamiento del problema, lo que parece, en principio, incoherente, defectuoso, erróneo... Pero, en realidad, lo que aflora es una propiedad fundamental de la toma de decisiones bajo riesgo. Describiré este fenómeno a partir de los Problemas 11 y 12 siguientes[28]:

a) Problema 11: Adicionalmente a su patrimonio, sea este el que sea, a usted le regalan 1.000 dólares. Elija usted entre

A: Una posibilidad del 50% de ganar 1.000 dólares, o

B: Ganar 500 dólares con certeza.

b) Problema 12: Adicionalmente a su patrimonio, sea este el que sea, a usted le regalan 2.000 dólares. Elija usted entre

C: Una posibilidad del 50% de perder 1.000 dólares, o

D: Perder 500 dólares con certeza.

Los porcentajes de la población encuestada (70 personas en el Problema 11 y 68 personas en el problema 12) que eligieron cada una de las perspectivas planteadas fueron:

Perspectivas	Elecciones porcentuales
Problema 11	
Perspectiva A: (1.000, 0,50)	16%
Perspectiva B: (500)	84%
Problema 12	
Perspectiva C: (-1.000, 0,50)	69%
Perspectiva D: (-500)	31%

¿Cómo interpretar semejantes resultados? ¿Por qué los encuestados escogen mayoritariamente la perspectiva B en el Problema 11 y la C en el Problema 12, en flagrante violación de la teoría de la utilidad esperada?

Desde luego, si se piensa dentro del marco de dicha teoría, las perspectivas A y B son idénticas en términos de esperanza matemática, al igual que lo

28 Ibíd., págs. 273.

son las perspectivas C y D. Además, y a poco que reflexionemos con calma, nos damos cuenta de que los Problemas 11 y 12 son idénticos en términos de patrimonio final esperado: 1.500 dólares.

Pero lo cierto es que no todo lo que puede parecerle equivalente a un hipotético y muy racional «observador imparcial», lo es en realidad para el agente. De hecho, las Problemas 11 y 12 están hábilmente presentados de forma diametralmente distinta: el Problema 11 está expresado en términos de ganancias, mientras que el Problema 12 lo está en términos de pérdidas. Ambos conducen matemáticamente al mismo resultado final: un incremento de patrimonio neto de 1.500 dólares, con idéntica probabilidad *matemática...*, pero no *psicológica*. ¡Esta es la clave! Porque ha quedado empíricamente demostrado que para los agentes los valores decisorios que asignan a las ganancias y a las pérdidas son diferentes entre ellos, y además y de consuno, diferentes las probabilidades que se les asignan. En efecto:

a) En el Problema 11 se piensa y actúa dentro de un escenario de *ganancias*, donde prima una poderosa aversión al riesgo, que no es en este caso sino un inteligente conformismo con la certeza.
b) Por el contrario, en el Problema 12 se opera y actúa dentro de un escenario de *pérdidas*, donde prima una aún más poderosa búsqueda del riesgo, que conduce en este caso a apostar decididamente por el mal menor (un 50% de probabilidades de no perder nada).

Llegados a este punto, y habiendo descubierto tantas incoherencias sistemáticas —todas ellas estadísticamente significativas— con la teoría de la utilidad esperada, solo cabe una conclusión racional: tal teoría deba contener algunos errores. Desde luego la hipótesis de que la gente actúa siempre de forma totalmente racional es absolutamente falsa; las emociones juegan un papel determinante. Pero, aparte de eso, tiene que haber algo más. Y Kahneman y Tversky identificaron ese algo más de forma inequívoca. Tal hallazgo fue la piedra angular de su teoría de las perspectivas[29].

Tversky y Kahneman fueron capaces desde el principio de orientar adecuadamente su trabajo porque decidieron ir a contracorriente de la mayoría de los psicofísicos de la época, que opinaban que si se quería estudiar el valor subjetivo de la riqueza «había que hacer preguntas directas sobre ésta, no sobre los cambios en ella». Sin embargo, hacía ya casi veinticinco años que Harry Markowitz había propuesto una teoría sobre gestión de carteras «en la cual las utilidades iban asociadas a cambios en los capitales más que

29 Ibíd., págs. 274-289. Dada la dificultad del aparato matemático utilizado por los autores para exponer la teoría con detalle, me limitaré, en lo que sigue, a seguir la sencilla línea explicativa que utiliza David Kahneman en su ya citada obra *Pensar rápido, pensar despacio*, págs. 362-372, más accesible para un lector normal.

al estado de los mismos»[30]. Y así es precisamente como Tversky y Kahneman enfocaron sus Problemas, tal como se ha visto más arriba.

Las elecciones de los Problemas 11 y 12, les llevaron a detectar un error capital en la teoría de Bernoulli.

Kahneman describe tal error con meridiana claridad en *Pensar rápido, pensar despacio*[31]. Supongamos el siguiente caso:

> Hoy, Jack y Jill tienen 5 millones cada uno.
> Ayer, Jack tenía 1 millón, y Jill 9 millones.
> ¿Están igual de felices? (¿disfrutan de la misma utilidad?).

La teoría de Bernoulli supone que lo que hace a los individuos más o menos felices es la utilidad de su riqueza. Por lo tanto, como Jack y Jill tienen la misma fortuna, ambos estarán igual de contentos. Pero no hace falta tener estudios de psicología para saber que hoy Jack está eufórico y Jill, abatido. La felicidad que Jack y Jill experimentan viene determinada por el reciente *cambio* en su fortuna, un cambio relativo a los diferentes estados de la misma que definen sus *puntos de referencia* (1 millón en Jack, 9 millones en Jill). Esta dependencia de una referencia está presente en la sensación y en la percepción. Y necesitamos conocer la referencia antes de poder predecir la utilidad de una cantidad de dinero.

La identificación del fenómeno de la dependencia del punto de referencia no es nada trivial. Como más arriba hemos visto, las preferencias de los encuestados en los Problemas 11 y 12 son, de facto, una especie de refutación de la teoría de Bernoulli, la puesta en evidencia de su error germinal. La utilidad de una suma de dinero no es lo único que importa. Hay que tener en cuenta el decisivo papel del punto de referencia desde el cual se evalúan las opciones. En efecto[32], en el problema 11, el punto de referencia es superior en 1.000 dólares a la suma actual y en 2.000 dólares en el problema 12. En el problema 11, la suma de 1.500 dólares supone, por tanto, una *ganancia* de 500 dólares, mientras que en el problema 12 supone una *pérdida*.

Dice Kahneman: «Nos gusta ganar y nos disgusta perder, y es casi seguro que nos disguste perder más que nos guste ganar». «Las pérdidas pesan mucho más que las ganancias; los seres humanos sienten manifiesta aversión a la pérdida».

30 *Pensar rápido, pensar despacio*, pág. 362. Ver también *Econométrica*, op. cit., pág. 276.
31 Ibíd., págs. 358-359.
32 Ibíd., págs. 365-366.

Quizá, el descubrimiento más importante de la teoría de las perspectivas es la *aversión a la pérdida*. Tal aversión es fácilmente medible. Para demostrarlo, Kahneman comenta con frecuencia el siguiente juego que les fue planteado a un grupo de estudiantes de Princeton:

> Si sale cruz se pierden 10 dólares, y si sale cara se ganan x dólares. La pregunta a la que cada uno de ustedes debe contestar es: ¿Qué valor debe tener x para que usted esté dispuesto a jugar?

La respuesta promedio fue 25 dólares. O sea, la ratio de aversión fue 2,5. Evidentemente, no todos los individuos tienen el mismo grado de aversión. Se han realizado muchos experimentos, y la ratio media de aversión a la pérdida parece que se sitúa dentro del rango 1,5-2,5.

La economía conductual

El nacimiento de una nueva economía

La llamada economía conductual (Behavioral Economics), que viene a integrar aspectos de la investigación psicológica en la ciencia económica, nació a comienzos de la década de los setenta, y se difundió y consolidó tras la concesión del Premio Nobel de Economía a Daniel Kahneman en 2002.

De hecho, la economía clásica ya tuvo desde su fundación una relación muy cercana con la psicología. En efecto, antes de publicar en 1776 su celebérrima obra *La riqueza de las naciones*, Adam Smith había publicado en 1759 una obra menos conocida pero no menos importante, *La teoría de los sentimientos morales*, en la que filosofaba sobre las reglas que gobiernan la conducta humana, y establecía la «moral de la simpatía»[33], fundamento básico de sus teorías económicas posteriores.

Tal relación casi se rompió con el advenimiento de la economía neoclásica, la cual presuponía la existencia del *homo oeconomicus*, esencialmente racional y egoísta. Y digo casi, porque algunos grandes economistas sometieron a crítica la hipótesis de la racionalidad del agente. Por ejemplo, lo hizo John Maynard Keynes, a raíz de la Gran Depresión de 1929, quien habló de la influencia de los «*animal spirits*». Y, también lo hizo Herbert Alexander Simon (Premio Nobel de Economía 1978), quien, en su precursora teoría de la racionalidad limitada, señala que los agentes, en su mayoría, no son totalmente racionales y que, de hecho, actúan según impulsos emocionales, y ello no solo a causa de sus limitaciones cognitivas, sino también por la pobreza de la información a su alcance y por el escaso tiempo del

33 De la que daré noticia en capítulo 7.

que disponen para tomar sus decisiones, lo que les obliga a utilizar atajos heurísticos. De ahí que, aunque el agente quiera actuar de manera racional, no puede hacerlo.

De todas formas, los vínculos entre el paradigma económico prevalente y la nueva economía conductual son aún un tanto débiles, a pesar de los importantes descubrimientos de sus estrellas más rutilantes (Kahneman y Tversky), y de un muy nutrido grupo de cofundadores, todos ellos psicólogos y economistas de élite, que han trabajado con ilusión y convencimiento, y siguen haciéndolo, para fortalecer tales vínculos (Richard Thaler, Dan Ariely, Robert Shiller...). En lo que sigue solo haré referencia a Shiller.

Robert Shiller: euforia irracional y «animal spirits»

Shiller, al que tantas veces ya he citado, es un notable economista especializado en economía financiera y en finanzas conductuales, profesor de Economía en la Universidad de Yale, y Premio Nobel de Economía 2013 (que comparte con Fama y Hansen).

Es autor de *Irrational Exuberance*[34], que ya se ha convertido en un clásico.

También es coautor, con George A. Akerlof, de otro *best seller*: *Animal Spirits: How Human Psychology Drives the Economy, and Why It Matters for Global Capitalism*[35].

De ambos libros daré a continuación noticia.

a) Irrational Exuberance

En este libro, editado a comienzos de 2000, Shiller denunció que la extraordinaria expansión del mercado financiero de valores de renta variable que se había producido a lo largo de los últimos años obedecía a una «euforia irracional», y que no tardaría en desplomarse. Tan agorero auspicio se cumplió apenas transcurridos dos meses.

¿Acertó, tal vez, por pura casualidad? En absoluto. La palabra «irracional» ya figuraba desde hacía mucho tiempo en su repertorio intelectual de términos clave. En efecto, yendo a contracorriente del pensamiento económico-financiero estándar, formaba parte de un selecto grupo de economistas que venían defendiendo desde hacía años que el comportamiento financiero de los agentes distaba de ser tan racional como la biblia financiera al uso postulaba. Shiller dejó escrito que uno de los desencadenantes principales

---

34 Ya citado en el capítulo 3.

35 Editado en 2009 por Princeton University Press. Existe traducción al español bajo el título Animal spirits: *Cómo influye la psicología humana en la economía*, Ediciones Gestión 2000, 2009.

—probablemente, el fundamental— del desaforado crecimiento del volumen de las transacciones que se había producido —o sea, de las burbujas especulativas— no era otro que el «exceso de confianza» de los inversores, que no actuaban de forma plenamente racional, sino que lo hacían anclados a realidades mentirosas (por ejemplo, a cotizaciones que en modo alguno podían ser correctas), y obedeciendo más a las emociones que a la razón, lo que los convertía en víctimas de muy variados tipos de sesgos cognitivos que estaban siendo investigados por eminentes psicólogos.

A lo largo de su libro, Shiller se muestra escéptico sobre la eficacia de la política monetaria y de las interrupciones temporales de las sesiones de bolsa para embridar la salvaje volatilidad de los mercados y la generación de burbujas especulativas. Pero sí considera que la prudencia de los inversores, no solo diversificando el riesgo de sus carteras, sino prestando también atención a la cobertura de otros riesgos contingentes, podría contribuir a atenuar tal volatilidad. De todas formas acaba reconociendo que «lamentablemente, la naturaleza de las burbujas es tan compleja y cambiante que no podemos siquiera establecer cuál sería la mejor política para alcanzar el objetivo de bienestar económico a largo plazo», y concluye[36]:

> En una sociedad libre no podemos proteger a la gente de todas las consecuencias de sus propios errores. Esta clase de protección equivaldría a negarle la posibilidad de realizarse plenamente. No podemos proteger a la sociedad de todos los efectos de las olas de euforia irracional o pesimismo irracional, *por tratarse de reacciones emocionales y ser parte esencial de la condición humana.*

Economía conductual en estado puro.

b) Animal spirits

El origen de este término se remonta a la antigüedad. El médico Galeno (130, 200) distinguía tres clases de espíritu: el *spiritus naturalis*, con sede en el hígado; el *spiritus vitalis*, con sede en el corazón; y el *spiritus animalis*, el de rango superior, con sede en el cerebro. La palabra latina *animalis* significa «animado» (dotado de alma), «viviente».

El filósofo y poeta hispano-estadounidense Jorge Santayana (1863-1952) construyó un sistema filosófico, cuyo modelo de acceso a la realidad era una «fe animal» (*animal faith*) muy parecida a la razón práctica kantiana.

36 *Exuberancia irracional*, op., cit., págs. 301-302.

Y John Maynard Keynes, en su obra *General Theory of Employment, Interest and Money*, habla de los *animal spirits*, en referencia a una suerte de «resortes espontáneos que impulsan a la acción», a unas respuestas instintivas «motivadas por el capricho, el sentimentalismo o el azar». Volveré sobre este tema en el capítulo 7.

Akerlof y Shiller, ambos simpatizantes de las teorías de Keynes, utilizan en su libro el concepto *animal spirits* en un sentido bifronte, y precisan que «se refiere al componente fluctuante e inconsistente de la economía» y «representa nuestra peculiar relación con la ambigüedad o la falta de certeza»[37].

Este libro supone una ruptura con la teoría económica canónica. En efecto, es un intento de construir un nuevo modelo que explique cómo funciona la economía en la realidad.

Tal modelo se basa en cinco facetas distintas de los *animal spirits*: la confianza, la justicia social, la corrupción y conductas antisociales, la ilusión monetaria, y las historias (las *narrativas*).

De estas cinco facetas destacan dos, que son consideras por los autores piedras angulares de su teoría: la confianza y la ilusión monetaria.

- Confianza. Se trata de un valor social capital que no solo es una piedra angular de la teoría económica de Akerlof y Shiller, sino *la* piedra angular de todo el sistema socioeconómico. En efecto, sin la mutua confianza entre los miembros de una sociedad, resultaría imposible la convivencia pacífica en libertad; tampoco podrían funcionar los mercados, ni el crédito, ni la moneda. Cuando la confianza entre los agentes se debilita o resulta herida, todo el sistema amenaza ruina.
- La ilusión monetaria. Se trata de «la impresión que tienen los individuos y empresas de haber aumentado su capacidad de compra al haber sufrido un cambio sus rentas nominales o los precios, cuando de hecho no toman en cuenta la inflación, que produce una pérdida de la capacidad adquisitiva real del dinero», lo cual influye en las decisiones que toma[38]. El conseguir que el agente vea a través del velo de la inflación es, ciertamente, un desafío que no encaja en el propósito de esta obra.

De la corrupción y de las conductas impropias ya he discurrido ampliamente, y lo haré aún más en el capítulo 6.

En lo relativo a la importante cuestión de la justicia social, solo decir que, muy probablemente, el problema de la equidad puede invalidar ciertas

37 *Animal spirits*, op. cit., págs. 21-22.
38 *La gran enciclopedia de economía*, http://www.economia48.com.

motivaciones racionales de la economía. Experimentos realizados por Kahneman y Thaler muestran que la percepción de lo que es justo o injusto por parte del agente, puede llevarle a decisiones que no se compadecen con la racionalidad pura y dura. Esta cuestión será ampliamente abordada en el capítulo 9.

Y por lo que hace a la cuestión de las narrativas solo señalar que la mente humana está preparada para pensar en términos de narraciones, de historias (personales, socioeconómicas, políticas...), las cuales acumulamos en la memoria, y tienen una influencia emocional importante en la toma de decisiones.

A lo largo del libro se deslizan reflexiones de las que merece la pena dar cuenta. Dicen Shiller y Akerlof cosas como:

> La mayoría de decisiones que tomamos, y sobre todo algunas de las más importantes de nuestra vida, las tomamos «porque nos parecen bien». Jack Welch, que fue presidente de General Electric durante muchos años y uno de los ejecutivos de mayor éxito del mundo, sostiene que estas decisiones se toman «directamente con las tripas»[39].

> La cuestión no consiste en predecir estos acontecimientos antes de que sucedan, ya que el problema es mucho más grave. El motivo de que estos acontecimientos hayan sucedido nunca se ha podido explicar racionalmente, ni siquiera después de que hayan ocurrido[40].

> Los hombres de negocios toman decisiones sobre el futuro que se basan en la ausencia total de certidumbre. [...] A medida que va pasando el tiempo, sus esfuerzos parecen converger en la economía conductual. La expresión de Jack Welch «directamente con las tripas» lo resume: las decisiones importantes relativas a la inversión siempre son más intuitivas que analíticas. Esta intuición es un proceso social que sigue las leyes de la psicología y, en particular, ya que se toman decisiones en grupo, de la sociología[41].

Y, a manera de colofón, formulan interesantes reflexiones sobre el capitalismo[42], a las que haré referencia en el Epílogo.

---

39 *Animal spirits*, pág. 35.
40 Ibíd., págs. 219-220.
41 Ibíd., págs. 239-240.
42 Ibíd., capítulos 11 (¿Por qué los precios financieros y las inversiones corporativas son tan volátiles?) y 14 (Conclusión).

La oposición del stablishment *económico*

La clase dirigente en economía no ve con buenos ojos la economía conductual. Y el motivo principal es muy simple: esta nueva teoría pone en cuestión todo el edificio de la economía neoclásica, al negar su pilar básico: la absoluta racionalidad del agente. Por ello sus críticos sobreabundan.

Por poner solo un ejemplo, tanto a Eugene Fama como a sus discípulos y epígonos, no les gustan nada las finanzas conductuales, dada su fe ciega en la hipótesis del mercado eficiente. Insisten en la racionalidad de los agentes, y opinan que tales finanzas no son una nueva rama de la economía sino, más bien, una colección de anomalías. Según ellos, no cabe integrar en los mercados las conductas incoherentes observadas en experimentos de laboratorio y en encuestas realizadas a poblaciones muy limitadas, por cuanto se trata de tendencias o sesgos individuales que acaban siendo corregidos por los invisibles mecanismos de los propios mercados.

En general, los más ilustres miembros de la academia opinan que la economía conductual no es sino una moda pasajera.

No entraré por ahora en el cuestionamiento de estas opiniones, lo que sí haré en el capítulo 5 siguiente.

Pero, a pesar de todas las reticencias que suscita, la economía conductual va abriéndose paso poco a poco, sobre todo en cuanto al reconocimiento de las limitaciones cognitivas de ser humano. De hecho, los analistas de Wall Street ya tienen en cuenta en sus estudios los factores cognitivos y emocionales que afectan tanto a las personas como a los grupos y organizaciones.

Además, están brotando otras neo-economías, entre las que cabe destacar a la «neuroeconomía», un campo de investigación en el que cohabitan especialistas de neurociencias, economía conductual, psicología cognitiva y psicología social, con la finalidad de explicar el proceso de toma de decisiones de los agentes económicos y entender mejor el funcionamiento del cerebro.

Aunque se trata de una disciplina en fase de gestación, ya ha permitido avances importantes en el descubrimiento de las zonas cerebrales relacionadas con los resultados de los experimentos de toma de decisiones de los agentes, propios de la economía conductual. En efecto, especialistas en neuroeconomía son capaces de explorar en tiempo real, mediante tecnologías muy sofisticadas, las diferentes reacciones del sistema nervioso, según el tipo de experimento que se realice. Para ello se escanea de forma total el encéfalo del agente, para descubrir las regiones que se activan neuronalmente en cada decisión, es decir, las zonas cerebrales involucradas en un determinado tipo de conducta. Las herramientas más utilizadas son la termografía computadorizada por emisión de fotones o SPECT (Single Photon

Emission Tomography), y el escáner por resonancia magnética funcional o fMRI (Functional Magnetic Resonance Imaging); ambas facilitan imágenes de alta calidad de las zonas del encéfalo que se «iluminan» en cada caso. Para experimentos de otro tipo, que precisan una exploración de la actividad bioeléctrica cerebral, es decir, de la tensión de las corrientes eléctricas que genera un acontecimiento cognitivo, sensorial o motor determinado, o de la intensidad del campo magnético a ellas asociado, se utilizan, respectivamente, las técnicas de la electroencefalografía y de la magnetoencefalografía[43].

Ojalá también se les iluminen las neuronas a quienes militan en la síntesis neoclásica, y admitan, aunque sea a regañadientes, que ni el agente es absolutamente racional ni los mercados son totalmente eficientes.

43 Quienes sientan curiosidad por esta nueva disciplina, pueden examinar las teorías de dos ilustres neurólogos y profesores de neurociencia, Antonio Damasio y Joseph E. LeDoux, teorías que han sabido presentar de forma accesible al gran público en libros notables.

Capítulo 5
DECONSTRUCCIÓN DEL PARADIGMA PREVALENTE

—Advertid, hermano Sancho que esta aventura y las a ésta semejantes no son aventuras de ínsulas, sino de encrucijadas...

MIGUEL DE CERVANTES, *Don Quijote de la Mancha*,
Primera parte, capítulo X

Las convicciones son enemigas de la verdad, más peligrosas que las mentiras.

FRIEDRICH NIETZSCHE, *Humano, demasiado humano*

Todo se mueve, fluye, discurre, corre o gira; cambian el mar y el monte y el ojo que los mira.

ANTONIO MACHADO, *A orillas del Duero*
(Campos de Castilla)

El hombre obró antes de pensar y solo más tarde llegó a comprender.

FRIEDRICH A. HAYEK, *Derecho, legislación y libertad*

¡Oh viejo capitán! ¡Oh Muerte, leva el ancla!,
nos aburre esta tierra; ¡zarparemos, que es la hora!
Si en el cielo y el mar hay negruras de tinta,
los pechos que conoces están llenos de rayos.
¡Viértenos tu veneno, y que él nos reconforte!
Queremos, tanto el fuego nuestros cerebros quema,
descender al abismo, ¿qué importa Infierno o Cielo?
¡al fondo de lo Ignoto para encontrar lo *nuevo*!

CHARLES BAUDELAIRE, *Las flores del mal*,
"La muerte", El viaje, VIII

En el capítulo anterior me he preguntado: ¿Llegará el día en que la economía académica dé su brazo a torcer y abandone la teoría neoclásica?

A mi juicio sí lo hará; inexorablemente. Pero la conformación y aceptación del nuevo paradigma —a mi juicio, el implícito en la crucial «perspectiva Santa Fe», así como en los descubrimientos de la econofísica, de la psicología cognitiva, de la economía conductual y de otras neo-economías (las finanzas emocionales, la neuroeconomía...)— no va a resultar nada fácil.

El abandono del neoclasicismo, heredero de un talante determinista propio de la modernidad, será sin duda un proceso largo, problemático y embarazoso. Y es que existe una enorme muralla de prejuicios y conveniencias que mantienen a la teoría aún prevalente separada de la realidad, un valladar que será muy difícil derribar.

Veamos.

COMPLEJIDAD VERSUS NEOCLASICISMO

El «síndrome del Thomas Lawson»

Ilustres personalidades de la *mainstream economics* opinan que la economía conductual y demás neo-economías no son sino modas pasajeras, y su hostilidad hacia ellas es manifiesta. ¡Cómo van a renunciar en las universidades a la enseñanza de una economía fuertemente anclada y amarrada a los robustos noráis de la tradición neoclásica!

Hay, ciertamente, muchas razones de peso que impiden que la teoría económica prevalente suelte amarras y empiece a navegar hacia un puerto más seguro y mejor equipado donde fondear.

En lo que sigue, voy a referirme a tres de ellas, las cuales considero especialmente relevantes.

1. La primera razón no es otra que el fortísimo compromiso que los economistas académicos han contraído con los dogmas fundamentales de la teoría neoclásica. *De facto* se resisten, como hemos visto, a reconocer los errores que se han cometido al desarrollar teorías, laureadas en no pocos casos con el Premio Nobel, y en absoluto se muestran dispuestos a abandonar lo que han aprendido y enseñado.

   Los más celosos guardianes de la ortodoxia opinan que, desde la Segunda Guerra Mundial, el paradigma neoclásico, la *mainstream economics*, ha sido capaz de absorber importantes contribuciones externas tales como la racionalidad limitada y la economía experimental[1], y que ahora, aparte de la tendencia cada vez más fuerte a

1 Rama de la economía, creada por el economista estadounidense Vernon Smith. En 2002, conjuntamente con Daniel Kahneman, le fue concedido el Premio Nobel de Economía

reconocer la evidente inanidad de la hipótesis del mercado eficiente, también será capaz de fagocitar las ideas y métodos de la complejidad dinámica, computacional y conectiva, los cuales pasarán a engordar su corpus doctrinal. *De facto*, en 2005, Blume y Durlauf ya anunciaron, como hemos visto en el capítulo anterior, que la teoría neoclásica «había incorporado los avances del Programa económico del SFI sin cambiar su naturaleza fundamental». Los custodios de la verdad económica oficial consideran, pues, que el anchuroso imperio de la economía neoclásica seguirá ampliando sus fronteras, colonizando territorios nuevos. Esta arrogante ceguera, esta especie de fundamentalismo o, mejor, integrismo teórico-político, no es sino un signo de descomposición.

Pero, ¿por qué tanta resistencia a reconocer la realidad de las cosas?

En mi opinión, la poderosísima corriente económica dominante, que aún coloniza las grandes universidades estadounidenses y al propio Wall Street, es víctima de lo que Oren Harari (1949-2010), profesor de gestión empresarial (*business*) de la Universidad de San Francisco, denominó hace ya más de quince años, «síndrome del Thomas Lawson»[2], en referencia a un inmenso y torpe velero de carga de siete mástiles, que fue construido con la idea de competir con los nuevos barcos a vapor que se estaban adueñando del negocio de los fletes, y que naufragó en el Canal de la Mancha en 1907, cerrando la era de la navegación comercial a vela[3]. Pues bien, al disertar sobre la innata resistencia del ser humano al cambio, Harari vino a decir que tanto los individuos como las organizaciones e instituciones tienen tendencia a apuntalar lo conocido con una suerte de improvisadas vigas de madera y tablas, aunque esté avejentado, carcomido por las termitas y en peligro inminente de derrumbe, en especial si un día fue y, en alguna medida, sigue siendo, una especie de gallina

por haber establecido experimentos de laboratorio como una herramienta en el análisis económico empírico, especialmente en el estudio de mecanismos alternativos de mercado. Huyendo de la complejidad matemática, Vernon Smith verifica las hipótesis económicas recurriendo a pruebas de laboratorio en un entorno controlado, lo que le permite analizar el comportamiento individual de los agentes en el mundo real, y aprobar o refutar teorías económicas. En 2004 la Universidad Francisco Marroquín (Guatemala) le otorgó un doctorado honorífico por su contribución a la economía. Además, dicha institución creó un Centro de Estudios de Economía Experimental que lleva su nombre.

2 Oren Harari, "El síndrome del Thomas Lawson", Training & Development Digest, marzo de 1998.

3 *Perplejidad*, pág. 444.

ponedora de huevos de oro. Lo nuevo y desconocido siempre es visto con recelo, desconfianza y miedo, y tiende a ser rechazado o postergado.

Eso es precisamente lo que ocurre con el paradigma económico prevalente. Una fracción mayoritaria de la amplia y aristocrática familia que forman los economistas académicos de élite está afectada, aparentemente, por ese síndrome maligno que entorpece tanto la lógica como la visión, lo que la lleva a defender con uñas y dientes la teoría económica que hoy se enseña en las universidades, cerrando las puertas a una formulación *ex novo* de la misma, aunque es evidente que hace agua por todas partes, y que, con el fin de retrasar su inexorable naufragio, hay que calafatearla y parchearla con frecuencia para que siga a flote.

Un ejemplo paradigmático de parcheo son las manipulaciones — «ajustes a la carta»— de la campana de Gauss que se han realizado, en grandes modelos macroeconómicos de presunta «predicción»[4]. Mandelbrot, nada clemente con semejantes tejemanejes, no tuvo empacho en decir «que la campana vibra para acomodarse a las circunstancias»[5], mediante la introducción en el modelo de los parámetros adecuados en cada caso, tanto cuando se trata de aplanarla como de estilizarla.

De todas formas, hay que reconocer que la intensidad del rechazo de los principales descubrimientos estadísticos de Mandelbrot («colas gruesas» y «dependencia a largo plazo») se va atenuando con el paso del tiempo. Hoy ya nadie discute la imperiosa necesidad de hacerles hueco a las colas gruesas en cualquier modelo que se precie (aunque la amplia y cuasi intratable familia de las distribuciones alfa-estables de Lévy siga siendo una gran desconocida).

Lo mismo ha ocurrido con ciertas aportaciones de la «perspectiva Santa Fe», de la econofísica y demás neo-economías, que han sido

4 Eso es lo que se hizo con el modelo GARCH (Generalized Auto-Regressive Conditional Heteroskedasticity). Su principal inventor, el economista americano Robert F. Engle, compartió Premio Nobel de Economía en 2003 con el economista británico Clive W. J. Granger, «por sus métodos de análisis de series temporales económicas con volatilidad variable en el tiempo». El concepto estadístico *heteroskedasticity* («heteroscedasticidad») se refiere al hecho bien comprobado de que, en las series temporales de variables de naturaleza económica, se ha detectado, como ya sabemos, que la volatilidad —de la cual la variancia es una medida estándar— tiende a agruparse y a variar con el tiempo en lugar de ser un parámetro fijo («homoscedasticidad»), como ocurriría si el modelo fuera gaussiano.

5 *Fractales y finanzas*, pág. 230.

virtualmente incorporadas, como exóticas teselas, al grandioso mosaico de la economía neoclásica... forzando las cosas, desde luego, para que las nuevas piezas puedan tener un encaje que no dañe la vista.

Y en esas estamos; con la doctrina Bachelier apuntalada por todas partes, pero no derruida. Porque, ¿cómo dar jaque mate a la afamada hipótesis del mercado eficiente de Eugene Fama?; ¿cómo arrumbar al olvido el *capital assets pricing model* de William Sharpe y otros, con sus muy populares ratios de riesgo α y β?; ¿cómo negar el pan y la sal a personajes tan notables y laureados como Myron Scholes y Robert Merton?; ¿cómo dejar que se empañe el prestigio de una casta de reputados economistas académicos?; ¿cómo prescindir de los adictivos números VaR?;... Y, en lo que concierne a Wall Street y a otras mecas de las finanzas, ¿cómo poner en riesgo los monumentales bonus que perciben los grandes profesionales de las finanzas —los «amos del universo»—, como merecida compensación a los presuntamente excepcionales servicios que prestan a la sociedad? Serían, ciertamente, renuncias académicas y crematísticas demasiado dolorosas.

2. La segunda es el empecinamiento de la academia en considerar que la economía es una ciencia del mismo rango y reputación que la física, es decir, capaz de descubrir y formalizar matemáticamente las presuntas leyes universales que rigen sus fenómenos.

   Pero lo cierto es que la economía no es una ciencia natural, sino una ciencia social, y los seres humanos no se comportan en absoluto como lo hacen, por ejemplo, las partículas subatómicas, que obedecen ciegamente leyes que sí se pueden expresar en el lenguaje matemático puro —y extremadamente complejo— de la mecánica cuántica. Se trata, pues, de una huida de la realidad, de una simple ensoñación; porque el abigarrado desorden de la economía no se presta a una formalización matemática *real.*

   El pensar la economía en términos matemáticos, como hace la síntesis neoclásica, no solo es un error, sino también un desatino, por cuanto el anclarla *ad eternum* en un vetusto pasado «newtoniano», viviendo ya, como vive, en un juvenil presente «cuántico» que evoluciona constantemente, es algo que repugna a la inteligencia.

3. Y la tercera está relacionada con la sempiterna cuestión del poder de la empresa y de Wall Street, palacio y fortaleza de la misma. John Kenneth Galbraith, en su obra *Economics in Perspective. A critical*

History[6], viene a decir que «la teoría neoclásica perdura porque resuelve el problema del equilibrio de poder entre la economía y la política, su gran enemiga»[7].

Pero, a pesar de esta férrea resistencia, son ya multitud los científicos de las más variadas disciplinas, que consideran que el envejecido y equivocado paradigma neoclásico ya no da más de sí, y que debería ser sustituido por el nuevo paradigma económico de la complejidad, cuya piedra angular es la «perspectiva Santa Fe», es decir, la conceptualización de la economía como un gran sistema complejo adaptativo.

¿Quiénes tienen razón?

Comparto, sin duda alguna, el punto de vista de estos últimos[8]. Y ello no por mi fobia al prejuicio y al corporativismo (de la academia, de Wall Street, o de quien sea), ni por mi formación en matemáticas y física, sino, sobre todo, por simples consideraciones epistemológicas. En efecto, si se analizan de forma rigurosa, por ejemplo, los fundamentos y métodos de la teoría neoclásica (tesis) y los de la «perspectiva Santa Fe» (antítesis), no se puede sino concluir que no cabe pergeñar síntesis alguna entre tales teorías, por muy buena voluntad que se ponga en la faena. Ambas, como el agua y el aceite, son inmiscibles, por mucho que se las agite.

En efecto, la economía neoclásica, y la economía vista desde la perspectiva de los sistemas complejos, son radical y sustancialmente distintas.

La primera es la economía de la homogeneidad, del equilibrio, de la ruda racionalidad; es una economía de naturaleza matemático-especulativa (teoremas, demostraciones e hipótesis), de carácter determinista y mecanicista.

La segunda es la economía de la heterogeneidad, del comportamiento alejado del equilibrio, de la no linealidad, de la imprevisibilidad, de la irreversibilidad, del aprendizaje, del cambio endógeno de naturaleza evolutiva, de la auto-organización; es una economía de naturaleza empírica (observación y experimentación), de carácter indeterminista y orgánico o cuasi orgánico.

---

6 Este tema de los anclajes de la economía neoclásica lo aborda John Kenneth Galbraith en el capítulo XXI de su obra *Economics in Perspective. A critical History*, publicada en español en 1989 por Editorial Ariel S. A., bajo el título *Historia de la economía*. Se trata de unas consideraciones realizadas desde la perspectiva de la década de los ochenta, es decir, cuando las ciencias de la complejidad aún no habían osado hollar los territorios de la economía.

7 *Historia de la economía*, op., cit., págs. 312-313.

8 *The Santa Fe Perspective on Economics: emerging patterns in the science of complexity*, op. cit., epígrafe 4 ("Viral Diffusion, the Complexity Approach to Economics and Concluding Remarks"), págs. 21-24.

Desde el punto de vista epistemológico es absolutamente imposible que la primera pueda dar acomodo a la segunda sin cambiar su naturaleza fundamental, es decir, sin destruirse, sin transformarse en un nuevo paradigma: precisamente en el que está implícito en la «perspectiva Santa Fe». Porque lo cierto es que, si analizamos los fenómenos económicos empíricamente, con rigor e imparcialidad, observamos que se trata de epifanías de los sistemas complejos adaptativos.

Es indudable que el proceso de cambio de paradigma en economía ya se ha puesto en marcha, que una especie de guerra —metafóricamente hablando, por supuesto— ya se ha declarado. Pero la concepción que de ella tienen ambos bandos es diametralmente opuesta. En efecto:

a) El homogéneo y bien disciplinado ejército de la economía neoclásica, consciente de su debilidad, pero cegado por el poder que aún detenta, cierra filas, se aísla, se atrinchera tras los muros de la fortaleza en la que mora, y se dispone, temeroso, a rechazar cualquier ataque.

b) Por el contrario, la sumamente heterogénea, aguerrida y nada disciplinada tropa de la nueva economía de la complejidad, donde todo científico y profesional tiene acogida, no pretende, como se ha visto en el capítulo anterior, asaltar un alcázar cuyos muros ya están resquebrajados y sin almenas. Lo que le gusta a tal hueste son las inmensas praderas sin alambradas; y acampa en una encrucijada de innumerables caminos que se bifurcan, convencida como está de que todos ellos deben ser hollados, dada la indeterminación intrínseca de los sistemas naturales y de la acción humana.

No se trata, pues, como diría Cervantes, de una aventura de ínsulas (espacios cerrados o refugios) sino de encrucijadas (espacios abiertos a la libertad).

Así, mientras unos se atrincheran, los otros buscan senderos nuevos. No hay ni puede haber lucha cuerpo a cuerpo, por cuanto los contendientes se asientan en campos de batalla intelectual diferentes. *De facto* no hay una guerra declarada; cada cual va a lo suyo.

Esta es la situación. Nos las tenemos con dos corrientes de pensamiento y acción sustancialmente diferentes, con una tesis y una antítesis irreconciliables que no admiten síntesis alguna.

Me parece obvio que si hoy viviera aún el afamado filósofo Georg Wilhelm Friedrich Hegel —padre de la dialéctica—, y tuviera que terciar en la actual contienda entre paradigmas económicos, no le quedaría otro remedio que arrojar la toalla y marcharse de vacaciones... para no regresar[9].

9 *Perplejidad*, pág. 466.

Pero he utilizado unas metáforas bélicas que conviene matizar un poco más. Porque en esta «guerra» ni siquiera los «enemigos» están físicamente separados. Acabo de decir que «los contendientes se asientan en campos de batalla intelectual diferentes». De eso no cabe duda; pero hay un pequeño detalle: los soldados de ambos bandos conviven en los mismos cuarteles, es decir, en las mismas universidades; y para más inri, sobreabundan clamorosamente en Wall Street, en la City londinense y, en general, en los grandes centros financieros mundiales, sobre todo en los campos de la banca de inversión y de los *hedge funds*.

Se comprende perfectamente que el poder real, del cual Wall Street es meca, además de nadar (de utilizar al máximo los logros de las nuevas teorías económicas heterodoxas), guarde la ropa (no reniegue de la tradición neoclásica). No es momento para guerras académicas, por muy virtuales que sean o parezcan, porque «no está el horno para bollos».

Pero lo cierto es que la hostilidad con la que se suelen tratar, en general, las aportaciones de los científicos de la complejidad a la ciencia económica, no se ve correspondida con una hostilidad semejante de estos últimos hacia el pensamiento neoclásico.

Un ejemplo paradigmático nos lo da David Kahneman, quien, aparte de ser un sabio (que conoce bien —y reconoce— las limitaciones y puntos ciegos de su propia teoría), es todo un caballero y un hombre muy pragmático. Buena prueba de ello es lo que, en relación con este ambiente de animadversión hacia la economía conductual, dice en *Pensar rápido, pensar despacio*[10]:

> La mayoría de los estudiantes de economía han oído algo acerca de la teoría de las perspectivas y de la aversión a la pérdida, pero es poco probable encontrar estos términos en el índice de un texto introductorio de economía. A veces me duele esta omisión, pero en realidad es bastante razonable, dado el papel central de la racionalidad en la teoría económica básica. La mayor parte de los conceptos y resultados convencionales que se enseñan a los estudiantes son fácilmente explicados porque se supone que los «econos» [los irreales agentes racionales y egoístas] no cometen errores estúpidos. Esta suposición es en verdad necesaria, y la introducción de los «humanos» [las personas corrientes, ni enteramente racionales, ni enteramente egoístas] de la teoría de las perspectivas, cuyas evaluaciones de resultados son poco razonables y miopes, la socavaría.

Por ello, Kahneman no se cansa de repetir en sus conferencias y entrevistas (televisivas y periodísticas), al igual que hace en *Pensar rápido,*

10 *Pensar rápido, pensar despacio*, op. cit., pág. 373.

pensar despacio, que los científicos de la economía conductual no pretenden tocar nada de las teorías del agente racional y de la utilidad esperada. Lo único que hacen es explorar de qué forma las personas violan esas teorías, y no se comportan como las mismas predicen. Por ello se limitan a presentar una alternativa, la teoría de las perspectivas, que es una forma distinta de mirar las cosas.

En esta era tan perturbada necesitamos, sin duda, tanto en la academia como en el tajo, muchos sabios de la lucidez y talante de Kahneman.

Dicho esto, debo añadir que lo cortés no quita lo valiente. Porque lo cierto es que, existiendo diferencias tan radicales entre la obsoleta corriente principal y el nuevo río que mana de las manantiales de la complejidad, no caben los apaños ni la buena educación. Mal que les pese a muchos, la teoría neoclásica tiene que acabar cediendo el paso al nuevo paradigma que emerge, al igual que lo hizo en la década de los veinte la sacrosanta física newtoniana —«definitiva, salvo pequeños detalles»—, tras el inesperado advenimiento y consolidación de la mecánica cuántica.

Hay que reconocer que tal consolidación no fue nada fácil. Los dos paradigmas físicos en contienda tenían al frente a dos líderes tan reconocidos e indiscutibles como lo fueron Albert Einstein (Premio Nobel de Física 1921) y Niels Bohr (Premio Nobel de Física 1922). La batalla final se libró en el ya histórico quinto congreso Solvay, celebrado en Bruselas en 1927. En dicho congreso —al que asistieron veintinueve grandes científicos, de los que diecisiete ya habían ganado o lo harían posteriormente el Premio Nobel (casi todos de física y algunos de química)—, Einstein defendió con vehemencia, echando mano de «experimentos mentales», los presupuestos básicos de la mecánica clásica, con el gran retoque que supuso la incorporación de la teoría de la relatividad general (que, paradójicamente, no consolidaba la mecánica newtoniana, sino que la refutaba). Por su parte, Bohr, capitaneando un fenomenal grupo de científicos —Max Born, Werner Heisenberg, Wolfgang Pauli...—, y tras refutar la totalidad de las soluciones dadas por Einstein a sus curiosos experimentos mentales, defendió la llamada «interpretación de Copenhague» de la mecánica cuántica, la cual en pocos años fue aceptada por una gran mayoría de los físicos, dando comienzo a una nueva era de la física y de otras muchas ramas de la ciencia y de la tecnología[11].

11 En *Perplejidad*, págs. 213-230, doy una explicación, razonablemente asequible para el lector corriente, del fascinante mundo de la mecánica cuántica, rama de la ciencia física que, como acertadamente dejó escrito Richard Feynman, Premio Nobel de Física 1965, «nadie entiende». Pero eso no tiene importancia alguna. La naturaleza es como es, y punto. Desde este pragmático y humilde punto de vista, todos los físicos —absolutamente todos— la aplican y desarrollan, con resultados teóricos y aplicaciones prácticas sensacionales, que han transformado el mundo.

Por lo que hace a la contienda entre paradigmas económicos, la batalla a lidiar es de naturaleza muy distinta. En efecto, la economía no es una ciencia natural (como lo es la física), sino social; y en este ámbito, como ya he dicho, no tienen cabida leyes universales y necesarias susceptibles de tratamiento matemático puro.

Así las cosas, mientras se reajustan las estructuras del poder financiero de Wall Street (siempre pragmático) y de la academia (siempre recalcitrante), lo que hay que hacer es reforzar y enriquecer el núcleo central que supone la «perspectiva Santa Fe» con otras perspectivas nuevas que, aun cuando hoy en día están aún muy «verdes», no pueden ser desestimadas sin más ni más. En efecto, cabe esperar que surjan nuevas teorías o puntos de vista que vengan a engrosar la masa crítica central de tal núcleo, o simplemente a orbitar en torno a él como satélites que lo completen y engrandezcan.

Una de las más sorprendentes, la ha planteado el físico y matemático Eric Weinstein, que ha intentado encontrar solución a uno de los problemas clave de la física: la unificación de las teorías de la relatividad general y de la mecánica cuántica. Einstein no logró resolverlo, y, desde su fallecimiento, generaciones de físicos y matemáticos lo han intentado, y siguen haciéndolo, sin éxito.

Muy influenciado por la economista Pia Malaney, su colaboradora, novia y, finalmente, esposa, acabó por tomarse muy en serio la economía neoclásica, a la que en su juventud consideraba una especie de pseudo-ciencia, y descubrió en ella un inmenso campo para la aplicación de las matemáticas más avanzadas. Alguna de sus teorías sobre temas financieros fueron bien valoradas por los profesionales de las finanzas, y llegó a convertirse en asesor de *hedge funds* en Wall Street, es decir, en un *quant*.

Lo ocurrido en el infausto septiembre de 2008 le preocupó profundamente, llegando a la conclusión de que, ante la extrema gravedad de la situación, la economía neoclásica y la nueva economía emergente debían aparcar sus diferencias, y emprender de consuno un sendero nuevo. Y, con ese fin, hizo un llamamiento a una colaboración a gran escala entre economistas e investigadores de muy diversos campos del conocimiento, dentro del marco de un magno emprendimiento al que denominó «proyecto Manhattan económico».

Sus relaciones con el Perimeter Institute for Theoterical Physics le permitieron organizar una conferencia que se celebró en dicho centro entre el 1 y el 4 de mayo de 2009, bajo el lema “The Economic Crisis and its Implications for the Science of Economics”, al que asistieron, entre otros distinguidos personajes del mundo académico y de las finanzas, Doyne Farmer, Nouriel Roubini y Nassim Nicholas Taleb. La conferencia fue un éxito. Los debates fueron muy vivos. Pero cuando concluyeron, cada cual se marchó a su casa... y «si te he visto no me acuerdo». Actualmente, no se nota un cambio realmente significativo. Los ejércitos de la economía neoclásica y de las economías alternativas (de la complejidad) siguen alineados bajo sus mismas banderas de guerra. La colaboración académica brilla por su ausencia.

Proyecto Manhattan solo hubo uno. La «perspectiva Santa Fe» vino a ser el resultado de una especie de «proyecto Manhattan» —que se desarrolló en el mismo territorio: New Mexico, Los Alamos...— para el estudio, con financiación privada, de todos los sistemas complejos adaptativos. No creo que necesitemos otro proyecto Manhattan ni nuevas «conferencias Solvay». Lo que sí considero necesario es el completar, reforzar y consolidar la «perspectiva Santa Fe» cueste lo que cueste, porque la cuantía de la catástrofe, cuyas consecuencias estamos sufriendo, es prácticamente inconmensurable, sobre todo si se tiene en cuenta el enorme sufrimiento humano que ha provocado, especialmente en las clases más vulnerables de nuestra sociedad, perpleja, asustada y justificadamente indignada.

No postulo en absoluto que la síntesis neoclásica sea desterrada de por vida a los anaqueles de la historia. El nuevo paradigma debe salvaguardar, y sin duda lo hará, las muchas teorías bien fundadas que atesora dicha síntesis, libres de la hojarasca matemática impostada que cuasi las ha invalidado.

De facto, la física newtoniana se sigue explicando, sobre todo en la escuela, como un método que da muy buenos resultados (aproximados) en el ámbito de lo macroscópico. Por ejemplo, es muy útil para el cálculo de las órbitas de los astros... siempre y cuando nos olvidemos, claro está, del «problema de los tres cuerpos», pues resulta que la órbita de los cuerpos celestes también es sensible a las condiciones iniciales (teoría del caos). Pero la mecánica que se enseña en la universidad, y se aplica en la investigación, tanto teórica como práctica, no es la newtoniana sino la cuántica.

Creo que ocurrirá lo mismo con la teoría económica neoclásica.

Pero, ¿cuál será el equivalente económico de la mecánica cuántica?

En lo que sigue, me ocuparé del lado práctico del nuevo paradigma económico en gestación, e intentaré descubrir *sus* —o, mejor, conjeturar *unos*— fundamentos teóricos seminales.

Y lo haré, por motivos pedagógicos, como si yo fuese el inventor de la rueda.

ESBOZO DE UN NUEVO PARADIGMA ECOMÓMICO

Base práctica del nuevo paradigma

Los científicos (matemáticos, físicos, economistas, sociólogos, psicólogos, neurólogos, biólogos, psiquiatras...) que militan en las filas de la economía conductual, de la neuroeconomía, de la econofísica, y de otras juveniles ramas del saber relacionadas con el comportamiento de los grupos (con la etología al frente), así como los pragmáticos profesionales de Wall Street, tienen evidencias empíricas más que suficientes para aceptar el hecho de la imposibilidad intrínseca de la predicción del comportamiento de la economía en general, y de los mercados financieros en particular.

En efecto, todos ellos han podido comprobar que, en cuanto intentan estudiar a fondo cualquier aspecto de los fenómenos económicos, pronto se sienten perdidos en una especie de inmenso y complejísimo laberinto de senderos que se bifurcan, de callejones sin salida, de bucles cerrados, de caminos inexplorados.

¿Debe desalentarnos el descubrir que la autopista por la que, con arrogancia, aún circula la corriente económica dominante no conduce a ninguna parte? En absoluto. Cuando los seres humanos nos damos cuenta de que caminamos en una dirección equivocada, lo que debemos hacer es parar, reflexionar con sosiego... y cambiar de dirección; sin miramientos.

La nueva senda que la heterodoxia ha empezado a hollar es prometedora, aparte de obvia. Si bien no podemos predecir, por ejemplo, la evolución de la bolsa, lo que sí conocemos muy bien es la evolución histórica de precios y de índices, de los que disponemos, no ya de montañas, sino de cordilleras de datos de gran calidad. Y hemos podido comprobar cuan anfractuosa, quebrada, tortuosa y áspera es tal evolución. No podemos extrapolar estos datos con fines predictivos, como pretende hacer la econometría clásica. Pero sí podemos construir —y ya lo hemos hecho y seguiremos haciéndolo— modelos de simulación de alta complejidad, que permiten obtener gráficos financieros que se parecen extraordinariamente a los de evolución temporal de las variaciones de las cotizaciones de una acción. También podemos construir modelos de simulación conductual.

¿Cuál es la utilidad práctica de estos modelos? De momento, limitada. Pero resulta obvio que se están dando pasos de gigante que, poco a poco, nos acercan al corazón de la escabrosidad. Llegará el día en que las semillas que se están sembrando crecerán y nos regalarán una nueva y fructífera manera de gestionar el dinero y la economía mundiales, una mejor forma de evaluar los riesgos de los instrumentos financieros, de elaborar nuevos productos menos peligrosos, y de adoptar medidas cautelares para que la próxima crisis no tenga efectos tan devastadores como la actual.

Pero tengamos siempre en cuenta que el uso de los algoritmos computacionales más sofisticados que se van desarrollando solo nos permite ahora —y solo nos permitirá en el futuro— *simular* y *pronosticar*; nunca *predecir*, en el sentido fuerte del concepto.

¿Cuándo dispondremos de modelos de simulación algorítmica suficientemente potentes, a la vez que manejables? No hay respuesta a tal pregunta. Porque la gran tarea de modelización que es preciso llevar a cabo para estructurar una nueva manera de pensar la economía, que se ajuste mucho más a la realidad de las cosas, es ingente, costosa, y exigirá probablemente muchos años de trabajo. Pero no se parte de la nada. De hecho, la «perspectiva Santa Fe», configurada por John Holland, Brian Arthur, Stuart Kauffman, Doyne Farmer y otros científicos de gran valía, ha establecido unos cimientos muy sólidos sobre los que edificar tales modelos, utilizando técnicas de modelización del tipo *«agent-based model»* (modelo basado en el agente), complementados con algoritmos genéticos y otros instrumentos muy sofisticados.

Sólidos y hermosos edificios ya se han empezado a construir por todas partes, gracias al apoyo de numerosas instituciones de patrocinio privado que financian proyectos de investigación, con el objetivo de propiciar la emergencia de un modo nuevo de pensar y gestionar la economía.

Uno de ellos es el Institute of New Economic Thinking (INET), creado en 2009 con sede en la ciudad de Nueva York, a raíz de la hecatombe de 2008, la cual ha puesto en evidencia las vergüenzas y graves deficiencias de las obsoletas teorías económicas actuales, así como la necesidad perentoria de un nuevo pensamiento económico que sea capaz de dar soluciones a los grandes retos del siglo XXI. Este Instituto congrega ya a una comunidad de miles de pensadores económicos, que van desde veteranos economistas que han ganado el Premio Nobel, a profesores y estudiantes que han surgido de las sombras del pensamiento económico prevalente atraídos por la promesa de un discurso económico libre y abierto[12]. Entre los patrocinadores del Instituto destaca George Soros, quien realizó una aportación inicial de 50 millones de dólares.

Sirvan como botón de muestra tres proyectos dignos de especial mención, financiados por el INET. Su presidente, Robert Johnson, dijo en la conferencia inaugural celebrada en abril 2010: «Estamos en la etapa que "permitirá que florezcan mil flores"». Veamos tres de ellas, que apenas han brotado, pero que pueden llegar a ser muy bellas:

12 Página web http://ineteconomics.org/, ABOUT THE INSTITUTE, Why The Institute?

a) El "*Agent Based Model of the Current Economic Crisis*"
Está dirigido por Doyne Farmer (Instituto Santa Fe), uno de los científicos que mejor conjuga en verbo modelizar en primera y cuarta personas del infinitivo. Se trata de un modelo basado en el agente que permitirá la simulación en tiempo real de episodios de crisis que afectan a la totalidad del sistema económico
b) El "*Emotional Finance Project*"
Está dirigido por David Tuckett, profesor y director del "Centre for the Study of Decision-Making Uncertainty" del University College de Londres, quien considera que los nuevos modelos económicos deben tener muy en cuenta el modo en que cambia el comportamiento de la gente según el contexto psicológico.
c) El "*Program on Imperfect Knowledge Economics*"
Está dirigido por Roman Frydman, profesor de Economía de la Universidad de Nueva York, que siempre ha nadado a contracorriente de la *mainstream economics*. Siguiendo su teoría del conocimiento imperfecto, considera que no se puede confiar en los modelos por sí solos. El pronosticador (*forecaster*) no debe actuar como un investigador, sino como lo hace un empresario. Es decir, debe hacer uso, como es lógico, de métodos cuantitativos; pero también tiene que estudiar la historia (en especial, sus propias experiencias de éxito y fracaso); y, en último término, confiar en su intuición y en su habilidad para emitir juicios.

Estoy convencido de que pronto dispondremos de modelos de simulación mucho más sofisticados, potentes y tratables que permitirán a los especialistas explorar territorios aún no hollados, así como descubrir patrones de comportamiento aún no identificados, que les ayuden a sacar partido al presente, y a zahoriar o husmear mejor esas futuras burbujas financieras que, inexorablemente, se van a producir.

Y ello porque, en todos los campos del conocimiento, hay grandes investigadores enamorados de la economía, siempre dispuestos —utilizando una expresión que dejó escrita el poeta Baudelaire en un contexto muy diferente— a *descender al abismo... ¡al fondo de lo Ignoto para encontrar lo nuevo!*

Una posible base teórica para un nuevo paradigma

Todo paradigma, o modelo de pensamiento y acción, relativo a un determinado campo del conocimiento, necesita de una base teórica que concuerde con —o, al menos, no vaya en contra de— los resultados empíricos de las investigaciones científicas realizadas en dicho campo.

Partiendo de esta consideración, y visto lo visto, resulta del todo evidente que la teoría neoclásica no es una base teórica adecuada para sustentar el nuevo paradigma económico. Sería como construir sobre arena.

Así las cosas, cabe preguntarse: ¿Cuál de las teorías económicas alumbradas a lo largo de la historia por el pensamiento humano es más coherente en lo sustancial con la praxis social que ha emergido de los manantiales de la complejidad?

Mi respuesta es que existe una teoría, cuyos principios económicos fundamentales considero que concuerdan bien con dicha praxis. Y tal teoría no es otra que la defendida por la Escuela Austriaca de economía, la cual se basa en la obra de una pléyade de economistas tan destacados como Eugen von Böhm-Bawerk, Ludwig von Mises, Friedrich A. Hayek, Murray N. Rothbard, y un largo etcétera.

¿Se trata de una idea novedosa, aceptable y prudente el matrimoniar o, mejor en este caso, el amancebar, la teoría económica de la Escuela Austriaca con las investigaciones económicas realizadas a partir de la segunda mitad del siglo XX por científicos de las más diversas ramas de los saberes naturales y sociales?

En cuanto a si mi conjetura es una idea novedosa, creo que solo lo es parcialmente. De hecho, el economista español Jesús Huerta de Soto ya viene sugiriendo desde la década de los noventa que el nuevo paradigma en economía es el austriaco[13]. Pero se refiere única y exclusivamente, como es lógico, a la cara teórica del mismo. De hecho, en su obra no hace referencia alguna a los modelos de simulación elaborados por científicos que piensan la economía de formas muy diferentes. Sin embargo, tales arquitecturas de computación son, a mi juicio, componentes esenciales del nuevo paradigma, su cara práctica, las herramientas imprescindibles para facilitar la acción humana. Estos modelos no cuestionan en absoluto la teoría económica de la Escuela Austriaca, sino que, más bien, la complementan.

Idea aceptable, creo que sí lo es, al menos de manera cautelar o condicional, hasta cierto punto y *mutatis mutandis*, es decir, cambiando lo que se deba cambiar y, en su caso, pasando de puntillas sobre algunas de sus tesis que, hoy por hoy, son puramente utópicas o extremadamente controvertidas por destacados miembros de su propia militancia.

Y en cuanto a si tal idea es prudente, mucho me temo que no lo es en exceso. De hecho es más bien atrevida (o, incluso, temeraria) por cuanto,

13 Jesús Huerta de Soto, *Estudios de economía política*, Unión Editorial S. A., 1994, capítulo II ("La crisis del paradigma walrasiano") y capítulo III ("Método y crisis en la Ciencia Económica"), págs. 56-82 (2.ª edición).

desde la conclusión de la Segunda Guerra Mundial, la Escuela Austriaca de economía viene siendo vista con recelo, si no con desprecio, por no pocos y beligerantes economistas norteamericanos de la corriente principal, los cuales, muy anclados en el paradigma neoclásico, destierran a tal Escuela a la gélida provincia de la heterodoxia. El motivo esencial de semejante falta de aprecio no es otro que una concepción radicalmente diferente en cuanto al comportamiento de los agentes se refiere, y, también, en lo relativo a la idea de libertad. En efecto:

a) La economía neoclásica, como hemos visto, es de carácter prescriptivo y vocación cientista. Opera con un agente imaginario, el *homo oeconomicus*, del todo racional, al que solo mueven presuntas leyes externas a él, las cuales cabe enunciar en términos matemáticos a partir de observaciones empíricas, lo que hace teóricamente posible la predicción. Se trata, pues, de una ciencia sustancialmente cuantitativa. Y en lo relativo a la libertad, tiende a admitir la necesidad de una intervención sustantiva del Estado en la economía.
b) Por el contrario, la economía de la Escuela Austriaca es una ciencia cualitativa que se construye sobre la base de razonamientos lógico-deductivos, a partir de unos pocos axiomas evidentes e irrefutables extraídos de la realidad, y cuya piedra angular es la acción del nudo ser humano. Se ocupa, pues, de agentes reales, con distintos gustos y capacidades, que aprenden con la experiencia, que eligen por tanteo sus fines y buscan medios adecuados para conseguirlos, todo ello según sus individuales escalas de valor, agentes a los que se percibe tal cual son, sin impostada alharaca matemática[14]. *De facto*, las matemáticas quedan relegadas, exclusivamente, al ámbito del cálculo económico en términos monetarios, y siempre dentro del marco de una economía de libre mercado. Y, por lo que respecta a la defensa a ultranza de la libertad y del liberalismo, los militantes de la Escuela Austriaca consideran que la intervención del Estado en la economía debería ser muy limitada, mínima o, incluso, nula.

La controversia está, pues, servida de antemano. Porque la cruda realidad de las insoportables desigualdades sociales lleva inevitablemente a pensar que, por imperativos éticos y morales, resulta inevitable una intervención juiciosa y sensata del Estado en la economía.

Así las cosas, ¿por qué me atrevo a meterme en semejante berenjenal? ¿Acaso tengo las credenciales suficientes para arriesgarme a proponer como *nuevo paradigma económico* —¡casi nada!— una suerte de amancebamien-

14 Ibíd., pág. 162.

to entre: (i) el pensamiento teórico arterial de la Escuela Austriaca de economía; y (ii) las investigaciones experimentales de fenómenos de naturaleza económico-financiera, realizadas por científicos de las más diversas ramas del saber mediante la construcción de sofisticados modelos de simulación?

No soy economista, sino ingeniero industrial especializado en energía nuclear y muy aficionado a la filosofía, a la historia, a la estadística, a la mecánica cuántica y a las ciencias de la complejidad. Pero quiso el destino que mi carrera profesional girase, cuasi exclusivamente, en torno a las finanzas y a la gestión empresarial. Y fue mi curiosidad la que me llevó a leer las obras clave de Ludwig von Mises (*La acción humana*[15]) y de Friedrich A. Hayek (*Camino de servidumbre*[16], *Los fundamentos de la libertad*[17], *Derecho, legislación y libertad*[18] y *La fatal arrogancia*[19]). Es así como llegué a saber que la mayor parte de las instituciones sociales, y, en concreto, las económicas, son «órdenes espontáneos» que han surgido como resultado de una suerte de largo proceso evolutivo, de adaptación, de prueba y fracaso.

La tesis evolucionista, que yo había asociado con las ciencias naturales, ya había sido desarrollada en realidad a lo largo del siglo XVIII dentro del marco de las ciencias sociales. Fue Charles Darwin quien la aplicó posteriormente a la biología (*El origen de las especies*, 1859), con enorme éxito. Pero el concepto *social* de evolución —formación de un orden espontáneo—, y el concepto *biológico* de evolución —formación de una especie por selección natural— no son en absoluto idénticos, aunque sí próximos en ciertos aspectos. Carl Menger, el fundador de la Escuela Austriaca de economía, estableció el enfoque evolucionista en 1883 en su obra *Investigations into the Method of the Social Sciences with Special Reference to Economics*. Tal enfoque ha sido desarrollado por sus epígonos de las generaciones siguientes (vamos por la quinta).

Este «hallazgo» ponía en cuestión casi toda la doctrina económica que yo había aprendido en la Escuela Técnica Superior de Ingenieros Industriales de Barcelona al estudiar «el Samuelson», es decir, al beber exclusivamente en los manantiales de la economía neoclásica, en concubinato con

15 Ludwig von Mises, *La acción humana. Tratado de economía*, Unión Editorial S. A., 1980.

16 Friedrich A. Hayek, *Camino de servidumbre* (1944), Alianza Editorial S. A., 1976.

17 Friedrich A. Hayek, *Los fundamentos de la libertad* (1959), Unión Editorial S. A., 1978.

18 Friedrich A. Hayek, *Derecho, legislación y libertad —volumen 1: Normas y orden* (1973); *volumen 2: El espejismo de la justicia social* (1976), y *volumen 3: El orden político de una sociedad libre* (1979)—, Unión Editorial S. A., 1978 (Vol. 1), 1979 (Vol. 2) y 1982 (Vol. 3).

19 Friedrich A. Hayek, *La fatal arrogancia. Los errores del socialismo* (1988), Unión Editorial S. A., 1990.

la teoría macroeconómica keynesiana (la síntesis neoclásica). *De facto*, me di cuenta de que el pensamiento económico de la Escuela Austriaca, y en concreto el de Hayek, concordaba de forma evidente con las recién nacidas ciencias de la complejidad, sobre todo con las teorías del caos, de los sistemas complejos adaptativos y de la auto-organización.

Pues bien, mi conocimiento de esta realidad se fue consolidando poco a poco, y en 2004, cuando publiqué *La era de la perplejidad*, mi posición intelectual en torno a los rasgos fundamentales de un nuevo paradigma económico ya estaba cuasi conformada[20]. Así pues, la idea que expongo no es nada nueva (la economía entendida como sistema complejo adaptativo, al fin y al cabo), aunque sí tal vez lo es mi manera bifronte de formularla, que hace aflorar de forma inevitable un paradigma mestizo, un paradigma que, como ocurre con una moneda, tiene un anverso y un reverso que son inseparables.

¿Por qué formulo ahora mi bosquejo de nuevo paradigma económico? Pues, sencillamente, porque vivimos tiempos muy difíciles, y considero que debo aportar mi grano de arena, aunque éste sea tan solo conjetural y de carácter fundamentalmente pedagógico-divulgativo.

Ortega y Gasset dejó escrito en *El tema de nuestro tiempo* (1923) que[21]:

> Nuestra generación, si no se quiere quedar a espaldas de su propio destino, tiene que orientarse en los caracteres generales de la ciencia que hoy se hace, en vez de fijarse en la política del presente, que es toda ella anacrónica y mera resonancia de una sensibilidad fenecida. De lo que hoy se empieza a pensar depende lo que mañana se vivirá en las plazuelas.

Cito esta sabia reflexión de Ortega, porque continúa siendo tan válida hoy como lo fue hace ya casi un siglo. En efecto, devastados por un huracán económico de proporciones desconocidas, no podemos permitirnos el lujo, ni cometer la insensatez, de quedar a espaldas de nuestro destino, aferrándonos a una idea que ya es anacrónica: el paradigma neoclásico, ya falsado en cuestiones esenciales. Por el contrario, debemos fijar exclusivamente nuestra atención en las «nuevas sensibilidades» que ya se perciben en los palacios de la ciencia para que, formando un paradigma nuevo, se puedan vivir cuanto antes en las plazuelas donde ya actúa el hombre corriente.

¿Hay esperanzas de que este enfoque bifronte de paradigma llegue a cuajar?

20 *Perplejidad*, págs. 595-605.

21 José Ortega y Gasset, *El tema de nuestro tiempo*, Espasa Calpe S. A. Colección Austral, 1964, capítulo II (La previsión del futuro), pág. 26.

Por lo que se refiere a su cara práctica, y, en concreto, a la modelización basada en el agente, estoy seguro de que irá mostrando cada vez más su pertinencia, y acabará siendo aceptada sin reservas. Y ello por puro pragmatismo, porque funciona, porque facilita la acción libérrima de los agentes, porque para Wall Street no es un problema sino una solución... y el dinero manda (¡y de qué manera!).

Pero, por lo que hace a su cara teórica, soy plenamente consciente de que algunos de sus desarrollos solo pueden ser, hoy por hoy, pensados en términos conceptuales, como objetos de deseo y, además, a muy largo plazo y con restricciones. El capitalismo liberal o libertario de Hayek y el anarco-capitalismo de Rothbard, por ejemplo, solo pueden ser predicados *ad calendas graecas*, pues para que pudiesen hacerse realidad sería condición necesaria el que la inmensa mayoría de la ciudadanía de Occidente, con la castas política y académica al frente, abjurase de la síntesis neoclásica, del keynesianismo, del socialismo, de la socialdemocracia, y aceptase democrática, sostenible y duraderamente un modelo liberal de Gobierno que redujese hasta el mínimo posible la intervención del Estado y de los poderes públicos en la vida social, económica, cultural... Semejante movimiento es, hoy por hoy, pura utopía, y considero imposible que lo vean hecho realidad nuestros hijos y hasta nuestros nietos; hay muchas razones para ello, como expondré en los capítulos 7 y 8 y en el Epílogo.

No se trata de una reflexión pesimista, sino pura y simplemente realista. Pongamos como ejemplo las erráticas políticas económicas que siguieron a lo largo de la Gran Depresión de 1929, y están siguiendo en nuestra hodierna Gran Recesión, *todos* los Gobiernos conservadores y socialdemócratas de Occidente. De la observancia de las mismas me permito extraer unas conclusiones muy personales: (i) que los políticos «conservadores», que, en tiempos de relativa calma hablan de forma altanera en *prosa liberal*, pasan a hacerlo, con impostado sentimiento de culpa, en *verso socialista* —o, si se prefiere, keynesiano— en cuanto el lobo de la recesión empieza a hacer estragos en el rebaño; (ii) que en este mismo escenario, los políticos «progresistas», por el contrario, no solo siguen declamando en un *verso ya prescrito*, por anticuado, sino que extreman aún más la rima libre, prometiendo medidas sociales imposibles, que solo pueden engañar durante un tiempo a los activistas de buena fe y a la ciudadanía más pobre y maltratada por la fortuna; (iii) que llegada la hora de la verdad, a los políticos, sea cual sea su jaez, no les gusta nada el adelgazamiento del Estado —ni siquiera a los que creen que, ciertamente, los Gobiernos se están hipertrofiando por la continua adición de nuevas competencias— y todo ello porque no quieren abdicar sino acrecer el poder que tanto esfuerzo y tanto navajeo les ha costado conquistar; y (iv) que, tal vez —solo tal vez—, todo esto ocurre porque hoy, en general, no nos gobiernan auténticos líderes de firmes convicciones liberales o socialdemócratas, sino personas muy grises y camaleónicas que, aunque digan que militan en este o en otro partido, en realidad actúan de acuerdo con una ideología mestiza y de geometría variable, surgida de un consenso político supuestamente democrático, la ideología de estado de bienestar, la cual se mueve entre Pinto y Valdemoro según soplen los vientos de la circunstancia económica, del poder y del dinero.

En todo caso, me atrevo a proponer este bosquejo de nuevo paradigma, por cuanto considero que el ingente trabajo económico de los investigadores merece y necesita tener el cimiento firme de una teoría económica arterial, que, aun siendo un tanto extremosa en algunas cuestiones, se aproxima muchísimo más a la nuda realidad del comportamiento humano.

Casi por sorpresa, el lector se ha dado de bruces con la teoría económica de la Escuela Austriaca, despreciada por la síntesis neoclásica, odiada de facto por la grey política no liberal y muy desconocida para el público no especializado. De ella acabo de enunciar someramente características muy generales. Pero, dado que la postulo como fundamento teórico del nuevo paradigma, considero que debo decir algo más sobre ella, lo que no significa que me proponga «descender al abismo, al fondo de lo ignoto para encontrar lo nuevo»; porque este libro no es, en absoluto, un tratado de economía, sino un ensayo literario. Por ello me voy a limitar, de momento, a presentarla en sociedad mediante un cuadro, titulado "Economía Austriaca versus Economía Neoclásica" en el cual contrapongo las dos teorías económicas en conflicto, que son, respectivamente, los fundamentos de un paradigma del equilibrio, y de un paradigma de la acción humana o de la complejidad adaptativa. A tal cuadro añado un gráfico complementario.

Los contenidos del cuadro permiten, al menos, atisbar la brecha insalvable que existe entre un paradigma ya sin brillo que se abisma en su ocaso y un nuevo paradigma que amanece luminoso por el horizonte.

Por fortuna, estamos ante una teoría económica de naturaleza fundamentalmente cualitativa, que se ha ido construyendo, desde finales del siglo XIX, sobre la base de razonamientos lógico-deductivos. Por ello resulta posible acceder a la misma sin ser especialista en la materia.

El cuadro es muy simplista Su contenido no es otra cosa que un muy superficial espigueo en las obras de Mises, Hayek y Huerta de Soto, una especie de *delicatessen* para abrir boca. En el capítulo 7, y en concreto en su epígrafe "Teorías clásicas del capitalismo" sí que expondré los conceptos más importantes del pensamiento de Mises y Hayek.

ECONOMÍA AUSTRIACA VERSUS ECONOMÍA NEOCLÁSICA[22]

LO NEOCLÁSICO	LO AUSTRIACO
Concepción de la ciencia económica · La ciencia económica como una *teoría de la elección* o decisión individual; como una ciencia natural del mismo rango que la física y, por lo tanto, capaz de descubrir y formalizar matemáticamente las presuntas leyes universales que rigen sus fenómenos; como un mecanismo en el que rigen el determinismo, la homogeneidad, el equilibrio, y la plena racionalidad del agente.	**Concepción de la ciencia económica** · La ciencia económica como una *teoría de la acción humana* (*praxeología*); como una ciencia social en la que no impera el orden sino un abigarrado desorden que no se presta a una formalización matemática; como un sistema orgánico en el que rigen la indeterminación, la heterogeneidad, el comportamiento alejado del equilibrio, la no linealidad, la imprevisibilidad, la irreversibilidad, el aprendizaje, el cambio endógeno de naturaleza evolutiva, la auto-organización, y la racionalidad limitada del agente.
LO NEOCLÁSICO	**LO AUSTRIACO**
Enfoque metodológico básico · Enfoque *objetivista.* (i) Se da por supuesta la existencia de entes externos de tipo objetivo, es decir, independientes de la manera de pensar o de sentir del agente individual, los cuales, al ser cognoscibles, pueden ser susceptibles de escrutinio matemático. (ii) Teoría del equilibrio económico (que es sinónimo de inacción). (iii) El protagonista de los procesos sociales es el *homo oeconomicus*, totalmente racional, y plena y objetivamente informado, de forma que la comisión de errores es inconcebible. (iv) Los beneficios empresariales se consideran como renta de un factor más de producción. **Formalismo** · Formalismo matemático (lenguaje simbólico). Contrastación empírica de las hipótesis).	**Enfoque metodológico básico** · Enfoque *subjetivista.* (i) El discurso económico se centra en los agentes, es decir, en seres humanos de carne y hueso que tienen distintos gustos y capacidades, aprenden con la experiencia, eligen por tanteo sus fines y buscan medios adecuados para conseguirlos, todo ello según sus individuales escalas de valor, agentes a los que se percibe tal cual son, y no como miembros de un rebaño que se mueve de acuerdo con imaginarias leyes susceptibles de tratamiento matemático. (ii) Teoría de la acción económica, del acontecimiento, del proceso dinámico de naturaleza orgánica, del cambio adaptativo, del desarrollo evolutivo, del devenir... (iii) El protagonista de los fenómenos sociales es el *empresario* creativo, capaz de cometer errores, que, tal vez, hubieran sido evitables con mayor perspicacia. (iv) Los beneficios empresariales puros surgen de la capacidad de los empresarios de cazar al vuelo las oportunidades de ganancia. **Formalismo** · Lógica verbal (abstracta y formal). Razonamientos deductivos de carácter apriorístico.

22 Fuentes: (i) Fracciones de textos de Ludwig von Mises (*La acción humana*), Friedrich A. Hayek (*Derecho, legislación y libertad*) y Jesús Huerta de Soto (*Nuevos estudios de economía política*); y (ii) reflexiones del propio autor en torno a las ciencias de la complejidad y a la epistemología.

LO NEOCLÁSICO	LO AUSTRIACO
En torno a la predicción · (i) No se considera la predicción como un imposible epistemológico, sino como un objetivo que se busca de forma deliberada. (ii) El responsable de la presunta «predicción» es el analista económico (el ingeniero social).	**En torno a la predicción** · (i) La ciencia natural no permite predecir el futuro. Solo hace posible pronosticar los resultados de actuaciones específicas. Si pudieran los mortales conocer el futuro, no se verían constreñidos a elegir y, por tanto, no tendrían por qué actuar. En el campo de la realidad, el cálculo de probabilidades constituye la máxima aproximación a la certidumbre. (ii) El responsable de conjeturar, pronosticar, profetizar o vislumbrar, que no de predecir, es el empresario.
Teoría del valor · Se considera el valor como una cualidad objetiva, intrínseca, inherente a las cosas. Se supone que, mediante un acto de medición, las gentes establecen el valor de los bienes y servicios, procediendo luego a intercambiarlos por otros bienes y servicios de igual valor.	**Teoría del valor** · La inveterada y grave equivocación del objetivismo es suponer que los bienes y servicios objeto de intercambio han de tener entre sí el mismo valor. El valor no es más que el mero reflejo del ansia con que el sujeto aspira al bien que le apetece. El trueque surge precisamente a causa del dispar valor atribuido por las partes a los objetos intercambiados. Los agentes compran y venden, única y exclusivamente, por cuanto valoran en menos lo que dan que lo que reciben. De ahí que sea vano todo intento de medir el valor.
Ciclos económicos · (i) Los ciclos económicos son una anomalía. (ii) Para salir de una crisis económica es precisa la intervención del Gobierno en la economía, adoptando una política de expansión crediticia a través de la banca central. (iii) Los mercados financieros son plenamente eficientes, y el término «burbuja», idea sin fundamento científico, no es sino un aumento de precio motivado por un cambio, del todo racional, de la percepción del riesgo.	**Ciclos económicos** · (i) Los ciclos económicos son una realidad inherente al capitalismo. (ii) No hay forma de evitar el colapso final de todo auge desatado a base de expansión crediticia. Tan solo cabe optar entre provocar más pronto la crisis poniendo fin voluntariamente a la expansión crediticia o dejar que, por sí solos, el desastre y la ruina total del sistema monetario se produzcan algo más tarde. Para salir de la recesión solo hay una solución: recuperar los equilibrios perdidos. (iii) Las grandes burbujas especulativas bursátiles las genera la euforia irracional de los inversores.
La economía entendida como sistema · Sistemas cerrados sujetos a leyes descriptibles en términos matemáticos, estables, predecibles y controlables.	**La economía entendida como sistema** · Sistemas abiertos sujetos a las inescrutables leyes evolutivas de la naturaleza, y entendidos: (i) como «órdenes extensos de cooperación humana», puramente teóricos y conjeturales; o, (ii) como «sistemas complejos adaptativos», abiertos, inestables, impredecibles e incontrolables, pero susceptibles de «simulación» mediante «modelos» muy sofisticados, elaborados por científicos que militan en las filas de las neo-economías («perspectiva Santa Fe»).

LO NEOCLÁSICO	LO AUSTRIACO
En torno a la libertad · Libertad económica, o economía de mercado libre, solo condicionada por las intervenciones del Gobierno, tanto para salvaguardar al sistema financiero en situaciones de crisis, como para promover la «justicia social» y el estado de bienestar.	**En torno a la libertad** · La libertad, entendida como aquella condición de los hombres en cuya virtud la coacción que algunos ejercen sobre los demás queda reducida, en el ámbito de lo social, al mínimo. Se acepta un cierto grado de intervención del Gobierno en la economía, aunque en modo alguno una dirección centralizada, que ahogaría la libre iniciativa individual.

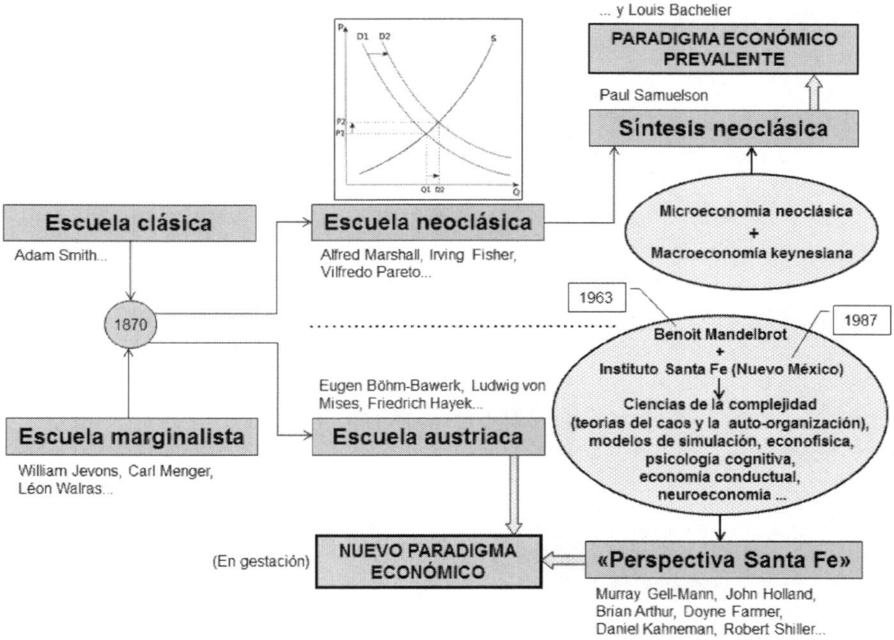

GRÁFICO 5.1. *Historia gráfica del desarrollo de dos escuelas económicas rivales*

Alea iacta est. ¡La suerte está echada! Pero en este caso, «pasar el Rubicón» significa aceptar un «nuevo paradigma económico», bifronte y de naturaleza capitalista.

Desde luego, el nuevo paradigma económico que postulo es bifronte por cuanto estructuralmente tiene dos caras. La primera cara es el corpus doctrinal fundamental de la Escuela Austriaca de economía y, en especial, la teoría de Hayek, expuesta en *Derecho, legislación y libertad* y en *La fatal arrogancia*, sobre los órdenes espontáneos. Tal teoría concibe la economía, desde un punto de vista puramente apriorístico y conjetural, como un «orden extenso de cooperación humana». La segunda cara no es otra que el corpus tecno-científico que se va generando mediante la «matematización» de los fenómenos económicos, entendidos como «sistemas complejos adaptativos», experimentación matemática con la que *no* se pretende descubrir y desarrollar las inaccesibles leyes que rigen dichos fenómenos (cosa del todo imposible), sino, sencillamente, construir *modelos* que permitan *simular* la evolución dinámica de los mismos. Pero no se trata de dos concepciones distintas de la economía, sino de una sola concepción, examinada desde dos puntos de vista, diferentes, pero igualmente válidos: uno puramente teórico, y el otro radicalmente práctico. Cabe, pues, afirmar que la evidente coherencia de las dos caras del nuevo paradigma económico las une en un todo, las hace moneda. ¿Moneda de oro? El tiempo lo dirá.

Y ¿qué decir sobre *eso* de naturaleza «capitalista»?

Soy consciente de que, al aplicarle a la economía el adjetivo «capitalista», algún lector podría sospechar que adopto una posición política conservadora o de derechas, pues me apoyo en la doctrina de Hayek, que fue un crítico muy severo del socialismo. Pero, nada más lejos de mi intención que tomar partido. Lo que sí adopto, de forma inevitable, es una posición económica pragmática. En efecto, salvo contadísimas excepciones (Corea del Norte, Cuba y unos pocos países más), y al margen de las ideologías políticas dominantes en cada país (China sigue siendo comunista), el capitalismo impera como sistema económico prevalente en casi todo el orbe desde la caída del Muro de Berlín. No se trata, en absoluto, de *un* capitalismo liberal puro, duro y único, sino de una gran familia de capitalismos mestizos en diferente grado, según sea el plural alcance de la intervención de los Estados en la economía. Es en este sentido en el que digo que el nuevo paradigma económico es «de naturaleza capitalista»; hoy por hoy no podría serlo de otra manera.

¿Cómo se gestó mi decisión?

En su antes citada obra *Derecho, legislación y libertad* y, en concreto, en el volumen 2, *"El espejismo de la justicia social"*, publicado en 1976, Hayek realiza, como veremos en el capítulo 7, algunas manifestaciones que en aquel entonces solo gustaron a lectores de talante verdaderamente liberal (exclusivamente en el sentido de amantes de la libertad), y que hoy en día, en plena Gran Recesión, lo más probable es que sean leídas con disgusto por no pocos políticos, y con honda preocupación por todos aquellos que ven peligrar algunos derechos sociales que constituciones ingenuas y engañosas les reconocen, sin que exista posibilidad alguna de respetarlos y hacerlos realidad sostenible en los términos genéricos en que fueron enunciados. Y ello porque quienes pergeñaron tales constituciones fueron gentes de buena voluntad que creyeron —y aún creen—, muy erróneamente por cierto, que el hombre puede luchar contra la naturaleza (de la que muy poco sabe), y hacerla obediente a sus designios, como dijo Simón Bolívar para arengar al pueblo tras el terrible terremoto que asoló Caracas en 1812[23].

¿Acaso la doctrina hayekiana tiene asperezas en temas «sensibles»? Pues sí. A continuación, voy a hacer referencia a dos de ellas.

En relación con el emotivo concepto de justicia social, dice cosas como: «La generalizada fe en la "justicia social", probablemente, constituye hoy la más grave amenaza que se cierne sobre la mayor parte de los valores de la civilización libre». Pero también es cierto que más tarde le quita hierro a tal aseveración al proclamar que «No existe razón alguna para que, en una sociedad libre, el Gobierno deje de asegurar a todos la oportuna protección contra la miseria garantizándoles un mínimo de ingresos; o para que deje de fijar un nivel de ingresos por debajo del cual nadie debería caer».

Y, al referirse a la Declaración Universal de Derechos Humanos, manifiesta que no cabe garantizarle al trabajador, como tal Declaración pretende, «una justa y conveniente remuneración, incluyendo una razonable limitación de las horas de trabajo y vacaciones pagadas», y, con fina ironía añade: «La concepción de un "derecho universal" que asegure al campesino, al esquimal, y presumiblemente al Abominable Hombre de las Nieves, "vacaciones pagadas" demuestra lo absurdo de semejante pretensión».

Es indudable que al ciudadano de las nuevas generaciones de Occidente, acostumbrado desde la cuna a oír hablar de las instituciones de estado de bienestar y de los derechos inalienables del hombre, pueden rechinarle bastante estos textos, sobre todo si los lee fuera de su contexto o por encima.

23 La frase exacta es: «Si la naturaleza se opone, lucharemos contra ella y haremos que nos obedezca». Tal arenga tuvo lugar en la actual plaza El Venezolano de Caracas.

Y, desde luego, pueden resultar incómodos a los católicos y, también, a los ateos con principios morales emanados del cristianismo.

Sin embargo, no conviene juzgar, y menos aún condenar, ni a la teoría económica liberal (o libertaria) de Hayek ni a ninguna otra, sin llegar antes a conocer qué es en tal teoría lo realmente esencial. De hecho, el tema central de la teoría hayekiana es la concepción de la economía de mercado como orden espontáneo de cooperación social, y es lógico que proteja celosamente esta realidad, aunque al hacerlo incurra a veces en algún exceso o exageración.

Por lo que a mí respecta, he de reconocer que no me ha resultado fácil llegar al convencimiento de que el liberalismo económico de Hayek es la mejor base «teórica» sobre la que fundamentar el modelo de nuevo paradigma económico que apenas he bosquejado. Pero la filosofía ha acudido en mi ayuda y me ha facilitado las cosas. En concreto me han echado una mano dos reflexiones que José Ortega y Gasset hace en *La rebelión de las masas*, una de sus obras más leídas.

En 1937 —¡hace casi ochenta años!—, Ortega advierte que «Europa ha quedado sin moral», y apostilla[24]:

> Si dejamos a un lado [...] todos los grupos que significan supervivencia del pasado —los cristianos, los «idealistas», los viejos liberales etc.—, no se hallará entre todos los que representan la época actual uno solo cuya actitud ante la vida no se reduzca a creer que tiene todos los derechos y ninguna obligación.

Y, al reflexionar sobre el *liberalismo* —en el sentido político de «democracia liberal»— escribe[25]:

> Todos "saben" que más allá de las justas críticas con que se combaten las manifestaciones del liberalismo, queda la irrevocable verdad de éste, una verdad que no es teórica, científica, intelectual, sino de un orden radicalmente distinto y más decisivo que todo eso —a saber, una *verdad de destino*—. Las verdades teóricas no solo son discutibles, sino que todo su sentido y fuerza están en ser discutidas; nacen de la discusión, viven en tanto se discuten y están hechas "*exclusivamente*" para la discusión. Pero

24 José Ortega y Gasset, *La rebelión de las masas*, Espasa-Calpe S. A., Colección Austral, 1964, pág. 160.

25 Ibíd., pág. 100-101. Hayek, en *Camino de servidumbre*, cita a Ortega, refiriéndose a la «verdad de destino», la cual interpreta en el sentido de fruto inexorable del desarrollo de un orden espontáneo (cfr. capítulo 28, *Camino de servidumbre*, "Liberalismo y *laissez faire*").

> el destino —lo que vitalmente se tiene que ser o no se tiene que ser— no se discute, sino que se acepta o no. Si lo aceptamos, somos auténticos; si no lo aceptamos, somos la negación, la falsificación de nosotros mismos. *El destino no consiste en aquello que tenemos ganas de hacer; más bien se reconoce y muestra su claro, riguroso perfil en la conciencia de "tener" que hacer lo que no tenemos ganas.*

Estas reflexiones tienen, a mi juicio, valor cuasi profético, pues parecen hechas a medida de nuestro tiempo.

En lo referente a la primera, reflexión hay que reconocer, como ya ocurría en el pasado, que casi todo el mundo cree tener muchos derechos y ninguna obligación. De ahí que Hayek critique, con razón, a quienes hacen declaraciones universales de derechos puramente utópicas, pero peligrosas cuando los afectados las toman literalmente en serio.

Por lo que hace a la segunda reflexión, Ortega me ha ayudado a ver que el liberalismo económico que postula Hayek no es una verdad teórica, científica, intelectual, sino una «verdad de destino», algo que se acepta sin discusión. Y, sin discusión, acepto, como verdad de destino, el núcleo cardinal del liberalismo económico de Hayek y, en concreto, su concepción del capitalismo como «orden extenso de cooperación humana» (equivalente a «sistema complejo adaptativo»). Quiere ello decir que lo tomo como «base teórica» del esbozo de un nuevo paradigma, pero «con la conciencia de tener que hacer lo que no tengo ganas». O sea, que lo doy por bueno, pero que cuestiono, matizo, suavizo o difiero en el tiempo, algunos de sus razonamientos lógico-deductivos muy controvertibles desde el punto de vista ético si se interpretan *ad pedem litterae*. Y lo son, por ejemplo, en grado extremo, las cuestiones relativas a la justicia social, a la pobreza y, por consiguiente, al reparto de la riqueza. A ellas haré amplia referencia en el capítulo 9.

De facto, y de acuerdo con tales cautelas (matizaciones, cuestionamientos y diferimientos), mi esbozo de nuevo paradigma económico se sustenta en tres pilares que considero fundamentales, a saber: la concepción hayekiana de la economía de mercado; y, las teorías del valor y de los ciclos económicos de Mises. De tal tríada ya he dado cuenta sumaria en los correspondientes epígrafes del cuadro "Economía austriaca versus Economía neoclásica".

TERCERA PARTE

ÉTICA Y CAPITALISMO

Capítulo 6
MINIMA MORALIA

Powers tend to corrupt, and absolute power corrupts absolutely. Great men are almost always bad men.
(El poder tiende a corromper, y el poder absoluto corrompe absolutamente. Los grandes hombres son casi siempre malas personas.)

LORD ACTON, Carta al Obispo Mandell Creighton,
5 abril 1887

Con madera tan torcida como aquella de la cual está hecho el hombre no se puede construir nada completamente recto.

IMMANUEL KANT, de un escrito fechado en 1784,
citado por el historiador de las ideas Isaiah Berlin
en su libro *El fuste torcido de la humanidad*

Nunca hubiera conocido realmente el poder si no lo hubiera ejercido y no hubiera sido yo mismo víctima de este propio ejercicio. Así, el poder me resulta triplemente familiar: lo he observado, lo he ejercido y lo he padecido.

ELIAS CANETTI, *Obras Completas*, Tomo IV,
Apuntes (1942-1993), "La provincia del hombre"

«¡Veo subir la pleamar del nihilismo!», gritaba desde un risco de la Engadina el mostachudo Nietzsche.

JOSÉ ORTEGA Y GASSET, *La rebelión de las masas*,
Primera parte, VI

¿Qué significa nihilismo? Que los valores supremos se devalúan.

FRIEDRICH NIETZSCHE, *Escritos póstumos*, 9 [36]

Sofia Ósipovna constataba con estupor que, aunque el proceso de evolución había llevado millones de años, habían bastado pocos días para hacer el camino inverso, el camino que va del ser humano a la bestia sucia y miserable, desprovista de nombre y de libertad.

VASILI GROSSMAN, *Vida y destino*

El fuste torcido de la naturaleza humana

En torno al poder

Antes de entrar en materia, creo necesario hacer algunas reflexiones sobre el poder, esa capacidad de obtener lo que a uno le gusta o considera beneficioso (Thomas Hobbes); esa probabilidad de que un actor dentro de una relación social esté en posición de realizar su propia voluntad, a pesar de las resistencias (Max Weber); esa facultad de orientar y ordenar la acción ajena (Ludwig von Mises)...

Pues bien, aunque resulte muy duro decirlo, para ejercer el poder con éxito, y salvo casos excepcionales de personajes cuyo genio grandioso ha transformado el mundo, es más conveniente carecer de ciertas virtudes que estar en posesión de ellas. Maquiavelo, en su obra *El príncipe*, «desarrolla los principios de una política rigurosamente "realista", partiendo de lo que las cosas realmente *son* y han sido y serán siempre (no de lo que *deberían ser*), pues la política debe basarse en lo que la naturaleza y pasiones humanas son inevitablemente: maldad, volubilidad, ingratitud, ambición, envidia»[1]. Así, cuando habla de dos rasgos antagónicos como son la crueldad y la clemencia, que pueden acarrearle a un príncipe censura o alabanza, se pregunta sin recato si es mejor ser amado que temido, y su respuesta es contundente[2]: «Sería menester ser lo uno y lo otro; pero, puesto que resulta difícil combinar ambas cosas, es mucho más seguro ser temido que amado cuando se haya de renunciar a una de las dos. Porque en general se puede decir de los hombres lo siguiente: son ingratos, volubles, simulan lo que no son y disimulan lo que son, huyen del peligro, están ávidos de ganancia; y mientras les haces favores son todo tuyos, te ofrecen la sangre, los bienes, la vida, los hijos [...] cuando la necesidad está lejos; pero cuando se te viene encima vuelven la cara». Al hablar del respeto a la palabra dada, no tiene rubor en manifestar[3]: «Cuán loable es en un príncipe mantener la palabra dada y comportarse con integridad y no con astucia, todo el mundo lo sabe. Sin embargo, la experiencia muestra en nuestro tiempo que quienes han hecho grandes cosas han sido los príncipes que han tenido pocos miramientos hacia sus propias promesas y que han sabido burlar con astucia el ingenio de los hombres. Al final han superado a quienes se han fundado en la lealtad». Y en lo atinente a la preservación de la seguridad interna de los principados, no duda en alabar al príncipe que está continuamente tramando grandes proyectos que mantienen «siempre en suspenso y asombrados los

1 *El príncipe*, op. cit., Introducción de Miguel Ángel Granada, pág. 18.
2 Ibíd., pág. 88.
3 Ibíd., pág. 90.

ánimos de sus súbditos, atentos al resultado final»; de esta forma evita que haya períodos de reposo para que se pueda «proceder contra él con calma»[4].

No es posible analizar de forma más descarnada, pero también más real, imparcial y bien documentada, lo que, dadas las características de la naturaleza humana, conviene al ejercicio del poder en la política: una actuación desalmada, fría y calculada.

¿Son también aplicables las meditaciones de Maquiavelo al ejercicio del poder dentro del marco de lo social y, en concreto, de lo económico-financiero?

Por supuesto que sí. Se ve al pisar los resbaladizos y enfangados territorios de la conducta empresarial (Enron, WorldCom, Freddie Mac...).

«Principio del torcimiento conductual»

Voy a intentar adentrarme un poco más —solo un poco— en dichos territorios partiendo, como hice en otro lugar[5], de una proposición de carácter muy general, que trae origen y principio de la experiencia, a la que denomino «Principio del torcimiento conductual», y que enuncio en los siguientes términos:

> *Todo poder, ejercido dentro de un marco de control excesivamente laxo y relajado, deviene inexorablemente en conducta torcida.*

Soy consciente de que se trata de una proposición un tanto borrosa y, sobre todo, comprometida, por cuanto puede irritar a poderosos de todo tipo y condición. Pero no es mi intención el ofender a nadie, sino el levantar acta de un hecho incuestionable: el poder tiende a corromper; así nos lo enseña no solo la historia —irremediablemente escrita ya con hache minúscula— sino la simple observación de la realidad cotidiana.

Muchos son los aforismos, apuntes, pensamientos y sentencias que la literatura nos ha legado sobre el espinoso tema del poder y de la conducta de los poderosos. Pero el más conocido es, sin duda, el que encabeza este texto, sacado de una carta que Lord Acton, político liberal e historiador británico de finales del siglo XIX, envió en 1887 al obispo Mandell Creighton: «El poder tiende a corromper, y el poder absoluto corrompe absolutamente. Los grandes hombres son casi siempre malas personas». Para Acton, «la posesión de poderes ilimitados corroe la conciencia, endurece el corazón y confunde el entendimiento».

---

4 Ibíd., pág. 108.

5 *Cfr. Perplejidad*, pág. 83.

Ilustres pensadores de todos los tiempos han considerado que el poder es «el mal absoluto», «la más terrible enfermedad del espíritu humano», una conspiración permanente, una facultad que acaba usándose mal, un camino directo a la conducta impropia, a la corrupción, al abuso, al exceso, a la tiranía, a la locura...

Y la causa radical de este «mal» hay que buscarla en el fuste torcido de la naturaleza humana. Immanuel Kant dejó escrito que «Con madera tan torcida como aquella de la cual está hecho el hombre no se puede construir nada completamente recto»[6]. Tampoco Goethe parecía confiar demasiado en sus congéneres. Ya en el mismo prólogo de su *Fausto I*, Mefistófeles le comenta al Señor que «el raquítico dios de la Tierra sigue siendo de igual calaña y tan extravagante como en el primer día», y le reprocha el haberle dado «ese fuego de la luz celestial, a la que da el nombre de Razón y que no utiliza sino para ser más bestial que toda bestia»[7]. Y en el segundo acto de su *Fausto II*, el dios del mar Nereo exclama: «¿Son voces humanas las que percibe mi oído? ¡Qué coraje me da en lo más hondo del corazón! Criaturas que aspiran a llegar al nivel de los dioses, y condenadas, sin embargo, a semejarse siempre a sí mismas»[8].

Pero no es necesario fatigarse demasiado tratando de circunnavegar esos inmensos océanos de experiencia, sabiduría y belleza que hemos recibido en heredad. Basta mirar a nuestro alrededor. Es bien patente que las atrocidades cometidas en el siglo XX que nos vio nacer, el horroroso comienzo del nuevo milenio, los escándalos políticos, económico-financieros y sociales que forman ya parte de nuestra cotidianidad, no hacen sino confirmar algo que ya se sabe desde que el hombre es hombre: el poder y la conducta torcida forman díada inseparable. A mi juicio, y parafraseando a Nietzsche, quien no acepte esta realidad no conoce el curso del mundo o forma parte de la Orden de la Santa Candidez.

Pero aun viendo al ser humano —de forma genérica, por supuesto— tal como parece que es, en ningún caso cabe postular que el ejercicio del poder —de cualquier poder, por pequeño que sea— conduzca de forma inexorable al comportamiento torcido. Para que la acción humana llegue a tan lamentable desenlace, aparte del eclipse —parcial o total— de la conciencia moral del agente, es condición necesaria el que se debiliten, no funcionen bien, o claudiquen los mecanismos de defensa que emanan del derecho y

6 De un escrito fechado en 1784, citado por el historiador de las ideas Isaiah Berlin en su libro *El fuste torcido de la humanidad.*

7 Johann Wolfgang von Goethe, *Fausto*, Cátedra, 1996, edición de Manuel José González y Miguel Ángel Vera, pág. 115.

8 Ibíd., pág. 334.

del espíritu y de la letra de las leyes y normas que permiten la convivencia social en libertad. De ahí que haya formulado mi principio del torcimiento conductual en la forma condicional que lo he hecho, es decir «dentro de un marco de control excesivamente laxo y relajado» —por no decir, inexistente, como en muchos casos ocurre—.

La conducta torcida

Llegados a este punto, considero ineludible el intentar restar algo de turbidez al inevitablemente borroso concepto «conducta torcida». ¿A qué tipo de conducta me estoy refiriendo?

A mi juicio, entre las provincias de lo bueno y de lo malo, de lo decente y de lo indecente, de lo blanco y de lo negro, se ubica una extensa región fronteriza donde impera una relativista ambigüedad ética, región que ha sido colonizada y urbanizada a sus anchas por lo que yo llamo la «conducta desviada», que viene a configurar un espacio en el que cabe identificar todas las tonalidades del gris.

Dentro de la categoría de «conducta desviada» incluyo, con creciente grado de inmoralidad relativa, las conductas torpes, equivocadas, incompetentes, dudosas, inerciales, negligentes, descuidadas y, en general, cualesquiera otras que, aun pudiendo ser tildadas de abusivas en alguna medida, no son movidas fundamentalmente por el interés propio con daño significativo para terceros.

Los comportamientos gravemente imprudentes, irresponsables o temerarios, así como la corrupción pura y dura son los habitantes naturales de la provincia de la conducta indecente.

Pues bien, al conjunto formado por la suma de las categorías de «conducta desviada» y de «conducta indecente», es a lo que denomino de forma genérica «conducta torcida».

Así, lo que postulo es que, a no ser que lo impidan los mecanismos de vigilancia y control que la propia sociedad se da para su defensa y protección, el poder deviene inexorablemente en algún grado más o menos grave de conducta torcida, merecedora en todo caso de censura moral.

Mi postulado es aplicable, por supuesto, a absolutamente todas las dimensiones de la acción humana (política, económica, social...).

Solo añadir, parafraseando a Elias Canetti, que nunca hubiera podido escribir sobre el poder en los términos que lo hago si no lo hubiera observado, no lo hubiera ejercido y no hubiera sido yo mismo víctima de ese propio ejercicio.

Pero, vayamos al grano. ¿Acaso estoy diciendo que una de las causas de los males que padecemos son los desvíos conductuales de agentes poderosos, desvíos que emanan inexorablemente del fuste torcido de la naturaleza humana?

Por supuesto que sí.

Y es aquí donde entra en juego la ética. Pero, ¿de qué forma y hasta qué punto lo hace?

Veamos.

UNA SOCIEDAD NIHILISTA

Una reflexión en torno al nihilismo

Antes de escandalizar al lector, considero prudente advertirle sobre el sentido en el que voy a utilizar la palabra *nihilismo* (genéricamente definida en el DLE como «negación de todo principio religioso, político y social»), al hablar en general sobre la conducta de nuestra sociedad y, de forma más específica, sobre la conducta empresarial.

Y es que la palabra nihilismo es un tanto polisémica, por cuanto viene a designar tanto una posición, tendencia, talante o actitud filosófica de carácter vitalista, como un movimiento cultural contestatario; de ahí que, normalmente, convenga adjetivarla. El filósofo José Ferrater Mora[9] distingue, en principio, entre el nihilismo moral (negación de que hay principios morales válidos) y el nihilismo epistemológico (pura y simple negación de que «la realidad» pueda ser conocida). Pero, al analizar el pensamiento de Nietzsche, advierte que cabría distinguir entre un nihilismo al que tal filósofo consideraba «malo» (el nihilismo pasivo propio del cristianismo y de la tradición moral y metafísica de la modernidad europea, que defienden valores tan «débiles» y «enclenques» como la compasión y la misericordia), y un nihilismo «bueno» o, mejor, «auténtico» (un nihilismo activo y vitalista, propio de «espíritus fuertes», que se basa en los verdaderos valores superiores de la voluntad, el poder, la fuerza, la espontaneidad y la «superhombría»). Cuando Nietzsche dijo que veía avanzar por todas partes la «pleamar del nihilismo» se estaba refiriendo a que la Europa moderna se encaminaba hacia el final de un desarrollo histórico sin salida, que había estado presidido por una tradición moral y metafísica nihilista basada en valores pasivos y en el vano afán de comprenderlo todo.

Habitamos ya en una nueva era de tránsito, la posmodernidad, que pretende superar la herencia de la modernidad. Nietzsche la profetizó al proponer la destrucción del sistema de los valores del nihilismo pasivo tradi-

9 José Ferrater Mora, *Diccionario de Filosofía*, Círculo de Lectores S.A., 1991, tomo 3, págs. 2.365-2.367.

cional mediante la «transvaloración de todos los valores», lo que permitiría viajar a la patria natural del «superhombre», una región ubicada «más allá del bien y del mal».

A esta tarea se ha aplicado con denuedo el hombre de nuestro tiempo, aunque no tenga la menor conciencia filosófica, política ni técnica de ello. La «fragmentación», la «descomposición», la «deconstrucción», la «destrucción creativa» forman ya parte del acervo conceptual del nuevo modelo de pensamiento, al que denomino «paradigma posmoderno», y en el que encuentran albergue las formas más radicales del nihilismo ruso del siglo XIX. Por ejemplo, el gran economista Joseph Alois Schumpeter, al proponer la destrucción creativa como instrumento de transformación, hizo propias ideas de Bakunin; y Welch —alias «Neutron Jack»— ha defendido formas de actuar que nos recuerdan el pensamiento de Dimitri Pisarév, el cual escribió que «todo lo que puede romperse, hay que romperlo; lo que aguante el golpe, será bueno; lo que estalle, será bueno para la basura. En todo caso, hay que dar golpes a derecha y a izquierda: de ello no puede resultar nada malo»[10]. Y es que el hombre posmoderno habla en prosa sin saberlo.

Muchos de los valores que dieron nervio a la modernidad cotizan a la baja, y nuevos valores pugnan por abrirse paso.

En ese sentido, cabe hablar de una posmodernidad de talante nihilista, por cuanto en ella se vive la ruptura de sistemas de valores presuntamente caducos y el alumbramiento de otros nuevos. Y en ese sentido lo hago cuando hablo de «sociedad nihilista», de «nihilismo sistémico» o de «nihilismo corporativo».

En búsqueda de unos nuevos valores

Me parece evidente que muchos de los valores que dieron soporte a la modernidad han entrado en crisis en la nueva época posmoderna en que nos adentramos, y hoy cotizan a la baja, mientras que afloran otras sensibilidades que alumbrarán valores nuevos.

En nuestra sociedad hodierna vivimos, para bien o para mal, por poner solo unos cuantos ejemplos de indudable entidad[11]:

- el rechazo de la universalización;
- la cultura de masas;
- el respeto por lo local, por las diferencias culturales, por las minorías y por los movimientos de liberación (revolución sexual, movimiento feminista...);

10 Ibíd., tomo 3, pág. 2.367.
11 *Cfr. Perplejidad*, pág. 321.

- la autonomía de la conciencia personal;
- el auge del relativismo moral radical, o la menos radical, aunque si resignada, aceptación de la coexistencia de múltiples sistemas de valores y criterios de legitimación;
- la sensibilidad ecológica y la preocupación por el medio ambiente, por el presunto calentamiento global antropogénico;
- la infracción, como norma;
- la disminución del capital social (el declive de la familia tradicional, la disminución de la confianza del ciudadano en las instituciones públicas y privadas, el debilitamiento de los lazos sociales...);
- el individualismo (exacerbado), modulado por una solidaridad de tipo «comunitario»;
- el auge de los vínculos individuales débiles y de corta duración;
- la irrupción de lo precario, discontinuo, impreciso e informal;
- la valorización de lo efímero;
- el doloroso cuestionamiento de muchas de nuestras anteriores certidumbres.
- el desafío de la biotecnología (la clonación de seres humanos, las antropotécnicas...).

Actuamos, pues, en un escenario nuevo, y no solo cabe constatar que muchos de nuestros antiguos valores están en crisis, sino que podemos ya pronosticar que se van a crear unos nuevos valores y una nueva ética.

La fractura de la piedra angular

Una manifestación muy clara de la pérdida de espesor moral de nuestra sociedad es el proceso de creciente erosión de los valores éticos en el mundillo económico-financiero, puesto de manifiesto con caracteres de tragedia a lo largo de la primera década de la actual centuria.

La economía no está desvinculada de la moral. Precisamente, sin presumir un comportamiento ético por parte de los individuos que intervienen en las transacciones con contenido económico, éstas resultarían cuasi imposibles. El propio Adam Smith, en su obra *La teoría de los sentimientos morales* (1759), de la que daré cuenta en el capítulo 7, sostiene que las decisiones económicas del ser humano no son simplemente actos racionales que buscan exclusivamente «maximizar la utilidad», es decir, actos básicamente egoístas que persiguen su propio bienestar material. A veces también juegan un papel decisivo otras motivaciones instintivas regidas por lo que él llama «moral de la simpatía», que llevan al individuo a juzgar, de forma imparcial y desinteresada, los comportamientos ajenos, en el sentido de considerarlos buenos o malos, aceptables o rechazables, plausibles o censurables, dignos de premio o de castigo... Estos juicios morales, que pueden desarrollar movimientos de solidaridad, lealtad, simpatía... y, también, todo lo contrario, conducen de una forma no racional al individuo a un comportamiento social que coexiste con el comportamiento egoísta implícito en la búsqueda de la máxima utilidad. Estos comportamientos pueden, no ya ser modulados por el individuo, sino incluso modificados sustancialmente, supeditando el interés particular al interés general, de forma que van fortaleciendo y dando espesor a la trama del capital social.

Todas estas consideraciones nos sitúan ante un valor crucial para el funcionamiento de la sociedad y, de forma más concreta, de la economía: la *confianza*, es decir, «la expectativa que surge en una comunidad con un comportamiento ordenado, honrado y de cooperación, basándose en normas compartidas por todos los miembros que la integran»[12]. Lo ideal es que la confianza, que no es un valor moral sino social, llegue a configurarse en creencia para el individuo, es decir, en algo que se da por descontado. Cuando ello ocurre, las relaciones interpersonales se facilitan de forma extraordinaria, se minimiza la necesidad de regulaciones, supervisiones, controles y, en suma, se reducen de forma significativa los costes de transacción.

Entre las normas compartidas están, naturalmente, los códigos deontológicos y éticos de conducta empresarial, profesional, burocrática y política, expresamente escritos en letras de molde, o tácitamente presumidos, pero que no pueden en ningún caso ser incompatibles con los valores morales mayoritariamente aceptados.

Es lógico, por ejemplo, que todo el mundo espere de una empresa (productora de bienes o prestadora de servicios de cualquier tipo) ese comportamiento ordenado, honrado y de cooperación que hay que exigir a cualquier miembro responsable de la sociedad. También cabe esperar idéntico comportamiento de los restantes agentes que, de forma más o menos directa, intervienen en el mercado de capitales o influyen decisivamente en su funcionamiento, como es el caso de los auditores, los analistas de inversiones, los calificadores de riesgos crediticios, los asesores financieros y, por supuesto, los burócratas de los órganos gubernamentales de supervisión y regulación. Y de este ingente caudal de esperanza, de este estado de ánimo en el cual se presenta como posible lo que se desea y necesita, brota la confianza.

Pues bien, en el corto período que medió entre diciembre de 2001 y junio de 2002, el tsunami de escándalos financieros que se desencadenó en Wall Street hizo que la confianza en los mercados de capitales en general y, de forma muy especial, en las grandes empresas, antes ciega y robusta,

12 Francis Fukuyama, *La confianza (Trust)*, Ediciones B S.A., 1998, pág. 43.

recuperase la vista y adelgazase de forma notoria. Como por milagro, la confianza fue recuperando peso hasta mediados de 2007, pero la crisis financiera de 2008 la sumió en gravísima anorexia.

En efecto, una sociedad codiciosa pero confiada hasta el límite de la ingenuidad, descubrió que, desde hacía tiempo, estaba siendo engañada de forma miserable por no pocas corporaciones industriales y financieras de primerísima fila que, en muchos casos, habían contado con la cooperación de profesionales de la auditoría, de la consultoría y del análisis de inversiones, y se habían aprovechado de la sospechosa incompetencia de especialistas de calificación de riesgos crediticios y de la pasividad de funcionarios de ciertos organismos de supervisión.

El ciudadano ya no confía, como antes lo hacía, en las corporaciones ni en las instituciones públicas: nadie está libre de sospecha. Y el que más sospecha y menos se fía, y con razón, es el pequeño inversor, sobre el que se construyó el mito del «capitalismo popular», y que ha descubierto, con una mezcla de perplejidad e indignación, que ha sido víctima de una gigantesca estafa que, por cierto, él mismo contribuyó, de forma inconsciente, pero no inocente, a montar.

La banalización de la avaricia y el fraude

Aunque no es mi intención adentrarme ahora en los territorios de la filosofía —lo haré inevitablemente en el siguiente epígrafe—, y, menos aún, en los de la religión, sí considero necesario, a los efectos de mis posteriores reflexiones en torno a la mala conducta directiva, realizar ciertos comentarios sobre algunos conceptos básicos que darán sustento a los juicios de valor de carácter ético o moral que me propongo formular.

Desde que el hombre es hombre, la virtud y el vicio forman parte consustancial de su modo de vivir en libertad.

La virtud, entendida en el sentido aristotélico, es una cualidad o hábito para obrar bien que depende de nuestra voluntad. Platón ya habló de cuatro virtudes cardinales o principales: prudencia, templanza, fortaleza y justicia. De ellas derivan todas las demás: generosidad, tolerancia, amor, sinceridad, bondad, lealtad... *A sensu contrario*, se suele entender por vicio la falta de rectitud o defecto moral en las acciones, el hábito de obrar mal, el defecto o exceso que como propiedad o costumbre tienen algunas personas, o que es común a una colectividad. Son vicios, en tanto envés de las virtudes, la avaricia, la intolerancia, el odio, la mentira, la crueldad, la traición... Desde el punto de vista de las creencias religiosas a tales vicios se les suele considerar pecado, es decir, cosa que se aparta de lo recto y de lo justo, o que afecta a lo que es debido, o que deriva de la carencia o de la demasía.

A lo largo de la historia, el comportamiento vicioso del ser humano, del todo habitual, por cierto, ha sido motivo de constante censura, de radical reprobación. En las Sagradas Escrituras se condenan con especial dureza la codicia y el engaño que imperaban en el pueblo elegido, Israel, en sus épocas más prósperas. Baste citar el siguiente texto del profeta Amós (Am. 8, 4-7, unos 800 años a. C.):

> Escuchad esto, los que exprimís al pobre, despojáis a los miserables, diciendo: «¿Cuándo pasará la luna nueva, para vender el trigo, y el sábado, para ofrecer el grano?» Disminuís la medida, aumentáis el precio, usáis balanzas con trampa, compráis por dinero al pobre, al mísero por un par de sandalias, vendiendo hasta el salvado del trigo.
>
> Jura el Señor por la gloria de Jacob que no olvidará jamás vuestras acciones.

Pero no se necesita retroceder tanto en el tiempo. Basta escrutar la especial reprobación que han merecido para genios tan preclaros como, por ejemplo, el poeta Dante Alighieri (1265-1321) y el historiador Theodor Mommsen (1817-1903) dos de los vicios más característicos de la mala conducta directiva que esta obra denuncia, a saber: el *fraude* y la *avaricia*.

a) Dante, en su inmortal *Comedia*[13], y, concretamente, en su viaje al *Infierno*, guiado por el gran poeta latino Virgilio, recorre un profundísimo abismo en forma de cono, con base bajo la ciudad santa de Jerusalén y vértice en el centro de la Tierra. En él existen nueve niveles o círculos, algunos de los cuales, a su vez, están subdivididos en diferentes bolsas, donde penan los condenados de acuerdo con la gravedad de sus pecados.

Pues bien, Dante descubre a la codicia —al afán desordenado de riquezas— en la zona media del averno, concretamente en el Círculo IV: Avaros y pródigos. En el Canto VII, 61-66 se lee[14]:

> El corto aliento, hijo, aquí estás viendo
> del bien que se confía a la Fortuna,
> por el que están los hombres compitiendo;
> que todo el oro que hay bajo la luna,
> y hubo ya, de tanta alma fatigada,
> reposo no podría darle a una.

13 *Cfr.* Dante Alighieri, *Comedia*, Círculo de Lectores, 1997, traducción de Ángel Crespo.
14 Op. cit., pág. 84.

Los pecados de malicia —los más graves ante los ojos de Dios— los localiza en los cuatro Círculos más profundos —del VI al IX—. En concreto, en el Círculo VIII se topa con los fraudulentos, es decir, con quienes han cometido actos contrarios a la verdad y a la rectitud que perjudican a las personas, con quienes han corrompido o adulterando algo, con quienes han mentido y engañado a los demás. En el Canto XI, 22-27 se lee[15]:

Toda maldad, que el odio se conquista
del cielo, está a la injuria encaminada:
con fuerza o fraude a los demás contrista.
Más siendo el fraude cosa más odiada
por Dios, por eso están los fraudulentos
más abajo con pena redoblada.

Entre las diversas clases de fraudulentos que penan en el Círculo VIII, descubre que hay una jerarquía por Bolsas: en la Bolsa VII encuentra a los ladrones, en la VIII a los malos consejeros, en la IX a los sembradores de discordia que alientan la actuación torcida, y en la X y última a los falseadores. En el Canto XXX, 88-90 se lee[16]:

Por su culpa me encuentro entre esta gente:
pues me indujeron a acuñar florines
con tres quilates de oro solamente.

Solo hay un crimen más grave que el fraude: la traición (Círculo IX). Allí penan Judas Iscariote, Casio, Bruto... y, por supuesto, el mismísimo Belcebú.

Ya sabemos, pues, donde habría ubicado Dante a los falseadores *subprime*, descarriados maestros del engaño que, acuñando títulos hipotecarios sin respaldo real alguno, protagonizaron los grandes escándalos financieros en los años de las burbujas tecnológica e inmobiliaria. Y, también, a quienes los aconsejaron de forma mendaz, y calificaron, certificaron, alentaron y jalearon sus desafueros. Todos ellos traicionaron de forma miserable sus sagrados deberes fiduciarios de custodia, de administración, de vigilancia o de control.

Pero tampoco se librarían de habitar el averno los inversores avariciosos, aunque eso sí,... solo penarían en el Círculo IV.

15 Ibíd., pág. 103.
16 Ibíd., pág. 205.

b) Theodor Mommsen, uno de los más grandes historiadores clásicos, describe en el Volumen VIII y último de su monumental *Historia de Roma*[17], con admirable precisión y envidiable estilo literario, la extrema corrupción de la sociedad romana durante la terrible época en el que la envejecida, decadente y envilecida república agonizaba, y el genio de Julio César sembraba las semillas de la monarquía militar que vino a rejuvenecer tan dilatado imperio. En dicha sociedad, que proclamaba como un vicio la pobreza, todo estaba en venta, se desconocía el sentido de la palabra honor, y, día a día, iba acumulando en su corazón espesas y envenenadas capas de lodo. La oligarquía senatorial, parecida a «una gran partida de ladrones, se consagraba por vocación y oficio al saqueo de las infortunadas provincias». Estas reflexiones las hace en espléndidos párrafos de esta magna obra, los cuales paso a citar[18]:

> La pobreza no solo había llegado a ser el peor de los vicios y una gran vergüenza, sino que se proclamaba a la sazón el único vicio; por dinero vendía su patria el hombre político y su libertad el ciudadano; por dinero se obtenían grados en la milicia y se conseguían los votos de los jurados; por dinero se entregaba la noble dama como la prostituta pública; las escrituras falsas y los perjurios eran muy frecuentes. [...] No se conocía el sentido de la palabra honor, y aquel que hubiera pretendido rechazar la corrupción no habría sido estimado como hombre digno, sino más bien como enemigo.
>
> Mientras que en el fondo de la sociedad romana iban acumulándose diariamente espesas y envenenadas capas de lodo, en la superficie solo aparecían un barniz brillante y delicado, distinguidas maneras y un concierto universal de amistades.
>
> Agréguense a esto las exacciones del pretor y las de sus amigos, cada uno de los cuales obraba como si tuviera sobre el contribuyente un título legítimo y el derecho de no volverse a Roma sin haber aumentado considerablemente su peculio. La oligarquía romana, parecida a una gran partida de ladrones, se consagraba, por vocación y por oficio, al saqueo de las infortunadas pro-

17 Theodor Mommsen, *Historia de Roma*, Volumen VIII ("Fundación de la monarquía militar"), Ediciones Turner S. A., 1983. Fue galardonado con el Premio Nobel de Literatura en 1902, por ser «el más grandioso maestro con vida del arte de la escritura histórica, con una especial referencia a su obra monumental, *Historia de Roma*».

18 Op. cit., págs. 296 y 318.

> vincias. No se ponía tampoco gran cuidado en ser hábil en la mencionada profesión: ¿para qué? ¿No sería menester repartir un día el botín con los abogados y los jueces? Se robaba con más seguridad, robando más, y aquel que lo hacía se preciaba de hombre de honor: el gran bandido no tenía más que desprecio para el ladrón en pequeño, y éste a su vez despreciaba al ratero: y si por una rara casualidad uno de ellos llegaba a ser condenado, ¡cuánta era su vanagloria por las muchas concusiones de que había sido convencido! Así se portaban en esta época en las magistraturas provinciales los descendientes de aquellos grandes hombres que, en otro tiempo, acostumbraban volver a Italia con el reconocimiento de los pueblos vasallos, y la aprobación de sus conciudadanos.

Estas situaciones de deterioro moral tan extremo son características de las épocas de intensa crisis histórica, como la que nos ha tocado vivir. En ellas el ser humano se siente perdido y perplejo ante el evidente ocaso de unos valores que cotizan a la baja, pero que se resisten a morir, y el esperado orto de otros nuevos, que se presienten, pero que no acaban de nacer.

¿Habitamos acaso en un mundo sin moral, donde se banalizan vicios tan execrables como el fraude y la avaricia, que ningún futuro código de nuevos valores, por relajado que sea, podrá jamás absolver ni derogar? ¿Se respeta a la persona en su integridad? ¿Corremos peligro de resultar moralmente devastados por la impetuosa pleamar del nihilismo?

La desinhibición de la codicia

El hecho de la súbita emergencia de sujetos tan poco ejemplares como muchos de los citados en los capítulos anteriores, parece poco discutible: tal vez ya leímos sus nombres y vimos sus fotografías en los medios cuando, esposados, fueron conducidos ante los tribunales, o cuando comparecieron ante las comisiones de investigación del Congreso de Estados Unidos. ¿Acaso ciertos seres humanos se volvieron de repente más codiciosos en el seno de una sociedad sustancialmente sana?

En absoluto. La codicia —o, si se prefiere, la avaricia—, uno de los siete pecados capitales, es una tara congénita de la naturaleza humana. La cultura en general y la religión en particular impulsan al hombre a un comportamiento moral e inhiben tan detestable vicio; actúan a la manera de los anticuerpos que defienden los organismos animales contra el ataque de los antígenos. Pero la propensión al comportamiento codicioso siempre está latente y, cuando las defensas se debilitan, cuando los muros de contención ceden, esta enfermedad endémica del espíritu puede cursar como epidemia entre los individuos más expuestos a la infección.

Tal vez —solo tal vez— sea esto lo que ocurrió. En efecto, las oportunidades y estímulos para ser deshonesto se multiplicaron de forma prodigiosa durante los últimos años del siglo XX y primeros del XXI. Numerosos factores contribuyeron decisivamente a ello, como ya he dejado escrito. Entre ellos destacan: (i) las permisivas reglas de juego que se adoptaron para flexibilizar el funcionamiento de la economía de libre mercado; (ii) el debilitamiento de las defensas del sistema financiero; (iii) una SEC y similares que se mostraron muy descuidadas a la hora de cumplir y hacer cumplir la ley; (iv) una praxis contable a caballo entre la relajación y el fraude (tolerada complacientemente por no pocos auditores); (v) un análisis de inversiones claramente parcial y sesgado; (vi) una calificación de riesgos crediticios inercial, chapucera, negligente y corrupta; (vii) la fascinación por falsos dogmas de gestión basados fundamentalmente en el incremento de la cotización de la acción a muy corto plazo; y (viii) el aplauso público a la nueva forma audaz y hasta temeraria de hacer negocios, que parecía refutar los principios clásicos de prudencia y cautela de la vieja escuela de administración. Todos ellos contribuyeron a la creación del caldo de cultivo óptimo para que prosperase la codicia. ¡La hora de los tahúres había sonado!

Sus posibilidades de actuación eran enormes, pues la tentación del dinero fácil había hecho presa en una sociedad ingenua y confiada pero, también, ávida de ganancias, que había devenido campo abonado para el timo. Y actuaron; porque cuando algo se puede hacer, por sucio o arriesgado que sea, siempre hay alguien que acaba haciéndolo. Una vez más afloró y se manifestó, de las formas más variadas, el fuste torcido de la naturaleza humana.

Así, no todos, tal vez no la mayoría, pero sí muchos CEO se comportaron de forma en extremo codiciosa; y hubo no pocos que mintieron descaradamente cuando afirmaron que su misión era la creación de valor para el accionista. ¡Qué bien sonaban estas palabras, que encerraban tácitamente una sugestiva promesa de futuro! Pero en la mente de tales CEO no habitaba la duración sino la fugacidad (y, en algunos casos, la fuga); no les preocupaba nada el incremento responsable y sostenible de la cotización de las acciones en poder de los demás, sino el momento más propicio para desprenderse de las suyas. Y este momento dependía por completo de la información, es decir, de lo que los CEO ya sabían (por razón del ejercicio de sus cargos) y de lo que la inmensa mayoría de los inversores (los pardillos) aún ignoraba.

¿Eso fue todo? ¿Acaso los únicos villanos del cuento fueron una partida de ladrones, solo en algunos casos convictos y encarcelados?

Tengo para mí que una parte no pequeña de culpa o, si se prefiere, de responsabilidad por lo ocurrido hay que atribuírsela, ante todo, a los consejos de administración (ayunos de normas realmente efectivas de buena gobernanza) y a los grandes accionistas; después, a los inversores institucionales y especuladores de oficio; y, en último término, aunque en grado infinitamente menor, a los pequeños accionistas e inversores ocasionales, muy propensos a ser víctimas fáciles del timo del tocomocho.

En efecto, ¿cómo es posible que los consejos de administración y los grandes accionistas, autorizaran expresamente, consintieran o, de alguna forma, toleraran sin protesta métodos de retribución y sistemas de incentivos tan peligrosos como los descritos en el capítulo 2? ¿Por qué lo hicieron? Pues, fundamentalmente, por una simple cuestión de codicia. En efecto, en el contexto del mercado claramente alcista de mediados de la década de los noventa, por ejemplo, el coste de las *stock options* —que, por cierto, nadie contabilizaba— era relativamente tolerable para la empresa y, por ende, para sus accionistas, de forma que si éstos «ganaban» montones de dinero ¿qué importaba que el más alto ejecutivo, un superhombre providencial, popular y carismático, un verdadero «salvador corporativo», tuviese la posibilidad de embolsarse unas decenas o, incluso, unos cientos de millones de dólares adicionales, máxime si, al mismo tiempo y en justa reciprocidad, se mostraba cumplidamente generoso con sus compañeros de consejo? Al revés; cuanto más dinero se metiese en el bolsillo un CEO de tan portentosas cualidades tanto mayor sería su interés en hacer ricos a los accionistas; ¡todo el mundo salía ganando!

Amargas experiencias han venido a demostrar que este razonamiento era equivocado, muy equivocado. En el corto y bíblico período de siete años estallaron dos burbujas monumentales: la tecnológica de 2000, y la inmobiliaria de 2007.

La primera se desinfló en un ambiente enrarecido en el que flotaba la errónea convicción de que las empresas punteras podían incrementar sus beneficios a tasas tan altas como el 15% anual acumulativo. Así las cosas, el también avaricioso inversor pedía cada vez más. Pero todo tiene su límite y su medida, y llegó un momento en que las empresas ya no pudieron generar mayores beneficios a cortísimo plazo sin poner en grave peligro su propia supervivencia. Los CEO más profesionales y honestos se retiraron a tiempo de un juego tan peligroso, aun a costa de pagar un alto precio: el estancamiento o declive de la capitalización bursátil de sus empresas. Pero otros muchos no lo hicieron. Una bolsa enloquecida, que daba por descontado la existencia real de unas expectativas de lucro desquiciadas, los forzó, de alguna forma, a crear beneficios de la nada, a explorar todas las posibilidades de la contabilidad creativa, a masacrar las plantillas, a vivir peligrosamente al día. Cometieron una imprudencia temeraria porque habían emprendido un camino sin retorno. Y cuando la imaginación y la creatividad ya no dieron más de sí, el fraude y el engaño entraron en escena.

En cuanto a la segunda, su estallido estaba cantado. Tras el desastre bursátil de 2000-2002, la política de tipos de interés bajísimos que adoptó la autoridad monetaria norteamericana (la Fed) para evitar la recesión, infló de forma espectacular la burbuja inmobiliaria preexistente. ¡Era una gran oportunidad para que los más listos de la clase se forrasen! Eso sí, había que asumir riesgos muy altos y echar mano de la «innovación financiera» a lo bestia. Ya sabemos lo que ocurrió.

¿Acaso los consejos de administración y los grandes accionistas no fueron conscientes en ambas burbujas de los enormes peligros que se corrían? ¿Tampoco sospecharon nada los grandes inversores institucionales? Hoy resulta claro que estos tres decisivos colectivos, fascinados por las dos históricas escaladas de las cotizaciones, por el dinero que estaban «ganando» a paladas, exhibieron una palmaria insensibilidad ante las inequívocas señales de alarma que ya se habían disparado, y recibieron con un filosófico encogimiento de hombros las malas noticias que filtraban los agoreros y pesimistas de oficio (el profético Robert J. Shiller, por ejemplo). Optaron por el más crudo agnosticismo (por el no querer saber) y se adhirieron con entusiasmo al horaciano lema *carpe diem*: ¡Había que aprovechar el momento! ¡No podían desperdiciar la ocasión de hacerse ricos! De forma consciente o inconsciente cometieron la temeridad de ignorar el principio *caveat emptor*, viejo aforismo del derecho romano que, en lo atinente a las transacciones bursátiles, encierra advertencias del siguiente tenor: ¡Tenga cuidado, inversor! ¡Póngase en guardia! ¡Permanezca alerta! ¡Antes de invertir, piénselo bien; usted es el único responsable de sus actos! ¡Queda avisado!

Lo que ocurrió ya lo sabemos. La avaricia del accionista y del inversor (grande y pequeño) tuvo, como en las fábulas morales, su castigo. En un ambiente de euforia irracional, se produjeron en el intervalo de siete años dos gigantescos trasvases de riqueza de las manos de los «tenedores de derechos»[19] de muchas empresas (empleados, jubilados, inversores directos, partícipes en fondos de inversión...), a las zarpas de los más altos ejecutivos de las mismas. Dos grandes timos se había consumado en poco tiempo. Pero los timados, aparte de estúpidos, no fueron (no fuimos) totalmente inocentes: «La codicia rompió el saco».

19 *Stakeholders*, en la jerga financiera anglosajona.

La pleamar del nihilismo sistémico

Al dar noticia del nihilismo en este capítulo, he hecho referencia a un pensamiento de Pisarév que considero pedagógico recordar: «Todo lo que puede romperse, hay que romperlo; lo que aguante el golpe, será bueno; lo que estalle, será bueno para la basura. En todo caso, hay que dar golpes a derecha y a izquierda: de ello no puede resultar nada malo».

Pues bien, en todo el amplio ámbito de nuestra sociedad —entendida como «agrupación natural o pactada de personas, que constituyen unidad distinta de cada uno de sus individuos, con el fin de cumplir, mediante la mutua cooperación, todos o alguno de los fines de la vida» (DLE)—, casi nada se ha librado de recibir a lo largo de décadas y más décadas golpes a diestro y siniestro. Muchos principios religiosos, políticos y sociales han resistido la paliza, pero no pocos se han debilitado, agrietado o roto. A la actitud o talante que ha propiciado este resquebrajamiento o ruptura, este debilitamiento generalizado de algunas de las creencias, y de ciertos valores morales y sociales que le dieron fuerza y nervio al gran proyecto de la modernidad —confianza, lealtad, compromiso, sacrificio…— es a lo que yo denomino de forma genérica *nihilismo sistémico*.

Si nos circunscribimos al ámbito económico, del que tanto los mercados como las empresas son piezas fundamentales, hoy resulta evidente que, entre otras muchas cosas, se ha resquebrajado la bienintencionada —pero a veces excesiva y, también, equivocada— estructura de salvaguardas, garantías y controles que, implementadas tras el trágico desastre bursátil de 1929, impedían o dificultaban el que el ejercicio del poder corporativo deviniese en conducta torcida, categoría del comportamiento en la que incluyo, como ya he dejado dicho, no solo las conductas manifiestamente contrarias a los valores morales tradicionales que aún se mantienen nominalmente vigentes (honradez, honestidad, integridad...), sino también las conductas dudosamente morales por equivocadas, incompetentes, interesadas, oportunistas o temerarias.

Al utilizar la palabra nihilismo con carácter tan general —aunque pueda parecer lo contrario, dadas las evidentes connotaciones negativas del término— no pretendo realizar juicio moral alguno sobre la economía de libre mercado. De eso me ocuparé en los capítulos 8 y 9.

Lo que sí intento expresar es que el romper, como predicaba Nietzsche, todas las trabas que se oponen al ejercicio irrestricto de la libertad de la persona, valor o bien social capital, no siempre conduce a resultados moralmente aceptables. Ya nos lo recordó Isaiah Berlin al decir que «la libertad total para los lobos es la muerte para los corderos»; e Immanuel Kant, en su

Crítica de la razón práctica, defendió la mayor libertad posible para cada uno, pero compatible con la de los demás.

Parafraseando a Nietzsche, me atrevo a decir que a lo largo de las últimas décadas hemos visto avanzar, incontenible, la pleamar del nihilismo, la cual ha arrastrado hasta nuestras playas inmundos pecios, basuras y suciedades procedentes de los grandes naufragios corporativos, provocados por la imprudencia, la temeridad y la codicia de no pocos capitanes de empresa, y propiciados por la circunstancia en la que han navegado, a saber, una sociedad moralmente enferma.

Y las playas siguen sucias.

Con toda sinceridad, creo que el nihilismo sistémico ha contaminado seriamente el ejercicio del poder en el sistema socioeconómico y, en concreto, en el subsistema que forman nuestras organizaciones empresariales.

Desde un punto de vista no prescriptivo sino puramente descriptivo, me parece que no todos, no la mayoría, pero sí muchos —¡demasiados!— profesionales con poder bastante para incidir de forma significativa en la gestión de las empresas y de otras instituciones públicas y privadas, aún exhiben hoy mismo pautas de conducta ambiguas que están cómodamente instaladas en una región lóbrega y sombría de fronteras borrosas, que limita al norte con *lo ético* y al sur con *lo emético*, con lo que induce al vómito. Se trata de un penumbroso territorio de tránsito que puede conducir al comportamiento profesional y honesto o a la corrupción pura y dura, según sea la intensidad con que sople el viento de la avaricia.

Ni que decir tiene que en esta región tan tenebrosa también acampan los políticos y, en general, los poderosos, todos ellos muy proclives a la corrupción.

¿Qué ocurrirá? ¿La ambigüedad se tornará en virtud o en maldad?

Nadie tiene la respuesta.

En todo caso, considero imprescindible dar breve noticia de la ética en la posmodernidad o, mejor, en la era de la perplejidad, pues necesitamos una guía para poder formular con razonable solvencia juicios morales sobre la actividad económica y, en especial, sobre los hechos del capitalismo, cuestión central para hacer conjeturas sobre el futuro del mismo. De no actuar así caeríamos indefectiblemente en esos manidos *idola fori* de Francis Bacon, tan baratos como falaces, que circulan por los foros.

La ética en la era de la perplejidad[20]

Cuando hace medio siglo contemplaba la luminosa galaxia de doctrinas éticas que ha generado el hombre a lo largo de los tiempos, veía a cuatro estrellas brillar con especial intensidad. Se trataba de las éticas de Aristóteles, de Santo Tomás de Aquino, de Immanuel Kant y de John Stuart Mill. ¿Hay alguna que predomine en esta nueva era histórica a la que se ha dado en llamar posmodernidad? ¿Acaso ya se ha alumbrado una nueva doctrina ética arterial?

La respuesta a cada una de estas preguntas es la misma: No.

Tanto la ética aristotélica como la tomista parecen gozar de excelente salud. Y la ética utilitarista mantiene gran influencia, sobre todo en lo relacionado con la economía.

La más criticada sigue siendo la moral kantiana, aunque hay muchos que la veneran —generalmente, sin haber leído ni una sola línea de las obras que la fundamentan—.

¿Por qué se la censura? ¿Por qué va el autor a criticarla?

A continuación daré mis porqués.

La moral kantiana fue deificada por la Ilustración de la Europa continental, dado que se fundamentaba en la buena voluntad regida por un deber que emanaba de la Razón (escrita con mayúscula) y no por imperativos que estaban fuera de dicha voluntad (la búsqueda de la felicidad, el egoísmo, la utilidad, el miedo al castigo divino...). Este grandioso descubrimiento kantiano, este giro copernicano que barría de un plumazo a todas las éticas que en el mundo habían sido desde la noche de los tiempos, empezó a ser severamente criticado apenas distribuidos los primeros ejemplares de su obra *Fundamentación para una metafísica de las costumbres*[21].

Había sobrados motivos para ello.

La buena voluntad kantiana era una suerte de entelequia, algo irreal, una ocurrencia. El obrar estaba sujeto a un imperativo categórico, es decir, a un mandato de la razón que a nada estaba condicionado porque constituía un bien en sí mismo[22], pero que, en realidad, venía a ser una forma ilustrada

20 A la llamada «posmodernidad» prefiero denominarla «era de la perplejidad». Los contenidos de este epígrafe pertenecen a mi primera, y de momento última, obra filosófica, aún no publicada, que intitulo provisionalmente *Parva moralia.*

21 Immanuel Kant, *Fundamentación para una metafísica de las costumbres*, Alianza Editorial, edición de Roberto R. Aramayo, 2006.

22 Ibíd. Primera formulación (A 52): «Obra solo según aquella máxima por la cual puedas querer que al mismo tiempo se convierta en una ley universal». No son pocos los filósofos que han criticado esta norma o «principio de universalización» pues, de hecho, casi toda máxima, incluso la más dañina, puede universalizarse consistentemente si quien la formula tiene el suficiente ingenio. Segunda formulación (A 66): «Obra de tal modo

de enunciar la regla de oro de la ética que tiene su origen en las grandes religiones, y que no es patrimonio de la civilización occidental sino de todas las culturas. Se trata del «Ama a tu prójimo como a ti mismo» (Jesucristo). Además, el propio Kant reconocía que el imperativo categórico era un principio absolutamente firme «a pesar de no pender del cielo ni apoyarse sobre la tierra»[23].

También fue objeto de severa crítica el rigorismo de su doctrina. Se reprochó, con razón: (i) su inquina al amor «patológico» (las acciones caritativas altruistas, realizadas con «tierna compasión» hacia su prójimo, carecen de valor moral)[24]; (ii) su absoluto rechazo a la mentira (la mendacidad como medio no es bueno para nada, ni siquiera si el objetivo perseguido es salvar una vida)[25]; (iii) su negación al derecho de resistencia al tirano («Contra la suprema autoridad legisladora del Estado no hay resistencia legítima del pueblo. El menor intento en este sentido es un crimen de alta traición y el traidor de esta clase ha de ser castigado, al menos con la muerte»)[26]; y, finalmente, (iv) su defensa de la pena de muerte y de la ley del talión (quien ha cometido un asesinato tiene que morir; solo la ley del talión puede ofrecer con seguridad la cualidad y cantidad del castigo)[27].

Pero estas críticas no fueron las que tumbaron el ideal kantiano. Grandes filósofos ya habían negado la mayor. Solo citaré a tres de ellos.

El gran precursor fue David Hume —miembro egregio de la Ilustración escocesa—, quien consideraba que lo que impulsa al ser humano hacia la acción es el sentimiento y no la razón.

En términos similares se pronunció Arthur Schopenhauer. Este excepcional pensador y exquisito escritor, que es hoy reconocido como el primer y muy temprano gran profeta del fin de la modernidad, sostuvo que la razón no es la rectora de la conducta humana. Lo que mueve al hombre es la vo-

---

que uses a la humanidad, tanto en tu persona como en la persona de cualquier otro, siempre al mismo tiempo como fin y nunca simplemente como medio». Kant aclara expresamente que el deber necesario u obligatorio para con los demás nada tiene que ver con la regla de oro de la ética, a la cual considera fútil y banal, dado que su contenido es esencialmente material y empírico.

23 Ibíd., A 60.

24 Ibíd., págs. A 11-13. Un ejemplo familiar: El padre de mi esposa, Manuel Maza Sueta, a quien no llegué a conocer, dio su vida por salvar, en una playa de Vilanova i la Geltrú, a dos jóvenes que se ahogaban. Que venga a decirle Kant a mi esposa que el obrar de su padre no tuvo valor moral, que solo fue una elogiosa señal de ciudadanía, una muestra de buena educación.

25 Immanuel Kant, *Teoría y práctica*, "Sobre un presunto derecho a mentir por filantropía", Editorial Tecnos, 2006, págs. 61-68.

26 *La metafísica de las costumbres*, págs. 151-152.

27 Ibíd., págs. 166-171.

luntad, o sea, el querer, es decir, algo irracional.

Y para concluir, diré que Friedrich Nietzsche, tan notable como peculiar filósofo, se mostró muy crítico, de forma displicente, despectiva y hasta insultante, no ya con el formalismo moral de Kant, sino con la totalidad de su corpus doctrinal. Al leer algunos textos de sus obras aforísticas *Aurora*, *El gay saber*, *Más allá del bien y del mal* y *El Anticristo*, se puede apreciar el abismo que media entre el pensamiento moral de ambos.

Las críticas de Schopenhauer y Nietzsche resultaron proféticas. Lo que ocurrió a lo largo de la primera mitad del siglo XX, dos terribles guerras mundiales, supuso el descrédito de la Razón escrita con mayúscula, que ya no podía ser considerada diosa, y Occidente vivió la rápida decadencia y súbita ruina del gran proyecto de la Ilustración.

Lo cierto es que la razón fue apeada de su sitial divino y pasó a ser escrita con minúscula, dada su debilidad y la escasa confianza que inspiraba su antes proclamada virginal pureza.

El formalismo moral kantiano sufrió, como no podía ser de otra forma, un golpe devastador. Y es que la «buena voluntad» resultó incinerada en Auschwitz junto con las víctimas del Holocausto, escarnecida en el Goulag, desintegrada en Hiroshima, masacrada en Srebrenica y, ya en nuestro siglo, aniquilada en tantos y tantos lugares donde la condición humana muestra a diario su cara más siniestra e ignominiosa. ¿Quién puede seguir defendiendo hoy sin rebozo una teoría moral basada en la *razón práctica pura* y en la *buena voluntad*, tras haber quedado en evidencia que el ser humano exquisitamente civilizado puede regresar en cualquier momento al salvajismo, la barbarie y la bestialidad más extremos y refinados?

Hubo, ciertamente, destacados filósofos de talante marxista, miembros de la primera generación de la Escuela de Fráncfort[28], en particular Max Horkheimer y Theodor W. Adorno, que se mostraron muy críticos con la Ilustración y vinieron a certificar, a su manera, el fin de la modernidad, a la que consideraron una civilización fallida, por cuanto la razón, que avanzó negándose a sí misma al asumir el papel de mero instrumento (razón instrumental), no llevó a la libertad sino al horror, a la barbarie y al triunfo del poder sobre la justicia, dejando en el camino, olvidadas, a un sinnúmero de víctimas sobre las que pasó, triunfante e inmisericorde, el tren del progreso, provocando grandes sufrimientos[29].

Pero, por otra parte, destacados miembros de la segunda generación de

28 Fundada por filósofos de talante marxista, tan notables como Max Horkheimer, Theodor W. Adorno, Herbert Marcuse, Walter Benjamin y Erich Fromm.

29 Max Horkheimer, *Crítica de la razón instrumental*, op. cit; y Max Horkheimer y Theodor W. Adorno, *Dialéctica de la Ilustración*, Ediciones Akal S. A., 2013.

la Escuela de Fráncfort, y en concreto Karl-Otto Apel y Jürgen Habermas, han basado sus doctrinas éticas en el formalismo kantiano, como a continuación vamos a ver.

La ética dialógica de la modernidad tardía

Jürgen Habermas es un filósofo y sociólogo que ha intentado mantenerse dentro de los parámetros de la Ilustración.

Habermas no comparte las ideas de sus maestros, por cuanto considera que la modernidad no es un proyecto fracasado sino, simplemente, un proyecto incompleto, inacabado[30] [31]. Y, en lo que se refiere a la ética, y dado que no puede aceptar que el formalismo kantiano quede borrado del mapa, ha creado la ética discursiva o dialógica, una ética de la modernidad crítica, que intenta pacificar las éticas materiales con las formales mediante un arbitraje capaz de resolver las conflictivas disputas, superándolas. Se trata de una «ética consensuada» tras un proceso dialógico-comunicativo de carácter procedimental, según el cual «la legitimación moral, jurídica o política no procede ya del contenido de normas y proposiciones, sino del procedimiento por el que han sido obtenidas»[32].

En la ética habermasiana, para que una norma sea legítima se precisa que todos los afectados por ella sean tenidos efectivamente en cuenta. Y la clave de tal ética, en su formulación primigenia, radica en «juzgar y querer moralmente lo que decida un consenso obtenido por mayoría»[33].

Ni que decir tiene que la ética discursiva ha sido objeto de severas críticas, y su validez puesta en duda.

Mi visión crítica de la ética habermasiana

Por lo que a mí respecta, me parece muy difícil de tragar, entre otros muchos aspectos, el que una norma de validez universal pueda ser legitimada por votación unánime o, en su caso, mayoritaria, de los participantes concernidos por dicha norma, tras oficiar una especie de mística ceremonia consensual de diálogo y deliberación, o sea, tras someterla a referéndum.

Además, considero que la ética dialógica intenta jugar un papel que no

30 Jürgen Habermas, *Conciencia moral y acción comunicativa*, Editorial Trotta S. A., 2008, capítulo 4, págs. 121-194.

31 *Cfr. Perplejidad*, "El debate de la posmodernidad", págs. 184-197.

32 Adela Cortina, *Ética sin moral*, Editorial Tecnos, 2007, pág. 168.

33 Ibíd., pág. 206. Adela Cortina critica esta forma de entender la ética dialógica, tal como sus propios fundadores (Habermas y Apel) la formularon. Considera que no se esforzaron lo suficiente en deshacer en su origen este malentendido; porque lo importante no es el consenso final sino el cultivo de la *actitud dialógica* a lo largo de todo el procedimiento.

le corresponde, a saber: convertirse en legítimo venero no solo de valores morales, sino también de valores sociales, jurídicos y políticos que deben llevar al hombre a su emancipación; y, para colmo, erigirse en promotora de soluciones morales a los grandes problemas de la humanidad (democracia, derechos humanos, justicia social, defensa de las minorías, erradicación de la pobreza, inmigración, aborto, eutanasia, ecología y responsabilidad medioambiental, tecnologías genéticas, generaciones venideras...). Se trata, sin duda alguna, de una ética bienintencionada, aunque, a mí juicio, también utópica, innatural, impostada, ideologizada y activista.

Para dejar claros los motivos principales de mi rechazo, voy a realizar a continuación un experimento mental relativo a la búsqueda de un «criterio de moralidad consensuado». Se trata de definir, de alguna manera, un concepto tan borroso como es «conducta torcida», el cual he introducido al formular mi principio del torcimiento conductual.

Imaginemos por un momento —lo cual no es poco imaginar— que, en aplicación de un conjetural procedimiento dialógico-comunicativo habermasiano, propio de la ética discursiva, intentásemos establecer por consenso qué tipos de conducta pueden considerarse correctos o incorrectos, decentes o indecentes, morales o inmorales. Si, para ello, lográsemos reunir en una especie de hipotético foro o espacio para la razón pública, el diálogo y la deliberación a una nutrida muestra de individuos —cuidadosamente seleccionada, por supuesto— que fuera estadísticamente representativa de esa complejísima institución que es la sociedad, muestra en la que bullese, sin exclusiones de ningún tipo, toda esa extraordinariamente enmarañada mezcla de intereses, intenciones, aspiraciones, deseos, propósitos y egoísmos individuales que mueven la acción humana; si, además, consiguiésemos que el diálogo de los seleccionados fuese abierto y en condiciones simétricas de participación; y si, finalmente, tuviésemos paciencia, muchísima paciencia... llegaríamos, como máximo, tras ímprobos esfuerzos dialógico-comunicativos, a pergeñar listados de conductas que cabe considerar morales o inmorales, los cuales, aunque extensos, serían borrosos y poco precisos, para dar encaje a todas las sensibilidades axiológicas de los participantes en tan magno esfuerzo de interpretación moral de la realidad, sensibilidades inevitablemente influenciadas e, incluso, determinadas, por sus respectivas creencias religiosas, ideológicas y políticas. Y, como es del todo lógico, entre las provincias consensuales de lo bueno y de lo malo, en las que, respectivamente, brillaría la luz de los valores o reinarían las tinieblas de la inmoralidad, no existiría una frontera nítida, sino más bien una amplia zona penumbrosa de grisácea incertidumbre ética poblada por conductas sobre las que no habría sido posible llegar a ningún tipo de consenso moral.

Y esto sería así porque no todos los componentes de la muestra considerada tendrían igualmente desarrollados los sentidos que intervienen en los procesos de percepción del carácter virtuoso o vicioso de tales conductas, entendido dicho carácter en sentido radical; actos que algunos considerarían relativamente tolerables y percibirían con benévolo escepticismo, serían para otros del todo impropios, condenables sin paliativos (decir una mentira para salvar una vida, por ejemplo). Así las cosas, la «conducta torcida» sería el agregado de la provincia consensual de lo malo y de la provincia no consensual de la «incertidumbre ética».

Con esta ocurrencia procedimental trato de aproximarse de una forma un tanto irónica a la cruda realidad, dado que de un proceso de este tipo cabe sospechar que no siempre se alcanzará un consenso; más bien cabe postular que nunca. Y es que el discurrir, como es el caso, sobre la corrección —o falta de ella— de determinadas conductas humanas, equivale a reflexionar, en último término, sobre algo tan sutil como son los valores morales.

Por ello voy a intentar profundizar algo más en este asunto valiéndome de otro experimento mental mucho menos etéreo que mi conjetural intento de trazar una frontera entre la conducta decente y la conducta indecente; se trata de un debate de rabiosa actualidad sobre el delicado asunto del aborto.

Siguiendo al filósofo Alasdair MacIntyre me referiré a tres escenarios rivales[34]:

a) Algunos proclaman que la mujer tiene ciertos derechos sobre su cuerpo y, como el embrión forma parte esencial del mismo, tiene *derecho* a abortar o no, sin coacciones de ningún tipo. El aborto es moral y debe ser permitido por la ley.
b) Otros argumentan que nadie puede desear que su madre hubiese abortado, negándole, cuando se hallaba en estado embrionario y de total indefensión, su derecho a la vida. Pero, de acuerdo con la regla de oro de la moral de las grandes religiones, el derecho a la vida que reclamo para mí no puedo negárselo a otros. Por ello cabe negar el que madre alguna tenga derecho al aborto, si bien por consideraciones sociales, y solo por ellas, aunque es un acto inmoral y contrario a la ley natural, debería ser despenalizado en determinados supuestos.
c) Y otros muchos consideran que un embrión es un ser humano individual identificable y, por tanto, el aborto es un asesinato y, como tal, no solo es moralmente malo, sino que debe estar prohibido, y ser perseguido, por la ley.

Este tipo de argumentaciones morales rivales conduce a debates inter-

34 Alasdair MacIntyre, *Tras la virtud*, Crítica S. L., 2004, pág. 20.

minables, tanto por la inconmensurabilidad conceptual de las mismas, como por el hecho de que tienen una amplia variedad de orígenes históricos. En concreto, en el caso del aborto rivalizan argumentaciones que, aún presentadas con criterios de aparente racionalidad e impersonalidad, enfrentan conceptos de «derecho a» que tienen antecedentes tan diversos y filosóficamente distantes como el empirismo de Locke, el idealismo trascendental de Kant, y la ley natural tomista. Así las cosas, no cabe esperar acuerdo moral alguno, aunque sea de naturaleza dialógico-comunicativa; solo quien tenga el suficiente poder político podrá imponer sus criterios a los rivales por la fuerza coercitiva de la ley legítima —el que sea justa o, si se prefiere, humana, es cosa diferente—.

Llegados a este punto, y simplificando al máximo, cabría pensar que solo son dos los contrincantes en el *ring* del pensamiento ético y, por tanto, solo uno el combate (debate): «modernidad crítica» versus «posmodernidad». ¡Gran espectáculo!

No pienso meterme en semejante pantanal. Pero sí voy a referirme a la ética de Javier Muguerza, muy cercana a la posmodernidad pura y dura; y, también, a una reflexión filosófica de Alasdair MacIntyre, que nos da una explicación histórica del porqué de nuestra actual perplejidad ética.

La ética del disenso o de la resistencia

Quienes ya son conscientes de que vivimos en una nueva era, esencialmente nihilista, es lógico que se pregunten: ¿En qué sentido podemos hablar hoy de lo ético?

El filósofo Javier Muguerza (1936), uno de los pensadores españoles más sobresalientes de las últimas décadas, en su obra *Desde la perplejidad*[35], aborda el tema de la racionalidad en la filosofía contemporánea y, centrando su atención en la obra de Habermas, somete a crítica la *razón dialógica.* Ya en la Introducción, y en referencia a los «tan denostados posmodernos, perplejos como "artistas bajo la carpa" de la situación espiritual de nuestra época», dice[36]:

> La terapia de choque a la que Habermas pretende someterlos tiene algo de soberbia racionalista, en unos tiempos como éstos en los que la razón se podría permitir cualquier pecado menos el de soberbia.
>
> El posmoderno no es sino aquel perplejo que, en nuestro siglo, descon-

35 Javier Muguerza, *Desde la perplejidad*, Fondo de Cultura Económica S. A., México, 1996.

36 Ibíd., págs. 36-37.

fía de que los ideales racionalistas de la Ilustración puedan continuar hoy tan vigentes como, al parecer, lo estuvieron en el siglo XVIII. Pero, en ese preciso sentido, todos somos de un modo u otro posmodernos a menos de ser ilusos. Nadie comparte hoy, pongamos por caso, la creencia típicamente ilustrada de que el «progreso del conocimiento humano» —el progreso de la ciencia y la técnica, el progreso de la «razón teórica» y sus aplicaciones instrumentales y estratégicas— haya de comportar un paralelo «progreso moral» de las humanidad, un progreso en el orden de la racionalidad de la praxis humana, un progreso de nuestra «razón práctica». Al cabo de un siglo marcado por catástrofes como Auschwitz, el Gulag o Hiroshima, ya no es posible creer tal cosa. Ya no es posible ser modernos ni racionalistas, sin una buena dosis de perplejidad.

Por lo demás, y aun si todos somos de un modo u otro posmodernos, no deja de ser cierto que no todos tenemos por qué serlo en la misma medida. Para algunos posmodernos, como es notorio, la constatación de aquella realidad parece haber servido de pretexto para renunciar con resignación, cuando no incluso con alivio, a toda confianza en la razón.

Muguerza marca distancias con el posmodernismo más radical. No es un irracionalista y, por tanto, no está dispuesto a renunciar a «la fuerza de la razón», ni a aceptar su desarme ni, incluso, la «debilitación» de la misma que preconiza el «pensamiento débil» de Gianni Vattimo[37], con el que no empatiza demasiado. Por eso dice[38]:

> Lo que hay que hacer en nuestros días no es renunciar a la razón, sino solo a escribirla con mayúscula, a diferencia de lo que hacían los viejos ilustrados desde su instalación en un optimismo histórico que hoy desgraciadamente no podemos compartir. La razón sigue siendo, como entonces, nuestro único asidero, pero hoy somos conscientes de su fragilidad y de sus límites, que es en lo que habría de consistir nuestra adhesión a una insegura y azarosa racionalidad escrita con minúscula.

Pues bien, tras esta primera andanada, Muguerza somete a crítica —eso sí, muy educada, cortés y respetuosa, aparte de brillante— a la moral kantiana, a la razón dialógica y a la ética que de ella se deriva (págs. 89-473). Y, en contraposición a la ética habermasiana, bosqueja una ética dialógica muy personal, la cual basa en cuatro tesis: la del disenso, la del individualismo ético, la del imperativo de la disidencia, y la de la perplejidad de la

37 Gianni Vattimo, *El fin de la Modernidad: Nihilismo y hermenéutica de la cultura posmoderna*, Editorial Gedisa S. A., 1994. En esta obra, Vattimo considera que los grandes precursores de la posmodernidad fueron Nietzsche y Heidegger.

38 *Desde la perplejidad*, op. cit., pág. 37.

ética, en suma.

Distanciándose de Habermas, Muguerza no acepta que el consenso pueda servir como *el* criterio de la verdad o la corrección ni a nivel teórico ni a nivel práctico, lo que situaría la ética, como antes ocurría, dentro del exclusivo marco de las instituciones (el Estado, los partidos políticos, las organizaciones sociales, etcétera); antes bien sostiene que el individuo es el único sujeto moral (la única fuente de la moralidad y su árbitro supremo) y, en este sentido, es capaz tanto de consensuar como de disentir, es decir, se halla «legitimado para desobedecer cualquier acuerdo o decisión colectiva que atente —según el dictado de su conciencia— contra la condición humana»[39].

Estas dos tesis del disenso y del individualismo ético conducen, como corolario necesario, a lo que Muguerza llama *imperativo de la disidencia*, una suerte de recreación de la segunda formulación del imperativo categórico kantiano[40] (ver nota 22 anterior).

Muguerza reconoce que la ética no puede prescindir por completo del principio kantiano de universalización que subyace en la primera formulación del imperativo categórico, pero no se muestra dispuesto a descuidar el principio de autonomía individual que subyace en la formulación del imperativo de la disidencia.

¿Pueden coexistir principios tan antagónicos?

Muguerza considera que entre los dos principios existe una tensión insuperable, un equilibrio inestable, en que consiste precisamente la perplejidad de la ética; pues uno, en efecto, no puede por menos que sentirse perplejo cuando se encuentra ante alternativas contrapuestas e irrenunciables[41]. Conviene aclarar que cuando Muguerza habla de *perplejidad* y, en concreto, de *perplejos*, no se refiere a quienes han echado a andar «por un camino equivocado», a los descarriados, sino a los que, «bien encaminados, se encuentran desconcertados, inciertos, confusos ante una encrucijada que les oprime el ánimo»[42].

El reino de la ética «no es de este mundo», sostiene Muguerza; pero esto no significa que renuncie a *una* ética, a su ética del disenso, de la concordia discorde, de la perplejidad, de la rebeldía, donde habitan el conflicto y la

---

39 Ibíd., pág. 333.

40 Roberto R. Aramayo, "*La sinrazón de la esperanza*: el imperativo de la disidencia como fundamentación para una moral utópica", fragmento de una obra colectiva titulada *Disenso e incertidumbre: Un homenaje a Javier Muguerza*, Plaza y Valdés, Madrid-México, 2006, págs. 41-71.

41 Manuel Atienza, "Carta a un joven iusfilósofo", Secretariado de Publicaciones Universidad de La Laguna, 3, 1995-1996, pág. 185.

42 *Desde la perplejidad*, pág. 25.

tensión. Tal ética no nos puede mostrar lo que debemos hacer, pero sí «nos podría ayudar siquiera a recordar de dónde venimos», como podría ayudarnos asimismo «a decidir adónde queremos ir o, por lo menos, adónde no queremos ni deberíamos querer ir»[43].

La perplejidad de la ética no tiene por qué llevarnos a la inacción. Al contrario, el perplejo debería ser un pesimista activo o, como dice Muguerza, un resistente. Precisamente en el último párrafo del epígrafe final de la obra (conversación con un imaginario amigo llamado Ignatius M. Zalantzamendi) propone, como salida a la perplejidad, una ética de la resistencia, la cual explica en los siguientes términos[44]:

> —Sin duda usted recuerda la canción del centinela de Edom recogida en la profecía de Isaías y alguna vez citada por Max Weber: «Centinela, ¿cuánto ha de durar la noche todavía?», a lo que el centinela respondía «La mañana ha de venir, pero es de noche aún. Si queréis preguntar, volved otra vez». Hoy quizás tendría que decir más bien «No sé si la mañana llegará. Puede que sí, puede que no. Pero llegue o no llegue, resistid».

Hermoso final para un libro realmente fuera de lo común.

Tras la virtud

Otro adalid de la perplejidad de la ética es Alasdair MacIntyre (Glasgow, 1929), uno de los grandes filósofos de nuestro tiempo, muy conocido por sus aportaciones a la moral y a la filosofía política. Ha sido profesor de Ética en las Universidades de Manchester, Oxford, Leeds, Essex, Boston, Vanderbilt, Yale, Duke y Notre Dame. Siempre activo, en 2010 fue nombrado investigador senior y miembro del "Centro de estudios aristotélicos contemporáneos sobre ética y política" de la Universidad Metropolitana de Londres.

A diferencia de otros filósofos contemporáneos, que militan en las filas de la hermenéutica, de la filosofía analítica o de la teoría crítica, MacIntyre utiliza el sistema de la narración histórica, o dicho de otra forma, de la narrativa filosófica, para fundamentar su pensamiento moral.

Muy extensa es la obra escrita de MacIntyre. Pero su libro capital es, sin duda, el antes citado *Tras la virtud*, un clásico de la ética contemporánea, en el cual, tras un largo peregrinaje histórico por las doctrinas éticas más influyentes, hace un diagnóstico lúcido y devastador de la moral de nuestro tiempo. Se trata de una obra que nos ayuda a entender las causas radicales

43 Ibíd., pág. 334.
44 Ibíd., pág. 695.

de nuestra hodierna perplejidad ética.

En el epígrafe 5 ("Por qué tenía que fracasar el proyecto ilustrado de justificación de la moral")[45], MacIntyre sostiene que, a su juicio, los grandes hombres de la Ilustración tenían discrepancias irreconciliables entre: (i) su valoración de las reglas y preceptos morales (todos ellos de origen cristiano al fin y al cabo, pero secularizados); y (ii) su concepción de la naturaleza humana. Tales discrepancias predestinaban al fracaso cualquier proyecto de justificación de la moral. Porque, aun cuando ambas concepciones tenían un antepasado histórico común, éste había cambiado a lo largo de los siglos y, de forma realmente sustancial, a partir del siglo XVII.

Ese antepasado común no era sino la estructura moral básica que Aristóteles analizó en la Ética a Nicómaco. El esquema teleológico de Aristóteles tiene tres elementos: (i) la concepción de una naturaleza humana ineducada (el-hombre-tal-como-es); (ii) la concepción de los preceptos de una ética racional; y (iii) la concepción de una naturaleza-humana-como-podría-ser-si-realizara-su-*telos* (su causa final). Se trata de un esquema del todo inteligible: la ética no es sino la ciencia que hace a los hombres capaces de entender cómo realizar la transición del primer estado al segundo. Es la razón la que nos instruye sobre cuál es nuestro verdadero fin y cómo alcanzarlo.

Pero en los siglos XVII y XVIII se producen grandes cambios. En un ambiente totalmente hostil a la filosofía aristotélica, la noción de *telos* se esfuma, la razón se manifiesta incapaz de corregir las pasiones humanas y la moral se queda sin su objetivo originario.

Esta es, pues, la razón, según MacIntyre, del fracaso del proyecto ilustrado de justificación de la moral, que devino en desastre para la ética.

Los hombres de hoy somos, ciertamente, herederos de una colección de doctrinas éticas, cuyos diferentes lenguajes nos sitúan es una especie de torre de Babel moral donde reinan el desorden y la confusión, donde la comunicación intersubjetiva resulta muy difícil. Y lo es porque todos los filósofos que las han formulado, lo han hecho a partir de premisas relativas a la naturaleza humana tal como ellos la han entendido, así como de conclusiones acerca de la autoridad de las reglas y preceptos morales. Este acto nos ha llevado a la más radical perplejidad ética.

Tras esta argumentación, MacIntyre vindica de forma muy plausible la doctrina aristotélica de las virtudes, descartada equivocadamente por la Ilustración y por no pocos filósofos.

MacIntyre es consciente de que su propuesta— algo pre-moderno y, a

45 *Tras la virtud*, págs. 74-86.

la vez, posmoderno—, que algunos pueden interpretar como un retroceso al pasado (a las eras oscuras), será objeto de severa crítica, sobre todo por parte de quienes «afirman que la oposición intelectual clave de nuestra época es la existente entre el individualismo liberal y alguna versión del marxismo o el neo-marxismo»[46], es decir, por parte de los dos grandes proyectos emancipadores de la modernidad: el *liberal* y el *socialista*. Pero considera que quienes, para defender sus posiciones, echen mano de la genealogía de ideas desde Kant y Hegel hasta Marx, las tienen perdidas de antemano, tanto por el evidente fracaso del proyecto ilustrado de la modernidad, como por el hecho de que «el despotismo bárbaro del zarismo colectivo que reina en Moscú puede considerarse irrelevante para la cuestión de la sustancia moral del marxismo, del mismo modo que la vida del papa Borgia lo fuera para la sustancia moral del cristianismo»[47]. Además «cuando el marxismo no se hace weberianismo, socialdemocracia o cruda tiranía, tiende a convertirse en fantasía nietzscheana», fantasía que Trotski rechazó tras convertirse, con fría resolución, en antagonista de la visión estalinista del comunismo, cuyo futuro veía con pesimismo.

Estas reflexiones podrían conducir a pensar en la inevitabilidad de un pesimismo social generalizado. Pero MacIntyre no opina así. Tras hacer referencia al Imperio romano ya en decadencia, cuyos ciudadanos —hombres y mujeres de buena voluntad— se pusieron a buscar nuevas formas de comunidad que permitieron que sobreviviera la moralidad y la vida social al llegar las épocas de barbarie y oscuridad, dice[48]:

> Si mi visión del estado actual de la moral es correcta, debemos concluir también que hemos alcanzado ese punto crítico. Lo que importa ahora es la construcción de formas locales de comunidad, dentro de las cuales la civilidad, la vida moral y la vida intelectual pueden sostenerse a través de las edades oscuras que caen ya sobre nosotros. Y si la tradición de las virtudes fue capaz de sobrevivir a los horrores de las edades oscuras pasadas, no estamos enteramente faltos de esperanza. Sin embargo, en nuestra época los bárbaros no esperan al otro lado de las fronteras, sino que llevan gobernándonos hace algún tiempo. Y nuestra falta de conciencia de ello constituye parte de nuestra difícil situación. *No estamos esperando a Godot, sino a otro, sin duda muy diferente, a San Benito.*

Y, ¿por qué a San Benito, patrón de Europa?

---

46 Ibíd., pág. 320. MacIntyre dijo esto en 1984, cinco años antes de que el comunismo bolchevique se viniese abajo tas la inesperada y fulminante caída del muro de Berlín el 9 de noviembre de 1989. Realmente, tiene las ideas muy claras.

47 Ibíd., pág. 321.

48 Ibíd., pág. 322.

Creo que MacIntyre da en el centro de la diana por cuanto San Benito (Benedicto) de Nursia (480-547) fue un hombre realmente excepcional. Firmemente convencido de la necesidad espiritual del monacato en Occidente, fundó la orden benedictina con la finalidad de construir monasterios autosuficientes, sujetos a una Regla (*Regula monasteriorum*), es decir, a un modelo de vida colectiva. Tales monasterios se convirtieron en verdaderos centros de cultura y moralidad, donde se podían cultivar aquellas prácticas, virtudes y tradiciones que catalizarían el futuro advenimiento de una nueva era.

Los monasterios benedictinos son un ejemplo paradigmático de las «formas locales de comunidad» a las que MacIntyre se refiere al soñar un retorno gozoso a la casa del Padre.

En todo caso habrá que esperar; porque el «comunitarismo», que es lo que hoy en día más se parece a este sueño moral, apenas acaba de nacer y, además, MacIntyre no milita en sus filas.

Mientras tanto, seguiremos caminando, perplejos, por los senderos de la moral.

Ciertamente, tanto en Muguerza como en MacIntyre descubrimos cuánta perplejidad suscita la ética de nuestro tiempo, atascada como está en una encrucijada de recónditos senderos que se bifurcan, ubicada en un valle oscurecido por la densa niebla del relativismo. Pero resulta obvio que ambos disienten de forma radical sobre el rumbo filosófico que conviene tomar en situación tan lamentable. En efecto, Muguerza, que espera pacientemente el amanecer de un nuevo día, aboga por la senda del individualismo, por cuanto defiende la autonomía y supremacía de los derechos del individuo frente a los de la sociedad y el Estado. Por el contrario, MacIntyre, que espera no menos pacientemente la visita de un San Benito redivivo, aboga por un camino que conduzca a una suerte de comunidades neo-aristotélicas, es decir, de formas locales de comunidad, basadas en la tradición aristotélico-agustiniana, es decir, tomista.

Así las cosas, mientras MacIntyre y Muguerza hacen compañía a la estatua de *El pensador*, un hombre de bronce, desnudo, solitario, pasivo, reflexivo y preocupado, Apel y Habermas pregonan *ad nauseam* en el foro una ética democrática que legitima juicios y mandatos consensuados por mayoría, aunque no tiene apoyo alguno sobre la tierra (como le ocurre a la ética kantiana).

¿Para echarse a llorar? En absoluto. Lo que tenemos que hacer es resistir... que ya vendrán tiempos mejores.

En todo caso, hay sobrados motivos para aseverar que el reino de la ética no es de este mundo. La pequeña historia que, mal que bien, narro en esta *Minima moralia* así viene a sugerirlo.

Capítulo 7
ESE ORDEN ESPONTÁNEO LLAMADO CAPITALISMO

El capitalismo es enjambre: muchas abejas pero un solo vuelo.

Paráfrasis de un texto de JOSÉ ORTEGA Y GASSET
(*La rebelión de las masas*, "Prólogo para franceses")

NATURALEZA, ORIGEN Y EVOLUCIÓN DEL CAPITALISMO

El capitalismo es un sistema económico basado en la propiedad privada de los medios de producción y en la libertad de mercado (DLE).

Evidentemente, esta sumaria definición no da noticia de la naturaleza y hechos de un sistema de importancia tan crucial como es el capitalismo. Por ello, si se desea, como es el caso, someterlo a escrutinio técnico, político y moral, y, también, a crítica social informada, es preciso, como mínimo, indagar sobre el origen y la evolución del mismo hasta nuestros días, e identificar los elementos básicos que lo configuran, así como las instituciones que lo hacen posible.

En todo caso, hay que ser consciente de que el capitalismo es un sistema extremadamente complejo, así como controvertido, polémico y muy expuesto a la ideologización; un sistema tan amado, defendido, alabado y canonizado por unos, como odiado, vituperado, censurado y excomulgado por otros. Hasta tal punto resulta incómodo su solo nombre —empleado frecuentemente en sentido peyorativo—, que no son pocos los especialistas en la materia que, o bien procuran evitarlo en sus obras, o se limitan a citarlo de forma genérica, sin meterse en honduras, pasando sobre él de puntillas. En este sentido cabe destacar que Paul Samuelson, en su ya citada obra *Economics: An Introductory Analysis*, más que hablar de «capitalismo» —palabra que apenas utiliza— se refiere a lo que él denomina «economía capitalista de libre empresa», una economía mixta en la que el Estado tiene importantes funciones de regulación. Se trata de una economía —de un capitalismo— a medio camino entre el *laissez faire* libertario y la planificación centralizada socialista.

¿Por qué resulta tan embarazoso fijar una definición del sustantivo «capitalismo»? Pues, al menos a mi juicio, por las siguientes razones relevantes: (i) el relativismo de su conceptualización, la cual depende, inevitablemente, de la ideología política y de la creencia religiosa del definidor; (ii) su cuasi inescrutable y conjetural naturaleza, así como su origen y evolución a lo largo de la prehistoria y de la historia; (iii) su estructura sistémica, caracterizada por la complejidad, multiplicidad y heterogeneidad de los organismos que aglutina (conjuntos de leyes, usos y costumbres por las que se rige) y de las instituciones que integra en todo o en parte (el dinero, el sistema monetario, el crédito bancario, el intercambio comercial, la empresa privada de producción de mercancías, los mercados —de dinero, de trabajo, de producción y consumo de bienes, de activos financieros—, el Estado...)[1]; (iv) las perturbaciones que experimenta en el tiempo (episodios de crisis...); y (v) su variabilidad en el espacio geográfico-político.

La primera razón (ideología política y creencia religiosa) es incuestionable. Si, por ejemplo, le pedimos a un economista marxista una definición sumaria de capitalismo, es probable que se descuelgue con algo así como: «El capitalismo es un régimen económico, político y social basado en la búsqueda sistemática del beneficio mediante la explotación de los trabajadores por los propietarios de los medios de producción y de cambio». Y si la petición se la hacemos a un político socialdemócrata o a un cristiano católico practicante, puede que añadan, respectivamente, alguna consideración: sobre el reparto injusto de la riqueza, que va ensanchando el abismo que ya media entre los más ricos y los más pobres; o bien sobre la opción preferencial por los pobres y la primacía de la utilidad social frente a la utilidad individual, todo ello de acuerdo con la doctrina social de la Iglesia.

La segunda razón es de naturaleza histórica, arqueológica, paleontológica, antropológico-evolucionista, y, por supuesto, económica. En cuanto a las razones tercera y cuarta son de naturaleza esencialmente económico-política. Iré profundizando en ellas a lo largo de este capítulo.

Finalmente, la quinta razón es más que obvia. La economía capitalista de estado de bienestar reaganiano que se practica en Estados Unidos, por ejemplo, no es idéntica a las economías capitalistas de los diferentes países

1 Geoffrey Ingham, *Capitalismo*, Alianza Editorial, 2010, págs. 67-70.

de la Unión Europea (todas ellas economías de estado de bienestar, aunque con diferencias cualitativas y cuantitativas nada pequeñas); y, desde luego, también difiere de la japonesa (con su estado de bienestar en inveterado declive), y no digamos de las economías orientales y, en especial, de la china (una exitosa suerte de amalgama de cosas de naturaleza tan contraria como son una ideología política comunista y una praxis económica de talante liberal). No existe, pues, *uno* sino *muchos* sistemas capitalistas a los que aúna y armoniza, de forma radicalmente espontánea, un modelo común de mercado libre para el tráfico universal de valores financieros y productos básicos (*commodities*). De ahí que me atreva a decir que *el* capitalismo es *enjambre*: muchas abejas y un solo vuelo; y, también, es *orquesta*: muchos instrumentistas y una sola sinfonía.

Por lo que hace a la naturaleza del capitalismo, y siguiendo a Friedrich A. Hayek y al programa económico del Instituto Santa Fe de Nuevo México, cabe postular que tal régimen es un orden espontáneo de cooperación humana o, dicho de otra forma, un sistema complejo adaptativo.

Para Hayek, la idea del socialismo primigenio de que una mente portentosa puede ser capaz de conocer, interpretar e integrar en un esquema todos los datos cualitativos y cuantitativos relativos a la actividad económica, es de una ingenuidad conmovedora. Pero lo que no puede conseguir el propósito humano puede hacerlo de forma automática, inconsciente y espontánea el mercado, que es un marco de libertad para el pensamiento y para la acción, capaz de integrar en un todo esa extraordinariamente enmarañada mezcla de intereses, intenciones, aspiraciones, y deseos en que consiste la actividad económica, de hacer que ese todo, en el que bulle la diversidad de los propósitos y de los egoísmos individuales, se transmute en un orden espontáneo donde resulta posible la colaboración de todos los agentes.

En cuanto al problema del origen del capitalismo, cabe conjeturar que la semilla del mismo no es otra que una cierta propensión de la naturaleza humana «a trocar, permutar y cambiar una cosa por otra», como dijo Adam Smith en su obra *La riqueza de las naciones*[2], refiriéndose a la división del trabajo. Tal propensión natural al trueque y al comercio, que se debió manifestar muy probablemente, según la sociología y la antropología, en el seno de las sociedades tribales, fue anterior a la agricultura y a la ganadería. No cabe, pues, mayor antigüedad de origen: desde que el hombre es hombre.

2 Adam Smith, *La riqueza de las naciones*, estudio preliminar y traducción de Carlos Rodríguez Braun, Alianza Editorial, 2007. La cita relativa a "la propensión de la naturaleza humana a trocar" corresponde al Libro I, capítulo 2 ("Del principio que da lugar a la división del trabajo"), pág. 44. El título original de esta célebre obra, a la que más adelante hare referencia, es *An Inquiry into the Nature and Causes of the Wealth of Nations* (1776).

Y, por lo que se refiere a la evolución de ese orden espontáneo al que, de forma genérica, llamamos capitalismo, la historia nos muestra que se desarrolló a lo largo de muchos milenios con extrema lentitud, hasta que empezó a crecer de forma cuasi exponencial durante los cuatro siglos precedentes (XVII al XX) y hasta nuestros días. En efecto, en el siglo XVI experimentó una asombrosa aceleración, manifestándose, primero, bajo la forma de «capitalismo comercial», para darse a conocer a lo largo de los siglos XVIII y XIX como «capitalismo industrial» y, en el último tercio del siglo XX, como «capitalismo financiero»[3]. Estas tres formas coexistentes de capitalismo son hijas del mismo vientre —un proceso evolutivo *cuasi* natural, con episodios espontáneos sobrevenidos de carácter «genético» o «medioambiental»— pero no del mismo soplo. En efecto, la primera salta a la palestra por obra y gracia del advenimiento de una extraordinaria expansión universal del comercio (una suerte de «cambio climático»); la segunda lo hace catalizada por los grandes avances tecnológicos generados por la llamada «revolución industrial» (una especie de encadenamiento de mutaciones genéticas); y la tercera es consecuencia directa del extraordinario desarrollo de la innovación financiera durante los últimos cincuenta años, que ha transformado lo que era una simple, aunque imprescindible, pieza del sistema económico, en centro y arquitectura del mismo (una gran mutación, a la que no pocos consideran culpable del desencadenamiento de la Gran Recesión).

Son estas tres etapas de desarrollo del capitalismo primigenio las que nos han llevado de forma evolutiva al capitalismo tal como hoy lo conocemos, el cual es triádico: *comercial, industrial* y *financiero*; al mismo tiempo.

TEORÍAS PRINCIPALES DEL CAPITALISMO

Muchas son las teorías del capitalismo. Dejando aparte la ya comentada perspectiva Santa Fe, a la que me adhiero, en lo que sigue solo haré referencia a las de Adam Smith, Karl Marx, Max Weber, Josef Alois Schumpeter, John Maynard Keynes, Ludwig von Mises y Friedrich A. Hayek.

Adam Smith

Adam Smith (1723-1790), considerado fundador de la «economía clásica» y de la doctrina del liberalismo económico, desarrolladas en su celebérrima obra *La riqueza de las naciones* (1776), fue, ante todo, un notable filósofo y una gran figura de la Ilustración escocesa. De hecho, tan eximia obra

3 En algunos libros y en los medios de comunicación se empieza a hablar de capitalismo «financiarizado», porque, *de facto*, el capitalismo financiero ya existía en los tiempos de los capitalismos comercial e industrial. A mi juicio no es necesaria tal individuación.

está cimentada en su *Teoría de los sentimientos morales* (1759)[4], en la que plantea su monumental «moral de la simpatía», parcialmente deudora de la bosquejada por su amigo David Hume (1711-1776).

Hume considera que el fundamento de la moral no es otro que un presunto sentimiento universal de simpatía o compasión del género humano. Pero se pregunta: ¿Por qué deberían los hombres tender a elegir el camino de la virtud? ¿Por qué deberían tender a respetar las reglas genéricas de la moral (la justicia, el honor, la fidelidad, la lealtad…)? ¿Por qué deberían tender a practicar el humanitarismo, la generosidad, la caridad, la compasión, la indulgencia, la moderación…? ¿Por qué deberían tender a obedecer las leyes y respetar las promesas? ¿Acaso existe una necesidad racional que les impulse a ello? La gran respuesta de Hume es que todas estas tendencias son esencialmente buenas por la «utilidad social» que traen, por la posibilidad de convivencia pacífica en la que se concretan.

Pues bien, la simpatía a la que se refiere Smith no coincide exactamente con la de Hume, por cuanto considera que la utilidad no es el único ni principal motor de la conducta humana. En la moral de Smith juega un papel protagonista el «amor propio». A diferencia de su maestro Hutcheson, Smith no piensa «que la virtud estriba solo en los afectos que apuntan hacia la felicidad de los demás, y no en los que apuntan a la nuestra», es decir, no considera que «la benevolencia desinteresada sea el único motivo que puede imprimir sobre cualquier acción el carácter de la virtud»[5]. Si así fuese, el amor propio o autoestima (*self-love*) —que difiere sustancialmente del egoísmo (*selfishness*), vicio del todo incompatible con la simpatía— nunca podría ser virtuoso. Perseguir, por ejemplo, el gran objetivo de la vida humana que consiste en la mejora de nuestra propia condición, no puede ser considerado contrario a la moral en cuanto fin; cosa distinta es que, para alcanzarlo, recurramos a medios impropios. Nuestro amor por el prójimo no puede estar, pues, reñido con nuestro amor propio. De ahí que Smith sostenga que «así como amar al prójimo como a nosotros mismos es la gran ley de la cristiandad, el gran precepto de la naturaleza es amarnos a nosotros mismos solo como amamos a nuestro prójimo o, lo que es equivalente, como nuestro prójimo es capaz de amarnos»[6].

Así pues, el amor propio es para Smith no ya un vicio, como sostuvo Mandeville, sino un principio necesario para motivar la acción virtuosa, los sentimientos de simpatía humana.

---

4 Adam Smith, *Teoría de los sentimientos morales*, estudio preliminar y traducción de Carlos Rodríguez Braun, Alianza Editorial, 2004.

5 Ibíd., parte VII, sección II, introducción, pág. 463.

6 Ibíd., parte I, sección I, capítulo V, págs. 74-75.

Y es que, precisamente, de una especie de mezcla de simpatía hacia los sentimientos ajenos y de amor propio surgen valores morales que hacen posible que individuos interesados en sí mismos puedan convivir pacíficamente en sociedad. Pero esta mezcla no surge como consecuencia de premeditada benevolencia; se trata más bien de la cristalización espontánea de un deseo original con el que la naturaleza dotó al ser humano para hacer posible su vida en sociedad.

Dicho esto, conviene advertir que *La riqueza de las naciones* no es un libro de economía sino una suerte de tratado multidisciplinario, en el que se mezclan filosofía, ciencia política, historia, economía, antropología y sociología.

El glosar semejante monumento del saber, es tarea del todo ajena a los propósitos de esta obra.

Por ello me limitaré a citar un par de frases que se han hecho célebres.

En el Libro I, capítulo 2, dice Smith[7]:

> *No es la benevolencia del carnicero, el cervecero, o el panadero lo que nos procura nuestra cena, sino el cuidado que ponen ellos en su propio beneficio. No nos dirigimos a su humanidad sino a su propio interés, y jamás les hablamos de nuestras necesidades sino de sus ventajas.*

Considero que el tantas veces citado comentario sobre la buena voluntad de quienes nos suministran los alimentos que necesitamos es, sin duda, una forma luminosa de sintetizar cuáles son la naturaleza y funcionamiento del sistema capitalista ya desarrollado, en el que el «interés propio» de los agentes individuales, interaccionando de forma espontánea en un mercado libre, tienden a integrarse en un todo que viene a ser la mejor aproximación posible al «interés general» de la sociedad.

Y, en el Libro IV, capítulo II, Smith dice[8]:

> Por regla general [el individuo] ni intenta promover el interés general ni sabe en qué medida lo está promoviendo. [...] Él solo persigue su propia seguridad [y] busca solo su propio beneficio, pero en este caso como en otros *una mano invisible lo conduce a promover un objetivo que no estaba en sus propósitos.*

Un ejemplo paradigmático de mano invisible es la «mano invisible del mercado», la cual no es sino la interacción entre la oferta y la demanda, que

7 *La riqueza de las naciones*, op. cit. pág. 46.
8 Ibíd., pág. 554.

viene a integrar de forma espontánea las decisiones de miríadas de individuos a los que únicamente guía su propio interés.

Aunque Adam Smith y la mano invisible forman ya diada inseparable en el discurso económico del común de la gente, lo cierto es que en *La riqueza de las naciones* solo aparece mencionada una vez[9].

Sabiendo lo que hoy sabemos sobre los órdenes extensos de cooperación social (y lo que aprenderemos a continuación) y sobre los sistemas complejos adaptativos, cabe conjeturar que Adam Smith utilizó la metáfora de la mano invisible para representar los ocultos instintos naturales del ser humano que rigen su conducta. Moderados por el autocontrol y guiados por incentivos institucionales apropiados, las acciones basadas en instintos pueden generar beneficiosos órdenes sociales no intencionados, o sea, que no son resultado de humano propósito. No obstante, las instituciones son a menudo destructivas y trabajan con objetivos contradictorios. De ahí que, para entender el progreso evolutivo se debe estudiar tanto la naturaleza humana como la «dependencia del sendero»[10] en la historia de las instituciones humanas.

Es un hecho que, en la cultura popular, la metáfora de la mano invisible se ha convertido en un emblema para explicar —o denigrar— el funcionamiento mágico de los mercados, el sistema de precios y los fundamentos morales del capitalismo[11]. De facto, suele hablarse del mercado como «mano invisible» armonizadora.

Conviene aclarar que los instintos de los que habla Smith no son sino inclinaciones generadas en el proceso de la evolución, resultantes de una mezcla muy compleja de normas morales, normas legales y costumbres que se desarrollan a lo largo de centurias y no se imponen con facilidad. Tales instintos son creadores de orden, de capital social[12].

---

9 En el segundo volumen de la referencial *The Glasgow Edition of the Works and Correspondence of Adam Smith*, correspondiente a *The Wealth of Nations*, la mano invisible (*invisible hand*) solo aparece por primera y última vez en la página 456 de un texto que tiene unas 1.000 páginas. De hecho, solo usó la metáfora de la mano invisible en tres de sus obras, y solo una vez en cada una de ellas.

10 Se trata de la persistencia de lo caduco por la influencia de la tradición aliada con la conveniencia. Un ejemplo paradigmático de «dependencia del sendero» es el conocido teclado QWERTY de las máquinas de escribir clásicas, inventado por Christopher L. Sholes y comercializado en 1873. Este teclado se sigue utilizando en los ordenadores personales, iPads y teléfonos móviles (aplicaciones tipo whatsapp...), que hoy lo son todo en las redes sociales. *Cfr. Perplejidad*, págs. 745-748.

11 Jonathan B. Wight, "*The Treatment of Smith's Invisible Hand*", Heldref Publications, Journal of Economic Education, Summer 2007, págs. 341-358.

12 Jonathan B. Wight, "*Public Policy, Human Instincts, and Economic Growth*", The Independent Review, Volume 5, Number 3, Winter 2011, págs. 351-365.

En la actualidad, *La riqueza de las naciones* sigue siendo la obra más citada e influyente en la galaxia económica. Cabe decir que «Junto a la obra de teóricos posteriores como Friedrich Hayek y Milton Friedman, *La riqueza de las naciones* constituye la base de la hegemonía del "neoliberalismo" económico al uso, que defiende la desregulación del mercado, la privatización y la reducción del papel del Estado en los asuntos económicos»[13].

Debo advertir que Smith no utiliza en *La riqueza de las naciones* la palabra «capitalismo», que solo se incorporaría al lenguaje en el siglo XIX. Sí se refiere, a veces, al capital. Pero lo cierto es que su teoría económica viene a ser una especie de «partida de nacimiento» del capitalismo tal como hoy lo conocemos.

En *La riqueza de las naciones*, Adam Smith explica cómo triunfan los mercados, pero no hace referencia alguna a sus vulnerabilidades, a sus fracasos. Para Smith los mercados se autorregulan, y punto. Pero en el siglo XIX hubo muchos pensadores que se dieron cuenta que, a pesar de su notable capacidad para generar riqueza, el capitalismo era propenso a sufrir graves episodios de euforia, estallido y desencanto. Entre ellos destacan John Stuart Mill, William Stanley Jevons y, sobre todo, Karl Marx.

Karl Marx

Karl Marx (1818-1883) fue el gran crítico teórico del capitalismo. Tanto en su obra magna *El capital*[14], publicada en 1867, como en su panfleto político *El manifiesto comunista*[15], publicado en1848, denuncia las vulnerabilidades del capitalismo, entre las que destacan la distribución del poder, la distribución sumamente desigual de la renta, la susceptibilidad del sistema económico a la crisis y al desempleo y, finalmente, el monopolio[16].

En cuanto a la distribución del poder, Marx sostiene que, en el sistema capitalista, el poder y la autoridad corresponden al capitalista (a la burguesía), mientras que los trabajadores acuden a la fábrica sin otra cosa que vender que su esfuerzo físico.

En lo que se refiere a la distribución de la riqueza, en los volúmenes 1 y 2 del Libro I, realiza una oceánica reflexión, basada en la siguiente línea de razonamiento[17]:

---

13 Geoffrey Ingham, *Capitalismo*, op. cit., pág. 23.

14 Obras de Marx y Engels, Karl Marx, *El capital. Crítica de la economía política*, Libro I ("El proceso de producción del capital"), Volúmenes 1 (OME 40) y 2 (OME 41), Ediciones Grijalbo S. A., 1976, traducción Manuel Sacristán.

15 Karl Marx y Friedrich Engels, *El manifiesto comunista*, Editorial Ayuso, 1980.

16 John Kenneth Galbraith, *Historia de la economía*, Editorial Ariel S. A., 2009, págs. 147-152.

17 Ibíd., págs. 149-150.

> El trabajador marginal recibe un pago como salario que es igual a su contribución adicional al ingreso total de la empresa. Esta contribución, por la acción inexorable de la ley de los rendimientos decrecientes, disminuye a medida que aumenta el número de trabajadores. Y el salario marginal determina el salario de todos. Pero los que están alejados del margen aportan a los ingresos de la empresa una contribución mayor, quizá mucho mayor, que la remuneración por ellos percibida. Éstos se encuentran en las etapas intramarginales, más fructíferas, del rendimiento decreciente. Así crean una plusvalía, que se adjudica, ¡ay!, no a quienes la producen, sino al capitalista. En justicia pertenece a los trabajadores, pero el capitalista interviene y se apropia de ella.

Esta idea de Marx «llevaba en sí misma la capacidad de penetrar con gran vigor en la mente de los trabajadores y de los dirigentes sindicales», como así ha sido.

El tercer argumento incide sobre el punto más vulnerable del capitalismo: su propensión a las crisis. Nouriel Roubini[18] y Stephen Mihm, en su obra *Crisis Economics*, dicen[19]:

> Marx fue el primer filósofo que consideró que el capitalismo era intrínsecamente inestable y proclive a las crisis. Opinaba que el capitalismo es la encarnación del caos y que se lanzará inevitablemente por un precipicio llevando a la economía consigo. Así pues, Marx se distanció de una generación previa de economistas políticos que consideraban que el capitalismo era un sistema que se autorregulaba de un modo seguro. Marx advirtió que el capitalismo estaba abocado al fracaso. Hasta ahora no se le ha dado la razón. Sin embargo, su argumento general de que la crisis es endémica al capitalismo es un concepto sumamente importante: después de Marx, los economistas tuvieron que considerar la posibilidad de que el capitalismo

---

18 Nouriel Roubini es profesor de la Escuela de Negocios Stern de la Universidad de Nueva York y presidente de la consultora Roubini Global Economics. Fue el primer experto que pronosticó en 2006 el inminente estallido de la burbuja inmobiliaria. En septiembre del idílico año 2006, en un una reunión del Fondo Monetario Internacional celebrada en Washington D. C., Roubini dio una conferencia en la que se atrevió a pronosticar, ante la indiferencia de los presentes, «que la economía nacional no tardaría en sufrir un insólito estallido de la burbuja inmobiliaria, un alza del precio del petróleo, un acusado descenso de la confianza de los consumidores e, inevitablemente, una profunda recesión». Y, a principios de 2008, a contracorriente de la mayoría de los economistas, que sostenían que Estados Unidos sufriría una mera crisis de liquidez, Roubini pronosticó que «una crisis crediticia mucho más grave sacudiría a familias, a empresas y, de forma más drástica, a las entidades financieras».

19 Nouriel Roubini y Stephen Mihm, *Crisis Economics*, traducida al español bajo el título *Cómo salimos de ésta*, Ediciones Destino S. A., 2010, págs., 82-83. Las citas de la nota al pie precedente son fracciones del texto de las págs. 11-13.

> contuviera las semillas de su propia destrucción. [...] El capitalismo es en sí una crisis; introdujo un grado de inestabilidad e incertidumbre sin precedentes en la historia de la humanidad.
>
> No obstante, la visión de Marx no fue ampliamente compartida. La mayoría de los economistas convencionales de finales del siglo XIX y principios del XX promovieron la idea de que la economía es una entidad que se autorregula y se autocorrige, y si se deja a su libre albedrío, suele progresar hacia un estado de equilibrio, lo cual da lugar inevitablemente a una situación de estabilidad y al pleno empleo. Es evidente que las crisis van y vienen, pero no se quedan.
>
> Esa peculiar esperanza desapareció con la Gran Depresión, un acontecimiento que transformó la disciplina de la economía, así como la política gubernamental. Por ese motivo, la Gran Depresión ocupa un lugar preponderante en el debate sobre cómo abordar la reciente crisis. Lo sucedido hace alrededor de ochenta años definió la respuesta inmediata a la crisis de los años 2007 y 2008, y sigue definiendo en la actualidad las políticas económicas y financieras.

Ciertamente, esta cita es una reflexión a tener muy en cuenta.

El cuarto argumento es el relativo al monopolio, que no era otra tara del capitalismo, sino algo mucho más sustancial. En efecto, a criterio de Marx,

> la creciente concentración de la actividad económica en manos de un número cada vez menor de capitalistas constituía una tendencia orgánica del capitalismo que avanzaba con ímpetu irresistible. Esta concentración, junto con el carácter cada vez más clarividente y socializado de los trabajadores, a medida que éstos iban comprendiendo mejor el sistema capitalista y el papel que desempeñaban en el mismo, habría de contribuir de forma inevitable al *derrumbe del sistema*[20].

Pues bien, puede resultar muy interesante citar, con las propias palabras de Marx, cómo éste previó tan dramático desenlace.

> Cada capitalista mata a muchos otros. [...] *Con la disminución constante del número de los magnates del capital que usurpan todas las ventajas de este proceso de transformación y las monopolizan, aumenta la masa de la miseria, de la opresión, de la servidumbre, de la degeneración, de la explotación, pero también la indignación de la clase obrera en constante crecimiento y educada, unificada y organizada por el mecanismo del proceso de producción capitalista. El monopolio del capital se convierte en traba del modo de producción que ha florecido con él y bajo él. La*

20 *Historia de la economía*, op. cit., pág 151.

> *centralización de los medios de producción y la socialización del trabajo alcanzan un punto en el cual se hacen incompatibles con la cobertura capitalista. Suena la última hora de la propiedad privada capitalista. Los expropiadores son expropiados*[21].

Karl Marx, a manera de preámbulo a este alegato, dejó escrito:

> *Si ya el dinero [...] «viene al mundo con manchas de sangre naturales en una mejilla», el capital nace goteando sangre y porquería de pies a cabeza, por todos los poros*[22].

Evidentemente, Marx no era nada partidario del capitalismo, al cual daba solo unos años de vida. Afortunadamente no ha ocurrido así. Pero, aunque la caída del Muro de Berlín en 1989 supuso el triunfo del capitalismo, hoy convertido ya en un sistema universal, el marxismo sigue teniendo influencia y fuerza. Cometeríamos un gran error si ignorásemos tal realidad.

Max Weber

Max Weber (1864-1920), filósofo, historiador y sociólogo, en su célebre ensayo *La ética protestante y el «espíritu» del capitalismo*[23], sostiene que la ética calvinista contribuyó, en las regiones donde imperaron sus valores, al desarrollo de la industria y del comercio. Y llega a concatenar tal ética con lo que él denomina «espíritu capitalista», que identifica básicamente con la búsqueda de la ganancia en la actividad productiva, búsqueda que viene a ser la directriz organizadora de toda la vida.

En efecto, Weber concluye que[24]:

> [Calvino había hecho surgir] una ética del trabajo específicamente *burguesa.* Con la conciencia de estar en plena gracia de Dios y de estar visiblemente bendecido por Él, el empresario burgués puede perseguir sus intereses de lucro, y *debe* hacerlo, si se mantiene dentro de los límites de la corrección formal, si su conducta moral es intachable y el uso que hace de su riqueza no es escandaloso. El poder del ascetismo religioso le ponía

21 *El capital*, libro I, volumen 2 (OME 41), capítulo XXIV ("La llamada acumulación originaria"), epígrafe 7 ("Tendencia histórica de la acumulación capitalista"), págs. 407-410. Elijo solo una parte de la pág. 409. Se trata de uno de los pasajes de la historia de la economía política más citados.

22 Ibíd., págs. 406-407.

23 Max Weber, *La ética protestante y el "espíritu del capitalismo"*, Alianza editorial, 2012, traducción y estudio preliminar (págs. 9-59) de Joaquín Abellán García.

24 Ibíd., págs. 269-270.

a su disposición, además, obreros austeros, concienzudos, muy capaces y apegados al trabajo como el fin de la vida querido por Dios. Ese ascetismo le daba también la seguridad tranquilizadora de que el reparto desigual de los bienes de este mundo es obra de la providencia divina, la cual, con estas diferencias, así como con la concesión particular de la gracia, persigue sus objetivos secretos, que son desconocidos para nosotros. Ya Calvino había hecho la afirmación [...] de que el «pueblo», es decir, la masa de obreros y artesanos, solo permanece obediente a Dios si es mantenido pobre.

Tras esta conclusión —«el "espíritu capitalista" procede de la ética puritana»— Weber acaba reconociendo que tal «espíritu» se esfumó posteriormente del capitalismo. ¿Y cómo pudo ocurrir tal cosa? Joaquín Abellán, en su estudio preliminar, hace una síntesis muy clara de lo que dice Weber en las cuatro últimas páginas de su ensayo. Tal síntesis reza así[25]:

Cuando el capitalismo desarrolló su propia dinámica basada en el desarrollo tecnológico no necesitó ya más de ese motor impulsor [el «espíritu capitalista»] y, además, la actitud originaria del puritanismo ante la riqueza y ante los bienes materiales se transformó profundamente. Si los bienes materiales habían sido para el puritano de los comienzos como un «abrigo liviano sobre sus hombros» del que podía prescindir fácilmente, en el desarrollo posterior del capitalismo, sin embargo, se convirtieron en un «caparazón de acero», con una fuerza de atracción irresistible sobre las personas y desprovisto de todo sentido ético.

Eso fue lo que ocurrió, según Weber: una acción humana decisiva, fundamentada en la ética del cristianismo protestante (calvinista) se fue convirtiendo paulatinamente a una realidad nueva, inmune a las exigencias religiosas, que tenía sus propios criterios de legitimación.

¿Tuvo razón Weber al formular tal conjetura, a saber, que el capitalismo se forjó a partir de una nueva manera de interpretar y vivir el cristianismo nacido en la Reforma, que más tarde sería colonizada por la razón ilustrada, para acabar, finalmente, gobernada por leyes naturales?

Esta forma de exponer las cosas podría inducir a pensar que el capitalismo es algo así como una cuasi invención de ciertas profesiones protestantes, que tuvieron la genialidad de hacer fructificar semillas de acción económica ya sembradas a lo largo de los siglos. ¿Es eso realmente cierto, o caben interpretaciones más ajustadas a la realidad de las cosas?

25 Ibíd., pág 56.

Ciertamente caben, como a continuación vamos a ver al reflexionar sobre un tema tan debatido en los ámbitos religioso y moral como es el préstamo con interés.

En no pocos textos de las Sagradas Escrituras se reprueba expresamente, de forma clarísima, la usura (entendida como préstamo con interés)[26]. Y, como no podía ser de otra manera, la Iglesia católica la condenó desde su fundación. Así lo reflejan los escritos de grandes doctores de la Iglesia desde la Antigüedad (San Basilio Magno, San Jerónimo, San Agustín...), hasta la Baja Edad Media (Santo Tomás de Aquino[27]).

La condena de la usura no admitió, admite ni admitirá, discusión alguna dentro del cristianismo. Lo que sí queda abierto es el debate sobre la interpretación del significado de «usura»; y ello por un motivo muy simple: a lo largo de los siglos, las condiciones del comercio, de la industria y de las finanzas varían inevitablemente, circunstancia que puede justificar la aceptación, en su caso, del préstamo con intereses, siempre y cuando tales intereses sean moderados.

En efecto, la censura radical de los Patriarcas y de Santo Tomás de Aquino a la usura, condenaba moralmente, *de facto*, a casi toda la actividad bancaria (todo prestamista era un pecador, un usurero). De ahí que los católicos practicantes renunciasen a dicha rama de la economía, la cual fue copada en buena parte por judíos no practicantes. De todas formas, la historia nos muestra que las emergentes clases mercantiles supieron, con energía y habilidad, soslayar la censura de la Iglesia, consiguiendo que las leyes y costumbres vigentes se fuesen adaptando a sus necesidades (por ejemplo, la institución del «seguro marítimo», una hábil pirueta que consiguió darle la vuelta al ya condenado «préstamo a la gruesa»).

Aunque la actividad bancaria se remonta a tiempos muy remotos, durante siglos XV y XVI tal función experimentó un notable desarrollo tras la fundación de numerosos bancos en los centros mercantiles más importantes

---

26 *Cfr.*: Éxodo 22, 24; Levítico 25, 35-37; Deuteronomio 23, 20-21; Nehemías 5, 7-12; Salmos 15 (14), 5; Proverbios 28, 8; Isaías 24, 1-2; Jeremías 15, 10; Ezequiel 18, 10-17 y 22, 12; y Mateo 6, 31-35, "Sermón de la Montaña".

27 *Cfr.* Santo Tomás de Aquino, *Suma Teológica*, versión en hipertexto www.hjg.com.ar/sumat, II-II, q.78, a.1: «Recibir interés por un préstamo monetario es injusto en sí mismo, porque implica la venta de lo que no existe, con lo que manifiestamente se produce una desigualdad que es contraria a la justicia. [Porque el dinero] se ha inventado principalmente para realizar los cambios; y así, el uso propio y principal del dinero es su consumo o inversión, puesto que se gasta en las transacciones. Por consiguiente, *es en sí ilícito percibir un precio por el uso del dinero prestado, que es lo que se denomina la usura.* Y del mismo modo que el hombre ha de restituir las demás cosas injustamente adquiridas, también ha de hacerlo con el dinero que recibió en calidad de interés».

de Europa, todo ello con el propósito de dar el necesario soporte financiero al comercio internacional que cada vez cobraba mayor importancia. Así las cosas, no pocos moralistas católicos empezaron a especular sobre si era correcta la identificación semántica entre dos términos (que hoy consideramos diferentes): interés y usura. Porque parecía bastante obvio que no era lo mismo un préstamo concedido a un interés moderado, razonable, que a un interés desmedido, abusivo. El primero podía llegar a ser moralmente tolerable; el segundo era del todo pecaminoso. Y, a lo largo de los siglos XVI y XVII, entró en escena el casuismo moral[28] y sus numerosas variantes, entre las que cabe destacar el probabilismo[29], formulado en 1577 por el teólogo dominico Bartolomé de Medina (1527-1581) —*Si una opinión es probable, puede seguirse, aun cuando la opinión opuesta sea más probable*—, y posteriormente completada por el jesuita Francisco Suárez (1548-1617), ambos miembros destacados de la Escuela de Salamanca.

Dentro de dicha Escuela, fueron numerosos los teólogos que se preocuparon por las cuestiones morales de la nueva era que comenzaba y, en concreto, del sempiterno problema de la usura. Dos figuras tan señeras como Francisco de Vitoria y Domingo de Soto, aceptaron plenamente en sus obras la condena tomista de la usura, pero consideraron que a veces, por razón de títulos extrínsecos, es decir, cuando se daban circunstancias ajenas a la íntima naturaleza del préstamo, podía permitirse que el prestamista recibiese una módica compensación, en forma de interés, por el capital prestado. Cuatro eran los títulos extrínsecos que a la sazón se aducían[30]: (i) el daño emergente (menoscabo que sufre el prestamista al quedar privado, por el tiempo que dura el préstamo, de un determinado bien); (ii) el lucro cesante (beneficio que el prestamista deja de percibir al no poder disponer de lo prestado); (iii) el riesgo de pérdida del capital; y (iv) la mora (la no devolución del capital en el plazo acordado).

En todo caso, y dejando al margen los títulos extrínsecos, que hoy nadie pone en cuestión, lo cierto es que, desde el punto de vista doctrinal, el préstamo con interés aún no ha sido absuelto por la Iglesia católica de forma expresa. Pero lo cierto es que, de forma discreta, sin decir ni una sola

28 a) *Diccionario de filosofía*, op. cit., tomo 4, pág. 2.297.; y b) F. Blázquez Carmona, A. Devesa del Prado, M. Cano Galindo, *Diccionario de términos éticos*, Editorial Verbo Divino, 2002, págs. 83-84.

29 a) *Diccionario de filosofía*, op. cit., tomo 3, pág. 2.697; y b) *Diccionario de términos éticos*, págs. 457-458.

30 José María Garrán Martínez, "La concepción del préstamo y la usura en los maestros salmantinos Francisco de Vitoria y Domingo de Soto", revista Anales de Estudios Económicos y Empresariales, Universidad de Valladolid, Facultad de Ciencias Económicas y Empresariales, 1989, 4, pág127.

palabra sobre el interés en general, la práctica pastoral ha cambiado radicalmente. En el *Compendio de la doctrina social de la Iglesia* se lee: «Si en la actividad económica y financiera la búsqueda de un justo beneficio es aceptable, el recurso a la usura está moralmente condenado»[31]. Y es que, en el comienzo sombrío del siglo XXI, resulta muy difícil sostener las posturas tomistas en cuanto al préstamo con interés, siendo como es Don Dinero un poderosísimo caballero que desempeña un papel insustituible en la economía y en las finanzas. Cosa diferente es que esos odiosos amos del universo, haciendo mal uso de tan decisivo instrumento financiero, individualmente o en pandilla, cometan los mayores fraudes, engaños y abusos, detestables de acuerdo con la ley de Dios y la de los hombres.

Los trabajos de los miembros de la Escuela de Salamanca, que supusieron *de facto* el comienzo de la ciencia económica, solo obtuvieron merecido reconocimiento en el siglo XX, de la mano de Joseph Alois Schumpeter y de muy destacados miembros de la Escuela Austriaca de economía, los cuales vienen a sostener que no es correcto el mito weberiano que atribuye al protestantismo las bases morales del orden capitalista. En concreto Hayek, a cuya teoría económica haré amplia referencia más adelante, considera que las normas propias de la moderna economía de mercado fueron codificadas por los últimos escolásticos españoles de la Escuela de Salamanca, y que «es en mayor medida a los jesuitas que a los calvinistas a quienes correspondería atribuir la paternidad del "espíritu capitalista"»[32].

Joseph Alois Schumpeter

Joseph Alois Schumpeter (1883-1950), economista y politólogo, profesor de Economía en la Universidad de Harvard, fue un notable pensador. En su poderoso discurso económico destacan: (i) su concepción del empresario como innovador, como agente del cambio económico; (ii) su teoría sobre la *destrucción creativa* como forma de describir el proceso de transformación que acompaña a las innovaciones; (iii) su teoría de los ciclos económicos (los ciclos largos —de Kondratiev—, que duran entre 45 y 60 años); (iv) su polémica teoría del interés (denostada por Hayek); y (v) su conjetural idea sobre el auge y eventual destrucción del capitalismo, y el consecuente triunfo del socialismo.

En lo que sigue, centraré exclusivamente mi atención en este último punto, siguiendo la obra de Schumpeter titulada *¿Puede sobrevivir el capi-*

31 *Cfr. Compendio de la doctrina social de la Iglesia*, Segunda parte, "La vida económica", epígrafe 341, pág. 174.

32 *Derecho, legislación y libertad*, Volumen 3, op. cit., pág. 287, nota al pie.

talismo? La destrucción creativa y el futuro de la economía global[33], que no es sino la segregación de la segunda parte (de un total de cinco) de una obra mayor: *Capitalismo, socialismo y democracia* (publicada en 1942).

Ya en el mismo preámbulo ("Preliminar"), Schumpeter dice[34]:

> *¿Puede sobrevivir el capitalismo? No; no creo que pueda. Pero esta opinión mía*, lo mismo que la de cualquier otro economista que se haya pronunciado sobre la cuestión, *carece por sí sola de todo interés*. Lo que importa en todo ensayo de prognosis social no es el sí o el no que compendia los hechos y argumentos conducentes a tal conclusión, sino estos mismos hechos y argumentos, que son los que contienen todo lo que hay de científico en el resultado final. Todo lo demás no es ciencia, sino profecía. [...]
>
> *La tesis que he de esforzarme por fundamentar defiende que las relaciones presentes y futuras del sistema capitalista son de tal naturaleza que rechazan la idea de su derrumbamiento bajo el peso de la quiebra económica, pero que el mismo éxito del capitalismo mina las instituciones sociales que lo protegen y crea, «inevitablemente», las condiciones en que no le será posible vivir y que señalan claramente al socialismo como su heredero legítimo.* [...] La prognosis no implica nada acerca de la deseabilidad del curso de los acontecimientos que se predicen. Si un médico predice que su paciente morirá en breve, ello no quiere decir que lo desee. Se puede odiar al socialismo o, por lo menos, mirarlo con una fría crítica y, no obstante, prever su advenimiento.

Y a este "Preliminar", le suceden diez capítulos de argumentaciones económicas e históricas, que abordan el capitalismo como lo que realmente es: un «proceso evolutivo» (cuasi orgánico), tal como sostuvo Marx y postularon los padres fundadores de la Escuela Austriaca de economía. Así concebido, dice Schumpeter[35]:

> El capitalismo es, por naturaleza, una forma o método de transformación económica y no solamente no es estacionario, sino que no puede serlo nunca. [...] El impulso fundamental que pone y mantiene en movimiento a la máquina capitalista procede de los nuevos bienes de consumo, de los nuevos métodos de producción y transporte, de los nuevos mercados, de las

33 Joseph Alois Schumpeter, *Can Capitalism Survive? Creative Destruction and the Future of the Global Economy* [*Capitalism, Socialism and Democracy*, 1942]. Editado en español por Capitán Swing Libros S. L., bajo el título ¿Puede sobrevivir el capitalismo? La destrucción creativa y el futuro de la economía global, 2010.

34 Ibíd., págs. 47-48 (en el texto en español, todas las páginas anteriores son simples presentaciones).

35 Ibíd., págs. 86-87.

> nuevas formas de organización industrial que crea la empresa capitalista. [...] [Lo acontecido desde 1760 a 1940 es una historia de revoluciones, las cuales] ilustran el mismo proceso de mutación industrial —si se me permite usar esta expresión biológica— que *revoluciona incesantemente la estructura económica "desde dentro", destruyendo ininterrumpidamente lo antiguo y creando continuamente elementos nuevos. Este proceso de "destrucción creativa" constituye el dato esencial del capitalismo*. En ella consiste, en definitiva, el capitalismo y toda empresa capitalista tiene que amoldarse a ella para vivir.

La innovación que surge de la destrucción creativa no puede prosperar, según Schumpeter, dentro del marco de una competencia perfecta y extraordinariamente rápida; «casi todo lo que llamamos progreso económico es incompatible con ella»[36]. Lo que el empresario innovador necesita es financiación, confianza, aliento y estar a cubierto de la amenaza que supone la imitación y la competencia; y eso solo puede darlo un trabajo en condiciones de monopolio. Esto viene a absolver el durísimo anatema marxista al monopolio, al oligopolio y a la competencia monopolística.

Pues bien, siendo el capitalismo el mejor sistema generador de riqueza y bienestar que se conoce, ¿cómo es posible que Schumpeter sostenga que es, precisamente, su éxito lo que le condena a muerte?

Schumpeter sostiene que los muros que protegían al capitalismo se están desmoronando, y ello a causa del ocaso de la función de empresario, de la destrucción de los estratos protectores, y de la destrucción del cuadro institucional de la sociedad capitalista[37]. En efecto, «el empresario está perdiendo su importancia a un ritmo acelerado», y ello porque, a causa del progreso técnico, sus emprendimientos, antes individualistas, arriesgados e innovadores, se están despersonalizando y convirtiendo en una tarea rutinaria, llevada a cabo por especialistas fichados por grandes empresas, los cuales se limitan a hacer lo que se les pide. El romanticismo de la aventura comercial decae rápidamente. Pero la evolución capitalista, «al sustituir los muros y las máquinas de una fábrica por un simple paquete de acciones, desvitaliza la idea de propiedad. Menoscaba el poder de esa arma que en otro tiempo fue tan fuerte, esto es, el poder del propietario sobre sus bienes, debilitando primero la posibilidad efectiva para hacer lo que a uno le plazca con lo que le pertenece, y después porque el tenedor de un título abstracto pierde la voluntad de combatir económica, física y políticamente, por "su" fábrica y por el dominio directo sobre la misma, hasta morir si es preciso

36 Ibíd., pág.124.
37 Ibíd., págs. 175-193.

sobre sus peldaños. Y esta evaporación de lo que podemos denominar la sustancia material de la propiedad —su realidad física y tangible— afecta no solo a la actitud del poseedor de acciones, sino también a la de los obreros y a la del público en general»[38]. Lo peor de todo, es que también acaba afectando a la actitud de la opinión pública y de los partidos políticos.

Según Schumpeter, el desmoronamiento de los muros que protegían al capitalismo «ha creado una atmósfera de hostilidad cuasi universal hacia su propio orden social»[39]. El progreso secular del capitalismo, su indiscutible éxito, ha dejado en la cuneta de la autopista de la prosperidad a los parados que, ante su indefensión, no pueden sentir sino desapego, con resonancia en los órdenes sociales y políticos. Y tal hostilidad al sistema capitalista y su consiguiente crítica, no pueden ser combatidas con argumentaciones racionales. El rechazo del orden capitalista procede de una actitud de espíritu, es decir, de una actitud ideológica puramente emocional y, por lo tanto, irracional. Pero se trata de un rechazo pasivo. Lo verdaderamente peligroso para el capitalismo es el rechazo activo, el movimiento obrero, la rebelión de las masas. Y, «para desarrollar una atmósfera tal, es necesario que haya grupos que estén interesados es estimular y organizar el resentimiento, en alimentarlo, hacerse intérpretes del mismo y conducirlo»[40]. Y, ¿de dónde salen estos grupos? Pues, aunque parezca paradójico, «en contraposición a cualquier otro tipo de sociedad, el capitalismo, en virtud de la lógica misma de su civilización, tiene por efecto inevitable crear, instruir y mantener profesionales de la agitación social»[41]. Se trata de presuntos intelectuales, capaces de enardecer a la opinión pública, y ponerla en contra del orden capitalista de una forma irresponsable. ¡Qué certero estuvo Marx al conjeturar la posibilidad de que el capitalismo contuviera *las semillas de su propia destrucción*!

Schumpeter encabeza el último capítulo de su obra diciendo[42]:

> Descomposición
> Enfrentados con la creciente hostilidad del medio ambiente y con la práctica legislativa, administrativa y judicial nacida de dicha hostilidad, los empresarios y capitalistas —de hecho todo el estrato social que acepta la forma de vida burguesa— *terminarán por dejar de desempeñar sus funciones. Sus fines normales pronto llegarán a ser inalcanzables y sus esfuerzos inútiles.* Lo más espectacular de las ambiciones burguesas, la

38 Ibíd., págs. 194-195.
39 Ibíd., pág. 197.
40 Ibíd., págs. 201-202.
41 Ibíd., pág. 202.
42 Ibíd., pág. 221.

fundación de una dinastía industrial, ha llegado a ser inalcanzable en la mayoría de los países, e incluso fines más modestos son tan difíciles de alcanzar que *se puede dejar de considerarlos dignos de luchar por ellos*, a medida que se vislumbra, cada vez con mayor claridad, la permanencia de estas condiciones.

Así es cómo veía Schumpeter el futuro del capitalismo. Mi posición sobre este delicado asunto la daré en el Epílogo, tercera reflexión.

John Maynard Keynes

John Maynard Keynes (1883-1946), famoso economista, cuya teoría vino a justificar la intervención del Estado en la economía para mejorar y fortalecer el funcionamiento del sistema capitalista, al cual no puso en cuestión, a pesar de sus fallos. En efecto, en su obra *The End of Laissez-Faire* dice: «Pienso que el capitalismo, sabiamente dirigido, puede ser probablemente más eficiente para cumplir los fines económicos que cualquier otro sistema alternativo que tengamos a la vista, pero, en varios aspectos es extremadamente objetable».

Aunque su obra no puede ser tachada de marxista, sí ha venido a ser una especie de «coartada intelectual de la socialdemocracia»[43], así como un salvavidas de los Gobiernos de derechas o de centroderecha al que echar mano en caso de crac financiero, para deshincharlo y arrinconarlo en cuanto la prosperidad vuelve a reinar.

Keynes desarrolló su teoría económica durante el período comprendido entre la Primera y la Segunda Guerra Mundial. Su obra más destaca es la titulada *General Theory of Employment, Interest and Money*, publicada en 1936[44]. Tal obra, de carácter macroeconómico, sería incorporada por Paul Samuelson al corpus doctrinal microeconómico neoclásico para conformar la síntesis neoclásica que, como ya se ha visto en el capítulo 3, es en Estados Unidos la *mainstream economics*.

¿Cuáles fueron los rasgos peculiares de su teoría económica?

Solo citaré, de pasada, a cuatro de ellos, que suponen importantes enmiendas a la doctrina neoclásica. Tales rasgos, que no pretenden socavarla sino corregirla, son, a mi juicio, los siguientes: (i) Keynes no entiende el capitalismo como algo genérico (que no cambia), sino que lo considera como sistema social que, por lo tanto, puede evolucionar en el tiempo;

---

43 José Ignacio del Castillo, "Marx y Keynes: paralelismos siniestros", liberalismo.org.

44 A efectos de cita, utilizaré la traducción al español titulada *Teoría general de la ocupación, el interés y el dinero*, traducción de Eduardo Hornedo, Ciro Ediciones S. A., edición especial para Expansión, 2011.

(ii) Keynes no cree en el *homo oeconomicus* plenamente racional y capaz de maximizar utilidades, sino en una sociedad heterogénea donde es posible el conflicto de clases, por cuanto los agentes económicos tienen sus propios intereses, y la mayor parte de las decisiones que toman «solo pueden considerarse resultado de la fogosidad [de los *animal spirits*] —de un resorte espontáneo que impulsa a la acción de preferencia a la quietud—...»[45], o sea, de fuerzas que alejan al agente de una racionalidad entendida en el sentido canónico que las «sagradas escrituras financieras» proclaman; (iii) Keynes considera que el poder no lo tiene el mercado de valores —un mercado en el que predomina la especulación, convertido ya en una suerte de casino—, sino el ahorrador, que puede decidir si aplica su dinero a la inversión o si lo retiene como ahorro privado; y, finalmente, (iv) Keynes no cree que sea el ahorro el que determina la inversión, sino que, por el contrario, considera que lo que el ahorro genera es desempleo.

Keynes se daba cuenta de que,

> mientras el viejo capitalista inversor asumía un compromiso estable con la inversión, el nuevo inversionista, separado del empresario gestor de los bienes, tenía la capacidad de retirarse rápidamente y volver a disponer de su dinero de forma líquida, lo que daba una gran volatilidad a los mercados. Eran los inversionistas, eternos perseguidores de la ganancia más rápida y sin compromiso con un tipo de producción u otro en particular, los que decidían el volumen total de la inversión, no más los empresarios. Poco quedaba ya en la gran empresa o incluso en la empresa monopolística, de aquellos individuos clásicos compitiendo con otros para el beneficio de la sociedad. El resultado era más bien una especulación que podía beneficiar a los individuos pero perjudicaba al conjunto de la sociedad. [...] *El enemigo de todos era el ahorrador*, porque al quitar el dinero del circuito económico y guardarlo por miedo al futuro privaba a toda la sociedad de la inversión necesaria para salir adelante[46].

El capitalismo estaba, ciertamente, en grave peligro en 1936, pues las medidas que habían aplicado a la desesperada, primero Herbert Hoover y más tarde Franklin Delano Roosevelt, no habían dado resultado. ¿Cuáles fueron las que recomendó Keynes?

---

45 Ibíd., libro IV ("El incentivo para invertir"), capítulo 12 ("El estado de las previsiones a largo plazo"), apartado VII, págs. 175-178. Eduardo Hornedo traduce en dos casos «*animal spirits*» como «fogosidad» y en otro como «energía animal», como a una respuesta instintiva «motivada por el capricho, el sentimentalismo o el azar».

46 Oscar Moreno (2014) *Pensamiento contemporáneo*. URL: https://www.teseopress.com/pensamiento-contemporaneo/chapter/keynes-capitalismo-y-democracia-2/. Citas textuales entrecomilladas.

Pues, fundamentalmente, dos, que suponían la intervención sistemática del Estado en la economía mediante recurso a sus políticas fiscal y monetaria.

La primera era utilizar la obra pública para generar empleo y, consiguientemente, estimular la demanda de bienes y servicios. Las inversiones serían financiadas bien por un incremento específico de los impuestos o por emisión de endeuda pública.

La segunda era reducir progresivamente los tipos de interés de referencia por parte de la banca central para estimular la inversión privada en general.

Dicho todo esto, y dejando a un lado ideologías políticas, parece que no es un juicio económico acertado el afirmar, como hace Keynes, que el enemigo público nº 1 del sistema capitalista es el ahorrador, por cuanto, al atesorar y no consumir, el capitalismo se resiente y entra en crisis. La Escuela Austriaca de economía sostiene que el capitalismo no depende del consumo sino del ahorro. Por ejemplo, Juan Ramón Rallo dice que[47]:

> es el ahorro, el no desear consumir todo lo que podamos, lo que nos permite dirigir durante un tiempo nuestros esfuerzos, no a satisfacer nuestras más inmediatas necesidades, sino a preocuparnos por satisfacer nuestras necesidades futuras: producimos bienes de capital para que éstos, a su vez, fabriquen los bienes de consumo futuros que podamos necesitar. [...]
>
> [...] el capitalismo no tiene nada que ver con el consumismo. [...] Pero, en todo caso, tengamos bien presente que el afluente consumo actual son los frutos de las privaciones del consumo de ayer y anteayer. El consumo es la cosecha, no la plantación. La plantación es el capital y el sistema social de plantaciones empresariales que nos permite disfrutar de un abundante y variado consumo es el capitalismo.

O sea, «producimos para consumir» y no «consumismos para producir y para tener empleo en algo» como sostiene el pensamiento keynesiano.

Esto no significa que las economías infartadas no deban ingerir las dos medicinas más arriba citadas mientras permanezcan en la uci. Pero ya fuera de ella, no debemos descartar en absoluto un cambio radical de medicación. Keynes tuvo una gran influencia desde la posguerra[48] hasta comienzos de la

47 Juan Ramón Rallo, documento http:/juanramonrallo.com/2011/04/el-capitalismo-depende-del-ahorro-no-del-consumo/. Juan Ramón Rallo, joven miembro de la Escuela Austriaca de economía, es socio fundador del Instituto Juan de Mariana y actual director del mismo.

48 Estuvo muy involucrado en la conferencia de Bretton Woods —1 al 22 de julio de 1944—, en la que se establecieron las reglas de las relaciones comerciales y financieras internacionales)

década de 1970 (emergencia del neoliberalismo). Con el advenimiento de la Gran Recesión en 2007-2008, se pusieron otra vez de moda, como hemos visto, las actuaciones de emergencia de corte keynesiano.

Ludwig von Mises

Ludwig von Mises (1881-1973) fue un eminente economista y uno de los más grandes pensadores del siglo XX. Admirador de Carl Menger (1840-1921) —fundador de la Escuela Austriaca de economía—, y discípulo de su epígono Eugen von Böhm-Bawerk (1851-1914), no tardó en convertirse en el primer economista de Austria y figura estelar de dicha Escuela. Ya desde el principio de su carrera, combatió las teorías económicas de Léon Walras, considerado fundador de la economía matemática e impulsor de la escuela neoclásica. Tras vivir en tiempos de guerra, desolación y miedo, en 1940 se refugió en Estados Unidos, huyendo de la criminal política antisemita del nazismo. De entrada, no fue bien recibido por la academia; no en vano su pensamiento se ubicaba en las antípodas de la economía neoclásica. En 1945 se convirtió en profesor visitante de la Universidad de Nueva York, donde, en busca de un «nuevo Hayek» estadounidense, creó un seminario en la que se forjaron discípulos de la categoría de Murray N. Rothbard, George Reisman e Israel Kirzner. Su «visita» duraría veinticuatro años. En 1949 publicó, con gran éxito, su ya citada obra *La acción humana*. Un pensador prácticamente desconocido en Estados Unidos, se convirtió en figura de primer orden dentro del mundo liberal. Su obra también tuvo influencia en notables economistas de la escuela neoclásica así como en pensadores de muy diferentes áreas (Max Weber, Joseph Alois Schumpeter, Maurice Allais, Milton Friedman, John Hicks, Vernon Smith...).

En lo que sigue, me limitaré a dar breve noticia: (i) de su nueva teoría del valor; (ii) de su forma de ver la economía de mercado y, por ende, el capitalismo; y (iii) de su teoría de los ciclos económicos.

a) Nueva teoría del valor
Mises establece una nueva teoría del valor y de los precios, yendo a contracorriente de la teorías de la economía ortodoxa, a las que considera equivocadas. Sostiene Mises[49]:

> *La inveterada y grave equivocación era suponer que los bienes y servicios objeto de intercambio habían de tener entre sí el mismo valor.* Se consideraba el valor como una cualidad objetiva, intrínseca, inherente

49 *La acción humana*, op. cit., pág. 316.

a las cosas, sin advertir que *el valor no es más que el mero reflejo del ansia con que el sujeto aspira al bien que le apetece.* Se suponía que, mediante un acto de medición, las gentes establecían el valor de los bienes y servicios, procediendo luego a intercambiarlos por otros bienes y servicios de igual valor. [...] *La economía moderna, por el contrario, se basa en la cognición de que surge el trueque precisamente a causa del dispar valor atribuido por las partes a los objetos intercambiados. Los agentes compran y venden, única y exclusivamente, por cuanto valoran en menos lo que dan que lo que reciben.* De ahí que sea vano todo intento de medir el valor.

¿Acaso es posible el trueque sin la intervención del dinero? La respuesta de Mises es negativa, pero sujeta a una condición: que se opere dentro del marco de una economía de mercado, la única en la que resulta posible el cálculo económico en términos monetarios.

b) Economía de mercado y capitalismo
Sostiene Mises[50]:

La economía de mercado es un sistema social de división del trabajo basado en la propiedad privada de los medios de producción. Cada uno, dentro de tal orden, actúa según su propio interés le aconseja; todos, sin embargo, satisfacen las necesidades de los demás al atender las propias. El actor se pone, invariablemente, al servicio de sus conciudadanos. Éstos, a su vez, igualmente sirven a aquél. El hombre es, al tiempo, medio y fin; fin último para sí mismo y medio en cuanto coadyuva con los demás para que puedan alcanzar sus personales objetivos.

Todas las civilizaciones, hasta el presente, se han basado en la propiedad privada de los medios de producción. Civilización y propiedad privada fueron siempre de la mano. Quienes suponen que la economía es una ciencia experimental y, no obstante, propugnan el control estatal de los medios de producción incurren en manifiesta contradicción. La única conclusión que de la experiencia histórica cabría deducir, admitiendo que ésta, al respecto, algo pudiera decirnos, es que la civilización, indefectiblemente, va unida a la propiedad privada. Ninguna demostración histórica cabe aducir en el sentido de que el socialismo proporcione un nivel de vida superior al que el *capitalismo* engendra.

La economía de mercado es un modo de actuar, bajo el signo de la división del trabajo, que el hombre ha ingeniado. De tal aserto, sin

50 Ibíd., págs. 397, 407, 409 y 411.

embargo, no sería lícito inferir que estamos ante un sistema puramente accidental y artificial, sustituible sin más por otro cualquiera. *La economía de mercado es fruto de dilatada evolución. El hombre, en su incansable afán por acomodar la propia actuación, del modo más perfecto posible, a las inalterables circunstancias del medio ambiente, logró al fin descubrir la apuntada salida. La economía de mercado es la táctica que ha permitido al hombre prosperar triunfalmente desde el primitivo salvajismo hasta alcanzar la actual condición civilizada.*

Los economistas siempre advirtieron que la economía de mercado es fruto engendrado por un largo proceso histórico que se inicia cuando la raza humana emerge de entre las filas de otros primates.

c) Los ciclos económicos
Sostiene Mises[51]:

Las continuas alzas y bajas de la actividad económica, la inevitable secuencia de auges y depresiones, son los insoslayables efectos provocados por los reiterados efectos de rebajar el interés bruto de mercado mediante la expansión crediticia. *No hay forma de evitar el colapso final de todo auge desatado a base de expansión crediticia. Tan solo cabe optar entre provocar más pronto la crisis poniendo fin voluntariamente a la expansión crediticia o dejar que, por sí solos, el desastre y la ruina total del sistema monetario se produzcan algo más tarde.*

[...] No interesa cuáles sean los motivos que inducen a los bancos a ampliar el crédito y a rebajar la tasa bruta del interés que el mercado libre hubiera impuesto. Lo único que de verdad importa es que los bancos y las autoridades monetarias consideran perniciosa la cuantía del interés libremente determinado por el mercado, rebaja que, entienden, cabe provocar mediante la expansión crediticia sin dañar a nadie más que a unos cuantos parasitarios prestamistas. Tales prejuicios indúceles a adoptar medidas que, finalmente, por fuerza provocan la crisis.

¿Y por qué ocurre eso? Pues, sencillamente, porque en los episodios de expansión monetaria artificial, es decir, no respaldada por ahorro voluntario previo, se acometen temerariamente inversiones que son malas, inoportunas, que carecen de sentido y utilidad. Estos auges suponen incrementos de precios y de salarios sin sentido económico, así como reducciones del tipo de interés que no se ade-

51 Ibíd., págs. 835-836.

cúan a la realidad del mercado. Cuando estos sesgos indeseables se hacen patentes, se produce el colapso de la economía, que entra en recesión. Para salir de ella solo hay una solución: recuperar los equilibrios perdidos.

En este sentido, sostiene Mises[52]:

> *Si las mercancías no pueden venderse y los obreros no encuentran trabajo es porque los precios y los salarios, ambos, son demasiado elevados. Quien desea colocar sus mercaderías o su capacidad laboral ha de reducir las correspondientes pretensiones hasta encontrar comprador. Tal es la ley del mercado.*

No puede estar más claro. Solo se saldrá del pozo cuando las partes estén dispuestas a comprar y vender mercancías y trabajo. Y lo estarán cuando valoren en menos lo que dan que lo que reciben.

Friedrich A. Hayek

Friedrich A. Hayek (1899-1992) fue el principal discípulo de Mises, aun cuando no compartió algunas de sus teorías. Desde 1931 a 1950 enseñó en la London School of Economics. Durante esta etapa de su vida académica tuvo fuertes enfrentamientos con Keynes debido a sus posiciones diametralmente opuestas sobre la intervención del Estado en la economía como política para salir de las situaciones de grave crisis. La adopción generalizada de las ideas keynesianas por parte de los Gobiernos llevó a Hayek a perder interés por las cuestiones técnicas de la economía, para dedicarse a temas de carácter filosófico y social. También fundó instituciones para difundir sus ideas liberales y oponerse al socialismo. Una de las más conocidas es la Mont Pelerin Society (1947). En 1949 emigró a Estados Unidos para enseñar en la Universidad de Chicago, donde no tuvo buena acogida, como ya le había ocurrido anteriormente a Mises en Nueva York. Y ello por cuanto su defensa a ultranza del liberalismo y su severa crítica de cuanto oliera a socialismo chocaba frontalmente con las ideas predominantes. En 1962 regresó a Europa, y enseñó en las Universidades de Friburgo (1962-1969) y de Salzburgo (1969-1977). En 1974 fue galardonado con el Premio Nobel de Economía, que compartió con el economista sueco Gunnar Myrdal, «por su trabajo pionero en la teoría del dinero y las fluctuaciones económicas y por sus penetrantes análisis de la interdependencia de los fenómenos económicos, sociales e institucionales».

---

52 Ibíd., pág. 842.

En lo que sigue, me limitaré exclusivamente a citar algunos textos relacionados con el capitalismo, espigados en sus obras *Derecho, legislación y libertad* y *La fatal arrogancia.*

a) *Derecho, legislación y libertad*, volumen 1, "Normas y orden"
Hayek reflexiona en los siguientes términos[53]:

> El medio cultural heredado en el que el hombre nace se compone de un complejo de normas de conducta y prácticas que han prevalecido porque permitieron a determinados grupos humanos avanzar hacia las metas que ellos mismos se habían planteado. *Dichas normas, sin embargo, no fueron adoptadas porque se tuviera conciencia de que lograrían producir los deseados efectos. El hombre obró antes de pensar y solo más tarde llegó a comprender. Lo que llamamos entendimiento no es, en último extremo, sino la capacidad del ser humano de reaccionar ante el medio con un tipo de comportamiento que contribuye a facilitar su supervivencia.*

Hayek distingue entre dos clases de orden: el creado (o *taxis*) y el espontáneo (o *kosmos*).

El orden espontáneo es «el resultado final de procesos evolutivos cuyos efectos nadie previó ni proyectó»[54].

En cuanto al orden creado, se trata de una estructura, orden artificial u organización, resultado del designio humano y que persigue un fin concreto. Su grado de complejidad está limitado por lo que una mente humana puede abarcar, y su control y éxito resultan, en todo caso, contingentes.

b) *Derecho, legislación y libertad*, volumen 2, "El espejismo de la «justicia social»"
El contenido de este volumen es muy comprometido, como el propio título sugiere. Resumo su crítica de la «justicia social» en los dos bloques de texto siguientes, formados por fragmentos explicativos (el primero) y especialmente llamativos (el segundo)[55]:

> La justicia «social» [también llamada «distributiva»] llegó a ser considerada atributo que deben compartir los «actos» de la sociedad, o el «trato» que ésta otorgue a los diferentes individuos o grupos. [...] La

53 Vol. 1, págs. 34-35.
54 Ibíd., pág. 68.
55 Vol. 2, págs. 112-116 (el primero) y 117-119 (el segundo).

exigencia de la «justicia social», en efecto, está orientada no hacia el individuo sino hacia la sociedad. Ahora bien, *la sociedad*, en el sentido estricto en que resulta posible distinguirla del aparato gubernamental, *es incapaz de actuar según un plan específico, por lo que la exigencia de «justicia social» se convierte en exigencia de que los miembros de la sociedad se organicen de aquella manera según la cual resulte posible asignar partes concretas del producto social a los distintos individuos o grupos. Surge así la fundamental cuestión de si existe el deber moral de someterse a un poder que intenta coordinar los esfuerzos de los miembros de la sociedad al objeto de materializar un modelo particular de distribución que se considera justo.* [...] Debe admitirse, desde luego, que la forma en que los beneficios son distribuidos a través de los mecanismos del mercado debería ser considerada en muchos casos marcadamente injusta en el supuesto, claro está, de que tal resultado fuera consecuencia de una deliberada distribución. No es este, sin embargo, el caso. *Dicha distribución es resultado de un proceso cuyos individuales efectos no fueron pretendidos ni previstos por nadie cuando surgieron las correspondientes instituciones. Estas han perdurado por juzgarse que satisfacían las expectativas de todas o de la mayor parte de las gentes en cuanto al objetivo de ver sus necesidades cubiertas.* Exigir justicia de tal proceso es un claro dislate y es evidentemente injusto privilegiar en semejante sociedad a algunos, como si dichas personas tuvieran derecho a una concreta participación.

La sociedad actual está comprometida a satisfacer cuantas exigencias le impone la «justicia social». [...] La expresión de referencia pudo producir tal efecto a causa de que el apuntado ideal se trasladó poco a poco desde el movimiento socialista a los restantes movimientos políticos e incluso a la mayor parte de los pensadores morales. Fue también adoptado por un amplio sector del clero de la mayor parte de las confesiones cristianas. [...] *La Iglesia Católica Romana, de manera especial, ha convertido a esta aspiración de «justicia social» en parte fundamental de su doctrina oficial.* [...] *El compromiso con la «justicia social» se ha convertido, de hecho, en la principal válvula de escape de la emotividad.* Ha llegado a ser el atributo que permite distinguir al hombre bueno y prueba suficiente de que se dispone de adecuada conciencia moral. [...] [Sin embargo], *la «justicia social», en realidad, no pasa de ser una superstición cuasi religiosa del tipo de las que cabe tolerar y respetar en tanto en cuanto se limiten a contribuir a la felicidad de quienes las sustentan, pero contra las que es preciso luchar cuando se convierten en pretexto para someter por la coacción a las gentes. La generalizada fe en la «justicia social», probablemente, constituye hoy la más grave amenaza que se cierne sobre la mayor parte de los valores de la civilización libre.*

Ciertamente, semejante declaración de Hayek sobre la justicia social es un tanto fuerte aunque sea plenamente coherente con su teoría. Tal vez Hayek, consciente de la dureza de su discurso, pragmáticamente resignado en su inamovible presente y apostando ya por un futuro que no viviría, dice más adelante[56]:

> *No existe razón alguna para que, en una sociedad libre, el Gobierno deje de asegurar a todos la oportuna protección contra la miseria garantizándoles un mínimo de ingresos; o para que deje de fijar un nivel de ingresos por debajo del cual nadie debería caer. Establecer esta seguridad contra el extremo infortunio no puede menos que redundar en beneficio de todos. Puede considerarse, en otras palabras, evidente deber moral prestar asistencia, en una sociedad organizada, a quienes no son capaces de velar por sí mismos.* Ahora bien, *garantizar unos ingresos mínimos y uniformes al margen del mercado en beneficio de todos aquellos que, por la razón que fuere, sean incapaces de obtener, a través del mercado, un adecuado sustento no conduce a una restricción de la libertad ni es incompatible con el imperio de la ley.* Los problemas que estamos considerando surgen solo cuando la autoridad se pone a determinar la remuneración que a los servicios prestados debe corresponder, quedando con ello marginado ese mecanismo impersonal del mercado que permite orientar los esfuerzos individuales.

En relación con los derechos del hombre, Hayek dice, con fina ironía[57]:

> Según parece no se les ocurrió a los autores de la declaración que no todo el mundo es empleado de una organización y que el derecho a una «justa y conveniente remuneración, incluyendo una razonable limitación de las horas de trabajo y vacaciones pagadas» (Artículo 24 de la *Declaración Universal de los Derechos Humanos*), es algo que no cabe garantizar. *La concepción de un «derecho universal» que asegure al campesino, al esquimal, y presumiblemente al Abominable Hombre de las Nieves, «vacaciones pagadas» demuestra lo absurdo de semejante pretensión.* El más elemental sentido común debería haber sugerido a los autores de este documento que lo que decretaban como derechos universales es algo que, tanto en la actualidad como en el futuro previsible, es totalmente imposible de llevar a la práctica; que al proclamar solemnemente derechos tales aspiraciones se tergiversaba irresponsablemente el concepto de «derecho» hasta extremos que solo pueden contribuir a la desaparición de todo respeto al mismo.

---

56 Ibíd., pág. 152.

57 Ibíd., págs. 177-180.

Creo que Hayek tiene razón. Como ya ocurre desde antaño, casi todo el mundo cree tener todos los derechos y ninguna obligación.

c) *Derecho, legislación y libertad, volumen 3*, "El orden político de una sociedad libre"
En relación con este volumen, de contenido ciertamente espinoso pero imprescindible, solo citaré algunas perlas extraídas de su epílogo, titulado "The Three Sources of Human Values"[58], que permiten entender mejor las ideas de Hayek sobre los sistemas complejos y, en concreto, sobre la generación evolutiva de los órdenes espontáneos de cooperación humana[59].

> Es imprescindible que, de manera general, se llegue a captar la idea de que *el existente orden social no es fruto de proyecto intencionado alguno, sino en gran medida consecuencia de la supervivencia de las más eficaces instituciones sociales, a lo largo de un proceso competitivo.*
> [...] *La civilización reposa, sin embargo, de manera fundamental, en el hecho de que la humanidad haya sido capaz de someter sus innatos instintos animales a ciertos módulos de comportamiento establecidos por vía no racional, fenómeno que permitió la formación de grupos humanos organizados con una capacidad expansiva cada vez mayor.*
>
> *La transición que, arrancando de la pequeña banda de salvajes, a través de un proceso de asentamiento de la comunidad, finalmente alumbró la Sociedad Abierta, y consecuentemente el orden civilizado solo resultó posible en la medida en que los hombres se mostraron capaces de someter su conducta a determinados conjuntos de normas abstractas y se resistieron a dejarse llevar por innatos instintos que les impulsaban hacia la directa materialización de objetivos colectivamente perceptibles.* Los impulsos naturales innatos se hallan ajustados al tipo de existencia que a las pequeñas agrupaciones humanas correspondía, en cuyo ámbito desarrollara la humanidad las estructuras neuronales que hoy aún caracterizan a la especie *homo sapiens*. Tales innatos impulsos, que, quizá a lo largo de *cincuenta mil generaciones*, fueron apareciendo hasta formar el tipo humano actual, nacen, pues, en un entorno completamente diferente al que corresponde a las quinientas o —incluso para muchos— solo *cien últimas generaciones* [tres mil años]. [...]

58 Vol. 3, págs. 259-309.
59 Ibíd., págs. 263-264 (§ 1), 275-277 (§ 2), 278-282 (§ 3) y 283-285 (§ 4).

Los principios morales que amparan la existencia de la Sociedad Abierta no propician la satisfacción de los impulsos emocionales del hombre. Dicho objetivo nunca constituyó meta de ningún proceso evolutivo. [...] La mayor parte de esas sucesivas etapas surgidas a lo largo del proceso de desarrollo cultural fueron resultado de la adopción de nuevos hábitos de conducta que surgieron, no porque quienes decidieron adoptarlos de algún modo vislumbraran su relativa superior eficacia, sino porque, al prosperar en mayor medida los grupos humanos que decidieron hacerlo, llegaron finalmente a predominar sobre los restantes.

[La] evolución de las normas de conducta y los sucesivos modelos económicos aparecidos a lo largo del proceso histórico que finalmente alumbrara la sociedad civilizada [...] implicó fundamentalmente la potenciación de la libertad en virtud de *un proceso de relajamiento de ciertas prohibiciones*, fenómeno que sin duda se hizo más bien a través de la introducción de esquemas normativos más respetuosos con la autonomía individual que de disposiciones concretas orientadas a conseguir determinados tipos de comportamiento. Es indudable que *constituyeron las correspondientes rupturas con los hábitos existentes (es decir, la pérdida del «estado de gracia» del individuo respecto a la colectividad) la práctica de establecer relaciones de intercambio con personas ajenas al grupo propio, la de reconocer la inviolabilidad de la propiedad privada* [...], *la de asumir las responsabilidades contractuales con los productores tradicionalmente establecidos, la de aceptar la libertad de los precios* [...], *así como la de tolerar el préstamo y la devolución de capitales y el cobro del correspondiente interés.* [...]
[...] *Fue necesario, sin embargo, abandonar también esos hábitos para poder acceder a la Gran Sociedad y a la economía de mercado. Cada una de las etapas de dicha evolución implicaría, sin duda, episodios de ruptura de esa «solidaridad» que al pequeño grupo caracteriza, ruptura que siguen recusando aún hoy muchos de nuestros contemporáneos en lo más hondo de su ser. Constituyen, sin embargo, esos estadios evolutivos etapas imprescindibles al proceso que finalmente alumbraría lo que hoy denominamos sociedad civilizada.* [...]
[...] *Determinadas piezas fundamentales de la sociedad civilizada no son fruto de intencionado diseño, sino resultado de espontánea evolución. Tal es, por ejemplo, el caso del lenguaje, la moral, la ley y la moneda.* Estas dos últimas instituciones, por haber caído en manos del poder político, se hallan en los momentos actuales totalmente corrompidas.

Para el ser humano seguramente resultó difícil aceptar que, en la Sociedad Abierta y libre, no resulta ya posible el identificar el interés

colectivo con el logro de ningún específico conjunto de objetivos, sino que dicho orden exigiría más bien el generalizado respeto de ese conjunto de normas que asegura la existencia de un orden que, sin poder asegurar a nadie específico bien alguno, a todos sitúa en las mejores condiciones posibles para que puedan alcanzar personalmente sus particulares metas. [...]
[...] *"En ningún momento ha diseñado el hombre el sistema económico en el que desarrolla su actividad: no somos suficientemente inteligentes como para hacerlo". Más bien nos hemos tropezado con él por pura casualidad.*

d) *La fatal arrogancia*

Hayek cierra esta su última obra, muy rica en contenidos, haciendo un canto al importante papel que jugaron en el proceso de la evolución espontánea de las instituciones financieras las creencias religiosas y, por lo tanto, los principios morales por ellas establecidos. Y tiene este colofón especial relevancia por cuanto Hayek era ateo. Solo citaré un texto que pone de manifiesto la contribución decisiva de los «guardianes de la tradición». Dice Hayek[60]:

Nos hemos referido en repetidas ocasiones a la desgarrada situación en que la humanidad se ha encontrado entre dos formas diferentes de ser. Por un lado, están las actitudes y emociones propias de los pequeños grupos, en los que la humanidad ha vivido durante más de cien mil años y en los que los miembros de la colectividad se ayudan unos a otros persiguiendo unos fines comunes. Curiosamente, estas arcaicas actitudes y emociones son hoy defendidas por ciertas tendencias racionalistas y por el empirismo, el hedonismo y el socialismo asociado a las mismas. *Por otro lado tenemos el más reciente desarrollo en la evolución cultural, según el cual ya no servimos principalmente a nuestros inmediatos allegados ni perseguimos fines comunes, sino que se han formado unas instituciones, unos sistemas morales y unas tradiciones que han producido y en la actualidad mantienen un número de individuos enormemente superior al existente en etapas anteriores, individuos que, en buena medida pacíficamente a través de la competencia, persiguen una multiplicidad de fines diferentes, elegidos por ellos mismos en colaboración con otros miles de personas a quienes jamás conocerán.*

¿Cómo pudo suceder esto? ¿Cómo pudieron transmitirse de generación en generación unas tradiciones que a veces resultaban incómodas e incomprensibles, cuyos efectos, por lo general, era imposible apreciar y prever y contra las que, incluso, se combatió apasionadamente?

60 *La fatal arrogancia*, págs. 211-214.

Una primera respuesta podemos encontrarla en la idea de la que parte esta obra, es decir de la evolución del orden moral a través de la selección de los grupos: *solo los grupos que se comportan conforme a ese orden logran sobrevivir y prosperar. Pero hay algo más. Si estas normas de conducta no surgieron de la comprensión de los beneficiosos efectos producidos por el establecimiento de un extenso orden de cooperación hasta entonces inimaginable,* ¿de dónde pudieron surgir? Y, más importante aún: ¿cómo pudieron vencer la fuerte oposición del instinto y, más recientemente, de los ataques de la razón? *Aquí es, precisamente, donde interviene la religión.*

[...] *Probablemente, se han precisado muchas generaciones para asegurar la continuidad de determinadas tradiciones y su real difusión.* [...]

Debemos en parte a las creencias místicas y religiosas —y, en mi opinión, especialmente a las monoteístas— el que las tradiciones beneficiosas se hayan conservado y transmitido al menos durante el tiempo necesario para que los grupos que las aceptaron pudieran desarrollarse y tuvieran la oportunidad de extenderla a través de la selección natural o cultural. Esto significa que, nos guste o no, debemos en parte la persistencia de ciertas prácticas, y la civilización que de ellas resulta, al apoyo de ciertas creencias de las que no podemos decir que no sean verdaderas —o verificables, o contrastables— en el sentido que lo son las afirmaciones científicas, y que ciertamente no son fruto de una argumentación racional. Pienso a veces que, por lo menos a algunas de ellas y como señal de aprecio, deberíamos llamarlas «verdades simbólicas», ya que ayudan a quienes las asumieron a «fructificar, a multiplicarse y llenar la tierra y dominarla» (*Génesis*, 1, 28). Incluso aquellos, entre los que me encuentro, que no están dispuestos a admitir la concepción antropomórfica de una divinidad personal *deben reconocer que la prematura pérdida de lo que calificamos de creencias no contrastables habría privado a la humanidad de un poderoso apoyo en el largo proceso de desarrollo del orden extenso del que actualmente disfrutamos y que, incluso ahora, la pérdida de estas creencias, verdaderas o falsas, crearía graves dificultades.*

Hayek que, como intelectual agnóstico «se considera en igual medida incapacitado tanto para negar como para afirmar la existencia de ese Ser sobrenatural que otros denominan Dios», se pregunta: «¿Cómo puede la religión contribuir a preservar las costumbres benéficas?» Y tras algunas divagaciones, señala que[61]:

61 Ibíd., pág. 216.

> *En muchos si no en la mayoría de los casos, consiguieron triunfar aquellos grupos que se mantuvieron fieles a un «ciego hábito» o aprendieron a través de la enseñanza religiosa máximas como la que afirma que «la honradez es la mejor política», desplazando así a otros grupos más inteligentes que «razonaron» de otro modo.*

Y para concluir, Hayek viene a manifestar, con otras palabras, su temor de que, en una era tan perturbada como la nuestra, una mayoría de la gente llegue un día a considerar que la tradición abstracta que hemos heredado no es sino una superstición a superar si la razón pasa al ataque. *«De esta cuestión puede depender la supervivencia de nuestra civilización»*[62].

Concluyo aquí mi largo paseo por las teorías más destacadas del capitalismo, al cual percibo desde hace tiempo como un orden espontáneo, producto de un larguísimo proceso de evolución social. De ahí que haya dedicado una especial atención a las doctrinas de von Mises y, sobre todo, de Hayek, citando textos de las mismas *ad pedem litterae*, por cuanto una síntesis escueta les habría restado, inevitablemente, profundidad y hasta sentido.

Es probable que ciertas asperezas de algunos párrafos de la teoría hayekiana —de las que ya he dado noticia en el capítulo 5 al explicar cómo se gestó mi decisión de tomarla como «base teórica» del bosquejo de nuevo paradigma económico— resulten impactantes para lector; y con razón.

Por mi parte debo reconocer, como ya anticipé en dicho capítulo, que no comulgo con la totalidad de la teoría hayekiana. En efecto, entre otras muchas cosas, soy partidario de una intervención razonable del Estado en la economía y, también, siento un gran respeto por la justicia social. Sin embargo, me adhiero por completo, como ya es más que evidente, a su núcleo, el cual no es otro que la concepción de la economía de mercado como un orden extenso de cooperación humana, o, si se prefiere, como un magno sistema complejo adaptativo, su hermano gemelo univitelino.

62 Ibíd., pág. 217.

Capítulo 8

MORAL Y ECONOMÍA (I)

El hedonismo, la idea del placer como modo de vida, se ha convertido en la justificación cultural, si no moral, del capitalismo.

DANIEL BELL, *Las contradicciones culturales del capitalismo*

Según sostienen algunos historiadores, la palabra capitalismo y el concepto que expresa no se consolidaron hasta 1860. En el capítulo anterior ya hemos podido comprobar el juicio moral que le mereció a Karl Marx el comportamiento de los capitalistas y el sistema en el que operaban.

Sin entrar en detalles, lo cierto es que el capitalismo, desde que emergió como corriente económica, ha tenido muchos detractores por parte de los movimientos obreros, del comunismo, del marxismo, del socialismo, del anarquismo... Pero, desde el final de la Segunda Guerra Mundial hasta el término del segundo milenio, la oposición al capitalismo fue más bien de carácter político, que filosófico, y, en concreto, ético.

En efecto, desde el año1945, en el que se estableció el sistema financiero Breton Woods, hasta el colapso del mismo en 1971 y la crisis del petróleo de 1973, se vivió la llamada Edad de Oro del capitalismo, los Trente Glorieuses (los Gloriosos Treinta). Su expansión fue acompañada de una fuerte intervención del Estado, que alumbró lo que se ha dado en llamar «estado de bienestar» en los países de Occidente.

A la Edad de Oro del capitalismo, le siguió una etapa de larga recesión, estanflación y convulsiones en el sistema financiero.

Pero durante el mandato del presidente Ronald Reagan (1981-1989) la economía norteamericana dio un vuelco. La llamada "reaganomics" (reducción de impuestos y de la intervención del Estado en la economía) fue un gran éxito, que perduró hasta finales de 2000. Su hábil política exterior propicíó la caída del Muro de Berlín (9 de noviembre de 1989). Y, por ensalmo, casi todo el mundo se hizo capitalista: cayeron los regímenes comunistas de Europa central y del este, China se integró en la economía mundial, y se desencadenó el fenómeno de la globalización.

En este nuevo ambiente, la cuestión de la moralidad o inmoralidad del capitalismo no era en absoluto objeto de debate, salvo en el ámbito de las posiciones ideológicas extremas. Sí se debatía sobre imperialismo, justicia social, derechos humanos, solidaridad, reparto de la riqueza, racismo, xenofobia...

La economía parecía ir viento en popa. En el año 2000, economistas norteamericanos informaron de que, desde mediados de la década de los ochenta, se habían ido atenuado significativamente, de forma simultánea, la volatilidad: (i) del crecimiento del producto interior bruto y de la inflación; (ii) de los ciclos económicos de crecimiento, crisis y depresión; y (iii) del paro[1]. Un consenso entre economistas denominó a este período Gran Moderación[2], término que fue bendecido en 2004 por Ben Bernanke[3], a pesar de la grave crisis bursátil de 1987, de la crisis financiera asiática de 1997-1998, y del pinchazo de la burbuja tecnológica de 2000-2001.

Pero el análisis de las causas del pinchazo de la burbuja inmobiliaria en octubre de 2007, ha puesto en evidencia que la ocurrencia académico-política denominada Gran Moderación no había sido en realidad, desde la década de los noventa, sino un trampantojo que encubría un gran desenfreno, un gran desbarajuste, una gran equivocación. Más aún: hay quien sostiene que «la Gran Moderación produjo la crisis financiera de 2008 y la Gran Recesión»[4]. En efecto, la presunta placidez económica que habían pregonado académicos y altos funcionarios de la propia Fed, implicaba una economía de menor riesgo. Así las cosas, todos los agentes pensaron que el momento de emprender operaciones más arriesgadas había llegado; ¡*carpe diem*! Y se produjo el gran desastre: «La creencia en un riesgo menor creó mayores riesgos»; gran paradoja.

1 Margaret McConnell and Gabriel Pérez-Quirós, 2000, "Output fluctuations in the United States: what has changed since the early 1980s?", *American Economic Review*, 90(5): 1464-1476.

2 James H. Stock and Mark W. Watson, "Has the Business Cycle Changed and Why?", National Bureau of Economic Research, Volume Title: NBER Macroeconomics Annual 2002, Volume 17.

3 The Federal Reserve Board, Remarks by Governor Ben S. Bernanke at the meetings of the Eastern Economic Association, Washington, DC February 20, 2004, "The Great Moderation".

4 Robert Samuelson, artículo titulado "La paradoja de Alan Greenspan al frente de la FED", La Nación, 8 de octubre de 2013.

Sean o no atinadas tales reflexiones sobre la Gran Moderación, lo cierto es que en los años 2000 y 2001 se empezó a cuestionar la moral del capitalismo en algunos artículos de prensa; era mucha la gente que se había arruinado al pinchar la burbuja tecnológica. Y, como a nadie puede sorprender, a partir de 2008 dicha controversia se incrementó y expandió *urbi et orbi*. También se intensificaron extraordinariamente las airadas denuncias sobre la insolvencia del capitalismo ante los retos de la justicia social, en general, y del reparto de la riqueza, en particular.

En lo que sigue daré mi opinión sobre estos delicados asuntos.

En torno a la moralidad del capitalismo

Abordaré esta cuestión, que entra de lleno en el ámbito de la filosofía y, en concreto, de la ética, yendo de la mano del filósofo francés André Comte-Sponville, autor de *El capitalismo, ¿es moral?*[5].

Conviene advertir que, aun cuando los términos «ética» y «moral» se utilizan como sinónimos en el discurso popular, Comte-Sponville, por cuestiones metodológicas, distingue en su obra entre dos órdenes autónomos, en el sentido pascaliano del término[6]: el *orden moral* y el *orden ético*. Dentro de este marco, la moral se refiere a las acciones buenas que se realizan *por deber* (obligación) o *utilidad*, no *por amor*, aquellas que responden a la máxima de hálito kantiano: *Actúa como si amaras*[7]. Por el contrario, la ética supera y perfecciona a la moral, en el sentido de que concierne a las acciones buenas que se realizan de buen grado, con alegría, es decir, *por amor* (el alfa y el omega de toda virtud). Su máxima suprema: *Ama a tu prójimo como a ti mismo* (evangelio predicado por Jesucristo).

En lo que sigue, distinguiré también entre los órdenes moral y ético, siguiendo la metodología pascaliana que utiliza Comte-Sponville.

---

5 André Comte-Sponville, *El capitalismo, ¿es moral?*, Ediciones Paidós Ibérica, S. A., 2004.

6 Blaise Pascal, *Pensamientos*, Espasa Calpe S. A., Colección Austral, 1995, págs. 238-239. En el fragmento 793 (edición Brunschvicg), Pascal distingue *tres órdenes*, es decir, «*tres conjuntos homogéneos y autónomos, regidos por leyes, que adoptan un determinado modelo, de donde se deriva su independencia con respecto a uno o varios órdenes diferentes*», a saber: el orden del cuerpo; el orden del espíritu o de la razón; y, finalmente, el orden del corazón, de la santidad, de la caridad, del amor.

7 André Comte-Sponville, *Pequeño tratado de las grandes virtudes*, Ediciones Paidós Ibérica, S. A., 2005, págs. 233 y 275.

Los órdenes de Comte-Sponville

Aunque no soy kantiano, como se puede colegir fácilmente de lo leído en el capítulo 6, acepto su principio filosófico de que las acciones del ser humano solo tienen valor moral si se realizan *desinteresadamente.*

Comte-Sponville, por supuesto, también acepta este principio. Por ello en su libro se muestra muy crítico con la llamada *business ethics* (ética de los negocios o ética empresarial), nacida a comienzos de la década de los setenta con el nada desinteresado propósito de mejorar la imagen de la empresa y, por tanto, las ventas. No le falta razón al filósofo francés, porque ¿qué demonios pinta la moral en la gestión empresarial, siendo, como es, objetivo fundamental de la misma la generación de beneficios?[8].

Comte-Sponville, para acotar los territorios de la economía y de la moral, pergeña una metodología que se basa en órdenes, es decir, en conjuntos homogéneos y autónomos, regidos por leyes, que adoptan un determinado modelo, de donde se deriva su independencia con respecto a uno o varios órdenes diferentes. Comte-Sponville considera cuatro órdenes, a saber: el orden tecno-científico, el orden jurídico-político, el orden moral y el orden ético. Cada uno de estos órdenes puede tener, o no, límites, es decir, fronteras para delimitar los territorios de lo que se puede y de lo que no se puede hacer[9]. Y a estos cuatro órdenes añadiré un quinto, el orden divino, por cuanto permite entender el porqué del posicionamiento de la Iglesia católica en materia de doctrina social y, por lo tanto, su juicio moral sobre el capitalismo, como veremos en el capítulo 9.

1. Orden tecno-científico

   Este orden está integrado por todo lo relacionado con la ciencia en general, la técnica y la tecnología. Incluye, por lo tanto, las ciencias matemáticas, naturales y sociales, así como las teorías y técnicas que permiten el aprovechamiento práctico del conocimiento científico.

   Se trata de un orden espontáneo, estructurado internamente por la oposición entre lo posible y lo imposible.

   Sus virtuales fronteras internas son, pues, incapaces de limitarlo, porque no dejan de desplazarse con el tiempo; lo que hoy es imposible, puede ser posible mañana.

   Si abandonamos este orden a su sola espontaneidad interna, «todo lo que puede realizarse se realizará siempre» (la llamada ley

8 *El capitalismo, ¿es moral?*, op. cit., pág. 56.
9 Ibíd., págs. 57-81.

de Gabor)[10]. ¿No se construyó, acaso, la bomba atómica? ¿Se podrá impedir el paso del fatalismo natal al nacimiento opcional y a la selección prenatal, si llega a ser científicamente posible?

Esta pavorosa realidad nos obliga a limitarlo desde el exterior.

2. Orden jurídico-político

Se trata de un orden estructurado internamente por la oposición entre lo legal y lo ilegal.

Jurídicamente su frontera es la ley (expresión de la voluntad soberana del pueblo a través de sus representantes legítimos), y políticamente su frontera es la democracia parlamentaria.

Pero la ley no tiene límites jurídicos (el pueblo es soberano, y tanto puede hacer la ley, como puede deshacerla, rehacerla y modificarla), ni la democracia parlamentaria tiene límites democráticos (la constitución puede ser cambiada).

El hecho de que este orden es incapaz de limitarse a sí mismo nos obliga a limitarlo desde el exterior. Pero, cuidado. El orden jurídico-político es un orden intrínsecamente limitado, porque no puede ni abolir una verdad científica o técnica (por ejemplo, el segundo principio de la termodinámica), ni modificar una exigencia moral (por ejemplo, que todos los hombres son iguales en derecho y dignidad).

3. Orden de la moral u orden del deber

Se trata de un orden estructurado internamente por la oposición entre el bien y el mal, el deber y la prohibición.

En este contexto, «la moral es el conjunto de nuestros deberes o, dicho de otro modo, el conjunto de las obligaciones o de las prohibiciones que nos imponemos a nosotros mismos, no forzosamente a priori [...], sino independientemente de cualquier recompensa o castigo esperados, e incluso de cualquier esperanza»[11]. Es decir, se trata de un orden del deber.

Su único límite es la conciencia del actor. La conciencia de un hombre honrado es más exigente que el legislador; y el individuo tiene más deberes que el ciudadano (por ejemplo, el de combatir y desobedecer las leyes inmorales, aunque sean jurídicamente válidas).

---

10 Enunciada por Dennis Gabor, físico, filósofo y sociólogo húngaro, Premio Nobel de Física 1971 por la invención y desarrollo del método holográfico.

11 *El capitalismo, ¿es moral?*, pág. 75.

Pero la moral, así contemplada: es farisaica ('he cumplido con la ley' —con la letra de la ley—); es egoísta ('he cumplido con mi deber, con mis obligaciones, me siento justificado'); es individualista ('obro con independencia de los demás'). Por supuesto, este orden no debe ser limitado sino que, muy al contrario, tiene que ser completado. ¿Qué es lo que le falta? «Dos mil años de civilización cristiana, quizás incluso tres mil de civilización judeocristiana, nos responden con una claridad y una insistencia extraordinarias que lo que falta es, evidentemente, el amor»[12]. De ahí que, metodológicamente, sea preciso establecer un orden superior para evitar que la norma de actuación sea solo un deber del todo ayuno de amor.

4. Orden ético u orden del amor
Se trata de un orden estructurado internamente por la oposición entre la alegría (el amor) y la tristeza (el odio).

Dentro de este orden es posible diferenciar entre lo que se hace por simple deber (lo moral en sentido kantiano, ahíta de razón pero carente de compasión), y lo que se hace por amor (lo ético). Se trata del amor a la verdad, del amor a la libertad y, sobre todo, del amor puro, desinteresado, del amor del alma, del amor del que nos hablan los Evangelios, es decir, del amor al prójimo, del amor entendido como *agape*, como *caritas*, como compasión, como alegría.

Este orden es el último para los no creyentes, y no necesita ser limitado ni completado.

Pero para los creyentes, y en concreto, para los cristianos, hay un orden superior, donde se ubican las órdenes de Dios dadas en los libros del Antiguo y del Nuevo Testamento, sobre todo, en los Evangelios. Se trata del *orden sobrenatural*. Este orden, dada su naturaleza, debe ser, pura y simplemente, obedecido.

En el gráfico 8.1 represento simbólicamente los cuatro órdenes que André Comte-Sponville utiliza en su discurso sobre el capitalismo. Y digo «simbólicamente», porque no se puede transitar de un orden a otro como quien sube o baja por la escalera de un edificio de cuatro pisos. En efecto, necesitamos estos cuatro órdenes, en permanente interacción. Los cuatro son necesarios en nuestra vida, pero ninguno es suficiente; son distintos, pero no están separados. Todos estamos simultáneamente en los cuatro, de una forma u otra. ¡Complejo, pero obvio, edificio conceptual!

A estos cuatro órdenes añado el orden sobrenatural (solo para católicos).

12 Ibíd., págs. 77-78.

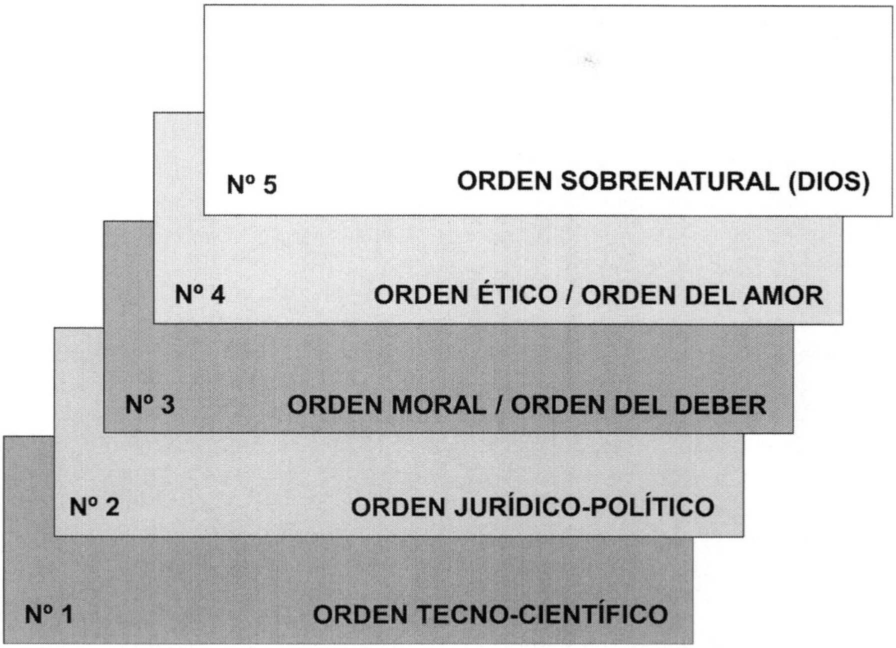

GRÁFICO 8.1. *Los cuatro órdenes de André Comte-Sponville*

Dicho todo esto, ¿cómo responder a la pregunta: «El capitalismo, ¿es moral?»?

La distinción de órdenes más arriba expuesta le permite a Comte-Sponville dar una respuesta que, a mi juicio, es muy convincente. En efecto, señala que contestar afirmativamente sería tanto como sostener que el orden nº 1 está sometido al orden nº 3.

Pero ni la ciencia ni la técnica son morales. ¿Por qué habría de ser moral la economía, que es a la vez una ciencia y una técnica?

Además, ¿cómo podría ser moral la economía si no tiene voluntad ni conciencia, facultades que son privativas del ser humano, el único al que le corresponde ser moral?

Por ello considera que la economía no es moral ni, por supuesto, inmoral; es pura y simplemente *amoral*, es decir, está desprovista de sentido moral.

Si la economía es amoral, por pertenecer al orden nº 1, también tienen que ser amorales todas y cada una de sus partes, a saber: el capitalismo, el mercado y la empresa.

Para dar mayor contundencia a su punto de vista, dice Comte-Sponville, entre otras cosas[13]:

> La lluvia cae, pero nunca es ni moral ni inmoral. [...] Y sucede lo mismo, por supuesto, con las cotizaciones del petróleo o del euro: no dependen de ninguna manera de la moral, sino de la marcha general de la economía, de las relaciones de fuerza [...] a escala mundial, y en definitiva, de la oferta y la demanda. Carecen de deber: se contentan con hacer su tarea [...] de materia prima o de moneda.
>
> Eso no impide que factores psicológicos puedan intervenir (y necesariamente intervienen) en la economía. Como cualquier mercado, por ejemplo, requiere confianza. Pero esta *confianza* es un problema psicológico y sociológico, que pertenece, por este motivo, al orden número 1 (es un objeto posible para las ciencias humanas), y no a la moral. [...] Es evidente que uno evita abastecerse entre estafadores reconocidos; pero esta evidencia es económica, no moral (solo sigo mi interés) [...]. El mercado requiere confianza y castiga a quienes la traicionan. Pero esta confianza, y este castigo, [que] es por otra parte lo que los vuelve tan eficaces, no pertenecen a la moral. Pertenecen al mercado (o, cuando el mercado no basta, al derecho). Y está bien así. Si fuera necesario estar en condiciones de juzgar el valor humano de cada comerciante antes de ir de compras, ¿qué quedaría del comercio?
>
> [...]
>
> Conocer no es juzgar: la moral carece de toda pertinencia para describir o para explicar cualquier proceso que se desarrolle en este primer orden. Esto vale en particular para la economía y, por lo tanto, para el capitalismo.
>
> [...]
>
> Distinción de órdenes. *No es la moral la que determina los precios, sino la ley de la oferta y la demanda. No es la virtud la que crea el valor, sino el trabajo. No es el deber el que gobierna la economía, sino el mercado. El capitalismo, y es lo menos que se puede decir, no es una excepción. Por lo tanto, a mi pregunta-título: «El capitalismo, ¿es moral?», mi respuesta es: No. Pero, por supuesto, hay que precisarla. El capitalismo no es moral, pero tampoco es inmoral: es —pero entonces total, radical, definitivamente— "amoral".*

Tras estas enjundiosas reflexiones, Comte-Sponville señala que el gran error de Karl Marx fue intentar moralizar la economía, mediante el sometimiento del orden nº 1 al orden nº 3. En este sentido, dice[14]:

13 *El capitalismo, ¿es moral?*, págs. 89-92.

14 Ibíd., págs. 93-96.

> Para que el comunismo, tal como Marx lo había concebido, tuviera una oportunidad de éxito, era necesaria al menos una cosa: que los hombres dejasen de ser egoístas y pusiesen finalmente el interés general por encima de su interés particular. [...] De otra manera, no. Era, pues, inevitable que fracasara [...], porque *los hombres son egoístas y ponen siempre, a escala de los grandes números, su interés particular por encima del interés general.* Por tanto, era poco menos que inevitable que el comunismo se volviera totalitario, porque fue necesario imponer por la fuerza lo que la moral, muy rápido, se reveló incapaz de obtener. Fue así como se pasó de la hermosa utopía marxista, en el siglo XIX, al horror totalitario que todo el mundo conoce, en el siglo XX. Había que renunciar al sueño, o transformar a la humanidad. Se acometió la transformación (propaganda, lavado de cerebro, campos de reeducación, hospitales psiquiátricos...), y fue el sangriento fracaso que conocemos.
>
> *La genialidad del capitalismo, al contrario, o más bien (porque nadie lo inventó) su propia lógica, su esencia actual y activa [...], su potencia intrínseca, consiste en no pedir a los individuos, para funcionar más o menos, que ser exactamente lo que son: «Sed egoístas, ocupaos de vuestro interés, si es posible de un modo inteligente, y todo irá no precisamente lo mejor posible en el mejor de los mundos posibles, lo que no es más que un sueño, sino más o menos satisfactoriamente en el más eficaz de los mundos económicos reales, que es el mercado».*

Por supuesto, en absoluto debemos deificar al capitalismo. Ni siquiera tiene por qué caernos simpático. Lo que sí debemos hacer es tratar de entender su lógica, la causa de su eficacia, el motivo de su triunfo. Para ello debemos asimilar el hecho de que la economía de mercado, que viene a ser su corazón, no fue inventada por nadie de forma consciente y premeditada. Se trata —como hemos visto en la Segunda parte y hemos recordado más arriba— de un orden espontáneo que ha prevalecido por el éxito de las sociedades que lo han utilizado como marco para la realización de las transacciones propias de la actividad económica del hombre.

También debemos ser plenamente conscientes de que, desde un punto de vista funcional, el capitalismo es un sistema económico que sirve para producir mediante la riqueza más riqueza. Y como «el dinero llama al dinero», el que genera el capitalismo «no va a parar a aquellos que estarían más necesitados de él (los pobres) sino a quienes tienen menor necesidad, al menos objetivamente, porque ya tienen de sobra»[15]. Pero no podemos pedir peras al olmo. Se trata del espinoso problema de la *distribución de la riqueza*, que no entra en la jurisdicción del capitalismo, visto tanto desde un punto de vista estructural como funcional.

15 Ibíd., pág. 100.

Como dice Comte-Sponville[16]:

> ¡Hay que tener cuidado de no instituir la economía como moral! [Sería un error tan garrafal como el que cometió Marx]. [...] El capitalismo está para crear riqueza. Lo consigue demasiado bien para que tengamos necesidad de engañarnos sobre él. ¿Aceptarlo? Parece razonable, en la medida de que no tenemos nada mejor que poner en su lugar. Pero eso no es una razón para arrodillarse ante él.
> [...]
> Pretender convertir el capitalismo en una moral sería hacer del mercado una religión, y de la empresa un ídolo. Esto es precisamente lo que debe evitarse. Si el mercado se convirtiera en una religión, sería la peor de todas, la del becerro de oro. Y la más ridícula de las tiranías, la de la riqueza.

Está clarísimo, tal como el día a día nos demuestra, que la distribución de la riqueza no es cuestión que le incumba a la economía de mercado, también llamada capitalismo, cuya jurisdicción se circunscribe a la creación de la misma, no a su reparto. Entonces, ¿qué hacemos en torno a la distribución de la riqueza?

Es evidente que siendo el capitalismo, como es, un sistema complejo adaptativo y, consecuentemente, amoral, abandonado a su espontaneidad interna, todo aquello que puedan realizar los agentes que operan en el mismo para acrecer la riqueza lo realizarán siempre, aunque para ello tengan que comportarse de forma impropia, inmoral e, incluso, delictiva. Debemos pues establecer las regulaciones y las leyes necesarias para desincentivar, investigar, procesar, juzgar y condenar sin contemplaciones los actos criminales de los agentes.

Pero, «para hacer una civilización, o incluso una sociedad que sea humanamente aceptable»[17] no basta la generación de riqueza por parte del capitalismo (orden nº 1), con una fogosidad atemperada por la política y el derecho (orden nº 2). Necesitamos también la moral y, sobre todo, el amor, la espiritualidad (los órdenes nº 3, nº 4 y, en su caso, nº 5). Es, en efecto, la conciencia moral de los agentes, actuando tanto individual como grupalmente en su empresa, en su polis, en su entorno social y, sobre todo y masivamente, en el Estado, las únicas que pueden, en último término: (i) ponerle freno a las actuaciones deplorables que se observan en el capitalismo, es decir, imponer la moral y la ética *en* la conducta económica; y (ii) afrontar los problemas de la justicia social y, en concreto, de la distribución de la riqueza y de la erradicación de la pobreza extrema.

16 Ibíd., pág. 102.
17 Ibíd., págs. 99-100.

Ciertamente, sin la acción política del Estado (orden nº 2), tanto legislativa como ejecutiva, no sería posible impartir justicia social, en el sentido más amplio del término.

La confusión de los órdenes

Dado que los órdenes son conjuntos homogéneos, autónomos e independientes, regidos por leyes, y que todos estamos a la vez en los cuatro (dejando aparte el quinto, que solo tiene sentido para los creyentes y, en concreto, para los cristianos), es lógico que el interés propio y el egoísmo o, sencillamente, el deseo de dominación de quienes están en uno de ellos, realicen incursiones improcedentes en otro orden, e, incluso, intenten fagocitarlo. Se trata de un problema de «confusión de los órdenes»[18].

Pongamos un ejemplo, que viene a cuento, dados los fenómenos económicos que en esta obra se abordan.

La economía de mercado o capitalismo (orden nº 1) está limitada desde el exterior por el orden nº 2 y, también, pero de otra forma, por los órdenes nº 3 y nº 4.

En este caso, los principales conflictos se producen normalmente cuando, en un ambiente de prosperidad, el sistema capitalista (orden nº 1), intenta reducir las limitaciones que a la economía le ha impuesto el orden jurídico-político, mediante la promulgación de leyes y la vigilancia de los órganos públicos de control. Y a la inversa, cuando, en un ambiente de recesión, el Gobierno intenta incrementar tales regulaciones, mediante la promulgación de leyes más severas y el refuerzo de las instituciones de control (en especial, la banca central). Normalmente se producen encontronazos entre ambos órdenes, que se saldan con un consenso, en el que juegan un papel importante las instituciones de cabildeo. En este contexto, no cabe hablar de confusión de órdenes. Cada cual defiende como puede su estatus... dentro de un orden.

Pero sí se produce una total confusión cuando un orden intenta fagocitar al otro; por ejemplo, cuando un sistema político democrático se ve forzado a abdicar de la intervención del Estado en la economía, y a dejarla operar a su libre albedrío; y, *a sensu contrario*, cuando un socialismo de corte decimonónico puro y duro, abole la economía de mercado y la propiedad privada de los medios de producción.

En el primer escenario estaríamos ante un caso de tiranía de lo inferior; en este caso, de sometimiento del orden nº 2 al orden nº 1, de *barbarie liberal*[19].

---

18 Ibíd., págs. 103-151.
19 Ibíd., págs. 110-115.

En el segundo escenario estaríamos en un caso de tiranía de lo superior; en este caso, de sometimiento de orden nº 1 al orden nº 2, de *angelismo comunista*[20].

Pueden darse otros muchos casos de barbarie y de angelismo. Citaré solo tres.

a) La barbarie política democrática[21]
Esta barbarie pretende someter la moral (orden nº 3) a la política o al derecho (orden nº 2).
En relación con dicha barbarie, Comte-Sponville dice:

> El día en que todos nuestros conciudadanos se convenzan de que todo lo que es legal es necesariamente moral, o dicho de otro modo, el día en que la legalidad sustituya a la moralidad, en que la democracia sustituya a la conciencia, en que los derechos (en el sentido jurídico del término) sustituyan a los deberes, no habrá ya ni moralidad, ni conciencia, ni deberes. Y será el reino tranquilo, confortable y democrático del canalla legalista. «Ninguna ley prohíbe el egoísmo. ¿Con qué derecho me reprocha usted que soy egoísta? Pago mis impuestos, nunca he matado ni robado, me detengo en los semáforos... ¡no voy, aun encima, a preocuparme por los pobres!»
>
> [...] Una ley [por ejemplo, la de despenalización del aborto] no dice el bien y el mal; solo dice lo que está permitido y lo que está prohibido por el Estado. ¡No es en absoluto lo mismo! El legislador [...] nos dice en sustancia: «Yo, el Estado, considero que el aborto no es mi problema, precisamente porque se trata de un problema moral. A falta de un consenso entre [los ciudadanos], lo limito, en tanto que problema moral, a los individuos concernidos». [...] Lo legal no es el bien. Lo ilegal no es el mal. Cuando se ignora esta diferencia para contentarse con la legalidad (cuando el respeto de la democracia sustituye a la conciencia moral), nos encontramos ya en la barbarie democrática.

b) La barbarie moralizadora[22]
Comte-Sponville, aunque ateo, tiene sin duda una sana espiritualidad laica y, desde luego, demuestra en su obra un gran respeto por la doctrina de Jesucristo. Por ello hace referencia a un caso evidente de sometimiento del orden nº 4, el amor, al orden nº 3, la moral, el cual explica así:

20 Ibíd., págs. 123-130.
21 Ibíd., pág. 115-118.
22 Ibíd., pág. 121.

[Tenemos un riesgo de barbarie moralizadora en] esa tentación, más simple, más banal y más corriente, de no amar a la gente más que en proporción a su moralidad. ¿Qué podría ser más comprensible? No nos vamos a poner a amar a los canallas tanto como a la buena gente... Sí, así es como funcionamos todos. Recordaría simplemente, para quienes son sensibles a este género de tradición, que amar a la gente proporcionalmente a su grado de moralidad es el exacto contrario no solo de la pasión [la relación hombre-mujer], no solo del amor incondicional (por ejemplo, el de los padres por sus hijos), sino también y sobre todo de *la caridad, cuya paradoja consiste precisamente en que es un amor que no es proporcionado al valor moral de su objeto. Nunca hay que olvidar, y es quizá lo que hay más de profundo en la tradición cristiana, que Cristo vino al mundo "en primer lugar por los pecadores".*

c) El angelismo moral[23]
Se trata, por ejemplo, de «pretender anular las exigencias y las obligaciones del orden nº 2 (las exigencias y obligaciones de la política o del derecho) en nombre de la moral (en nombre del orden nº 3)». Dice Comte-Sponville:

Si se confía en que los [bancos de alimentos o las cocinas de Cáritas] venzan la miseria y la marginación, si se confía en que el humanitarismo sustituya a la política exterior, en que el antirracismo reemplace a la política de inmigración, es que uno se engaña a sí mismo: se da prueba de angelismo, lo que es ridículo cuando se está en la oposición, y tiránico cuando se está en el poder, o cuando se *tiene* poder (señalaremos de paso que es, por consiguiente, tiránico para quienes disponen de un poder mediático: es la tiranía de los buenos sentimientos).

Primacías y prioridades

Otra cuestión interesante es la de las primacías y de las prioridades[24].

Comte-Sponville, tal como muestro en el gráfico 1, presenta los órdenes según una jerarquía ascendente: de lo más bajo (orden tecno-científico), a lo más alto (orden del amor). Se trata de una escala subjetiva de valores para el individuo, a la que denomina jerarquía de las primacías, en la que el amor es lo que más valor tiene para el individuo, su primacía. Pero en los grupos humanos, lo que tiene más valor para el individuo no es, necesariamente, lo que más importancia tiene para el grupo. Precisamente ocurre todo lo contrario. Vista la jerarquía de órdenes de arriba abajo, aparece representado un

23 Ibíd., págs. 126-127.
24 Ibíd., págs. 153-164.

encadenamiento descendente de las prioridades grupales. Porque no hay que auto-engañarse: si bien la primacía para el individuo es el amor, la prioridad para el grupo es el dinero (especialmente, cuando el grupo está fuertemente orientado hacia la consecución de unos objetivos concretos).

El individuo siempre está en los cuatro órdenes a la vez, y debe enfrentarse a grandes contradicciones y dilemas que le obligan a elegir a cuál de ellos le da la prioridad. ¡Qué gran responsabilidad! ¡Qué difícil y complicada es la vida!

Siendo la empresa esencialmente amoral, la moral solo puede entrar en juego en la empresa de forma radical cuando la pone sobre la mesa la «conciencia individual» (cuando mandan las primacías); y, de forma mucho más diluida y matizada, cuando quien lo hace es la «conciencia grupal» (que se alinea siempre con aquello que es prioritario para la supervivencia del grupo).

«ÉTICA EMPRESARIAL», ¿UNA PROSOPOPEYA?

Comte-Sponville, al postular la amoralidad del capitalismo, postula también la amoralidad del mercado y, en último término, la de la empresa. Sin embargo en los mundillos de la patronal y de la academia económica, sobre todo en las escuelas de negocios y, en concreto, en sus máster en administración de empresas (Master of Business Administration, MBA), se habla sin empacho de ética empresarial o de moral empresarial. De ahí que diga[25]:

> [¿Ética de empresa?] Más bien diría, al contrario, que una empresa carece de moral: no tiene más que una contabilidad y clientes. Una empresa carece de deberes: solo tiene intereses y exigencias. Una empresa carece de sentimientos, de ética, de amor: solo tiene objetivos y balances. En pocas palabras, no existe la moral de empresa ni la ética de empresa.
> Pero hay que apresurarse a añadir: *precisamente porque no existe la moral de empresa, debe haber moral en la empresa, por la mediación de los únicos que deben ser morales, por la mediación de los individuos que trabajan en ella,* y especialmente (cuanto más poder más responsabilidad) de aquellos que la dirigen. Y sucede lo mismo con la ética: puesto que la empresa no la tiene, los individuos que trabajan en ella deben tener una.
> Decía hace un rato: *«No cuenten con que el mercado sea moral en lugar de ustedes»*[26]. Puedo añadir: *no cuenten tampoco con que lo hagan las empresas.*

25 Ibíd., pág. 134.

26 Ibíd. En las págs. 92 y 93, tras decir que el capitalismo es amoral, añade: Extraigo una primera conclusión que me parece importante: si pretendemos que haya moral en una sociedad capitalista, esta moral solo puede venir, como en toda sociedad, de otro lado distinto que la economía. ¡No esperéis que el mercado sea moral por vosotros!

El capitalismo no es moral. Por consiguiente, a nosotros nos corresponde serlo.

No puedo estar más de acuerdo con Comte-Sponville. Ya lo estaba, sin saberlo, antes de leer su obra, publicada en 2004. Precisamente, en mi ya citada obra *La era de la perplejidad*, decía en 2003, al especular sobre la naturaleza de la bolsa de valores[27]:

> *La bolsa no es, en absoluto, una escuela de moral sino un sistema que se limita a integrar una pléyade de voluntades movidas por el lucro razonable o la codicia desmedida, por la prudencia o la temeridad, por la audacia o el miedo, por el interés personal, en suma. En este sentido cabe decir, sin que ello suponga crítica o menosprecio, que la bolsa carece de entrañas. También cabe predicar de ella radical agnosticismo. En efecto, no opera con sentimientos sino con fenómenos de contenido esencialmente económico y psicológico; no pretende (no podría) dar un sentido moral a sus acciones, sobre las que nada sabe ni quiere saber; no honesta ni cohonesta nada; es tal como es percibida.*

Así las cosas, ¿cómo es posible que tanta gente, de indudable formación técnica, hable con tanto desparpajo de ética empresarial, y hasta llegue a pontificar sobre ella, estableciendo mandatos de obligado cumplimiento? ¿No se trata, acaso, de una grave equivocación intelectual que deviene en prosopopeya?

En lo que sigue, voy a dar mi opinión sobre este asunto.

El nacimiento de la business ethics

El popular lema anglosajón «*Business of business is business*», viene a significar que el fin propio de los negocios —y, en concreto, de la empresa— es la obtención de beneficios. Ni la ética ni la moral pueden brotar espontáneamente de un ámbito del actuar humano en el que los fines están establecidos de forma tan diáfana.

El pretender ligar dos términos como «negocio» y «ética» es algo así como querer juntar aceite y agua: son de imposible mezcla.

Entonces, ¿cuándo, cómo, dónde y por qué nació la juvenil *business ethics*?

La *business ethics* (ética empresarial o ética de empresa), nació en las universidades y escuelas de negocios de Estados Unidos en la década de los setenta, a raíz:

27 *Perplejidad*, capítulo 23 ("La reestructuración nihilista"), epígrafe "Algo más sobre la naturaleza de la bolsa de valores", pág. 642.

- del escándalo político Watergate;
- de la reacción pública ante ciertos comportamientos empresariales escandalosos;
- de la aparición de movimientos ecologistas y de consumidores; y
- de la incipiente «toma de conciencia » —es un decir— de la propia grey empresarial, ante las consecuencias sociales y medioambientales inaceptables de algunos de sus actos.

La *business ethics* se consolidó en la década de los ochenta dentro del marco de claras ambigüedades, tales como:

- invocar valores y hablar de responsabilidad social para legitimar y honestar (justificar) la acción (la de siempre);
- considerar la ética no como un fin en sí misma sino como una fuente de rentabilidad: «La ética vende», «¡Es la ética, estúpido!»...;
- legitimar la autorregulación ante el temor a la regulación externa;
- miedo ante un futuro desconocido y lleno de amenazas...

Pero lo hizo por razones de mucho peso:

- el progresivo aumento de los efectos secundarios o colaterales no deseados de las actuaciones empresariales (desastres ecológicos de Bhopal, Seveso, Exxon Valdez, Chernobyl, Riotinto...; destrucción de la capa de ozono; lluvia ácida; contaminación de la atmósfera, de los ríos, de los mares; deforestación; extinción de especies vivas...);
- el declive de la creencia ciega en la mano invisible smithiana, y el descubrimiento de la mano visible del mánager (capaz de operar con eficacia en un mercado libre siempre imperfecto, de «crear» mercados, de inventar oportunidades, de promover la innovación... y, también, de comportarse de forma deplorable); y
- el papel relevante de la empresa en la sociedad actual (la mayor parte de las grandes empresas multinacionales se habían convertido en economías por sí mismas, y tenían mayor peso que muchos Estados)[28].

Así las cosas, la empresa se vio forzada a ampliar sus objetivos más allá de la simple búsqueda friedmaniana del beneficio, y abrirlos hacia intereses sociales, políticos y morales. Amanecía una «moral» sui géneris en el firmamento de los negocios.

---

28 A finales del siglo XX, de las 100 mayores economías del mundo 51 eran empresas, y solo 21 países tenían un PIB más alto que las cifras de negocio de las 6 principales corporaciones. En el año 2003, la suma de las cifras de negocio de las 100 primeras empresas del conocido *ranking* "Fortune 500" era mayor que el PIB de todos los países del mundo con la excepción de los 15 más grandes (¡unos 180 países!).

A ello contribuyó de forma decisiva la aceptación por parte de la empresa de la existencia de grupos de intereses (internos y externos), sin cuyo soporte la organización dejaría de existir. Se trata de los llamados *stakeholders* en la jerga anglosajona (accionistas, altos directivos, trabajadores, clientes, proveedores, competidores, instituciones financieras, sindicatos, movimientos y organizaciones civiles, administraciones públicas, medios de comunicación...). Entre la empresa y los *stakeholders* hay continuas interacciones, es decir, acciones recíprocas de intercambio que, de acuerdo con el principio latino *do ut des*[29], se presume deben ser equilibradas. Si no lo son, cada grupo de interés modifica su comportamiento a través de sus particulares mecanismos de retroacción, al igual que lo hace la propia empresa.

¿De esta realidad interactiva se deriva alguna responsabilidad? Pues sí. Y no es otra que la denominada «responsabilidad social corporativa» (RSC).

La «responsabilidad social corporativa»

De la RSC hay las más diversas interpretaciones. Haré referencia a dos visiones extremas y a una moderada:

a) Para Milton Friedman y sus seguidores, la RSC es música celestial por cuanto, en una economía de libertad de mercado, existe una y solo una responsabilidad de la empresa: «utilizar sus recursos y dedicarse a actividades destinadas a incrementar sus beneficios con tal que se mantenga dentro de las reglas de juego, es decir, que participe en una competencia abierta y libre, sin engaño o fraude»[30].

b) En el otro extremo, para los seguidores de la ética dialógica o comunicativa, la RSC viene a ser algo así como una especie de imperativo moral, por cuanto consideran que una empresa solo podría considerarse ética cuando las decisiones, acciones y políticas que adopta, así como la consecuencias y efectos de las mismas respecto a los intereses en juego, pudieran ser aceptados por todos los implicados o afectados presentes y futuros en un diálogo abierto en condiciones simétricas de participación[31], libre de toda presión y sesgo ("teoría de

29 Te doy para que me des, te doy para que hagas, hago para que me des, hago para que hagas...

30 Milton Friedman, *Capitalism and Freedom*, University of Chicago Press, 1962, pág. 133.

31 Jürgen Habermas, *Conciencia moral y acción comunicativa*, Península, 1985, págs. 116 ss. Citado por Domingo García-Marzá, Ética empresarial. *Del dialogo a la confianza*, Editorial Trotta, 2004, págs. 158-159. En el capítulo 15, pág. 284, sostiene que «El concepto de empresa que deriva de la ética empresarial dialógica es el de una institución social donde solo el *acuerdo* entre los diferentes grupos implicados [los *stakeholders*] y/o afectados sobre la *satisfacción* de sus respectivos intereses puede dar razón de la legitimidad y credibilidad de la empresa». Ya he dado en el capítulo 6 de esta obra mi

los *stakeholders*"). Surge así el «consenso dialógico», como responsabilidad fundamental de la empresa «ciudadana». [Es comprensible que el lector normal ponga cara de asombro al leer esto.]

c) Entre la negación de la RSC, y su transformación radical en «resultado procedimental de un proceso dialógico», media un abismo. Según una definición moderada, que goza de aceptación general en la Unión Europea, la RSC «es un concepto por el cual las empresas integran voluntariamente la preocupación por temas sociales y medioambientales en el desarrollo de sus operaciones ordinarias y en sus interacciones con los *stakeholders*, más allá de las exigencias legales existentes al respecto»[32].

Pues bien, al menos a mi juicio, la RSC, más que un concepto es un movimiento de perfiles aún borrosos, que obedece a múltiples y muy complejas motivaciones, fuertemente impulsado por la conveniencia (el «interés propio», característico del orden nº 1), la convicción (idea ética a la que se está fuertemente adherido, característica del orden nº 4) y la compulsión (las limitaciones razonables que le corresponde establecer por ley al orden nº 2). Y que, además, genera capital social y, en especial, confianza (valor de carácter psicológico y sociológico, no moral, perteneciente al orden nº 1) así como legitimación ciudadana (valor de carácter moral, característico del orden nº 3).

Dicho todo esto, que no es poco decir, me atrevo a afirmar que el concepto «ética empresarial» es una pomposa prosopopeya, por cuanto atribuye de forma arbitraria a algo tan inanimado como es la empresa, cualidades que solo son propias del ser humano. ¿Por qué no llamarlo, por ejemplo, *conductismo empresarial*, o *conductismo corporativo*, ya que de lo que se trata es —dejando la ética y la moral para el ámbito de lo individual— de una ciencia relativa al comportamiento social de la empresa, en términos de estímulos y de respuestas?

Esta propuesta tal vez —solo tal vez— podría gustarle a Shiller y, en general, a quienes militan en la economía conductual, pero es seguro que desagradaría a Fama. Porque, precisamente, el estudio de la conducta en términos de estímulos y respuestas pertenece al ámbito científico de la psicología, y los recios economistas de la síntesis neoclásica lo considera-

opinión sobre la ética dialógico-comunicativa de Habermas, por lo que sobra cualquier otro comentario sobre esta idea de RSC, expuesta en el marco de la «auditoría ética» del «balance social» presentado por la empresa.

32 Inspirada en el Libro Verde: "Fomentar un marco europeo para la responsabilidad social de las empresas", Comisión de las Comunidades Europeas, Bruselas, 18.7.2001, http://eur-lex.europa.eu/legal-content/ES/TXT/PDF/?uri=CELEX:52001DC0366&from=ES.

rían una heterodoxa ocurrencia más que añadir a las muchas que vienen a contagiar sus teorías.

Considero que la distinción de los órdenes es un gran acierto metodológico de Comte-Sponville, una luminosa forma de mostrarnos, muy pedagógicamente, cómo funciona la acción humana. Nos enseña, en efecto, que mientras la economía de mercado no es moral, pero es fuerte (por cuanto mueve a los agentes a la solidaridad, lleva implícita la convergencia de los intereses de unos y otros), la moral y, más aún, la ética, son excelsas, pero son débiles (en el sentido y medida en que la sociedad está muy lejos de la santidad).

Utilizando sus propias palabras[33], «el Estado no es muy bueno para crear riqueza: el mercado y las empresas lo hacen más y mejor», pero «el mercado y las empresas no son muy buenos para impartir justicia: solo los Estados tienen posibilidades de lograrlo más o menos». Esa es la realidad: El Estado es necesario... más o menos. Cuanto menos, mejor.

Pero, ¿qué hacer cuando la política está desprestigiada y bajo sospecha? Pues espabilar... porque tenemos los políticos que merecemos. Nosotros, que tampoco somos santos, los hemos elegido.

Dejando aparte esta penosa realidad hodierna, lo cierto es que la intervención del Estado en la economía —hasta cierto punto, dentro de un orden— no solo es tolerable sino indispensable. Y lo es, sobre todo, en lo que concierne a la llamada justicia social.

En el capítulo 9 siguiente me ocupo de este delicado asunto.

---

33 *El capitalismo, ¿es moral?*, pág. 150.

Capítulo 9
MORAL Y ECONOMÍA (II)

Porque a quien tiene se le dará y le sobrará; pero a quien no tiene, aun lo que tiene se le quitará.

EVANGELIO SEGÚN SAN MATEO, 13, 12

Parte de nuestros males proviene de que hay demasiados hombres vergonzosamente ricos o desesperadamente pobres.

MARGUERITE YOURCENAR, *Memorias de Adriano*

Cuando hay grandes propiedades hay grandes desigualdades. Por cada hombre muy rico debe haber por lo menos quinientos pobres, y la opulencia de unos pocos supone la indigencia de muchos.

ADAM SMITH, *La riqueza de las naciones*, Libro V, "De los ingresos del soberano o del Estado", capítulo I

Esta disposición a admirar y casi a idolatrar a los ricos y poderosos, y a despreciar o como mínimo ignorar a las personas pobres y de modesta condición, aunque necesaria para establecer y mantener la distinción de rangos y el orden social, es al mismo tiempo la mayor y más extendida causa de corrupción de nuestros sentimientos morales.

ADAM SMITH, *La teoría de los sentimientos morales*, Parte I, "De la corrección de la conducta", Sección III, 3

La caridad es paciente, es servicial; la caridad no es envidiosa, no es jactanciosa, no se engríe; es decorosa; no busca su interés; no se irrita; no toma en cuenta el mal; no se alegra de la injusticia; se alegra con la verdad. Todo lo excusa. Todo lo cree. Todo lo espera. Todo lo soporta. La caridad no acaba nunca.

SAN PABLO, *Primera epístola a los corintios*, 13 4-8

Capitalismo y «justicia social»

¿Un problema de connotación?

Las conclusiones a las que he llegado sobre la amoralidad del capitalismo (capítulo 8), así como mi concepción del mismo como sistema complejo adaptativo u orden extenso de cooperación humana (capítulos 5 y 7), pueden causarle incomodidad a personas de ideología socialista y, también, a cristianos católicos practicantes que conozcan bien la doctrina social de la Iglesia, la cual tiene una visión muy crítica del capitalismo, dada su presunta incapacidad para responder a los retos de la justicia social. En efecto, tal vez a algunos lectores les hayan resultado embarazosas frases como: «La distribución de la riqueza no es cuestión que le incumba a la economía de mercado, también llamada capitalismo, cuya jurisdicción se circunscribe a la creación de la misma, no a su reparto» (capítulo 7).

¿Cabe concordar la supuesta amoralidad del capitalismo con la valoración moral negativa que de él hace la Iglesia católica?

Tal vez, lo que aquí emerge es un problema lingüístico de connotación, por cuanto la palabra «capitalismo» conlleva, además de un significado propio o específico, otro de tipo expresivo o apelativo[1]. En efecto, he utilizado, hasta el momento, la palabra «capitalismo» en un significado teórico propio del orden tecno-científico, lo que implica dar por de contado su amoralidad congénita. Dicha amoralidad puede ser superada y corregida mediante la imperativa intervención externa del Estado (que de cuestiones de moral entiende poco) y, sobre todo y de forma decisiva, mediante la acción directa de los propios agentes operando con la decencia y humanidad que exigen los órdenes moral y ético.

Creo, por el contrario, que desde un punto de vista sobrenatural, en la doctrina social de la Iglesia se utiliza la palabra «capitalismo» en un significado expresivo y apelativo, es decir, que pretende influir en el receptor, lo cual es propio de la teología y de la religión. Tal doctrina no se inmiscuye en el ámbito de la teoría, sino que se limita a predicar lo que considera mandatos divinos de obligado cumplimiento y, en ese sentido, solo centra su atención en la rectitud, o falta de ella, de los agentes al actuar directamente en el mercado, así como de la generosidad, egoísmo o mezquindad de quienes se benefician, de una u otra forma, de dicho mercado.

En este sentido, ambos significados son válidos, pero se enmarcan en dos órdenes radicalmente diferentes, a saber: el orden natural (científico-

1 DLE, "connotación".

político-moral-ético), y el orden sobrenatural (el nº 5), que solo concierne a los católicos.

Así las cosas, me atrevo a decir que las dificultades que puedan aflorar al ubicarse la Iglesia estrictamente en el punto de vista específico o apelativo, obedece quizá a una falta de comprensión del funcionamiento de la economía de mercado. En los capítulos anteriores he intentado clarificar, lo mejor que he podido, en qué consiste y cómo opera un sistema complejo adaptativo. Es, tal vez, el momento de recordar, siguiendo a Murray Gell-Mann, que, por ejemplo, «cuando uno invierte en bolsa se convierte, junto con los otros inversores, en un sistema complejo adaptativo que forma parte de una entidad colectiva en evolución a través de los esfuerzos de todos sus componentes para mejorar su posición o, por lo menos, para sobrevivir económicamente. Tales entidades colectivas organizadas [...] constituyen sistemas complejos adaptativos en sí mismas»[2]. Esta es una visión teórica del funcionamiento del mercado.

¿Se opone esta consideración —pasada por los filtros de la política, de la moral y de la ética— a las prescripciones del orden sobrenatural?

En principio, creo que no. Tanto el orden sobrenatural como el orden del amor, operan en torno a la acción, correcta o incorrecta, del ser humano. Porque también los ateos y los agnósticos tienen una espiritualidad laica, en la que la misericordia y el amor juegan un papel decisivo a la hora de juzgar sobre la eticidad de las acciones humanas. Y ello porque son herederos, al fin y al cabo, de los valores cristianos. «¿Qué sería de Occidente sin el cristianismo?»[3].

Pero esta afirmación, aunque cierta, requiere una importante matización. Entre los «amarás a tu prójimo como a ti mismo» laico y cristiano hay una sustancial diferencia: la que media entre lo natural y lo sobrenatural.

Hecha esta puntualización, cabría colegir el porqué de la anterior connotación: los cristianos pueden aceptar al capitalismo en su condición de sistema espontáneo amoral (una visión puramente teórica) y, a la vez, defenderlo o censurarlo, en lo que proceda, de acuerdo con la doctrina social de la Iglesia (una visión sobrenatural).

Pero, ¿esto es realmente así?

Me parece que no se trata de un simple problema lingüístico. Aquí, sin duda, entra en juego de forma decisiva la cuestión de la justicia social.

---

2 *El cuark y el jaguar*, op. cit., págs. 35-36.

3 *Cfr.* André Comte-Sponville, *El alma del ateísmo: Introducción a una espiritualidad sin Dios*, Ediciones Paidós Ibérica, S. A., 2006, pág. 16.

En torno a la justicia social

El término «justicia social» fue acuñado por el sacerdote jesuita italiano Luigi Taparelli en 1843, y se incorporó en 1931 a la doctrina social de la Iglesia[4], al ser utilizada por el papa Pío XI en su encíclica *Quadragesimo anno*[5].

Conceptos como los de estado de bienestar, igualdad de oportunidades, pobreza, reparto de la riqueza, derechos laborales, trata de personas, trabajo forzoso, etcétera se han ido vinculando a la primigenia justicia social, también llamada «justicia distributiva». En 2007, la ONU proclamó el 20 de febrero de cada año, como Día Mundial de la Justicia Social.

En el capítulo 7, ya he dado cuenta de este concepto[6]. Recordemos.

Hayek argumenta que «la exigencia de justicia social se convierte en exigencia de que los miembros de la sociedad se organicen de tal manera (intervención del Gobierno) que resulte posible asignar partes concretas del producto social a los distintos individuos o grupos. Pero esta exigencia no tiene sentido cuando los beneficios son distribuidos a través de los mecanis-

---

4 Thomas D. Williams, sacerdote católico, filósofo, teólogo, autor y consultor, en un artículo titulado "Los fundamentos de la doctrina social de la Iglesia", precisa que tal doctrina «es un conjunto de principios, criterios y directrices de acción, con el objeto de interpretar las realidades sociales, culturales, económicas y políticas, determinando su conformidad o inconformidad con las enseñanzas del Evangelio sobre la persona humana y su vocación terrenal y trascendente». Williams sostiene que el primer fundamento de la enseñanza social católica es el mandamiento de Jesús de amar: *Ama a Dios sobre todas las cosas y ama a tu prójimo como te amas a ti mismo.* Además de este fundamento general, hay fundamentos específicos que se pueden resumir en cuatro principios básicos de la entera doctrina social de la Iglesia, cuatro columnas sobre las que se apoya su entero edificio. Estos principios son: *la dignidad de la persona humana* (cada persona, creada a imagen y semejanza de Dios, tiene una dignidad inalienable y, por tanto, debe ser tratada siempre como un fin y no solo como un medio); *el bien común* (el conjunto de condiciones de la vida social que hacen posible a las asociaciones y a cada uno de sus miembros el logro más pleno y más fácil de la propia perfección); *la subsidiariedad* (tendencia favorable a la participación subsidiaria del Estado en apoyo de las actividades privadas comunitarias); y *la solidaridad* (determinación firme y perseverante de empeñarse por el bien común, es decir, por el bien de todos y cada uno, para que todos seamos verdaderamente responsables de todos).
Cfr. http://fraynelson.com/biblioteca/sociedad/doctrina_social_de_la_Iglesia.htm.

5 Encíclica *Quadragesimo anno*, I. Doctrina económica y social de la Iglesia, 2. *Riqueza ("capital") y trabajo, Principio regulador de la justa distribución*, epígrafe 58: «A cada cual, por consiguiente, debe dársele lo suyo en la distribución de los bienes, siendo necesario que la partición de los bienes creados se revoque y se ajuste a las normas del bien común o de la *justicia social*, pues cualquier persona sensata ve cuán gravísimo trastorno acarrea consigo esta enorme diferencia actual entre unos pocos cargados de fabulosas riquezas y la incontable multitud de los necesitados.»

6 "Teorías clásicas del capitalismo", Friedrich A. Hayek, *Derecho, legislación y libertad,* volumen II, "El espejismo de la «justicia social»", págs. 112-119.

mos del mercado, por cuanto dicha distribución es resultado de un proceso cuyos efectos individuales no fueron pretendidos ni previstos por nadie cuando surgieron las correspondientes instituciones. Estas han perdurado por juzgarse que satisfacían las expectativas de todas o de la mayor parte de las gentes en cuanto al objetivo de ver sus necesidades cubiertas. Exigir justicia de tal proceso es un claro dislate y es evidentemente injusto privilegiar en semejante sociedad a algunos, como si dichas personas tuvieran derecho a una concreta participación».

También dice Hayek que «la expresión "justica social" pudo producir tal efecto a causa de que el apuntado ideal se trasladó poco a poco desde el movimiento socialista a los restantes movimientos políticos e incluso a la mayor parte de los pensadores morales. Fue también adoptado por un amplio sector del clero de la mayor parte de las confesiones cristianas. La Iglesia Católica Romana, de manera especial, ha convertido a esta aspiración de "justicia social" en parte fundamental de su doctrina oficial».

Llegados a este punto, considero necesario profundizar un poco sobre la interacción entre doctrina social de la Iglesia (orden nº 5) y la economía (órdenes nº 1, 2, 3 y 4), centrándome en dos cuestiones concretas: el papel que juega la justicia social, y la conceptuación del capitalismo.

Para ello, haré un espigueo en dos libros importantes de la doctrina católica, a saber: el *Catecismo de la Iglesia católica*[7] y el *Compendio de la doctrina social de la Iglesia*[8].

a) «Catecismo de la iglesia católica»

En este catecismo, y en relación con la justicia social se dice, en un resumen de los párrafos 1928 a 1942[9]:

> 1943 *"La sociedad asegura la justicia social procurando las condiciones que permitan a las asociaciones y a los individuos obtener lo que les es debido".*
>
> 1944 *"El respeto de la persona humana considera al prójimo como "otro yo". Supone el respeto de los derechos fundamentales que se derivan de la dignidad intrínseca de la persona".*

---

7 *Catecismo de la Iglesia católica*, Librería Editrice Vaticana, Asociación de Editores del Catecismo de la Iglesia Católica, 1992.

8 *Compendio de la doctrina social de la Iglesia*, Librería Editrice Vaticana, Biblioteca de Autores Cristianos, 2014. Elaborado a demanda del Papa Juan Pablo II por el Pontificio Consejo "Justicia y paz".

9 *Catecismo*, págs. 433-434.

1945 *"La igualdad entre los hombres se vincula a la dignidad de la persona y a los derechos que de ésta se derivan".*

1946 *"Las diferencias entre las personas obedecen al plan de Dios que quiere que nos necesitemos los unos a los otros. Esas diferencias deben alentar la caridad".*

1947 *"La igual dignidad de las personas humanas exige el esfuerzo para reducir las excesivas desigualdades sociales y económicas. Impulsa a la desaparición de las desigualdades inicuas".*

1948 *"La solidaridad es una virtud eminentemente cristiana. Es ejercicio de comunicación de los bienes espirituales aún más que comunicación de bienes materiales".*

Y, en relación con el capitalismo, la actividad económica y la responsabilidad del Estado, se lee[10]:

2425 La Iglesia ha rechazado las ideologías totalitarias y ateas asociadas en los tiempos modernos con el "comunismo" o "socialismo". Por otra parte, ha rechazado en la práctica del "capitalismo" el individualismo y la primacía absoluta de la ley de mercado sobre el trabajo humano [el liberalismo]. La regulación de la economía por la sola planificación centralizada pervierte en su base los vínculos sociales; su regulación únicamente por la ley de mercado quebranta la justicia social, porque "existen numerosas necesidades humanas que no pueden ser satisfechas por el mercado". Es preciso promover una regulación razonable del mercado y de las iniciativas económicas, según una justa jerarquía de valores y con vistas al bien común.

2426 El desarrollo de las actividades económicas y el crecimiento de la producción están destinados a satisfacer las necesidades de los seres humanos. La vida económica no tiende solamente a multiplicar los bienes producidos y a aumentar el lucro o el poder; está ordenada ante todo al servicio de las personas, del hombre entero y de toda la comunidad humana. La actividad económica dirigida según sus propios métodos, debe moverse no obstante dentro de los límites del orden moral, según la justicia social, al fin de responder al plan de Dios sobre el hombre.

10 Ibíd., págs. 529-531. *Cfr.* la constitución pastoral del papa Pablo VI *Gaudium et spes* 64 y la carta encíclica del papa Juan Pablo II *Centesimus annus* 48.

2431 *La responsabilidad del Estado.* «La actividad económica, en particular la economía de mercado, no puede desenvolverse en medio de un vacío institucional, jurídico y político. Por el contrario supone una seguridad que garantiza la libertad individual y la propiedad, además de un sistema monetario estable y servicios públicos eficientes. La primera incumbencia del Estado es, pues, la de garantizar esa seguridad, de manera que quien trabaja y produce pueda gozar de los frutos de su trabajo y, por tanto, se sienta estimulado a realizarlo eficiente y honestamente.... Otra incumbencia del Estado es la de vigilar y encauzar el ejercicio de los derechos humanos en el sector económico; pero en este campo la primera responsabilidad no es del Estado, sino de cada persona y de los diversos grupos y asociaciones en que se articula la sociedad».

b) «Compendio de la doctrina social de la iglesia»

Por lo que hace a este compendio, y en relación con la economía y, por lo tanto, con el capitalismo, se dice[11]:

331 *La relación entre moral y economía es necesaria e intrínseca: actividad económica y comportamiento moral se compenetran íntimamente. La necesaria distinción entre moral y economía no comporta una separación entre los dos ámbitos, sino al contrario, una reciprocidad importante.* Así como en el ámbito moral se deben tener en cuenta las razones y las exigencias de la economía, la actuación en el campo económico debe estar abierta a las instancias morales: «También en la vida económico-social deben respetarse y promoverse la dignidad de la persona humana, su entera vocación y el bien de toda la sociedad. Porque el hombre es el autor, el centro y el fin de toda la vida económico-social»[12].

335 "*En la perspectiva del desarrollo integral y solidario, se puede apreciar justamente la valoración moral que la doctrina social hace sobre la economía de mercado o simplemente economía libre*": «[¿Se puede decir quizá que, después del fracaso del comunismo, el sistema vencedor sea el capitalismo, y que hacia él estén dirigidos los esfuerzos de los países que tratan de reconstruir su economía y su sociedad? ¿Es quizá éste el modelo que es necesario proponer a los países del Tercer Mundo, que buscan la vía del verdadero progreso económico y civil? La respuesta obviamente es compleja.] Si por 'capitalismo' se entiende un sistema económico que reconoce el papel fundamental y positivo de la empresa, del mercado, de la propiedad privada y de la consiguiente responsabilidad para con los medios

11 *Compendio*, pág. 171.

12 Concilio Ecuménico Vaticano II, constitución pastoral *Gaudium et spes* del papa Pablo VI sobre la Iglesia en el mundo actual, 1965, 63.

productivos, de la libre creatividad humana en el sector de la economía, la respuesta es ciertamente positiva, aunque quizá sería más propio hablar de 'economía de empresa', 'economía de mercado' o simplemente 'economía libre'. Pero si por 'capitalismo' se entiende un sistema en el cual la libertad, en el ámbito económico, no está encuadrada en un sólido contexto jurídico que la ponga al servicio de la libertad humana integral y la considere como una particular dimensión de la misma, cuyo centro es ético y religioso, entonces la respuesta es absolutamente negativa»[13]. De este modo queda definida la perspectiva cristiana acerca de las condiciones sociales y políticas de la actividad económica: no solo sus reglas, sino también su calidad moral y su significado.

Es obvio que la Iglesia no condena de forma terminante —*non placet*— el capitalismo, pero lo cierto es que tampoco le da el *placet*, sino que solo lo acepta *iusta modum*, con desgana, con correcciones y matizaciones para darle calidad moral y significado, proclamando la necesidad de la intervención del Estado en la economía para garantía de la justicia social, huyendo de la insolidaridad del liberalismo decimonónico y de otros liberalismos, defendiendo a ultranza la dignidad del hombre... (*Catecismo*, 2425 y *Compendio*, 335).

Al leer los textos que he citado, no es extraño que se tenga la impresión un tanto nebulosa de que, en lo relativo a justicia social y a regulación del mercado y de las iniciativas económicas, el *Catecismo* y el *Compendio* vienen a insinuar que el socialismo es más cristiano que el capitalismo liberal, un sistema basado en el individualismo egoísta. Y esta primera impresión se despeja bastante al leer, e intentar entender, algunas cartas encíclicas, en especial la *Centesimus annus*.

La reprobación del liberalismo por la Iglesia viene de antiguo. En efecto, en el siglo XIX —llamado siglo del liberalismo—, en plena Revolución Industrial, las relaciones entre la Iglesia y el Estado sufrieron grave deterioro. El liberalismo prevalente «tenía una doctrina política y económica, pero se fundaba además en una ideología que enlazaba con el pensamiento ilustrado del siglo XVIII. Una concepción antropocéntrica del mundo y la existencia, constituía la base de esa ideología liberal. Para ella, los hombres no solo serían libres e iguales, sino también autónomos, es decir, desvinculados de la ley divina, que no era reconocida socialmente como norma suprema»[14]. A pesar de la existencia de una corriente católica liberal, la

13 *Cfr*. encíclica *Centesimus annus* del papa Juan Pablo II, 1991, 42.

14 Concepción Carnevale, "El liberalismo tenía una doctrina política y económica", catholic.net.

reacción de la Santa Sede fue contundente. En 1832 el papa Gregorio XVI promulgó la encíclica *Mirari vos*, en la que se condenaba al liberalismo y, en concreto, se reprobaba «la igualdad de trato a todas las creencias, que conducía al indiferentismo religioso; la separación completa entre Iglesia y Estado; y la libertad de conciencia». Más tarde vendrían otras muchas condenaciones, entre las que destacaron, por su rigor, la encíclica *Quanta cura* del papa Pío IX (1864), con la que se adjuntaba el polémico *Syllabus*, un compendio de los principales errores del pensamiento de la época, y la constitución *De fide* del Concilio Vaticano (1864), en la que se estableció la infalibilidad papal.

Y tal reprobación ha seguido hasta nuestros días. En concreto, el párrafo 42 de la encíclica *Centesimus annus* ha dado mucho que hablar y que pensar desde 1991 en el orbe católico. Dicho párrafo tiene dos partes. En la primera, el papa Juan Pablo II, en aplicación del principio de subsidiariedad de la doctrina social de la Iglesia, da su aprobación al capitalismo regulado por el Estado, aunque queda muy claro que tal nombre no le gusta demasiado y considera más propio hablar de economía de mercado. En la segunda, el papa, de acuerdo con las exigencias del principio de solidaridad, establece que la libertad económica debe estar al servicio de la libertad humana integral y solidaria, y, en el caso no estarlo, la repudia de manera «absolutamente negativa».

Parece, pues, que esta encíclica no aprueba un capitalismo que sea insolidario, que no defienda a ultranza la justicia social.

Así las cosas, cabe preguntarse: ¿tal vez es justo, solidario e igualitario el capitalismo neoliberal, un tanto trufado de socialismo, que, más o menos, es el que se practica *urbi et orbi* en la actualidad?

Pues, al menos en principio, no lo es ni puede serlo.

En efecto, ni la justicia ni la solidaridad ni la igualdad están en el código genético de los sistemas espontáneos cuasi naturales, característicos del orden tecno-científico. En el tráfico mercantil no caben las actuaciones justas, igualitarias, benéficas, benevolentes o desinteresadas, sino solo las realizadas con ánimo de lucro, por puro egoísmo (eso sí, disfrazado del amor propio o autoestima smithianos). Esta es la pura realidad, así opera la economía de mercado; nos guste o no. Intentar moralizarla sería un dislate. ¿Acaso es justo o ético que un gato cace a un ratón? ¿Acaso es justa o ética la ley de la relatividad general o la teoría de la evolución de las especies?

Pero lo cierto es que la justicia y la solidaridad pueden ser impuestas, hasta cierto punto, por el Estado (orden nº 2) y, sobre todo, por los individuos o agentes, actuando de acuerdo con los mandatos del deber, del amor y, es su caso, de la religión.

¿Quiere esto decir que el capitalismo al uso es aceptable para la Iglesia? Da la impresión de que sí lo es, pero con algunas condiciones. La doctrina social de la Iglesia —decantación de una cantidad ingente de cartas encíclicas y exhortaciones apostólicas, constituciones pastorales y dogmáticas, decretos, declaraciones, bulas e instrucciones—, lo que parece que condena explícitamente es el capitalismo liberal radical, extremo (a mi modo de ver, el anarcocaptalismo de Rothbard o el capitalismo objetivista de Ayn Rand) así como el no tan extremo (el capitalismo libertario de Hayek), y advierte que la injusticia y el fracaso del socialismo no hace de tal capitalismo una alternativa válida para la construcción de un orden social cristiano.

Pero no condena a un capitalismo razonablemente intervenido por el Estado, es decir, a un capitalismo de estado de bienestar, aunque no lo considera como el «orden social cristiano», que aún no ha sido construido.

De todas formas, la doctrina social de la Iglesia no concreta qué profundidad debe tener la intervención del Estado en la economía. Se limita a dar instrucciones muy generales de carácter moral y religioso tales como los ya citados:

a) El Estado debe «promover una regulación razonable del mercado y de las iniciativas económicas, según una justa jerarquía de valores y con vistas al bien común» (*Catecismo* 2425).
b) Otra incumbencia del Estado «es la de vigilar y encauzar el ejercicio de los derechos humanos en el sector económico; pero en este campo la primera responsabilidad no es del Estado, sino de cada persona y de los diversos grupos y asociaciones en que se articula la sociedad» (*Catecismo* 2431).

Es evidente que la Iglesia no se inmiscuye en los aspectos teóricos de la economía, que son muy diversos y, con frecuencia, contrapuestos.

Pero lo cierto es que instrucciones y mandatos tan generales pueden suscitar enfrentamientos entre católicos de distintas ideologías. Uno, especialmente enconado, es el que se produce entre católicos que conciben la economía desde ideologías políticas distintas, y que llegan a acusarse mutuamente de herejía (cosa de por sí impropia, dado que la Iglesia tolera la libertad de conciencia en materia económica, o al menos eso creo).

Los más liberales en economía son los más castigados. De ahí que proclamen a voz en grito que no hay antagonismo entre la doctrina social de la Iglesia y el liberalismo sino, simplemente, un «malentendido». Eso es lo que asevera, por ejemplo, Rafael Termes, fundador y profesor de la escuela de negocios IESE, quien considera que no es necesario «cambiar el sistema económico liberal que sustenta al capitalismo sino, visto el deterioro de los sistemas cultural e institucional que lo enmarcan, intentar regenerarlos»[15].

Quiero pensar, al igual que Rafael Termes, que no hay antagonismo entre la doctrina de la Iglesia y el liberalismo[16], sino solo un malentendido.

Pero, ¿cuál es el malentendido? Creo haber dejado claro, al discursar sobre la naturaleza del sistema capitalista, que cualquier referencia al mismo de carácter moral o ético es impropia. Las imputaciones morales solo conciernen a los agentes. El soporte conceptual del capitalismo, en cuanto sistema espontáneo, viene a ser algo así como —valga la metáfora— una pistola, artefacto que no es ni bueno ni malo; solo provoca daño cuando alguien la dispara en dirección prohibida. Lo que mata no es la pistola. En lo que concierne a la economía de mercado, los asesinos son aquellos sujetos que, contraviniendo las reglas generales de comportamiento socialmente establecidas para la cobertura de las necesidades humanas, aprieta el gatillo buscando acrecer de forma alegal o criminal su beneficio.

Así pues, cuando *hablo* de «capitalismo» o de «economía de mercado», me estoy refiriendo, metafóricamente, a una suerte de «pistola», de artificio. Quiero imaginar que cuando la Iglesia *habla* de «capitalismo» está pensando, por el contrario, en los bastardos que usan la «pistola» de forma impropia, violando las leyes de Dios y de los hombres, enceguecidos por el dinero; porque lo que la Iglesia condena abiertamente es la idolatría en el dinero: «No podéis servir a Dios y al dinero» (Mateo 6, 24; Lucas, 16, 13). Pero también se condenan solos los abundantes alérgicos a la misericordia que, fuera ya de la acción capitalista y cómodamente asentados en sus hogares, hacen oídos sordos al desgarrado grito de los que menos tienen.

¿Malentendido superado?

Bueno..., digamos que sí y ocupémonos en lo que sigue de esas leyes violadas.

Capitalismo y desigualdad

El problema de la pobreza y del reparto de la riqueza

La investigación histórica en el ámbito de lo socioeconómico nos muestra que, desde que las civilizaciones empezaron a emerger, existe una gran

15 *Cfr.* Rafael Termes, "Doctrina social de la Iglesia y liberalismo: ¿Antagonismo o malentendido?", Revista Laissez Faire de la Universidad Francisco Marroquin de Guatemala, 2000.

16 Entendido como «doctrina política que postula la libertad individual y social en lo político y la iniciativa privada en lo económico y cultural, limitando en esos terrenos la intervención del Estado y de los poderes públicos (DLE)».

brecha entre la riqueza de los más ricos y la penuria de los más pobres, la cual no para de ensancharse; y, en las últimas décadas, de forma acelerada.

En efecto, el lector ya ha tenido una prueba clarísima de que esto es así, y que también —y sobre todo— ocurre en la primera potencia económica y militar del mundo. Retrotraigamonos al capítulo 2, epígrafe "Unos sistemas de incentivación desatinados". En la tabla 1 («*CEO-worker pay ratio*») se puede ver que durante el período comprendido entre 1965 y 2000 (35 años), la ratio [Pagos «CEO medio»] / [Pagos «Trabajador medio»] pasó de 20 a 525. Es decir, el CEO de una empresa media norteamericana pasó de cobrar 20 veces más que un trabajador medio (un operador de una línea de montaje de automóviles, por ejemplo) a cobrar 525 veces más. Estas retribuciones disparatadas puede que sean legales, puede que sean necesarias para fichar a los mejores gestores y especialistas, hasta puede que sean inevitables para llevar la economía más allá de las móviles fronteras que va estableciendo el orden jurídico-político; pero no parece que sean ni morales ni éticas.

Las ratios de la tabla 2 ("Retribuciones de los CEO estadounidenses durante 2006. Comparaciones con otros grupos de líderes sociales") resultan estupefacientes. Y esto, comparando a los amos del universo con gente que no tiene nada de pobre, que habita en el lado más soleado de la civilización occidental.

Pero las ratios de pobreza y exclusión de adultos y, sobre todo de niños, que no solo habitan en tierras lejanas, sino también en los arrabales de nuestras hermosas y ricas ciudades, son inconmensurables: esa pobre gente carece de todo; entre «ellos» y «nosotros» media cuasi el infinito. Y «nosotros», en general, vivimos, o bien impasibles, o bien preocupados o indignados; pero no actuamos como si no se tratase —que sí se trata— de una cuestión central. Y ello, tal vez, porque, tanto la instintiva reacción del ser humano a luchar contra la pobreza extrema como, en el caso de los cristianos, el imperativo cumplimiento del fundamental mandato divino que nos ha sido dado —«ama al prójimo como a ti mismo» (lo que implica asistir a los indigentes, a los que sufren, a los abandonados... y, también, a nuestros enemigos)—, han resultado moderados, matizados, templados y hasta adormecidos por una colección de creencias confortables y analgésicas que nos hemos ido tragando, por considerarlas «obvias», o sin mayor reflexión, las cuales algunos sociólogos dicen sin empacho que son mentiras.

Uno de ellos es el sociólogo Richard Wilkinson, experto en epidemiología social, quien, en su obra *Desigualdad: una historia de la (in)felicidad colectiva* dice[17]: «La creencia de que "pagar a los ricos altos salarios y bo-

17 Richard Wilkinson y Kate Pickett, *Desigualdad: una historia de la (in)felicidad colectiva*, Turner Publicaciones, 2009, prólogo conjunto.

nificaciones" es correcta porque su "excepcional talento" beneficia al resto de la sociedad es, simple y llanamente, una mentira». No puedo estar más de acuerdo (capítulo 2).

Otro es el sociólogo posmoderno Zygmunt Bauman. En efecto, en su ensayo titulado *¿La riqueza de unos pocos nos beneficia a todos?*[18], diserta sobre cuatro grandes mentiras, a saber[19]:

1. El crecimiento económico es la única manera de hacer frente y de superar todos los desafíos y los problemas que genera la coexistencia humana.
2. El crecimiento continuo del consumo, o más precisamente una acelerada rotación de nuevos objetos de consumo, es quizás la única manera, o en todo caso la principal y más eficaz, de satisfacer la búsqueda humana de la felicidad.
3. La desigualdad entre los hombres es natural, y adaptar las oportunidades de la vida humana a esta regla nos beneficia a todos, mientras que intentar paliar sus efectos nos perjudica a todos.
4. La competitividad (con sus dos caras: el reconocimiento del que se lo merece y la exclusión/degradación del que no se lo merece) constituye de manera simultánea una condición necesaria y suficiente de la justicia social así como de la reproducción del orden social.

Y, tras largas elucubraciones sobre cada una de estas supuestas mentiras, concluye que «el mundo que ha caído en esta trampa se vuelve inhóspito para confiar en la solidaridad humana y la cooperación amistosa. Ese mundo devalúa y desprecia la confianza mutua y la lealtad, la ayuda mutua, la cooperación desinteresada y la pura amistad»[20]. También considera que «el dogma tan socorrido que afirma que el enriquecimiento de los ricos acaba revirtiendo a la sociedad no es más que una mezcla de mentira intencionada y de forzada ceguera moral»[21].

A mi juicio, resulta un tanto excesivo calificar de «mentirosas» a teorías sobre la desigualdad desarrolladas por notables economistas, que en su día fueron muy aplaudidas pero que no han resistido bien el paso del tiempo. Por ejemplo, no considero que sea mentira una teoría de Simon Kuznets, Premio Nobel de Economía 1971, según la cual, la observación de los procesos de crecimiento económico en países en vías de desarrollo lleva a concluir que la desigualdad de ingresos tiende primero a aumentar hasta

18 Zygmunt Bauman, *¿La riqueza de unos pocos nos beneficia a todos?*, Espasa Libros S. L, U., Paidós, 2014.

19 Op. cit., pág. 45 y ss.

20 Ibíd., pág 101.

21 Ibíd., pág. 27.

que, llegado el crecimiento económico a un cierto nivel de desarrollo, tal desigualdad empieza a disminuir, haciendo un recorrido semejante a una U invertida. Kuznets creía en 1955 que bastaba con ser paciente y esperar un poco para que el desarrollo beneficiase a todos. En aquella época de prosperidad se consideraba que «el crecimiento es una marea ascendente que levanta todos los barcos» (Growth is a rising tide that lifts all boats)[22]. Esta teoría ha sido objeto de severa crítica a partir de la década de los ochenta, pero no me atrevo a descalificarla por completo, por razones que más adelante veremos al describir la teoría de Thomas Piketty.

En todo caso, tenemos sobrados motivos para estar indignados ante el vergonzoso incremento de la pobreza que hoy detectamos.

Me limitaré a dar algunos datos recientes sobre desigualdad, que provienen del estudio "Una economía al servicio del 1%"[23] realizado por la ONG Oxfam International. En el frontispicio de tal estudio se lee:

> *La desigualdad extrema en el mundo está alcanzando cotas insoportables. Actualmente, el 1% más rico de la población mundial posee más riqueza que el 99% restante de las personas del planeta.* El poder y los privilegios se están utilizando para manipular el sistema económico y así ampliar la brecha, dejando sin esperanza a cientos de millones de personas pobres. El entramado mundial de paraísos fiscales permite que una minoría privilegiada oculte en ellos 7,6 billones de dólares. Para combatir con éxito la pobreza, es ineludible hacer frente a la crisis de desigualdad.

Y en el resumen que lo encabeza se dice[24]:

> La brecha entre ricos y pobres está alcanzando nuevas cotas. Recientemente, Credit Suisse ha revelado que *el 1% más rico de la población mundial acumula más riqueza que el 99% restante*. Se ha llegado a esta situación un año antes de lo que Oxfam predijo antes del Foro Económico Mundial de Davos en 2015 en un informe con gran repercusión. Al mismo tiempo, la riqueza en manos de la mitad más pobre de la humanidad se ha reducido en un billón de dólares a lo largo de los últimos cinco años. Ésta es sólo la última evidencia de que actualmente la desigualdad en el mundo ha alcanzado unos niveles sin precedentes en poco más de un siglo.

---

22 Atribuido al presidente Kennedy y citado por el economista Thomas Piketty, en su obra *El capital en el siglo XXI*, Fondo de Cultura Económica de España, S. L., 2014, pág. 25.

23 "Una economía al servicio del 1%: Acabar con los privilegios y con la concentración de poder para frenar la desigualdad extrema", Oxfam International, 18 enero 2016.
https://www.oxfam.org/sites/www.oxfam.org/files/file_attachments/bp210-economy-one-percent-tax-havens-180116-es_0.pdf

24 Ibíd., págs. 2-8.

El presente informe *Una economía al servicio del 1%* analiza cómo y por qué se ha llegado a esta situación, además de presentar nuevas e inquietantes pruebas que demuestran la existencia de una crisis de desigualdad que está fuera de control.

Según los cálculos de Oxfam:

- En 2015, sólo 62 personas poseían la misma riqueza que 3.600 millones (la mitad más pobre de la humanidad). No hace mucho, en 2010, eran 388 personas.
- La riqueza en manos de las 62 personas más ricas del mundo se ha incrementado en un 44% en apenas cinco años, algo más de medio billón de dólares (542.000 millones) desde 2010, hasta alcanzar 1,76 billones de dólares.
- Mientras tanto, la riqueza en manos de la mitad más pobre de la población se redujo en más de un billón de dólares en el mismo periodo, un desplome del 41%.
- Desde el inicio del presente siglo, la mitad más pobre de la población mundial sólo ha recibido el 1% del incremento total de la riqueza mundial, mientras que el 50% de esa "nueva riqueza" ha ido a parar a los bolsillos del 1% más rico.
- Los ingresos medios anuales del 10% más pobre de la población mundial, en quienes se concentran pobreza, hambre y exclusión, han aumentado menos de tres dólares al año en casi un cuarto de siglo. Sus ingresos diarios han aumentado menos de un centavo al año.

La creciente desigualdad económica perjudica a todo el mundo, ya que debilita el crecimiento y la cohesión social. Pero es la población más pobre la que sufre sus peores consecuencias.

[...]

El problema no es la falta de riqueza en el mundo. Sencillamente, no es razonable ni desde el punto de vista económico, ni, desde luego el ético, que haya tanto en manos de tan pocos. Oxfam considera que la humanidad puede hacerlo mejor: tenemos el talento, la tecnología y la imaginación necesarios para construir un mundo mucho mejor. Tenemos la oportunidad de construir una economía más humana que anteponga los intereses de la mayoría. Un mundo en el que haya trabajos dignos para todas las personas, en el que hombres y mujeres vivan en condiciones de igualdad, en el que los paraísos fiscales sean algo que aparece en los libros de historia, y en el que quienes más tienen tributen lo que les corresponde para sustentar una sociedad que beneficie al conjunto de la ciudadanía.

Oxfam insta a los líderes mundiales a tomar medidas que pongan fin a la actual crisis de desigualdad, defendiendo los intereses de la mayoría. *Está en manos de los responsables políticos poner soluciones para acabar con una economía al servicio del 1% y empezar a construir una economía humana que beneficie a todas las personas, desde establecer unos salarios dignos a una mayor regulación de las actividades del sector financiero.*

[...]

Los líderes mundiales deben comprometerse a desarrollar una estrategia más eficaz para acabar tanto con los paraísos fiscales como con otros regímenes preferenciales dañinos. Ha llegado la hora de poner fin a la carrera a la baja en la fiscalidad sobre los beneficios empresariales y de llegar a un consenso internacional para evitar la competencia desleal entre países. En última instancia, todos los Gobiernos, deben sentar las bases para crear un organismo fiscal mundial en el que participen todos los países en igualdad de condiciones.

[...]

Por lo que hace a España, «el patrimonio conjunto de los veinte españoles más ricos [...] acumulaba en 2015 la misma riqueza que el 30% más pobre del país»[25].

Realmente, estos datos son alarmantes y perturbadores.

En un artículo entregado a la prensa, junto al texto del estudio, el 19 de enero de 2016[26], Winnie Byanyima, directora ejecutiva de Oxfam International, tras hacer referencia a la rapidez con la que se va abriendo la brecha de la desigualdad —en 2010, 388 personas poseían la misma riqueza que la mitad de la población mundial; en 2015, ya eran solo 80; y en 2016, 62— dice: «Cuando el equipo de investigación de Oxfam me informó de esto, pregunté hacia dónde nos estaba llevando esta tendencia. Medio en broma, continuaron con los cálculos hasta 2020, año en que serían tan solo 11 personas. Pero no estoy bromeando. Este año, en nombre de las personas más pobres del mundo, lucharé contra la desigualdad con más fuerza que nunca».

Hay muchos luchadores para una guerra titánica. Existen decenas de miles de ONG (BRAC, Bill & Melinda Gates, World Vision, Oxfam International, Médicos Sin Fronteras, Cáritas, Ayuda en Acción, Cruz Roja...) que vienen trabajando desde hace muchos años para luchar contra la desigualdad, la pobreza y el desamparo. Han conseguido que cientos de millones de personas salgan de la sima del abandono y del olvido. Pero la brecha que existe entre el 1% más rico de la población mundial (unos 74 millones de personas que atesoran más de un millón de dólares) y el 11% más pobre de

25 Ver artículo de Luca Costantini, publicado en *El País* el 19 de enero de 2016 bajo el título "Los 20 españoles más ricos tienen tanto como el 30% más pobre". Ver, también, artículo de Susana Quadrado, publicado en *La Vanguardia* en la misma fecha bajo el título "Una España más desigual: Veinte personas tienen tanto dinero como el 30% más pobre del país".

26 Winnie Byanyima, directora ejecutiva de Oxfam International, "Lucharé contra la desigualdad con más fuerza que nunca", *El mundo*.

la población mundial (más de 800 millones de personas), que sobrevive con menos de 1,25 dólares al día, es decir, que está en condiciones de pobreza extrema, no hace otra cosa que ensancharse.

¿Qué hacen las grandes fortunas para resolver el terrible problema de la indigencia? ¿Acaso sus benéficas fundaciones están realmente más orientadas al provecho económico y político que a la misericordia?

Pues no parece que hagan mucho. En general consideran que su grandiosa perspicacia beneficia al resto de la sociedad, y que bastante hacen con pagar impuestos. Esto podría ser medio aceptable si ciertamente los pagasen, como hace el común de las gentes. Pero ellos suelen asentar una buena parte de sus reales financieros en refugios fiscales, además de aprovechar en su país de residencia beneficios fiscales hechos cuasi a su medida. Y en cuanto a la virtud de la misericordia, nada de nada. Si la tuvieran no podrían haber acumulado tantísimo dinero.

Y en lo que hace a los Estados, ¿acaso cumplen con la aportación anual del 0,7% del PNB, destinada a la ayuda oficial de la ONU para el desarrollo de los países más pobres? ¿Y no es cierto que en muchas ocasiones, la mayor parte de la ayuda la utilizan los donantes con fines egoístas (políticos y económicos)?

Las respuestas no son muy halagüeñas: salvo cinco países (Dinamarca, Países Bajos, Luxemburgo, Noruega y Suecia), los principales donantes solo aportan en torno al 0,2%; y, además, no pocas veces tales aportaciones las han realizado, en parte, en beneficio propio. Funcionan mucho mejor las aportaciones privadas.

A pesar de todos los pesares, más del 11% de la población mundial sigue estando en condiciones de pobreza extrema.

¿Acaso la escasez de donaciones públicas y privadas es la culpable de la insoportable desigualdad?

Indignados como estamos, la respuesta emocional es un «sí». Pero hay que desconfiar de forma radical de las emociones y de las intuiciones en todos los campos del pensamiento, cuando de lo que se trata es de conjeturar.

En efecto, el economista británico-norteamericano Angus Deaton —Premio Nobel de Economía 2015 por sus análisis sobre consumo, pobreza y bienestar— responde con un *no*.

En su obra *El gran escape. Salud, riqueza y los orígenes de la desigualdad*[27], y en concreto en la introducción, dice[28]:

27 Angus Deaton, *El gran escape. Salud, riqueza y los orígenes de la desigualdad*, Fondo de Cultura Económica de España, S. L., 2015.

28 Ibíd., págs. 21-22.

El crecimiento económico ha sido el motor de la desigualdad de ingresos a nivel internacional.
[...]
La globalización de nuestros días, al igual que las globalizaciones anteriores, ha sido testigo de prosperidad creciente al mismo tiempo que de desigualdad creciente. [...] A medida que unos escapan, otros se quedan atrás. La globalización y las nuevas formas de hacer las cosas han conducido a incrementos continuos de prosperidad en los países ricos, aunque las tasas de crecimiento han sido más lentas [...]. A medida que el crecimiento se ha ralentizado, se han ampliado las brechas entre las personas *dentro* de la mayoría de los países. Un puñado de afortunados ha hecho riquezas fabulosas y lleva estilos de vida que habrían impresionado a los más grandes reyes y emperadores de siglos pasados. Sin embargo, la mayoría de la gente ha visto menos mejora en su prosperidad material, y en algunos países —los Estados Unidos entre ellos— *las personas de nivel de ingreso medio no son más prósperas que sus padres*. Por supuesto que se encuentran muchas veces mejor que generaciones anteriores a las de sus padres; [...] No obstante, *hoy en día muchos tienen buenas razones para preocuparse de si sus hijos y sus nietos no mirarán hacia atrás considerando nuestro presente no como una época de escasez relativa, sino como una época dorada perdida hace tiempo.*

Y dando un gran salto, en el capítulo VII ("Cómo ayudar a los que se quedan atrás") argumenta[29]:

[Llamo *ilusión de la ayuda* a] la creencia errónea de que la pobreza global podría ser eliminada si tan solo la gente rica o los países ricos donaran más dinero a la gente pobre o a los países pobres. [...] Lejos de ser una receta para eliminar la pobreza, *la ilusión de la ayuda es en realidad un obstáculo para mejorar la vida de los pobres.*
[...]
[Existe un imperativo moral muy fuerte]: el de no hacer daño, especialmente a las personas que ya están en una gran dificultad. Todos los argumentos a favor de dar dinero —cualquiera que sea la cantidad— dependen de la proposición de que más dinero hará mejorar las cosas. Aunque pueda parecer paradójico a primera vista, argumentaré que *dar más ayuda de la que actualmente damos* —al menos si se diera en la forma en que se da ahora— *haría que las cosas empeoraran, no que mejoraran.*
[...]
[Y es que el dilema central de la ayuda exterior es el siguiente]: *Cuando las "condiciones para el desarrollo" están presentes, no se requiere la ayuda.*

29 Ibíd., págs. 299-352.

> *Cuando las condiciones locales son hostiles para el desarrollo, la ayuda no es útil, y si se perpetúa hará daño.*
> [...]
> Una razón por la cual la ayuda actual no elimina la pobreza global es que rara vez tiene ese propósito. El Banco Mundial navega bajo la bandera de la eliminación de la pobreza, pero la mayoría de los flujos de ayuda no provienen de organizaciones multilaterales como el Banco Mundial, sino que se generan como una ayuda "bilateral", de un país a otro, y cada país usa la ayuda para diferentes propósitos. [...]. En la mayoría de los casos la ayuda se guía menos por las necesidades de los recipiendarios que por los intereses nacionales e internacionales del país donador.

Esta es la opinión de Deaton. Ni que decir tiene que sus tesis, sorprendentes y paradójicas, se refieren a la ayuda oficial de la ONU para el desarrollo de los países más pobres. Las ayudas privadas que prestan sobre el terreno muy eficazmente las organizaciones internacionales de caridad tipo ONG (Oxfam, Cáritas...), son harina de otro costal.

Pero Deaton no es una *rara avis*. Hay otras muchas opiniones semejantes. Solo citaré la del economista e historiador David S. Landes, quien en su obra *La riqueza y la pobreza de las naciones*, dice[30]:

> ¿Y qué ocurre en concreto con los pobres? *La historia nos enseña que la cura más eficaz contra la pobreza reside en sus propias víctimas*. La ayuda exterior puede aportar algún alivio pero, como la riqueza caída del cielo, también puede ser perjudicial. Puede desalentar a los beneficiarios de hacer esfuerzos propios y propiciar un complejo de incapacidad paralizante. Como dice un proverbio africano, «la mano que recibe siempre está por debajo de la mano que da». No, *lo que cuenta es el trabajo, la capacidad de ahorro, la honestidad, la paciencia y la tenacidad. Los pueblos que viven bajo la amenaza del hambre y la miseria pueden tener la tentación de sumirse en una indiferencia egoísta. Pero, en último extremo, no hay mayor empobrecimiento que el auto-empobrecimiento personal.*

Tres preguntas comprometidas

Tras estas consideraciones, creo conveniente dar mi opinión personal sobre tres cuestiones capitales, que voy a plantear como preguntas:

a) ¿Tal vez le tríada revolucionaria *Libertad, Igualdad, Fraternidad* ha ido perdiendo fuerza?
   Pues sí; ha perdido mucha fuerza.

30 David Saul Landes, *La riqueza y la pobreza de las naciones. Por qué algunas son tan ricas y otras son tan pobres*, Editorial Planeta, S. A., 2015, pág. 477.

A comienzos del siglo XX, la universalidad y neutralidad de la razón y el mito del progreso indefinido estaban ya bajo severa sospecha; también empezaba a ser cuestionada la coherencia de los grandes valores morales de la Ilustración. La Revolución Francesa había fundado en la tríada Libertad, Igualdad, Fraternidad todo su discurso ético. Pero la contradicción y la paradoja anidaban en las propias entrañas de este estimulante y atractivo lema. Individualmente considerados, se trata de tres fines que cualquier persona honesta y bien intencionada debería perseguir y defender sin la menor duda, sin concesiones. Aunque nadie se había dado cuenta, el problema surgía de forma inevitable cuando se intentaba mezclarlos incondicionalmente, sin restricciones. Fue el historiador de las ideas Isaiah Berlin[31] quien se dio cuenta de que «los valores pueden chocar»[32], como lo hacen las placas tectónicas que configuran la corteza terrestre. Por ejemplo, dos valores tan excelsos como son la libertad y la igualdad, entendidos de forma radical y dogmática, son incompatibles. Dice Isaiah Berlin[33]:

> [Leyendo a Maquiavelo] comprendí, y fue una especie de conmoción, que no todos los valores supremos que perseguía la humanidad en el presente y había perseguido en el pasado eran necesariamente compatibles entre sí. [...]
>
> La libertad y la igualdad figuran entre los objetivos primordiales perseguidos por los seres humanos a lo largo de muchos siglos; pero *la libertad total para los lobos es la muerte para los corderos, la libertad total para los poderosos, los dotados, no es compatible con el derecho a una existencia decente de los débiles y menos dotados.* [...] La igualdad puede exigir que se limite la libertad de los que quieren dominar; la libertad (y sin una cierta cuantía de ella no hay elección y por tanto ninguna posibilidad de mantenerse humano tal como entendemos la palabra) puede tener que reducirse para dejar espacio al bienestar social, para alimentar al hambriento, vestir al desnudo, cobijar al que no tiene casa, para dejar espacio a la libertad de otros, para que pueda haber justicia o equidad.

En resumidas cuentas, la libertad, llevada hasta sus últimas consecuencias, conduce inevitablemente a la desigualdad más extrema; y la total igualdad solo es alcanzable cercenando la libertad. He aquí,

31 Isaiah Berlin, *El fuste torcido de la humanidad*, Península, 1995.
32 Ibíd., pág 30.
33 Ibíd., pág. 31.

pues, manifestada con toda su crudeza, una gran paradoja: la colisión de valores intrínsecamente excelsos; colisión que no se puede evitar pero sí suavizar. No estamos ante una cuestión de elección sino de compromiso: la libertad total tiene que convivir con una falta de libertad que deje espacio a una razonable igualdad; y la igualdad total tiene que hacerlo también con la desigualdad, de forma que resulte posible un ejercicio sensato de la libertad. Así es la vida.

b) ¿No será la desigualdad económica un fenómeno cuasi natural de imposible dilucidación?

Leídas, entendidas y, en su caso, asumidas total o parcialmente las teorías de Hayek y de los arquitectos de la perspectiva Santa Fe, es decir, considerada la economía como un orden espontáneo de cooperación social o como un sistema complejo adaptativo, no queda otro remedio que aceptar que la desigualdad económica es, ciertamente, un fenómeno social regido por leyes inescrutables, como lo son todos los fenómenos naturales, pero analizable por métodos estadísticos.

El primero que analizó en serio la desigualdad económica fue Vilfredo Pareto (1848-1923), ingeniero, economista, sociólogo y filósofo italiano. A él se debe en parte el que la economía dejase de ser una rama de la filosofía social al estilo de Adam Smith para convertirse en objeto de investigación científica intensiva.

Fascinado por la distribución de la riqueza, Pareto intentó investigar el problema que supone el más que evidente abismo que existe entre los ingresos de ricos y pobres. En 1906 descubrió que, en Italia, el 20% de la población poseía el 80% de la propiedad[34]. Tras hacer acopio de datos disponibles sobre riqueza e ingresos a lo largo de varios siglos y en diferentes países, se dio de bruces con una realidad[35]. Los datos no se ajustaban ni de lejos a una campana de Gauss, como uno esperaría si la riqueza se distribuyese normalmente al azar. Se trataba de una especie de «ley social» de «algo que está en la naturaleza del hombre». Tal naturaleza, según Pareto, «es primitiva, emocional, inflexible», de forma que «los más inteligentes, capaces, fuertes y astutos se llevan la parte del león», mientras que «los débiles se mueren de hambre». De ocurrir de otro modo «la sociedad degeneraría».

---

34 Joseph M. Juran, experto en gestión de calidad, generalizó este descubrimiento, llamándole principio de Pareto (conocido generalmente como regla del 80/20).

35 *Cfr. Fractales y finanzas*, op. cit., págs. 167-171.

Sus investigaciones le llevaron a descubrir una ley estadística, dura y darwiniana, expresable en términos de una sencilla ley potencial —conocida hoy como "distribución de Pareto Tipo I"— la cual originó en su época notable controversia. Tal ley de distribución, representada en papel doblemente logarítmico, se transformaba en una simple línea recta de pendiente igual al exponente α (alfa) de dicha ley (3/2), bautizado hoy por los matemáticos como «índice de Pareto».

Pareto fue precursor de un modelo matemático que, más tarde, sería desarrollado por una pléyade de economistas. Parece que Pareto subestimó, dada la limitación de sus datos, su exponente alfa, que ha resultado estar más cerca de 2 que de 3/2, de forma que los multimillonarios son más raros de lo que él pensaba. Pero lo cierto es que descubrió una senda solitaria que se ha ido ramificando en múltiples senderos por los que hoy transitan muchos científicos. Mandelbrot, al emprender su estudio de la distribución de la riqueza se dio de bruces con la ley de Pareto y quedó fascinado. «La observación básica [paretiana] de que la relación entre ingresos y tamaño poblacional se rige por una ley potencial fue esclarecedora. *En su núcleo está la observación de que, en una sociedad, muy pocos son escandalosamente ricos, pocos son muy ricos, y la gran mayoría es de clase media o pobre. El alfa de la fórmula de Pareto es solo una manera de cuantificar lo poco equitativa que es la sociedad*».

Son ya multitud las leyes potenciales parecidas a la de Pareto que se han ido descubierto en los ámbitos de la economía y de la sociología.

Actualmente, los investigadores de la desigualdad no suelen hacer referencia alguna a Pareto. Se limitan a utilizar métodos estadísticos muy elementales para estudiar la evolución de índices económicos que, presuntamente, pueden dar idea de la evolución temporal del reparto de la riqueza y del porqué de la desigualdad de la misma.

Como antes hemos visto, Bauman considera que el lema «La desigualdad entre los hombres es natural» no es sino una gran mentira. Creo que se equivoca. Una cosa es sentirse justificadamente entristecido y soliviantado ante la inaceptable perduración de la pobreza extrema —¡quién no lo está, a no ser que carezca de sentimientos morales!— y otra muy distinta es negar lo que nos enseña la historia de la economía. Deaton no lo hace. En su ya citada obra *El gran escape* dice[36]:

36 *El gran escape. Salud, riqueza y los orígenes de la desigualdad*, op. cit., págs. 19-20.

> Muchos de los grandes episodios del progreso humano, incluyendo aquellos que usualmente se describen como completamente fructíferos, han dejado detrás un legado de desigualdad. La Revolución industrial, que comenzó en el Reino Unido en los siglos XVIII y XIX, dio inicio al crecimiento económico, responsable de que cientos de millones de personas escaparan de la indigencia material. La otra cara de la misma Revolución industrial es lo que los historiadores llaman la "Gran Divergencia", cuando el Reino Unido, seguido un poco después por Europa noroccidental y los Estados Unidos, se separó del resto del mundo, creando un enorme golfo entre Occidente y el resto del mundo que no se ha cerrado hasta el día de hoy. La desigualdad global actual fue creada, en gran medida, por el éxito del crecimiento económico moderno.

Dado el carácter cuasi natural del reparto de la riqueza, lo que debemos erradicar sin contemplaciones es la escandalosa pobreza extrema, y ayudar a los países subdesarrollados para que se encaminen por los senderos del desarrollo. No podemos, ni debemos, hacer otra cosa.

c) ¿No tendrá la culpa de la mala distribución de la riqueza «la insaciable rapacidad del capitalismo»?

No son pocos quienes opinan que el capitalismo es un sistema inmoral y sin entrañas, del todo insensible al desgarrado quejido de los condenados de por vida a la pobreza, un sistema que, por sí solo, tiende de manera natural a crear desigualdad.

Un economista que sintoniza con esta forma de pensar es Thomas Piketty, autor de *El capital en el siglo XXI*[37], una obra publicada en 2013 que se convirtió rápidamente en *best seller*.

En el primer párrafo de la introducción de dicha obra se lee[38]:

> La distribución de la riqueza es una de las cuestiones más controversiales y debatidas en la actualidad. Pero ¿qué se sabe realmente de su evolución a lo largo del tiempo? ¿Acaso la dinámica de la acumulación del capital privado conduce inevitablemente a una concentración cada vez mayor de la riqueza y del poder en unas cuantas manos, como lo creyó Marx en el siglo XIX? O bien, ¿acaso las fuerzas equilibradoras del crecimiento, la competencia y el progreso técnico conducen espontáneamente a una reducción

37 Thomas Piketty, *El capital en el siglo XXI*, Fondo de Cultura Económica de España, S. L., 2014.

38 Ibíd., pág. 15.

y a una armoniosa estabilización de las desigualdades en las fases avanzadas del desarrollo, como pensó Kuznets en el siglo XX? ¿Qué se sabe en realidad de la evolución de la distribución de los ingresos y de la riqueza desde el siglo XVIII, y qué lecciones podemos extraer para el siglo XXI?

Dicho esto, Piketty va hilvanando a lo largo de la introducción una serie de reflexiones que cuasi hacen innecesaria la lectura de las más de seiscientas páginas siguientes, excluyendo las siete páginas de conclusiones.

Ante todo, Piketty: (i) critica las visiones de la distribución de la riqueza de Marx y de Kuznets, la primera por apocalíptica y la segunda por ser un «cuento de hadas»; y (ii) advierte que, a diferencia de los trabajos realizados por sus predecesores, el suyo parte de fuentes históricas inéditas.

A continuación, asevera[39]: (i) que hay que desconfiar de todo determinismo económico por cuanto «la historia de *la distribución de la riqueza es siempre profundamente política* y no podría resumirse en mecanismos puramente económicos»; (ii) que la dinámica de la distribución de la riqueza «pone en juego poderosos mecanismos que empujan alternativamente en el sentido de la convergencia y de la divergencia, [no existiendo] ningún proceso natural y espontáneo que permita evitar que las tendencias desestabilizadoras y no igualitarias prevalezcan permanentemente»; (iii) que la principal *fuerza de convergencia* es el proceso de difusión de los conocimientos y de inversión en la capacitación y la formulación de habilidades; y (iv) que entre las *fuerzas de divergencia*, destacan las relativas a las retribuciones más elevadas, y las vinculadas «al proceso de acumulación y de concentración de la riqueza en un mundo caracterizado por el bajo crecimiento y un elevado incremento del capital».

Piketty considera, sin la menor duda, que la segunda fuerza es la más desestabilizadora y amenazadora para la dinámica de la distribución de la riqueza a muy largo plazo. Y aquí estalla la bomba; porque la totalidad de su obra gira en torno a la desigualdad matemática $r > g$. Tal desigualdad tiene un papel esencial en la totalidad de la obra, resume la lógica de conjunto de las conclusiones de Piketty.

39 Ibíd., pág. 38.

¿Qué significa tal desigualdad? Veamos[40]: *r* representa la tasa de rendimiento del capital (es decir, lo que en promedio produce el capital durante un año, en forma de beneficios, dividendos, intereses, rentas y demás ingresos del capital, como porcentaje de su valor): y *g* indica la tasa de crecimiento (es decir, el incremento anual del ingreso y de la producción).

A lo largo de su muy dilatada obra, la desigualdad matemática $r > g$ es omnipresente, desde la página 42 hasta la conclusión.

En dicha conclusión, y por si hubiera alguien que no lo había visto claro, Piketty, tras advertir de que «todas las conclusiones a las que llegué son, por su naturaleza, frágiles y merecen aún cuestionarse y debatirse», dice[41]:

> La lección general de mi investigación es que la evolución dinámica de una economía de mercado y de propiedad privada que es abandonada a sí misma contiene en su seno fuerzas de convergencia importantes, relacionadas sobre todo con la difusión del conocimiento [...], pero también poderosas fuerzas de divergencia, potencialmente amenazadoras para nuestras sociedades democráticas y para los valores de justicia social en que están basadas.
>
> La principal fuerza desestabilizadora se vincula con el hecho de que la tasa de rendimiento privado del capital *r* puede ser significativa y duraderamente más alta que la tasa de crecimiento del ingreso y la producción *g*.
>
> La desigualdad $r > g$ [*la contradicción central del capitalismo*] implica que la recapitalización de los patrimonios procedentes del pasado será más rápida que el ritmo de crecimiento de la producción y los salarios. Esta desigualdad expresa una contradicción lógica fundamental. El empresario tiende inevitablemente a transformarse en rentista y a dominar cada vez más a quienes solo tienen su trabajo. Una vez construido, el capital se reproduce solo, más rápidamente de lo que crece la producción. *El pasado devora al porvenir.*

Pero, si esto fuera cierto, ¿cómo impedir tamaño desastre humanitario? Piketty propone el establecimiento mundial de un *impuesto progresivo anual sobre el capital*. Por ejemplo, las tasas impositivas podrían ser de entre 0,1 a 0,5% anual sobre los patrimonios entre menos de 200.000 euros a menos de un millón de euros, 1% entre uno y cinco millones de euros, 2 a 5% entre cinco y diez millones de

40 Ibíd., pág. 42.
41 Ibíd., págs. 643-644.

euros y 10% para las fortunas de varios cientos o miles de millones de euros.

Piketty reconoce en su libro que este impuesto mundial sobre el capital es una utopía. Pero se trata, según él, de «una utopía útil», supongo que en el sentido de «pedagógica». Desde luego es una utopía absolutamente increíble; si no lo fuera, ya estarían las grandes fortunas especulando sobre la forma de domiciliar su dinero en Marte.

No deja de resultar un tanto irónico el que la desigualdad de la pobreza sea explicada en términos de otra desigualdad... matemática.

¿Qué ha sido de la obra de Piketty?

Ya en 2014 fue objeto de severas críticas por parte de notables economistas de todo el mundo. Un compendio de las mismas fue publicado en el nº 64 de la Real-World Economics Review el 7 de octubre de 2014 bajo el título "Special issue on Piketty's Capital".

El 11 de marzo de 2015, el periódico *La Vanguardia* publicó un artículo del periodista Manuel Estapé Tous, titulado "Piketty matiza sus tesis sobre la creciente desigualdad. El economista relativiza la importancia de su argumento principal". Reproduzco a continuación, por su claridad, la cuasi totalidad del texto:

> Leerlo para creerlo después de haberlo entrevistado. El economista francés, Thomas Piketty [...] ha decidido rectificar o matizar algunas de sus principales tesis como la tendencia del capitalismo a ofrecer mayor rendimiento al capital que al conjunto de la economía y, por lo tanto a concentrar la riqueza y acrecentar las desigualdades de renta y patrimonio.
>
> En un *paper* de ocho escuetos folios, fechado el 31 de diciembre [de 2014] Piketty dirige sus correcciones y las titula "Respecto al capital en el siglo XXI" y de entrada reconoce que muchos han hecho interpretaciones erróneas de su estudio sobre la evolución de la renta y los patrimonios en más de veinte países desarrollados desde los principios del capitalismo a comienzos de los años 1800. Esta relectura de su obra aparecerá en el número de mayo de la *American Economic Review*[42].
>
> Recapitulemos su larguísimo libro. Su tesis central es que el capitalismo concentra riqueza y patrimonios y fomenta la desigualdad social. Su éxito de ventas proviene de que la tesis cabe en una ecua-

42 *Cfr*. Thomas Piketty, "About *Capital in the Twenty-First Century*", *American Economic Review: Papers & Proceedings 2015, 105(5): 48–53, http://dx.doi.org/10.1257/aer.p20151060.*

> ción r>g, donde la rentabilidad del capital, crece más que el conjunto de la economía. Piketty alertaba que el fuerte crecimiento de la desigualdad desde los años 1980, especialmente en Estados Unidos, nos acercaba a unas diferencias entre rentas y patrimonio similares a los máximos alcanzados antes de la Primera Guerra Mundial y al desmoronarse el Antiguo Régimen. Algunos llegaron a decir que no hacían falta tantas páginas para constatar lo obvio. En Estados Unidos fue recibido por el secretario del Tesoro y recorrió el país como un profeta que por fin, con datos históricos, ponía por escrito lo que la población viene comprobando en los últimos treinta años: paro y pobreza para las víctimas del sistema y extraordinaria opulencia para el 1% top de los mega-millonarios. "Ganar más de un millón anual no está justificado", nos dijo cuando lo entrevistamos el pasado 16 de octubre. Ahora en su *paper* dice que no está claro.
>
> Ahora resulta que "no veo r>g como la única o principal herramienta para considerar los cambios en rentas y patrimonios en el siglo XXI". Tampoco para pronosticar cuál es el ritmo de la desigualdad de rentas y patrimonios en el siglo XXI".

Ciertamente, leer para creer.

Así, apenas transcurridos dos años desde la publicación de *su best seller* en francés, el «soldado» Piketty, lo mismo que el de Cervantes,

caló el chapeo, requirió la espada,
miró al soslayo, fuese y no hubo nada.

¿Qué debenos hacer para aliviar la pobreza?

Pues, sencillamente, practicar la virtud de la caridad.

La Iglesia católica tiene una explicación esencialmente religiosa de las diferencias de riqueza y la necesidad de corregirlas o limitarlas. Se trata de un plan de Dios para que entre en juego la caridad (*Catecismo* 1946).

Para comprender el verdadero alcance de tal plan, basta citar un pasaje esencial del Evangelio predicado por Jesucristo, pasaje que *no* está dirigido solo a los miembros de la polis cristiana, sino a todas las gentes de las polis del mundo, sin distinción alguna, a una nueva polis universal, al orbe. Y el mensaje que transmite es esencialmente moral y político. Al parecer, Mahatma Gandhi dijo de él que «es más potente que una bomba atómica». Desde luego, este pasaje evangélico, aparte de universal, es de una fuerza descomunal.

En efecto, en Mateo 25, 31-46 se lee, en relación con el *juicio final*[43]:

> 31«Cuando el Hijo del hombre venga en su gloria acompañado de todos sus ángeles, entonces se sentará en su trono de gloria. 32Serán congregadas delante de él *todas las naciones*, y él separará a los unos de los otros como el pastor separa las ovejas de los cabritos. 33Pondrá las ovejas a su derecha y los cabritos a su izquierda. 34Entonces dirá el Rey a los de su derecha: "Venid, benditos de mi Padre, recibid la herencia del Reino preparado para vosotros desde la creación del mundo. 35*Porque tuve hambre, y me disteis de comer; tuve sed, y me disteis de beber; era forastero, y me acogisteis;* 36*estaba desnudo, y me vestisteis; enfermo y me visitasteis; en la cárcel, y vinisteis a verme.*" 37Entonces los justos le responderán: "Señor, ¿cuándo te vimos hambriento, y te dimos de comer; o sediento, y te dimos de beber? 38¿Cuándo te vimos forastero, y te acogimos; o desnudo, y te vestimos? 39¿Cuándo te vimos enfermo o en la cárcel, y fuimos a verte?" 40Y el Rey les dirá: *"En verdad os digo que cuanto hicisteis a uno de estos hermanos míos más pequeños, a mí me lo hicisteis."* 41Entonces dirá también a los de su izquierda: "Apartaos de mí, malditos, al fuego eterno preparado para el Diablo y sus ángeles. 42*Porque tuve hambre, y no me disteis de comer; tuve sed, y no me disteis de beber;* 43*era forastero, y no me acogisteis; estaba desnudo, y no me vestisteis; enfermo y en la cárcel, y no me visitasteis.*" 44Entonces dirán también éstos: "Señor, ¿cuándo te vimos hambriento o sediento o forastero o desnudo o enfermo o en la cárcel, y no te asistimos?" 45Y él entonces les responderá: *"En verdad os digo que cuanto dejasteis de hacer con uno de estos más pequeños, también conmigo dejasteis de hacerlo."* 46E irán éstos a un castigo eterno, y los justos a una vida eterna.»

Se trata de un mensaje centrado absolutamente en la compasión, en la misericordia, en la caridad... en el amor, en el orden ético para los no creyentes y en los órdenes ético y sobrenatural para los creyentes.

Jesucristo, que nació y vivió pobre, predicó este plan divino con una claridad, contundencia y autoridad extraordinarias.

Su mandamiento de amar y ayudar al prójimo en todas las circunstancias de la vida, aunque sea nuestro enemigo e, incluso, nuestro verdugo, fue laicizado en la Ilustración, y sigue siendo el desiderátum de la ética universal, un imperativo que nos conmueve y admira, pero que tanto nos cuesta entender y aún más practicar.

¿Qué podemos hacer, en concreto, para contribuir a la erradicación de la pobreza extrema?[44] [45].

El Estado, ya sabemos cómo actúa; Deaton lo expresa de forma contundente, como hemos visto, en *El gran escape*, en la gran evasión de la miseria a través de los siglos. También lo hace David S. Landes en su obra *La riqueza y la pobreza de las naciones*.

Las ONG realizan una labor monumental sobre el terreno. El ciudadano corriente no puede hacerlo; pero sí puede ayudar generosamente con dinero a tan benéficas instituciones (Cáritas, Manos Unidas...).

Donde el ciudadano del primer mundo puede dar el do de pecho, implicarse *personalmente*, es en la gran tarea que supone la erradicación de la precariedad y de la pobreza extrema en los extrarradios de nuestra prosperidad, donde se viven situaciones de desvalimiento muy cercanas, pero que resultan cuasi invisibles a nuestros enceguecidos ojos.

Y es que, ciertamente, existe un «cuarto mundo», término utilizado por el padre Joseph Wresinski, fundador de la organización International Movement ATD Fourth World[46], quien definió la precariedad y la pobreza extrema en los siguientes términos: «La precariedad es la ausencia de una o varias de las seguridades que permiten a las personas y las familias asumir sus responsabilidades elementales y gozar de sus derechos fundamentales. La inseguridad que resulta de aquello puede ser más o menos grave y definitiva. Conduce muy a menudo a la extrema pobreza cuando afecta a varios

---

44 Alasdair MacIntyre —filósofo ya citado en el capítulo 6—, en una conferencia celebrada en la Universidad Católica de Notre Dame (Indiana) a finales de 2012 bajo el título "The Crowning Glory of the Virtues: Exploring the Many Facets of Justice", dijo, al ser preguntado sobre el problema de la justicia social, que «Estados Unidos constituye un buen ejemplo de la creciente inequidad» en la distribución de la riqueza, y sostuvo que «lo que se necesita es una masiva redistribución» que corrija tan desastrosa como destructiva deriva social. Así las cosas, ¿cómo deberían proceder los católicos? Según MacIntyre: (i) «Deben esmerarse en afirmar su identidad: son primariamente católicos en lugar de liberales o conservadores». (ii) «Deben cooperar con las obras de caridad y justicia promovidas por la Iglesia. Deben estar atentos a las necesidades de la gente». (iii) «El obrar de la Iglesia debe ser una pista de cómo los católicos deben proceder en política». La preocupación política de los católicos no debe ser sino «la transformación de la sociedad siguiendo la doctrina social de la Iglesia». MacIntyre es católico conservador, pero su pensamiento político está claramente orientado hacia la transformación del mundo desde sus bases, lo que supone, ante todo, erradicar las injusticias sociales.
Blog sagradaanarquia.wordpress.com., Raúl Zegarra, "Alasdair MacIntyre en Notre Dame".

45 La "Agenda 2030 para el desarrollo sostenible", aprobada en la ONU en septiembre de 1015, establece como primero de sus 17 objetivos el *poner fin a la pobreza en todas sus formas en todo el mundo*.

46 ATD es el acrónimo de "All Together for Dignity". Su rama española es Movimiento ATD Cuarto Mundo España.

dominios de la existencia, cuando tiende a prolongarse en el tiempo y se vuelve persistente, cuando compromete gravemente las oportunidades de reconquistar sus derechos y de reasumir sus responsabilidades por sí mismo en un futuro previsible»[47].

Ante esta sangrante realidad no podemos hacernos el loco; debemos conocer, prever y proveer.

¿Está claro? A poco que reflexionemos, llegaremos a la conclusión de que *es* en este cuarto mundo donde, como individuos, *ad personam*, debemos dar la cara. Y es imperativo que lo hagamos *ya*, porque son innumerables las víctimas sobre las que ya ha pasado por encima, y seguirá haciéndolo, el violento e inmisericorde tren de la Gran Recesión, que parece seguir una trayectoria extramuros del bienestar, sin que nadie sepa ni cuándo ni cómo parará y podrá ser achatarrado.

47 Ver página web Movimiento ATD Cuarto Mundo España: http://atdcuartomundo.es.

EPÍLOGO

ÚLTIMAS REFLEXIONES

—Yo he visto cosas que vosotros no creeríais. Atacar naves en llamas más allá de Orión. He visto rayos C brillar en la oscuridad cerca de la Puerta de Tanhauser. Todos esos momentos se perderán en el tiempo como lágrimas en la lluvia. Es hora de morir.

Filme BLADE RUNNER, de Ridley Scott (1982);
palabras que dirige el replicante Batty (Rutger Hauer)
al policía Deckard (Harrison Ford)

Qu'est-ce done qu'oublier, si ce n'est pas mourir.
(Qué es pues olvidar, sino morir.)

ALFRED DE MUSSET, *Poésies nouvelles*,
carta a M. de Lamartine

Inritabis crabrones.
(Avivarás un avispero.)

PLAUTO, *Amphitruo,* 707

Es casi imposible llevar la antorcha de la verdad a través de una multitud sin chamuscarle la barba a alguien.

GEORG CHRISTOPH LICHTENBERG, *Aforismos*, Cuaderno G

Nunc age, quod super est, cognosce et clarius audi. Nec me animi fallit quam sint obscura...
(Sigamos ahora, aprende lo que resta y oye más claramente. No se me oculta cuán oscuro es el lugar en que entro...)

LUCRECIO, *De rerum natura*, Libro I, 921-922

¡Cuántas cosas hemos visto!

Es casi seguro que algunas de ellas habrán dejado boquiabiertos a lectores poco acostumbrados a pasear por el lado oscuro del capitalismo.

Pero no se trata de cosas de ficción, como lo son las que el replicante Batty, poco antes de morir, le cuenta al policía Deckard, en una escena memorable de la película "*Blade Runner*" que ha pasado a la historia del cine y que cito en la cabecera de esta página. Se trata, por el contrario, de cosas reales; cuasi increíbles algunas de ellas, pero muy reales.

Lo que ocurrirá en cuanto, superados ya la perplejidad y el asombro, salgamos de la Gran Recesión, es que estos «momentos» ya vividos y sufridos acabarán perdiéndose, a no tardar mucho, como *lágrimas en la lluvia*. Porque el ser humano, quizá por un reflejo puramente instintivo de autodefensa, es muy olvidadizo, tiende a desmemoriarse, y por ello tropieza en la misma piedra una vez, y otra, y otra...

Pero no es hora de ese morir al que equivale el olvido.

De lo que sí es hora es de hacer unos comentarios finales que considero indispensables.

A lo largo de los textos precedentes, he ido penetrando —tal como me había propuesto y hasta donde he podido— en el «corazón de las inmensas tinieblas» de lo que nos pasa como miembros del remedo de Sociedad Abierta popperiana en el que hoy habitamos los occidentales.

Identificadas las conjeturales causas primigenias de la Gran Recesión, alcanzadas las «cumbres económicas» que me había propuesto hollar —crítica del paradigma económico aún prevalente, neo-economías y esbozo de un nuevo paradigma económico—, y disertado ampliamente sobre ética y capitalismo, ha llegado la hora de realizar, como colofón de esta narrativa, unas postreras reflexiones sobre cuatro cuestiones específicas que pueden ser de especial interés para el lector, a saber: (i) el funcionamiento del mercado; (ii) la intervención del Estado en la economía; (iii) el futuro del capitalismo; y (iv) el término de la Gran Recesión.

Soy plenamente consciente de que ya he asumido no pocos riesgos al discursar, a mi manera, sobre materias fundamentalmente económicas, no siendo economista de academia ni de oficio, y también sobre cuestiones filosóficas, sociológicas, históricas y religiosas, sin ser tampoco sociólogo, filósofo, historiador o teólogo. Es un riesgo no pequeño, por ejemplo, el simpatizar, como yo hago, con las teorías de los «abuelos» de la Escuela Austriaca de economía (Mises y Hayek), no apreciados como se merecen e, incluso despreciados. Y, probablemente, el riesgo ha escalado al rango de temerario cuando he decidido fundamentar el esbozo de nuevo paradigma económico basado en una doctrina subjetivista-evolucionista (hayekiana), trufada de ciencias de la complejidad. ¡Vade retro!

Pues bien, llegado a este Epílogo, voy a cometer una imprudencia adicional: dar opiniones muy personales en relación con las cuatro cuestiones arriba citadas. Y lo es, por cuanto, sin quererlo, puedo herir susceptibilidades o chamuscarle la barba a alguien.

Tal vez lo más prudente sería callar. Pero nada me obliga a ello y, aun cuando no soy de carácter aventurero, tampoco está en mi naturaleza el rebajarme al disimulo ni al miedo. Y, menos aún, cuando caminamos desnortados por tierras cerradas en niebla donde la luz deslumbra más que alumbra, cuando necesitamos perentoriamente comprender, al menos un poquito, por qué nos hemos visto metidos en semejante lodazal y, también, conjeturar de qué forma y cuándo saldremos de él.

Así las cosas, no le haré caso a Plauto pero sí a Lucrecio, y me meteré en un gran avispero.

Nunc age… Sigamos ahora.

Primera reflexión
¿CÓMO FUNCIONAN LOS MERCADOS?

> Nadie ha caracterizado los mecanismos de mercado mejor que Friedrich A. Hayek.
>
> HERBERT ALEXANDER SIMON

Los mercados son el corazón del capitalismo. Dar razón de su naturaleza y funcionamiento es darlo del propio capitalismo. Conviene, por lo tanto, realizar un análisis específico de los mismos.

En lo que sigue, daré mi visión personal de cómo funcionan tales mercados.

Centraré exclusivamente mi atención en el mercado de valores de renta variable —«la bolsa», para el común de las gentes—, mercado que es, sin duda, una de las piezas fundamentales del sistema capitalista.

Su popularidad es evidente. Todos los medios de comunicación generalistas, tanto convencionales (prensa, radio y televisión) como digitales, informan diariamente o, en su caso, de forma cuasi continua, sobre el valor al cierre de sesión de los principales índices bursátiles mundiales[1], y sobre las cotizaciones de las empresas que conforman tales índices.

Se trata del más conocido y divulgado de todos los mercados financieros. Prácticamente, no hay país en el mundo que no tenga una o más bolsas.

Es mucha la gente que invierte en la bolsa, sin ser consciente de cómo se las gasta tan popular institución.

Merece la pena conocerla un poco mejor; vayamos, pues, al grano.

¿Cuál es el mecanismo que, en teoría, mueve al alza o a la baja la cotización de la acción de una empresa en particular, así como los índices que miden el comportamiento general de la bolsa?

---

1 En especial el Dow Jones Industrial Average, el Standard & Poor's 500 y el Nasdaq 100.

Por lo que respecta a una empresa concreta, y en ausencia de factores exógenos, cabría pensar, de acuerdo con la teoría que emana del paradigma económico neoclásico, que el precio (cotización) de una acción debería venir determinado, racional y fundamentalmente, por el valor de la empresa, obtenido, por ejemplo, mediante descuento del flujo temporal de presuntos beneficios futuros; en ese sentido, a un mayor valor correspondería una mayor cotización.

Pero las cosas no funcionan así. En efecto, al inversor lo que realmente le interesa, no es la tasa de rentabilidad que *una* determinada empresa obtiene (o promete que obtendrá) sobre sus inversiones corporativas (información relevante pero, con frecuencia, muy poco fiable), sino la tasa de rentabilidad que él obtendrá sobre su propia inversión financiera en acciones de tal empresa. En este sentido, lo que el inversor espera de su colocación de capital es obtener una rentabilidad (dividendos más plusvalías) netamente superior a la de una inversión financiera sin riesgo (lo de «sin riesgo» siempre es un decir).

Dentro del marco de una economía regulada, y simplificando hasta el extremo, la referencia general para el mercado se deriva, en último término, del tipo de interés de referencia fijado por el banco central que corresponda (la Fed, el BCE, etcétera), todo ello de acuerdo con la misión que el Estado le asigna por ley, y que, en general, no es otra que ejecutar una política monetaria que promueva el máximo crecimiento económico, con máximo empleo, precios estables y tasas de interés a largo plazo moderadas. Así, lo que la bolsa, en general, demanda de las empresas es que sean capaces de generar un diferencial de rentabilidad suficiente sobre un tipo de interés que es resultado de la política monetaria al uso (*Federal Funds Rate*, Libor, Euribor... más un tanto). Haciendo abstracción de otros muchos factores que juegan un papel decisivo, cuando dicho tipo de interés baja, los márgenes se ensanchan y las cotizaciones tienden a subir. Si, por el contrario, el tipo de interés sube, los márgenes se estrechan y las cotizaciones tienden a bajar. Ese viene a ser el juego, al menos en teoría. ¿Y cuál es el plus de rentabilidad aceptable para el inversor? Pues, en principio, no existe un valor límite: cuanto mayor, mejor. Este hecho somete a las empresas que cotizan en bolsa a una enorme presión por cuanto márgenes de rentabilidad empresarial mediocres dan lugar, en último término, a cotizaciones también mediocres, y márgenes nulos o negativos pueden significar el hundimiento de las cotizaciones lo que, aparte de cerrarles una fuente de financiación a veces decisiva, puede hacerlas presa fácil de una opa (oferta pública de adquisición). Por este motivo —fundamental, pero no único— las empresas buscan desaladamente la reducción de costes y sienten obsesión por la «creación de valor para el accionista», a muy corto plazo, por supuesto[2].

Así pues, al menos en teoría, existen dos factores esenciales para la formación de las cotizaciones que son sustraendo y minuendo de una diferencia: un tipo de interés básico (correlacionado con el establecido por una autoridad monetaria independiente) y la presunta rentabilidad futura de las propias empresas.

¿Cómo se mide, estima, juzga o conjetura dicha rentabilidad? Lo lógico sería hacerlo a partir de los informes financieros que facilitan periódicamente todas las empresas que cotizan en la bolsa (normalmente, cada trimestre). Lo malo es que tales informes se basan en datos obtenidos como resultado de la aplicación de normas y criterios contables que, aun cuando gozan de general aceptación, admiten un amplio margen de interpretación. Y puesto que la contabilidad dista mucho de ser una ciencia exacta, un beneficio declarado es, más que una verdad irrefutable, una simple opinión de parte que puede y *debe* ser cuestionada. Pero, además, si incierto es lo que se declara como ya ganado, aún lo es más lo que se anuncia que se obtendrá en el futuro.

Así las cosas, ¿cómo se las arregla la bolsa para establecer en cada momento el precio de las acciones?

Para contestar razonablemente a esta pregunta no basta decir que la bolsa se limita a obedecer la neoclásica y muy popular ley de la oferta y demanda. Antes bien es preciso reflexionar sobre la verdadera naturaleza del mercado de valores propiamente dicho. Y, a la luz de las investigaciones realizadas por los científicos del Instituto Santa Fe, cabe postular —como vengo haciendo— que la bolsa (parqué real o virtual, y organizaciones anexas) y los múltiples agentes que interaccionan con ella de forma más o menos directa, configuran un conjunto que tiene todas las características necesarias para ser considerado miembro de la gran familia de los sistemas complejos adaptativos, que aprenden y evolucionan como los seres vivos.

En este caso, se trata de un sistema abierto, donde los agentes van modificando su respuesta a los estímulos que reciben, a través de múltiples vías de interacción y bucles de retroacción no lineal, tal como intento simbolizar en el gráfico II.1, con el resultado de que su comportamiento es caótico, indeterminado y no predecible; pero con una notable diferencia con respecto a lo que ocurre en los sistemas físicos o biológicos.

En efecto, en el caso de la bolsa, los agentes esenciales son personas de racionalidad limitada, con posiciones diferentes, y que no solo actúan

2 Concepto totalmente prostituido por los grandes profetas y fervorosos practicantes de la «religión de lo inmediato», que lo utilizaron para enriquecerse de forma desmesurada, en detrimento de los accionistas. *Cfr. Perplejidad*, págs. 542-546.

de forma espontánea, sino que también lo hacen influenciadas por motivaciones personales de todo tipo, aceptables unas (ambición, poder...), inevitables otras (emociones, fobias, prejuicios...), cuestionables o censurables no pocas (avaricia, imprudencia, temeridad...), incontrolables todas. Tan decisiva característica diferencial confiere a este sistema, de naturaleza cuasi biológica, una no linealidad, complejidad e impredecibilidad superlativas. ¡Personas —agraciadas con el don del libre albedrío— dentro de los propios bucles de retroacción! No cabe imaginar mayor nivel de complejidad.

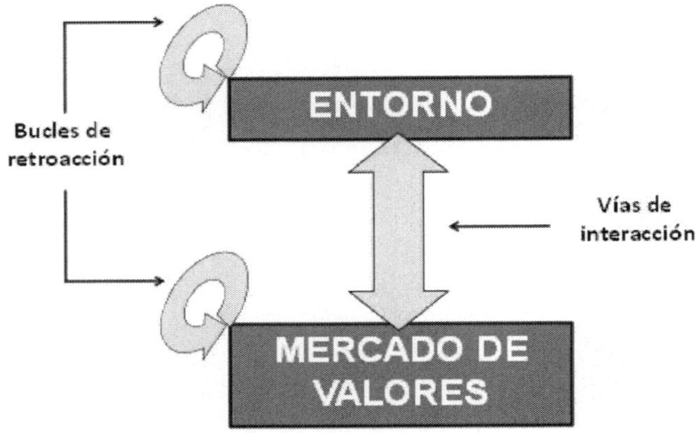

GRÁFICO II.1. *La bolsa, como sistema complejo adaptativo*

A efectos de análisis, integraré los agentes implicados en cuatro grupos:

- el de los inversores (individuales e institucionales —fondos de pensiones, fondos de inversión, *hedge funds*...—);
- el de las empresas que cotizan en el mercado de valores;
- el de los analistas de los bancos de inversión, las firmas de auditoría, y las firmas especializadas en la calificación de riesgos crediticios; y,
- el de los órganos públicos y privados de vigilancia y control de las actividades bursátiles.

El primer grupo integra a los actuantes (agentes), es decir, a las personas físicas o jurídicas que ya tienen acciones y desean tener más o desprenderse de ellas, o que no las tienen y desean comprarlas. Las órdenes de compra y venta las gestionan intermediarios profesionales acreditados —fundamentalmente los *specialists* y los *market makers*[3]—, que se limitan

3 Sociedades «creadoras de mercado», que se ganan la vida dando estabilidad y liquidez al mercado; es decir, comprando acciones cuando otros desean vender, y vendiendo cuando otros desean comprar, todo ello dentro del estricto marco de actuación que establece cada bolsa.

a seguir estrictamente (o, al menos, eso es lo que se presume que hacen) las instrucciones —personales, telefónicas, por Internet...— de los actuantes, apoyados por una compleja estructura de servicios de información *on line*, registro y control de las operaciones, etcétera.

El segundo grupo integra a los entes emisores en el mercado primario de los valores objeto de transacción (acciones).

El tercer grupo integra a los presuntos responsables de: (i) analizar y comprobar la información de las empresas, enjuiciar sus planes de actuación, realizar valoraciones, y formular recomendaciones sobre compra, venta o conservación de los títulos; (ii) certificar la corrección de las cuentas trimestrales y anuales presentadas por las empresas; y (iii) valorar los riesgos financieros e industriales de las empresas y calificar la calidad de su deuda. Constituyen, por así decirlo, la red de conocimiento experto que suministra información vital al mercado para que pueda tomar sus decisiones.

El cuarto grupo integra a todos los entes que tienen funciones de apoyo, control, supervisión, inspección, vigilancia y, en su caso, sanción.

Las mutuas interacciones entre estos cuatro grupos de agentes, dentro del marco de la bolsa, configuran un entramado de caudalosos flujos de información y de bucles de retroacción, que son los que permiten la formación de las cotizaciones, tal como se muestra en el gráfico II.2.

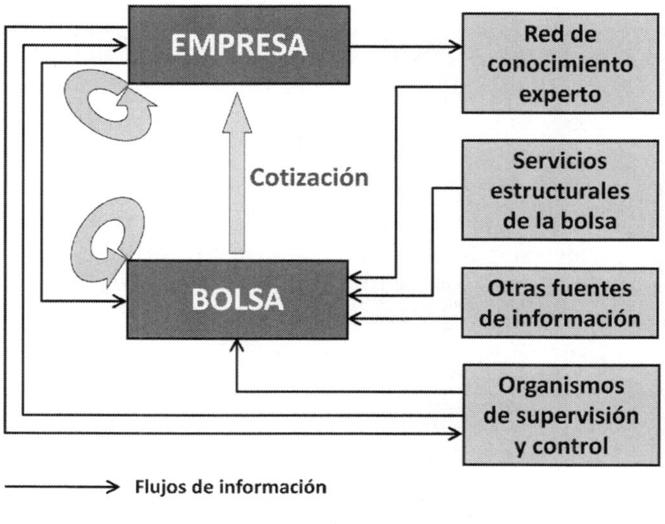

GRÁFICO II.2. *Mecanismo conceptual de formación de las cotizaciones*

Contemplado no de forma instantánea, sino con cierta perspectiva temporal, se podría presumir que el gran mecanismo de retroacción —red de flujos de información y bucles— que lleva a la formación de las cotizaciones funciona de la siguiente forma: las empresas informan periódicamente al mercado sobre sus resultados actuales y sobre sus previsiones de resultados futuros; la red de conocimiento experto envía al mercado una serie de señales bajo la forma de valoraciones, opiniones, recomendaciones, orientaciones y criterios; el mercado integra la información de las empresas, la obtenida por otras fuentes, las señales que emite la red de conocimiento experto y, en su caso, las que proceden de los servicios técnicos estructurales de la propia bolsa y de los organismos de supervisión y control de la misma, y fija el precio de las acciones mediante un juego que consiste en casar ofertas y demandas; al hacerlo, envía una señal muy potente a las empresas cotizadas, por cuanto las cotizaciones vienen a ser una medida muy clara de lo que el mercado espera de ellas; las empresas reaccionan a estas señales inequívocas adoptando las medidas necesarias (por ejemplo, una reestructuración, o un aprovechamiento más adecuado de activos con gran valor subyacente) para adecuar su rentabilidad a las expectativas del mercado y, en su momento, emiten la correspondiente información sobre el resultado de su actuación; y vuelta a empezar. Ésta es la lógica subyacente del proceso.

Pero, en la realidad, el proceso de formación de las cotizaciones, aunque responde a esta lógica subyacente es, aparte de instantáneo y continuo, menos *racional* y más *instintivo* de lo que se podría creer.

Es *menos racional*, por cuanto, sin descuidar el pequeño detalle de la racionalidad limitada de los agentes, el mercado no dispone en realidad de mecanismo alguno que le permita cuestionar de forma auténticamente solvente lo que la empresa manifiesta haber ganado, ni enjuiciar sus pronósticos sobre beneficios venideros. Dejando a un lado engaños, negligencias e incompetencias —lo cual es mucho dejar—, cabría pensar que el grupo formado por los analistas de inversiones, los auditores y los especialistas en evaluación y calificación de riesgos crediticios podría ser el responsable de esta importante función. De red tan impresionante de conocimiento especializado, experiencia y autoridad, presuntamente —solo presuntamente— agraciada con el doble don de la independencia y el rigor, cabría postular una notable capacidad para emitir con rapidez juicios bien fundados sobre la credibilidad de las informaciones financieras presentadas y las predicciones realizadas por las empresas que cotizan en el mercado de valores de renta variable, detectar equivocaciones, exageraciones o fraudes, y dar, en su caso, las correspondientes señales de alarma. Craso error. Ninguna red de conocimiento experto, por íntegra que sea, puede actuar con eficacia *en tiempo real* cuando son tantos los factores que entran en juego. ¿Cómo puede un analista de inversiones valorar, por ejemplo, un informe anual de auditoría poco tiempo después de ser dado a conocer? Es evidente que no puede, y ello no porque le falten recursos materiales (ordenadores de gran capacidad dotados del *software* especializado más sofisticado), ni datos (generalmente dispone de montañas de ellos); lo que le falta normalmente es información fiable, ese producto exquisito que es fruto de la decantación del heterogéneo y mezclado caldo de cifras, tanto las facilitadas por las empresas como las de origen externo, que debe pasar con sosiego por los filtros de la comprobación, del análisis y de la reflexión. Esto es especialmente cierto en el caso concreto de anuncios de futuros ahorros de costes o incrementos de valor para el accionista que, generalmente, apenas se justifican con unos cuantos números, «escasos pero confusos»; pero daría igual que fuesen muchos y claros por cuanto, si somos serios, lo único que podemos predicar sobre el comportamiento futuro de una empresa, sin riesgo de grave equivocación, es radical incertidumbre.

Es *más instintivo* por cuanto la bolsa no es un torpe y dócil organismo vivo de digestión lenta, sino un ágil, voraz e indócil sistema complejo adaptativo que, tomando como base las informaciones previas de todo tipo que ya ha digerido con anterioridad, asimila de forma muy rápida la nueva información sobrevenida en cada momento y reacciona intuitiva y espontáneamente ante los nuevos estímulos que recibe. Así, en un proceso continuo de formación de precios, la bolsa, aparte de la información obtenida de las propias empresas y de múltiples fuentes externas sobre potenciales de generación de beneficios, expectativas sectoriales o individuales de crecimiento y existencia de eventuales valores subyacentes, descuenta muchas otras cosas: las expectativas económicas generales, las vicisitudes políticas, las catástrofes naturales, las guerras, los atentados terroristas, los rumores, los cotilleos, la euforia, la desconfianza, el miedo... Y cada día —por no decir cada segundo—, dentro de un ambiente cargado y delirante, una abigarrada masa de inversores, que no tienen tiempo ni capacidad para analizar datos que ayer se desconocían y, menos aún, las consecuencias de propósitos recién anunciados, guiados fundamentalmente por la información ya asimilada y, sobre todo, por su instinto, por sus emociones, por sus *animal spirits*, participan en este arriesgado (por absolutamente incierto) juego de expectativas y creen o dejan de creer a los analistas, a los expertos y a las empresas en segundos, dan órdenes de compraventa en segundos, ganan o pierden en segundos[4]. Por supuesto, nada garantiza el acierto de las deci-

4 Es una forma de hablar, porque lo cierto es que las técnicas más avanzadas de compraventa automática por ordenador permiten hoy en día a inversores muy sofisticados (*hedge*

siones que, en buena medida, constituyen una conjetura, una apuesta (salvo que medie información privilegiada). Porque, ¿cómo va a *saber* el mercado cosas que la propia empresa oculta, no conoce bien o ignora por completo? Lo que ocurre es que el complejo mecanismo que forman los canales y bucles de retroacción, por los que fluye continuamente un enorme caudal de señales de todo tipo, permite antes o después, con inexorable automatismo, la corrección de las decisiones equivocadas.

Ante estas realidades, uno no puede menos que preguntarse: ¿cómo es posible que funcione semejante sistema complejo adaptativo tan extremadamente sensible a los más variados estímulos del entorno, si quien tiene autoridad para cambiar el tipo de interés puede aumentarlo o disminuirlo discrecionalmente, y quienes presuntamente tienen los conocimientos y experiencia requeridos para realizar pronósticos de rentabilidad a largo plazo se enfrentan con una tarea esencialmente imposible? Pues por el mismo motivo por el que funciona el sistema monetario: la bolsa no es más que una fe común. Lo único que mueve al inversor individual o institucional en sus operaciones de compraventa es la obtención de un beneficio inmediato

---

funds, fondos de inversión, fondos de pensiones, banca de inversión, etcétera) hacer y deshacer miles de operaciones en brevísimas fracciones de segundo. Estas estrategias se han desarrollado mucho desde que fueron expresamente autorizadas por la SEC en 1998, y desde 2010 está legalmente permitido hacer y deshacer posiciones no ya en cuestión de segundos, sino de milisegundos e, incluso, de fracciones más pequeñas. Se trata de la llamada High-Frequency Trading (HFT), o negociación de alta frecuencia, la cual maneja una especie de plataformas de negociación automática informatizada que utilizan de forma intensiva las más sofisticadas herramientas tecnológicas para obtener información del mercado y, en función de la misma, y siguiendo estrategias preestablecidas, tomar posiciones compradoras y vendedoras en activos tales como acciones, bonos, opciones, etcétera. Este tipo de plataformas se han desarrollado extraordinariamente desde que el NYSE las incentiva para que actúen, además, como creadoras de mercado (*market makers*), o más bien, como generadoras de liquidez (*supplemental liquidly providers*, SLPs). A tal efecto, el NYSE les paga una comisión de 0,0015 dólares por transacción, lo que teniendo en cuenta que realizan una cantidad ingente de transacciones al día, pueden añadir a su negocio ordinario un beneficio adicional sustancioso. Estas plataformas saben «sacar tajada» a diario, y todo ello sin incrementar peligrosamente su exposición, pues al final de la sesión de bolsa tienen la obligación de haber saldado la totalidad de las operaciones que han realizado en calidad de *supplemental liquidly providers*. En 2010, las HFT, que representan el 2% de las 20.000 firmas que operan en el mercado, coparon más del 70% del volumen de todas las órdenes sobre acciones. Las HFT crecieron mucho tras la caída de Lehman Brothers. Pero no han estado libres de crítica. En efecto, diferentes órganos reguladores de los mercados financieros las acusan de haber contribuido a la extrema volatilidad intradía que se registró el 6 de mayo de 2010, conocido como el Flash Crash de 2010. En ese día, el índice Dow Jones IA sufrió la segunda mayor caída intradía de la historia medida en puntos (1.010,14), no en términos porcentuales, para recuperar de forma casi inmediata (en pocos minutos) la mayor parte de las pérdidas registradas. Fuentes: Investopedia y Wikipedia.

o la esperanza de obtenerlo en el futuro, lo cual exige, a su vez, confianza en que todos los elementos de la compleja red de agentes que intervienen en el proceso bursátil actúan y seguirán haciéndolo con profesionalidad y con honradez. Por supuesto, se acepta que puedan equivocarse en sus evaluaciones, análisis y pronósticos; sería estúpido no hacerlo por cuanto es fama que yerran más que aciertan, y ello no ya por incompetencia sino por la propia naturaleza de las cosas. Pero lo que no cabe admitir es que sean deshonestos. Así, mientras la fe se mantiene, todo funciona, pero cuando flaquea (por el motivo que sea), el edificio se tambalea y amenaza ruina.

Por mucha que sea la confianza, también es lógico que el lector se pregunte: ¿Cómo es posible que por ensalmo, cuasi instantáneamente, se casen las ofertas con las demandas y, además, de forma continua, a lo largo de todas las sesiones de los parqués del mundo entero? ¿Cómo lo hacen?

Si le preguntásemos a Adam Smith cómo es posible casar la oferta con la demanda nos diría algo así como que una mano invisible conduce a compradores y a vendedores a colaborar, aceptando un precio de mercado que no estaba en sus propósitos o deseos.

Si el interrogado fuese Friedrich A. Hayek tal vez nos dijese, más o menos, que «el mercado de valores es un marco para la acción, capaz de integrar en un todo esa extraordinariamente enmarañada mezcla de intereses, intenciones, aspiraciones y deseos en que consiste el tráfico de acciones; de hacer que ese todo desorganizado, en el que bulle la diversidad de los propósitos y de los egoísmos individuales, se transmute en un orden espontáneo donde resulta posible la colaboración de todos los agentes» (capítulo 7). El casamiento de la oferta con la demanda no es, pues, sino fruto de la espontaneidad con la que actúan los órdenes extensos de cooperación humana.

Y si la pregunta se la hiciésemos a científicos que militan en las filas de la economía conductual, nos contestarían de otra forma. Probablemente nos dirían que la formación de las cotizaciones la explica la investigación de los procesos inductivos tipo *agent-based model* de toma de decisiones y, en concreto, de los llamados juegos de minoría (*minority games*)[5] [6]. Aquí

5 *Cfr.* Damien Challet, Matteo Marsili y Yi-Cheng Zhang, *Minority Games: Interacting Agents in Financial Markets*, Oxford Finance, 2005.

6 Se trata de modelos de simulación en los que un número impar de agentes, con racionalidad limitada, toman simultáneamente decisiones sucesivas teniendo en cuenta el éxito de sus decisiones anteriores (o, para ser más precisos, la *memoria* que de tales decisiones guardan en su «disco duro»). Dichas decisiones solo pueden ser 0 o 1 (comprar o vender una acción, por ejemplo). La decisión ganadora, tras una determinada serie de iteraciones, es la que han tomado los agentes que forman el *grupo minoritario*. Su posible aplicación a la dinámica de los mercados es obvia. En efecto, si al término del juego muchos agentes quieren comprar (optan por el 0) y muy pocos quieren vender (optan por

no hay metafóricas manos invisibles. Sí hay un orden extenso, susceptible de simulación. Y tal simulación nos muestra que la conducta de los grandes grupos de agentes es *cooperativa*, como lo es, por ejemplo, la de los transeúntes que pasean por las aceras de una avenida.

Llegadas las cosas a este punto, es muy probable que el lector se sienta desconcertado. En efecto, tras las reflexiones genéricas realizadas en el capítulo 6 sobre el fuste torcido del ser humano —puesto de manifiesto con extrema crudeza por el cuasi interminable tsunami de escándalos financieros y de conductas deshonestas exhibidas con impudicia por destacadísimos miembros de la aristocracia corporativa durante la primera década de nuestro siglo—, lo lógico es preguntarse: ¿cómo es posible que puedan seguir funcionando, no ya el mercado de valores y el sistema económico-financiero, sino el propio modelo de vida en sociedad?

Yo también me lo he preguntado muchas veces. Y creo que si esa maravilla a la que Karl Popper llamó «sociedad abierta» (que en la realidad, es abierta, pero menos) aún no se ha venido abajo de forma estrepitosa y catastrófica, ha sido, precisamente, porque toda ella es un sistema de extrema complejidad, con una notable capacidad de aprendizaje y adaptación a las graves situaciones sobrevenidas de todo tipo que le ha tocado vivir a lo largo de su historia. En pocas palabras, porque se trata de un magno sistema complejo adaptativo.

En este epígrafe me he referido únicamente al funcionamiento de los mercados de valores de renta variable, que son con mucho los más populares. Pero así funcionan también, como no puede ser de otra manera, los descomunales mercados de renta fija, los mercados de derivados convencionales (opciones, futuros, *forwards*, *swaps*...), el «sistema bancario en la sombra»[7]

---

el 1), es obvio que los precios (cotizaciones) subirán, lo que beneficiará a los que están en minoría, que son los vendedores. *Cfr.*, Ricardo Mansilla, *Introducción a la econofísica*, Equipo Sirius S. A., 2003, págs. 67-68.

7 *Cfr. Libro verde: Sistema bancario en la sombra*, Comisión Europea, Bruselas, 19 de marzo de 2012. En dicho documento se recoge la siguiente definición del Consejo de Estabilidad Financiera (Financial Stability Board): El sistema bancario en la sombra es un «sistema de intermediación crediticia conformado por entidades y actividades que están fuera del sistema bancario tradicional [que escapan a la regulación]». Entre las entidades que actúan en el sistema bancario en la sombra, destacan los *hedge funds*. Según se lee en el *Libro verde*, «El FSB ha calculado *grosso modo* que el volumen del sistema bancario mundial en la sombra se situaba en 2010 en torno a los 46 billones de euros (21 billones de euros en 2002), lo que representa el 25-30 % del total del sistema financiero y la mitad del volumen de los activos bancarios. En los Estados Unidos, esta proporción es incluso mayor, con una cifra estimada de entre el 35% y el 40%». http://ec.europa.eu/internal_market/bank/docs/shadow/green-paper_es.pdf.

(hábitat favorito de los *hedge funds*) y el mercado al margen de la bolsa (*over-the-counter* —OTC—)[8].

Ojalá que mis precedentes reflexiones sobre la bolsa, entendida como sistema complejo adaptativo —en consonancia con el corpus doctrinal de la perspectiva Santa Fe y, por consiguiente, con el de la Escuela Austriaca de economía—, contribuyan, al menos un poco, a mejorar nuestra más que limitada comprensión del funcionamiento de los mercados, una «especie de cajas negras cubiertas con un velo».

8 En el mercado *Over The Counter* (OTC), no oficial o extrabursátil, se negocia con instrumentos financieros (acciones, bonos, materias primas, *swaps* o derivados de crédito) directamente entre dos partes. Este tipo de negociación se realiza fuera del ámbito de los mercados organizados. Wikipedia.

Segunda reflexión
ECONOMÍA VERSUS ESTADO

I claim not to have controlled events, but confess plainly that events have controlled me.
(No pretendo haber controlado los acontecimientos; confieso, por el contrario, que ellos me han controlado a mí.)

ABRAHAM LINCOLN, *Carta*, 4 de abril de 1864

De todos los infortunios que afligen a la humanidad el más amargo es que hemos de tener conciencia de mucho y control de nada.

HERODOTO DE HELICARNASO

A lo largo de los capítulos precedentes me he movido, en cuanto al capitalismo se refiere, entre dos teorías: la hayekiana —liberal y defensora de la capacidad de autorregulación de los mercados—; y la keynesiana —socialdemócrata y defensora de la intervención del Estado en la economía—.

Mi talante liberal y mi formación científica, me han llevado a elegir la teoría económica hayekiana en lo relativo a la consideración del sistema capitalista como un orden espontáneo de cooperación humana, cuestión capital confirmada científicamente por la perspectiva Santa Fe. Eso significa que creo en la capacidad de autorregulación de la economía de mercado.

Pero, al mismo tiempo, considero necesaria una razonable intervención del Estado, que puede ser temporalmente muy intensa en situaciones de extrema gravedad. Y ¿qué entiendo por intervención razonable? Pues, sencillamente, aquella que, sin perturbar de forma significativa el funcionamiento espontáneo del mercado, impida que los agentes hagan un uso indecoroso de la libertad.

Vivo, pues, en una aparente antinomia, en una contradicción entre mi convicción científica y mi pragmatismo político, porque ¿acaso es posible compatibilizar la autorregulación y la regulación externa?

Creo que no solo es posible, sino que es inevitable.

En lo que sigue, voy a intentar explicar el porqué de esta aparente contradicción.

Autorregulación versus regulación

Definiciones y consideraciones previas

Ante todo, conviene hacer algunas consideraciones generales sobre los términos «autorregulación» y «regulación» (o «control externo»), pues creo que existe una fenomenal confusión sobre lo que significan y sobre la naturaleza de los mismos, lo que provoca que, en muchas ocasiones, los opinantes no sepan realmente de lo que están hablando y, por consiguiente, sus acaloradas peroratas y propuestas sean del todo vacuas.

El DLE define «autorregulación» como «acción y efecto de autorregularse», es decir, de «regularse por sí mismo» (en primera y única acepción, sin referencia alguna a los contextos en que puede aparecer). Se trata de una definición muy etérea, simple traslación al español de la expresión inglesa *self-regulation*.

En cuanto a la palabra «regulación», el DLE la define como «acción y efecto de regular», es decir, de «determinar las reglas o normas a que debe ajustarse alguien o algo» (cuarta acepción del verbo). Esta definición es mucho más concreta que la anterior.

¿Estamos, pues, como parece, ante dos conceptos contrapuestos, enfrentados, antagónicos, rivales, opuestos...?

Para responder a esta pregunta es preciso, ante todo, concretar cuál es el contexto en el que la palabra «autorregulación» aparece en el caso que nos ocupa. Y tal contexto no es otro que el orden tecno-científico al que pertenece la acción económica. En efecto, operamos dentro del marco de una multiplicidad de sistemas económicos que, como ya he dicho en repetidas ocasiones, evolucionan tal como lo hacen todas las estrellas de esa especie de galaxia que forman los sistemas complejos adaptativos. Pues bien, de acuerdo con el corpus teórico aplicable a tales sistemas, la autorregulación —al igual que la auto-organización— es una *cualidad espontánea de la evolución de un orden,* la cual se manifiesta sin causa aparente. Se trata de algo *no* generado por la voluntad del hombre; porque nadie puede determinar las reglas o normas a las que debe ajustarse un orden espontáneo de cooperación humana, cuyo desarrollo y evolución a lo largo del tiempo es del todo imprevisible.

Por el contrario, es evidente que la «regulación» —o control externo— es *acción consciente*, y pertenece a la familia de los órdenes (sistemas) creados de forma intencional por el hombre.

Desde este punto de vista, la «autorregulación» y la «regulación» no son antagonistas, ni rivales, ni conceptos *opuestos*. Son, sencillamente, conceptos *distintos*: la «autorregulación» *es una propiedad de la cosa* (del sistema, de algo por nadie creado); la «regulación» *es la cosa misma* (es el propio sistema, un sistema creado por el hombre de forma consciente).

Ciertamente, la autorregulación, un concepto más fácil de intuir que de definir, se rebela un tanto misteriosa. Por el contrario, resulta obvio el significado de la regulación: «Intervención del Estado en la economía mediante instituciones públicas creadas *ad hoc* por el poder legislativo».

Por ello, al hablar de autorregulación versus regulación estamos mezclando churras con merinas. La verdadera confrontación es, en realidad, espontaneidad versus intencionalidad, libertad versus coerción o, si se prefiere, liberalismo versus socialismo; un gran combate.

Los que se autorregulan y los que regulan al otro

Sin duda alguna, la autorregulación es una de las propiedades esenciales de los sistemas y aparatos del cuerpo de los seres vivos; así nos lo enseñan la biología y la medicina. En el caso del cuerpo humano, se autorregulan los sistemas inmunitario, nervioso, cardiovascular..., así como los aparatos digestivo, respiratorio, circulatorio... Si no se autorregulasen con la eficacia que lo hacen, ya no existiría el hombre sobre la Tierra.

También se autorregulan los ecosistemas. En este caso, los procesos vitales de la comunidad de seres vivos que los conforman, se desarrollan obedeciendo a ignotas leyes de la naturaleza que, en función de los factores físicos del medioambiente, los impulsan a perseguir de forma instintiva la supervivencia de las especies. Bien es verdad que, en puridad, esto debió ocurrir así hasta la aparición del ser humano. Su irrupción no ha sido ni es banal. En su soberbio intento bolivariano de plantarle cara a la naturaleza y hacerla obediente a su voluntad de dominio, provoca la ruptura de sutiles equilibrios que llevan a ciertos ecosistemas a una progresiva degradación e, incluso, a la extinción.

Y hasta cabría decir, si bien con todo tipo de cautelas y reservas, que son capaces de autorregularse los sistemas tecnológicos que la cibernética, la robótica y la automática estudian y desarrollan.

Pero en absoluto se puede postular que tan genérica y abstracta propiedad la posean, en el mismo grado y con idéntica naturaleza, todos los sistemas complejos adaptativos que tienen un carácter socioeconómico.

Para discernir entre los sistemas que gozan de la cualidad de la autorregulación y aquellos que no la tienen, los agruparé en tres categorías diferentes.

La primera categoría incluye la evolución cultural humana, es decir, la evolución de las organizaciones y sociedades, de los sistemas sociales y, en concreto, de la economía de mercado o capitalismo.

La segunda categoría agrupa —centrándome de nuevo en Estados Unidos como escenario de referencia— a las instituciones reguladoras del Gobierno federal tales como la Securities and Exchange Commission (SEC), la Commodity Futures Trading Commission (CFTC), la Federal Reserve System (la Fed), la Federal Deposit Insurance Corporation (FDIC), la Office of the Comptroller of the Currency (OCC), la National Credit Union Administration (NCUA) y otras muchas. También incorpora instituciones internacionales como, por ejemplo, la International Organization of Securities Commissions (IOSCO).

Y la tercera categoría agrupa a todos los organismos presuntamente «autorregulados» entre las que cabe destacar, siguiendo el hilo de mi discurso, las bolsas de valores (NYSE, NASDAQ...) y los colegios, federaciones, patronales y asociaciones profesionales tales como la National Association of Securities Dealers (NASD) y el American Institute of Certified Public Accountants (AICPA). Todos estos organismos funcionan bajo la supervisión de las instituciones reguladoras del Gobierno federal.

Veamos qué es lo que distingue a estas tres agrupaciones de sistemas.

a) Lo que se autorregula

El capitalismo no es fruto del designio humano. La pléyade de instituciones que congrega han ido surgiendo —Hayek *ipse dixit*— como resultado de un dilatado proceso espontáneo adaptativo (evolutivo) de prueba y fracaso, a lo largo del cual han quedado descartadas otras muchas instituciones en competencia, por su inadecuación para cubrir las necesidades radicales del ser humano.

Este sistema, tan extenso como complejo, está configurado, fundamentalmente, por los mercados. Pero no se trata, en absoluto, de un sistema autónomo o cerrado, sino que se halla en continua interacción con otras muchas instituciones sociales, públicas y privadas, especialmente las de carácter socioeconómico, jurídico y político. Tan amplio conjunto de elementos, que son también sistemas complejos, actúa persiguiendo sus propios y específicos intereses (personales, corporativos, institucionales y políticos).

Y es en este entorno global, en el que se manifiesta la autorregulación como una propiedad intrínseca, esencial, espontánea del proceso evolutivo de todas las entidades colectivas organizadas y, en concreto, de los mercados y, por ende, del capitalismo.

Ciertamente, al capitalismo o, si se prefiere, a la economía de mercado, nadie puede fijarle unos fines determinados. Tan gigantesco y complejo sistema no es, en último término, sino un marco de libertad para el pensamiento y para la acción, en el que nadie puede decidir unilateralmente qué es lo que se debe o no se debe hacer, o qué es lo que está bien o no lo está, ni tampoco prever qué es lo que va a ocurrir. Lo que tal sistema hace es integrar de forma cuasi orgánica una extraordinariamente dilatada y compleja mezcla de intereses, propósitos, aspiraciones y deseos de los agentes, en ocasiones coincidentes, no pocas veces enfrentados. Se obtiene así, de forma natural, un todo que es mucho más que la simple suma-resta de las partes, un todo en el que el caos de la diversidad de los propósitos y de los egoísmos individuales se transmuta en un orden espontáneo donde resulta posible la cooperación de todos los agentes.

b) Los que regulan
La naturaleza solo «tiene» un fin endógeno: la supervivencia de los más fuertes, de los mejor dotados. Puede parecer una finalidad muy cruel, pero debido a ella estamos donde estamos y como estamos.

Desde luego, la acción humana está sujeta a innumerables fines exógenos, motivos y propósitos. En efecto, como ya hemos visto en el capítulo 8, la economía pertenece al orden tecno-científico y, por lo tanto, está estructurada internamente —como propone André Comte-Sponville— por la oposición entre lo posible y lo imposible, siendo sus virtuales fronteras internas incapaces de limitarlo porque no dejan de desplazarse a lo largo del tiempo. Por ello, si se abandonase la economía a su nuda espontaneidad interna, todo lo que en ella se puede realizar, hasta lo más arriesgado, cruel y despiadado, se acabaría realizando. Esta pavorosa realidad obliga a limitar la economía desde el exterior y, en concreto, desde el orden jurídico-político que la sociedad se ha dado, gobernado por los poderes legislativo, ejecutivo y judicial.... y tal vez, aunque de forma distinta, por un cuarto poder: el de los medios de comunicación de masas.

Y es aquí donde entran en escena tales poderes, que pretenden imponerle a la economía de mercado o capitalismo fines exógenos basados en esquemas de valores establecidos a la medida de las contingentes jerarquías del poder político, de la praxis ideológica y de la opinión publicada. Y lo hacen mediante mecanismos de regulación y control que coartan la libertad del mercado, todo ello con propósito de ajustarlo a un determinado esquema de valores sociales, que no morales y menos aún éticos. Se trata, en todo caso, de propósitos dignos de alabanza; pero cuando se manifiestan de forma excesivamente radical están irremediablemente condenados al fracaso por cuanto la realidad de las cosas es cruda y terca: no existe persona ni organización, por portentosa que sea su capacidad, que pueda llegar a conocer y analizar con solvencia ni una mínima parte del inmenso caudal de información relevante que genera la actividad económica del ser humano; el único sistema que se conoce capaz de integrarla de forma espontánea y eficiente es, precisamente, el mercado, al que parece regir, como he dicho, una suerte de «mano invisible». Este hecho explica el rotundo fracaso de quienes han intentado, con más ingenuidad que conocimiento, cambiar de forma radical el curso natural de las cosas. Porque al mercado, como más adelante veremos, se le puede embridar y violentar hasta cierto punto, pero no se le puede desnaturalizar sin destruirlo. Las instituciones reguladoras fundamentales más arriba citadas, establecidas por el Congreso de los Estados Unidos y dirigidas por el Gobierno federal, son un buen paradigma de esquema regulatorio.

c) Otros que regulan y, a la vez, se autorregulan, o al menos eso dicen Los órganos de regulación de la economía tienen inevitables sesgos ideológicos, notables insuficiencias técnicas del funcionariado y lamentables fallos. *De facto*, ningún sistema de control gubernamental puede caminar al ritmo vertiginoso de la sumamente creativa e innovadora economía financiera, cuyo grado de complejidad y constante evolución la hacen cuasi invulnerable a la regulación política.

Antes de que este tipo de regulación saliese a escena, ya se habían creado servicios financieros privados sin ánimo de lucro, con la finalidad de cubrir las carencias del mercado y garantizar su buen funcionamiento. Son de destacar las bolsas de valores, que establecieron las reglas a seguir para operar en los parqués, asumieron la responsabilidad de comprobar la fiabilidad de los informes dados por las nuevas empresas que deseaban realizar operaciones de oferta pública de venta de acciones, y prestaron otros muchos servicios demandados por los inversores y los intermediarios.

Los políticos, conscientes de que el punto más débil de la regulación era su inevitable alejamiento de la realidad económico-financiera, propiciaron la creación de «entidades autorreguladas», de las cuales ya he dado breve noticia más arriba.

En tales entidades, esta «autorregulación» suigéneris viene a ser una combinación de intereses privados y supervisión gubernamental. Se trata de una forma eficiente y ciertamente efectiva de regulación de la compleja, dinámica y siempre cambiante industria de servicios financieros. Y ello por dos motivos: el primero es que la acción reguladora pasa a manos de auténticos profesionales, que fueron cocineros antes que frailes; y el segundo es que la especie de «relación de agencia» que de esta forma se establece, supone un considerable ahorro de gastos, tanto públicos como privados.

Mi idea de autorregulación

Hechas estas consideraciones, cabe preguntarse: ¿Qué tiene que ver la autorregulación que nos es dada gratis por los sistemas de naturaleza «cataláctica», es decir, por los conjeturales sistemas de intercambio en el mercado libre, con la autorregulación buscada a propósito (dada por de contado o moralmente conjeturada)?

Mi respuesta es contundente: Nada en absoluto. Media un abismo entre la auténtica autorregulación espontánea y la presunta y melancólica autorregulación intencional. De hecho, autorregulación de verdad solo hay una, la espontánea; la intencional no es sino una conjetura de alto riesgo, que incordia y, lo que es peor, confunde.

Y digo todo esto porque, a mi juicio, la autorregulación no es sino la capacidad que tienen los sistemas complejos adaptativos de regularse por sí mismos, de forma espontánea, con las limitaciones que se derivan tanto de su propia naturaleza, como de la forma en que interaccionan con otros sistemas de su entorno a través de las interfaces que los separan. En concreto, tal capacidad puede resultar severamente condicionada y perturbada por las actuaciones de aquellos sistemas externos llamados a ejercer, de forma intencional, funciones de control político (directo o indirecto).

En el gráfico III.1 se representan, muy esquemáticamente, las mutuas interacciones existentes entre dos grandes sistemas abiertos: la economía de mercado y el entorno social en la que dicha economía se halla inserta. Del entorno social, segrego dos subsistemas que juegan un papel decisivo en la formación de un libre mercado (que, es libre, pero menos). Se trata de los órganos gubernamentales y no gubernamentales de regulación externa (intencional).

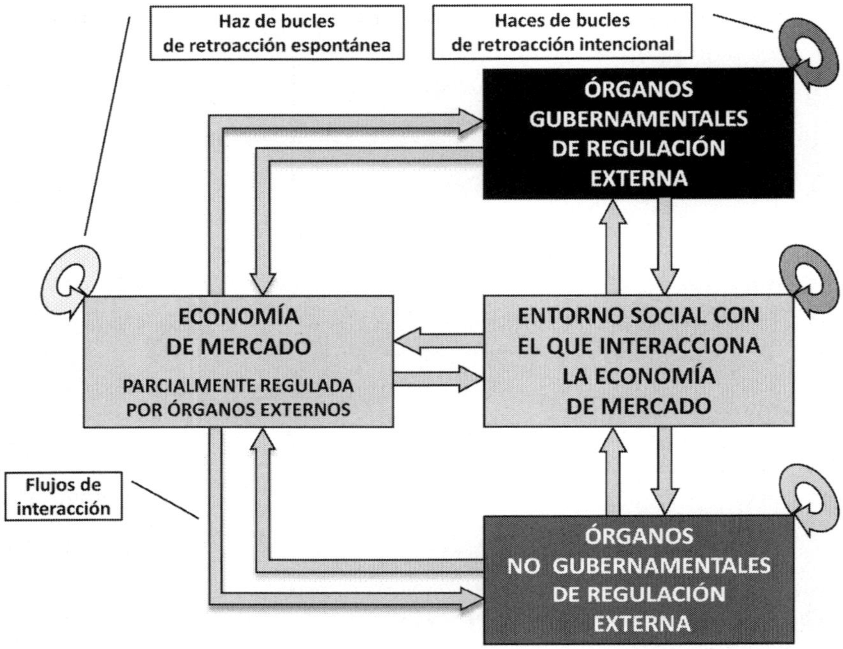

GRÁFICO III.1. *Interacciones del sistema abierto de economía de mercado*

Las recíprocas interacciones entre tales sistemas están simbolizadas mediante flechas, que canalizan los correspondientes flujos de información.

Toda acción de una parte genera una reacción de la otra parte, que viene a modificar su comportamiento (ofensivo o defensivo). Tales modificaciones vienen simbolizadas por los haces de bucles de retroacción (espontánea o intencional). Y estas interacciones se producen continuamente, como un «rayo que no cesa». Así se forman los precios, así funcionan las bolsas de valores, así se aumenta o se disminuye la capacidad de autorregulación del mercado, así se gana o se pierde, así florecen o se marchitan las libertades...

De mi idea de autorregulación voy a derivar solo dos comentarios.

a) El primero es que, en lo referente a los sistemas complejos adaptativos creados de forma intencional por el hombre, sólo cabe conjeturar su presunta autorregulación sui generis (la de los «hombres buenos») como propósito, como posibilidad o, incluso, como milagro.

   El nihilismo sistémico que hemos descubierto, tras la «geiseriana» emergencia de escándalos financieros y conductas de gestión imprudentes, temerarias e inmorales durante el período 2001-2008, nos confirma que, en el ámbito de no pocos sistemas fundamentales para el buen funcionamiento de la economía de mercado, a saber: (i) empresas —privadas, públicas y de patrocinio federal—; (ii) red de conocimiento experto —auditoras, consultoras, agencias de calificación de riesgos crediticios...—; y (iii) órganos gubernamentales y no gubernamentales de supervisión y control, resulta muy difícil creer en serio en la autorregulación como cualidad intrínseca.

Tanto es así que, al menos a mi juicio, en este tipo de sistemas, cuyo funcionamiento depende esencialmente de la conducta de las personas, no se debería utilizar el concepto «autorregulación» —y correlatos— en sentido alguno.

No creer en una presunta —sólo presunta— capacidad de autorregulación de las instituciones públicas y privadas, es lo sensato y acorde con la realidad de las cosas. Personalmente no creo en absoluto en la autorregulación entendida en términos de propósito. El infierno está empedrado de buenas intenciones, incluida la responsabilidad social corporativa.

Cabría salir en defensa de los empleados públicos de carrera y de los políticos reciclados, trasmutados por ensalmo en reguladores, y sostener que, aun cuando también se han dado casos de conductas deplorables en el ámbito de la regulación gubernamental y no gubernamental, han sido de menor gravedad, pues, mientras que el agente privado está movido por el ánimo de lucro, el regulador está orientado hacia la defensa del interés público.

Cuando oigo reflexiones de este cariz, no desenfundo el revólver como dicen que hacía Hermann Göring cuando oía la palabra «cultura», sino que inmediatamente viene a mi memoria un texto de Walter Lippmann que reza así[9]:

> Se puede presumir que el interés público es lo que los hombres escogerían si vieran con claridad, pensasen racionalmente y actuaran con desinterés y benevolencia.

Esos hombres, por desgracia, se esfumaron al extinguirse las polis, hace ya más de dos milenios. No creo que en nuestra desnortada sociedad abunden diamantes de tantos quilates.

9 Walter Lippmann, *Essays in the Public Philosophy*, 1955, Boston: Little. Citado en la *Enciclopedia internacional de las ciencias sociales*, Aguilar S. A. de Ediciones, 1975, volumen 6, pág. 232.

b) Mi segundo comentario es que la autorregulación, entendida como fuerza espontánea, es cualidad esencial o intrínseca de los sistemas complejos abiertos que no son producto de humano designio, aunque algunos de los distintos subsistemas que los conforman (empresas, por ejemplo) sí lo sean; porque lo que no tienen algunas de sus partes lo tiene el todo.

Pues bien, cuando los defensores de la economía de mercado, paradigma de sistema abierto, hablan de autorregulación, no hacen otra cosa que proclamar su fe en la capacidad que tal sistema tiene para adaptar eficazmente su comportamiento a los condicionamientos de todo tipo que le imponen los sistemas exteriores con los que interacciona de forma continua, y que intentan de alguna manera controlarlo e, incluso, destruirlo, y, también, para defenderse de aquellas actuaciones de sus propias partes que atentan contra la supervivencia del conjunto. Por supuesto que «comportamiento eficaz» no supone, en absoluto, comportamiento moral o inmoral; como ya se ha dicho *ad nauseam*, el mercado carece de conciencia, es amoral.

Es en esta autorregulación, es en esta capacidad de regeneración en la que yo creo.

Intervención del Estado en la economía

Una tarea muy sutil

Las interacciones entre la economía de mercado (orden tecno-científico) y el Gobierno (orden jurídico-político) no son de guante blanco. Más bien son enfrentamientos, dados sus diferentes naturaleza y propósito. En efecto:

a) La economía de mercado no es un sistema virtuoso al que conviene dejar que opere sin restricciones. Pero tampoco es, en absoluto, una institución viciosa, a la cual hay que moralizar. Es, pura y simplemente, como vengo diciendo una y otra vez, un orden espontáneo, estructurado internamente por la oposición entre lo posible y lo imposible, el cual debe ser limitado desde los órdenes jurídico-político, moral y ético.

b) En cuanto al control externo, una fuerza presunta —y presuntuosamente— virtuosa, adornada con el doble don de la legitimidad democrática y del conjetural desinterés benevolente de quienes la ejercen, solo lo es realmente en el supuesto caso de que no esté basada en la ingenua y «fatal arrogancia» de quienes creen que la buena fe de los propósitos garantiza la eficacia de los resultados. No es así. Al Gobierno, que tampoco es, en absoluto, una institución moral, no cabe atribuirle funciones de control *recio* de la economía, que nunca podría ejercer con solvencia.

El sistema de economía de mercado y el Gobierno son, pues, dos poderosas fuerzas enfrentadas, pero obligadas a coexistir. Y no puede ser de otra manera, por cuanto lo que está en juego es el desarrollo económico, la prosperidad y el avance de la justicia social en los países presuntamente capitalistas.

Y todo esto no se consigue con «guerras», sino con la negociación y el consenso de seres humanos de uno y otro bandos (el económico y el político), que tienen poder bastante para parlamentar.

Vivimos inmersos, como no me canso de repetir, en una profunda crisis histórica, donde todo está cambiando, incluido el modo de ver y pensar las cosas, y también, el modo de actuar.

Poco a poco vamos dándonos cuenta de que los fenómenos económicos no responden al espontáneo comportamiento plenamente racional del teórico *homo oeconomicus* liberal, «maximizador» de utilidades, ni, menos aún, al premeditado propósito del *homo politicus* socialista, convencido de que mediante una cuidadosa planificación de la economía y de un intervencionismo a ultranza de la misma es posible embridar la naturaleza de las cosas. Responden, sobre todo, a impulsos emocionales, a pasiones o, en términos keynesianos, a *animal spirits* que habitan en lo más profundo del inconsciente individual y colectivo y que, por ello, son cuasi inescrutables.

Un nuevo pensamiento posmoderno, que acepta la naturaleza cuasi «orgánica» de los sistemas socioeconómicos y de sus pléyades de subsistemas, va abriéndose paso poco a poco en los mundillos corporativo y universitario, en choque frontal con el paradigma moderno, trufado de política y, por ello, ideologizado, contradictorio y acomodaticio. Y mientras las brumas de nuestro desconcierto no acaban de levantarse, tenemos que lidiar en plena Gran Recesión, como antes de ella ya lo hicimos, con un paradigma bipolar en el que los extremos del intervalo de acción son, al menos en teoría, la insolidaridad del *laissez faire* puro y duro, y la fatal arrogancia de la extrema intervención coercitiva de talante socialista. En suma, una especie de campo de Agramante, donde reina la confusión y nadie se entiende.

Decían los clásicos que *In medio stat virtus quando extrema sunt vitiosa*. Caminando, como lo hacemos, entre tinieblas, estando, como estamos, en gravísimo peligro, no se trata de pelear por posiciones tan radicales como son la pura espontaneidad y la extrema compulsión. Son tiempos de armisticio o, mejor, de «pacto de sangre».

Pero, ¡cuidado! Tal pacto no puede consistir en un regateo de bazar oriental para llegar a un término medio que sea algo así como «cortemos por la mitad y todos contentos». En absoluto. Esto no funciona así. Y menos aún, en el marco de un paisaje tan alterado como el que contemplamos.

Y es que el hermanar autorregulación y regulación externa es tarea muy sutil. Tan sutil como el juego de «las siete y media», inmortalizado literariamente por Pedro Muñoz Seca (1879-1936), escritor y autor de teatro español, en su muy celebrada obra *La venganza de Don Mendo*.

A dicha obra pertenece el siguiente pasaje, que viene como anillo al dedo para enfatizar lo que quiero decir.

> Mendo
> —Es que tu inocencia ignora
> que a más de una hora, señora,
> las siete y media es un juego.
>
> Magdalena
> —¿Un juego?
>
> Mendo
> —Y un juego vil
> que no hay que jugarle a ciegas
> pues juegas cien veces, mil...
> y de las mil, ves febril
> que te pasas o no llegas.
> Y el no llegar da dolor
> pues indica que mal tasas
> y del otro eres deudor.
> *Más ¡ay de ti si te pasas!*
> ¡Si te pasas es peor!

Y lo que quiero decir es lo siguiente: La intervención del Estado en la economía de mercado viene de muy lejos. Tal intervención ha sido muy necesaria para evitar males mayores en situaciones de catástrofe (pánicos bancarios, cracs bursátiles, grandes depresiones y recesiones...). Pero, tras las desregulaciones de las dos últimas décadas de la pasada centuria, la tendencia a acrecer la regulación es bien visible, y se corre el riego de que los políticos, enceguecidos, no sabiendo qué hacer para salir de la Gran Recesión, lleguen a crear un control de la economía tan hipertrófico que, traspasada su ignota barrera de «las siete y media», destruya la capacidad de autorregulación del mercado y, con ella, al propio mercado. Sería un error, un inmenso error que tendría consecuencias catastróficas.

Regulando, que es gerundio

¿Se corre actualmente ese riesgo? Hasta cierto punto, sí, aunque no es probable.

Es lógico que, ante un desastre económico-financiero tan monumental como el que hemos padecido y padecemos, salte de nuevo a la palestra la delicada cuestión de la regulación estatal de la economía.

El Congreso y la Casa Blanca no tardaron en reaccionar y, el 11 de julio de 2010, el presidente Obama rubricó la Dodd-Frank Wall Street Reform and Consumer Protection Act., ya citada en el capítulo 1.

La mastodóntica ley Dodd-Frank abarca la totalidad de la industria de servicios financieros. Su gran objetivo es impedir que una crisis tan grave como la Gran Recesión vuelva a repetirse.

Pero pretender reformarlo todo es el mejor camino para conseguir que todo siga igual... o casi.

Y digo esto porque parece que a la ley Dodd-Frank le está ocurriendo lo mismo que le sucedió a la ley Sarbanes-Oxley de 30 de julio de 2002, promulgada tras la quiebra de Enron y el pinchazo de la burbuja tecnológica. En efecto, muchas de sus regulaciones aún están en vías de implementación, y no pocas se han revelado ya inaplicables. Y las que llevan mayor atraso son, como era de temer, las relativas a regulaciones que pretenden poner coto a los excesos retributivos de los altos directivos, así como a sus privilegios fiscales. En esta y en otras cosas que tanto irritan al ciudadano de a pie, los grupos de presión (los *lobbies*) trabajan con una eficacia extraordinaria.

Ciertamente hay mucho que embridar. Por ejemplo, considero que la actividad financiera puramente especulativa debe ser objeto de control jurídico-político, mal que le pese a la banca comercial y, en especial, a sus divisiones de banca de inversión.

Entre las muchas cosas a controlar o ahormar, se llevan la palma los derivados de crédito y, en especial, las CDO sintéticas y a las CDS. ¿Por qué? Pues, sencillamente, porque su uso indebido hizo que el sistema bancario se convirtiese durante el período 2003-2007 en un casino o, peor aún, en un patio de monipodio. En efecto, tal como hemos visto en el capítulo 1, la banca de inversión en especial, pero también la banca comercial, hicieron jugar a la ruleta rusa a sus propios clientes, que no tenían ni la menor idea de la toxicidad de los productos financieros que estaban comprando, los cuales no eran sino puro veneno. Pero hasta los propios bancos, fascinados y enloquecidos por las montañas de dinero que presuntamente estaban ganando, llegaron a comer de la misma venenosa bazofia que cocinaban y comercializaban. El resultado final ya lo conocemos: los clientes, arruinados; y los propios bancos, técnicamente quebrados e inevitablemente rescatados forzosamente a cargo del contribuyente.

También se debería poner coto a los impúdicos métodos de incentivación de los altos ejecutivos, así como crear un sistema de alfabetización financiera del público en general, por completo ignaro de cómo se las gasta la avariciosa casta financiera.

Pero hay otras actividades cuya regulación conviene pensar muy bien para no meter la pata.

Una de ellas, al menos a mi juicio, es el *short selling* (capítulo 1, nota a pie de página 21). Se trata de las operaciones bursátiles al descubierto de los *short sellers*, que vienen a ser el no va más de las finanzas especulativas, un juego de suma cero (algo así como jugar a la ruleta a negro/rojo), y que pueden resultar muy perturbadores en situaciones de grave desplome de las bolsas. La banca central suele prohibir durante unos días estas operaciones cuando el mercado se desmorona. Hay quienes opinan que semejantes especulaciones deberían ser objeto de mayor regulación. No comparto esta idea. En situaciones normales, lo que hacen este tipo de inversores especulativos es detectar las debilidades de una empresa y ponerlas al descubierto (el caso Enron es paradigmático). Al ejecutar sus apuestas no se apropian de algo que pertenezca a los accionistas corrientes, porque ese algo era falso. Lo que hacen es poner las cosas en su sitio, lo cual es bueno para el correcto funcionamiento de la bolsa. La gente les tiene tirria porque «se forran», sin darse cuenta de que en este juego hay dos contrapartes; y la perdedora también esperaba forrarse, pero ha tenido la mala suerte de estar en el lado equivocado de la apuesta. Cabría compararlos con los buitres. A nadie le caen simpáticos. Nadie compraría uno (si es que fuese legal el hacerlo) para tenerlo en su casa como animal de compañía. Pero la verdad es que su papel en la conservación de los ecosistemas es crucial. Si ellos no fueran capaces de detectar los animales muy enfermos o muertos, y alimentarse con su carroña, nuestros bosques estarían apestados de cadáveres y despojos. Lo mismo le ocurriría a la bolsa.

También hay que tener cuidado cuando se postula la necesidad de controlar el sistema bancario en la sombra y el mercado al margen de la bolsa (*over-the-counter* —OTC—). Se trata de sistemas que han aflorado de forma espontánea porque eran necesarios para evitar los tapones burocráticos y facilitar el tráfico financiero. Puede que sea conveniente un cierto seguimiento, sobre todo a efectos estadísticos. Pero si fueran objeto de regulación convencional, desaparecerían e, inmediatamente, aflorarían otros nuevos; en la sombra, al margen de la bolsa... como sea.

Aunque soy hayekiano en cuanto a la concepción del capitalismo como orden extenso de cooperación humana, reconozco la absoluta necesidad de la intervención del Estado en la economía, siempre y cuando tal intervención sea razonable, como ya he dicho anteriormente. Por ello creo que, cuando se alcance la normalidad, el Estado, entendido como conjunto de los poderes y órganos de gobierno de un país soberano (DLE), debería limitarse a ejercer las funciones propias del orden jurídico-político, y no tratar de intervenir excesivamente en la economía (en el orden tecno-científico) e intentar tiranizarla.

Lo que sí debe hacer siempre un Estado democrático es fijar sensatamente los límites de la libertad de los ciudadanos, que viven e interaccionan de forma continua dentro de los cuatro órdenes (el tecno-científico, el jurídico-político, el moral y el ético). Solo en casos de graves crisis económico-financieras, el Gobierno de turno debe intervenir con fuerza, de forma coyuntural, para restablecer los equilibrios que hacen posible una convivencia libre y pacífica. Y solo hará lo que debe si no comete manidos crímenes de lesa humanidad tales como socializar las pérdidas, por ejemplo. Cada palo debe aguantar su vela. Parafraseando a Kant, quien ha matado debe morir; financieramente, por supuesto.

Todo Gobierno debería practicar la virtud de la prudencia, pues la regulación es un tratamiento quirúrgico de alto riesgo, un sacramento de muy delicada administración.

En lo que hace a la regulación de la economía (y a muchísimas otras cosas), el talante de los Gobiernos debería ser el de un redivivo Lucio Quinto Cincinato[10].

Pero eso no es más que un sueño. Los "cincinatos" son para leyenda, los políticos de talante recio y conducta irreprochable no sobreabundan, y *we the people* somos gentes de racionalidad limitada y de avaricia y ansia de poder ilimitados.

Así las cosas, la regulación de la economía, por atinada que sea, no resolverá nuestros problemas porque, por muchos esfuerzos que se hagan, vol-

10 Figura carismática de la Roma legendaria, pura encarnación de los primigenios valores romanos (valor, frugalidad, patriotismo, falta de ambición personal...). Cincinato fue un patricio que adquirió fama como cónsul y que, ya retirado y entrado en años, estando tranquilamente arando la tierra en su pequeña granja, le fue notificado que el Senado le había nombrado dictador, pues Roma estaba en grave peligro, con dos legiones cercadas por los ecuos, un pueblo vecino. Al día siguiente formó un nuevo ejército y arremetió contra los ecuos, a quienes derrotó. Cumplida su misión, a los dieciséis días de dictadura se despojó de la toga, aunque podía haber mantenido su omnímodo poder durante seis meses, y volvió a sus labores agrícolas. ¿Conoce el lector a algún Cincinato?

veremos a tropezar. Como acertadamente sostuvo John Kenneth Galbraith[11], «a efectos prácticos, la memoria en asuntos financieros debería considerarse que dura, como máximo, veinte años. Este es el tiempo que suele precisarse para que los frutos de un desastre queden borrados, y para que alguna variante de la demencia anterior rebrote a fin de cautivar la mente de los financieros». Así funciona el mundo.

11 *Breve historia de la euforia financiera*, op. cit., pág. 99.

Tercera reflexión
¿SOBREVIVIRÁ EL CAPITALISMO?

> *I think that Capitalism wisely managed can probably be made more efficient for attaining economic ends than any alternative system in sight, but that in itself it is in many ways extremely objectionable.*
> (Pienso que el capitalismo, sabiamente dirigido, puede ser probablemente más eficiente para cumplir los fines económicos que cualquier otro sistema alternativo que tengamos a la vista, pero, en varios aspectos es extremadamente objetable.)
>
> JOHN MAYNARD KEYNES, *The End of Laissez-Faire*

> Hoy en día, el capitalismo de mercado no tiene ningún gran rival ideológico; su mayor amenaza proviene de su propio interior. Si no puede promover la prosperidad y la justicia no habrá triunfado.
>
> KOFI ANNAN, séptimo Secretario general de la ONU

Desde su emergencia en versión industrial, el capitalismo ha sido objeto de encendida controversia, especialmente en lo concerniente a su futuro.

En efecto, mientras algunos creen que el capitalismo es poco menos que imperecedero, y otros lo dan ya por condenado a muerte, no son pocos quienes consideran que solo podrá sobrevivir si es refundado para eliminar sus anomalías congénitas, tanto estructurales como morales; y hacen hincapié en que su tara principal, su punto débil, no es otro que su propensión a generar inestabilidad financiera y episodios de crisis.

En los capítulos 8 y 9 ya he discursado muy ampliamente sobre las presuntas taras morales del capitalismo. No necesitamos, pues, darle más vueltas a las vacuas acusaciones que se le han hecho de inmoralidad, de insensibilidad a las exigencias de la justicia social, de inhumanidad en cuanto a la distribución de la riqueza que genera... Cualquier intento de moralizar el capitalismo es puro dislate.

En lo que sigue, solo me referiré a la presunta tendencia del capitalismo a originar turbulencias, así como a su conjetural futuro.

EN TORNO A LA REFUNDACIÓN DEL CAPITALISMO

¿Es cierto, como muchos sostienen, que el capitalismo debe ser refundado, dada su propensión a generar con frecuencia episodios de crisis, de euforias financieras y posteriores desencantos, de cracs, burbujas, recesiones, depresiones...?

Veamos.

Capitalismo y crisis financieras

La historia nos enseña que desde los primeros establecimientos de bolsas regladas, donde se efectuaban transacciones públicas de compraventa de valores y otras operaciones análogas, se han producido innumerables episodios de crisis financieras más o menos graves. Los historiadores de la economía suelen iniciar sus obras haciendo referencia a tres casos notables y ya clásicos[12]: (i) el «crac de los tulipanes» en las bolsas de Holanda (1637); (ii) el crac de la bolsa de París motivado por la quiebra de la Banque Royale (1716); y (iii) el pinchazo de una burbuja especulativa en la bolsa de Londres, generada por la quiebra de la tristemente célebre Compañía de los Mares del Sur (1720). En los 250 años siguientes se produjeron un centenar de casos similares, de mayor o menor envergadura: ¡uno cada dos años y medio![13].

Carlos Marichal, en su obra *Nueva historia de las grandes crisis financieras*[14], hace amplia referencia a las crisis más severas que se produjeron a lo largo del período 1873-2008. En concreto cita las grandes crisis de 1873 (la Larga Depresión, que se inició con un crac de la bolsa de Viena, el cual se propagó a la bolsa de Nueva York y provocó una larga y profunda recesión internacional), 1890 (crisis financiera en Argentina que produjo el «Pánico Baring» en Londres), 1907 (crisis financiera en toda Norteamérica), 1914 (estallido de la Primera Guerra Mundial), 1929 (la Gran Depresión), 1945 (secuelas de la Segunda Guerra Mundial), 1987 (crisis que siguió al crac bursátil del 19 de octubre, el «lunes negro»), 1997 (crisis asiática —devaluación del *baht* tailandés—), 1998 (crisis rusa —devaluación del rublo—), 2001 (crisis que siguió al pinchazo de la burbuja tecnológica de 2000), y 2008 (nuestra Gran Recesión).

12 *Cfr.* John Kenneth Galbraith, *Breve historia de la euforia financiera*, Editorial Ariel S. A.

13 Ibíd., pág. 51.

14 Carlos Marichal, *Nueva historia de las grandes crisis financieras. Una perspectiva global, 1873-2008*, Random House Mondadory S. A., 2010, pág. 35.

¿Son realmente estas grandes crisis una tara del capitalismo?

Marx fue el primero en así proclamarlo. Y lo hizo con certeza apodíctica, al sostener que en las propias entrañas del capitalismo ya habitaba, desde su nacimiento, el germen de la autodestrucción, cosa que ocurría en muy poco tiempo.

La síntesis neoclásica considera que los llamados ciclos económicos son simples anomalías y no merecen especial atención. Los mercados financieros son plenamente eficientes y el término «burbuja» carece de fundamento científico, y no es sino un aumento de precio motivado por un cambio, del todo racional, de la percepción del riesgo (Eugene Fama).

Por el contrario, la Escuela Austriaca de economía sostiene que los ciclos económicos son una realidad inherente al capitalismo. Las crisis económicas las origina el sistema bancario al reducir de manera artificial los tipos de interés, incentivando con ello un período de malas inversiones generalizadas (boom) que inexorablemente conducirá a un colapso (depresión). No hay forma de evitar el colapso final de todo auge desatado a base de expansión crediticia. Tan solo cabe optar entre provocar más pronto la crisis poniendo fin voluntariamente a la expansión crediticia o dejar que, por sí solos, el desastre y la ruina total del sistema monetario se produzcan algo más tarde. Para salir de la recesión solo hay una solución: recuperar los equilibrios perdidos (Mises, capítulo 7).

Por lo que hace a la economía conductual, Robert Shiller considera que uno de los desencadenantes principales de las burbujas especulativas es el «exceso de confianza» de los inversores, que no actúan de forma plenamente racional, sino que lo hacen obedeciendo más a las emociones que a la razón. ¿Y qué decir en cuanto al capitalismo? Merece la pena citar unas reflexiones muy interesantes y pedagógicas sobre el capitalismo, que realizan los Premios Nobel de Economía Akerlof y Shiller en su obra *Animal spirits*[15]:

> Las teorías que desarrollan los economistas sobre el funcionamiento general de la economía son demasiado simplistas, lo cual significa que deberíamos despedir al hombre del tiempo.
>
> En términos prácticos, ¿qué significa despedir al hombre del tiempo? Los hombres del tiempo de la economía estadounidense han sido los expertos y los políticos que se han dedicado a cantar alabanzas sin cesar sobre los mercados libres. Esta visión sobre las maravillas de los mercados libres es una historia más que ha exacerbado el auge y la caída de los mercados bursátiles y los mercados reales. Antes también nosotros

15 *Animal spirits*, op. cit., págs. 243-246 y 284. La cita no es sino un espigueo de los capítulos 11 y 14.

hemos cantado alabanzas a las maravillas del capitalismo aunque no sin plantear ciertos reparos. El capitalismo llena los supermercados con múltiples artículos que tientan nuestras ilusiones, pero si deseamos comprar ungüento de serpiente [como en el viejo Oeste], esto es precisamente lo que va a fabricar.

Con tantos elogios como ha recibido el capitalismo durante las dos últimas décadas, se han olvidado los reparos. *El capitalismo es bueno, sí, pero también cae en excesos que deben vigilarse. Los mercados financieros son un ejemplo de lo que debe vigilarse con mucha atención.* [Es bien sabido] que el ciudadano medio americano detesta reflexionar sobre la economía personal. Lo cierto es que si no existiera la Seguridad Social, cuando se jubilase estaría arruinado. *Su falta de capacidad para evaluar estos problemas significa que los mercados financieros deben regularse con mucho cuidado. ¿Por qué? Porque se trata del lugar donde él corre mayor riesgo de comprar ungüento de serpiente. Una de las formas que presenta este ungüento de serpiente es el exceso de alzas y caídas de los mercados bursátiles. Cuando compra, en realidad no sabe lo que está comprando. Como el punto de vista que adoptan los expertos y los políticos (y también los economistas) es cada vez menos crítico, se ha creado una industria entera destinada a producir y vender productos financieros discutibles. [...] Nos preocupa que cuando queda en la estacada, se produce una pérdida general de confianza en los mercados a la que suele seguir una grave recesión.*

Por consiguiente, *despedir al hombre del tiempo significa que hay que abandonar el mito de que el capitalismo es totalmente bueno.*

[...] *Actualmente existe la necesidad de protegerse de estas exageraciones y reconocer que los mercados financieros requieren regulación.*

La antipatía por parte del público hacia la reglamentación fue el motivo subyacente de su fracaso [en la década de 1980]. Estados Unidos estaba enfrascado en una nueva visión del capitalismo y *la gente creía que el juego se podía desarrollar sin restricciones.* Había olvidado la lección duramente aprendida durante los años treinta: que *el capitalismo nos puede proporcionar el mejor de los mundos posibles, pero solo lo hace si es el Gobierno el que establece las normas y actúa como árbitro.*

Sin embargo, *en realidad no estamos atravesando ninguna crisis del capitalismo. Simplemente debemos reconocer que el capitalismo debe estar sometido a ciertas normas.*

Mi opinión

Comparto la teoría de los ciclos económicos de la Escuela Austriaca de economía. Así mismo, estoy plenamente de acuerdo con el punto de vista de Akerlof y Shiller en lo que concierne la necesidad de que el capitalismo esté sometido a «ciertas normas».

Fue Benoît Mandelbrot quien, ya en la década de los sesenta, teorizó sobre la aleatoriedad salvaje de las fluctuaciones de precios (el efecto Noé), así como de la dependencia a largo plazo entre dos versiones de dichas fluctuaciones, pero desplazadas en el tiempo (el efecto José). En el capítulo 3 hemos podido contemplar cara a cara, de forma gráfica, la gran turbulencia de los mercados financieros. Mandelbrot, al hablar de sus modelos multifractales para la simulación de la evolución de, por ejemplo, un índice bursátil a lo largo del tiempo, dice que «los mercados ya no exhiben las pautas enteramente racionales y dóciles de los teóricos financieros del pasado. Se ven como lo que son: sistemas dinámicos, impredecibles, y a veces peligrosos para la transferencia de riqueza y poder, sistemas cuya comprensión es tan importante para nosotros como el viento, la lluvia y las inundaciones»[16]. Y las «inundaciones», en este caso financieras, requieren controles y, también, defensas.

Los mercados financieros requieren controles, en su calidad de piezas clave del capitalismo, sistema perteneciente al orden tecno-científico, que debe ser controlado (hasta cierto límite) por el orden jurídico-político, todo ello con el fin de evitar, en la medida de lo posible, el que se cometan barbaridades. Hay que reconocer que el dejar que los derivados de crédito se extendiesen *urbi et orbi*, sin control alguno, fue un error garrafal que debería ser corregido.

También requieren defensas. Nos guste o no, antes o después, la propia naturaleza salvaje de los mercados acabará creando catástrofes naturales. Y debemos estar prevenidos, tomando las debidas precauciones para que, en su caso, los daños que provoquen no sean tan desastrosos como los sufridos en la actual Gran Recesión.

En referencia a las necesarias defensas que conviene erigir, citaré a Maquiavelo quien, en su inmortal obra *El príncipe*, dejó escrito en relación con la fortuna[17]:

> Pienso que puede ser cierto que la fortuna sea árbitro de la mitad de las acciones nuestras, pero la otra mitad, o casi, nos es dejada, incluso por ella, a nuestro control. Yo la suelo comparar a uno de esos ríos torrenciales que, cuando se enfurecen, inundan los campos, tiran abajo los árboles y edificios, quitan terreno de esta parte y lo ponen en aquella otra; los hombres huyen de él, todos ceden a su ímpetu sin poder plantearle resistencia

16 *Fractales y finanzas*, op. cit., págs. 217-218.
17 *El príncipe*, op. cit., pág. 117.

alguna. Y aunque su naturaleza sea ésta, eso no quita, sin embargo, que los hombres, cuando los tiempos están tranquilos, no puedan tomar precauciones mediante diques y espigones de forma que en crecidas posteriores o discurrirían por un canal o su ímpetu ya no sería ni tan salvaje ni tan perjudicial. Lo mismo ocurre con la fortuna: ella muestra su poder cuando no hay una virtud organizada y preparada para hacerle frente y por eso vuelve sus ímpetus allá donde sabe que no se han construido los espigones y los diques para contenerla.

Luminosa es esta advertencia de Maquiavelo. ¿Será la gigantesca ley Dodd-Frank la constructora solvente de los diques o espigones financieros de defensa que necesitamos? En la segunda reflexión ya he anticipado una opinión. Creo que hará falta la ayuda de otros constructores de diques.

Pero hay una defensa obvia, que costará mucho construir. Se trata de la alfabetización financiera del inversor de a pie. Los inversores castigados por el crac de 2008 han aprendido la lección, salvo los que son adictos al riesgo, poderosísima droga, como lo son el alcohol, la heroína, el juego y, por supuesto, la avaricia. Ahora, son muchísimos los inversores escarmentados que ya no se juegan, a esa suerte de ruleta que es la bolsa de valores de renta variable, los ahorros de toda una vida. Se han vuelto más cautelosos y protegen sus carteras a base de contentarse con réditos más modestos, si no nulos. Han comprobado que la avaricia, que a todos tienta, no es ni moral ni financieramente buena.

Sin embargo, aún no se ha incorporado a las enseñanzas primaria y secundaria una disciplina tan importante para la vida como es una economía financiera «explicada para niños». Urge el hacerlo, porque el ser humano suele ser muy imprudente cuando persigue el lucro, lo que lo convierte en víctima propiciatoria del timo del tocomocho.

Mi respuesta: ¿sí o no?

Pues bien, tras todas estas consideraciones, mi respuesta a la pregunta que he formulado al comienzo de este epígrafe es no. No tiene sentido el sostener que el capitalismo debe ser refundado, dada su propensión a generar crisis. Pero, ¿por qué no lo tiene?

Ante todo, hay que significar que la palabra «refundar» carece de sentido si se utiliza en el contexto lingüístico en el que nos movemos.

En efecto, la expresión «refundar el capitalismo» implica lógicamente que hubo fundación previa, y que es preciso revisar la marcha del mismo para adaptar sus principios originales a los nuevos tiempos (DLE).

Y la expresión «propensión a generar crisis» presupone que quien fundó el capitalismo lo hizo con taras, chapuceramente.

Pero ni el capitalismo fue fundado de forma intencional, ni tiene taras congénitas. Así pues, el capitalismo no *debe* ser refundado por el sencillo motivo de que no *puede* ser refundado.

Como ya he repetido *ad nauseam*, el capitalismo y, en especial, los mercados, son órdenes espontáneos, resultado de un larguísimo proceso evolutivo de prueba y fracaso. Y tales órdenes son turbulentos por naturaleza, lo cual no es un defecto sino una cualidad intrínseca de los mismos. De hecho, el comportamiento de los mercados se asemeja bastante al que exhiben multitud de fenómenos naturales tales como los terremotos, las turbulencias de las corrientes atmosféricas y oceánicas, la actividad volcánica, la actividad de las manchas solares y un larguísimo etcétera.

Pero el capitalismo no es puro caos; por el contrario es un orden. Y, como dice Hayek, cada agente, «dentro de tal orden, actúa según su propio interés le aconseja; todos, sin embargo, satisfacen las necesidades de los demás al atender las propias». Los millones y millones de agentes que operan en el mercado no están sujetos a fuerzas irracionales sino a sus propias decisiones voluntarias, en las que las emociones juegan un papel muy importante.

Así las cosas, nadie puede modificar unilateralmente sistema tan complejo para hacerlo más justo y equitativo desde el punto de vista social. Esta es la «fatal arrogancia» del socialismo de la que habla Hayek.

¿Tendría algún sentido el proponer la reforma o refundación del sistema atmosférico terrestre, por cuanto genera huracanes que tantos bienes y vidas destruyen?

No tendría ningún sentido, ¿verdad? Pues lo mismo ocurre con el capitalismo en cuanto a generación de crisis y a refundaciones y reformas.

¿SOBREVIVIRÁ EL CAPITALISMO?

De las consideraciones anteriores se sigue que el capitalismo no puede ser refundado ni moralizado. Pero, ¿acaso no puede ser destruido? ¿No serán los propios capitalistas quienes acabarán con él?

Karl Marx fue el primer filósofo que, hace más de siglo y medio, denunció las vulnerabilidades del capitalismo y, en especial, su inestabilidad intrínseca y su proclividad a las crisis. Opinaba que el capitalismo era la encarnación del caos y que, a no tardar, «se lanzaría inevitablemente por un precipicio llevando a la economía consigo». El paso del tiempo no le ha dado la razón.

La respuesta de Joseph Alois Schumpeter ya la conocemos: No creo que sobreviva. Tampoco estuvo muy acertado al decir que «el mismo éxito del capitalismo mina las instituciones sociales que lo protegen y crea, "inevitablemente", las condiciones en que no le será posible vivir y que señalan claramente al socialismo como su heredero legítimo» (capítulo 7)[18].

En lo que sigue haré referencia a las opiniones de cinco pensadores: Nouriel Roubini, George Magnus, David Harvey, Jürgen Kocka, y Geoffrey Ingham.

¿Ha resucitado Karl Marx?

Aunque las opiniones de Marx no han sido compartidas por una gran mayoría de los economistas convencionales, lo cierto es que la Gran Recesión las ha sacado del olvido. A ellas han hecho referencia, con diferente énfasis, Roubini, Magnus y Harvey.

a) Nouriel Roubini

Como ya se ha visto en el capítulo 7 —epígrafe "Teorías clásicas del capitalismo"—, Nouriel Roubini y Stephen Mihm, en su obra *Cómo salimos de ésta*, se refieren a algunas de las teorías de Marx sobre el comportamiento del capitalismo, que siguen siendo válidas.

Por otra parte, en una entrevista televisada concedida por Roubini al *Wall Street Journal* el 11 de agosto de 2011 se dijo[19]:

–*Wall Street Journal*: Usted pintó una imagen sombría del crecimiento económico en curso, con creciente riesgo de otra recesión a la vuelta de la esquina. Eso suena terrible. ¿Qué puede hacer el Gobierno y qué pueden hacer las empresas para volver a encarrilar la economía, o se trata simplemente de sentarse y esperar la tormenta?

–Roubini: Las empresas no están haciendo nada. No están sirviendo de ayuda. Todo este riesgo no hace sino ponerlas más nerviosas. Tiene su lado bueno esperar. Dicen que están haciendo recortes porque hay exceso de capacidad y que no contratan a trabajadores porque no hay suficiente demanda final, pero aquí hay una paradoja. Si no estás contratando trabajadores, no habrá suficientes ingresos salariales, suficiente confianza en los consumidores, suficiente consumo, no habrá suficiente demanda final. En los últimos dos o tres años hemos

18 Magno error. *Cfr.* Tony Judt, *Algo va mal*, Santillana Ediciones Generales, S. L., 2011.

19 http://www.quehacer.com.uy/index.php?option=com_content&view=article&id=563:al-final-marx-tenia-razon-el-capitalismo-es-autodestructivo&catid=127:capital-e-izquierda&Itemid=138. Traducción al español de alternet.org para www.sinpermiso.info.

experimentado un genuino empeoramiento porque hemos asistido a una radical redistribución del ingreso desde el trabajo hacia el capital, desde los salarios hacia los beneficios, y la desigualdad de ingresos ha crecido y la propensión marginal al gasto de un hogar es mayor que la propensión marginal de una empresa, porque, si comparamos empresas con hogares, éstos últimos tienen más propensión al ahorro. De modo que la redistribución del ingreso y de la riqueza empeora el problema de la inadecuada demanda agregada.

Karl Marx llevaba razón. Llegado a cierto punto, el capitalismo puede destruirse a sí mismo. No puedes perseverar en el desplazamiento de ingresos del trabajo al capital sin tener un exceso de capacidad y una falta de demanda agregada. Y eso es lo que ha ocurrido. Pensábamos que los mercados funcionaban. Pues no están funcionando. El individuo puede ser racional. La empresa, para sobrevivir y salir adelante, puede abaratar más y más los costes del trabajo, pero los costes del trabajo son los ingresos y el consumo de algún otro. *Por eso es un proceso autodestructivo.*

b) George Magnus
Exbróker de SG Warburg y execonomista jefe del banco suizo UBS, publicó para Bloomberg a finales de agosto de 2011 un artículo titulado "Demos a Karl Marx una oportunidad para salvar la economía mundial", en el que dice[20]:

Los responsables políticos que luchan por comprender la avalancha de pánico financiero, las protestas y otros males que afligen al mundo harían bien en estudiar la obra de un economista muerto hace mucho tiempo: Karl Marx. Cuanto antes se reconozca que estamos frente a una de las grandes crisis del capitalismo, el mejor equipado para gestionar una manera de salir de la crisis será el que conozca estos detalles.

El espíritu de Marx [...] se ha levantado de la tumba debido a la crisis financiera y la recesión económica posterior. El profundo análisis del filósofo mejor conocedor del capitalismo tiene un montón de defectos, pero la economía global actual presenta muchas misteriosas semejanzas con las condiciones que él había previsto.

Consideremos, por ejemplo, la predicción de Marx de que se manifestaría el conflicto inherente entre el capital y el trabajo asalariado. Como escribió en *Das Kapital*, la búsqueda por parte de las empresas

20 *Cfr.* a) George Magnus: http://www.bloomberg.com/news/2011-08-29/give-marx-a-chance-to-save-the-world-economy-commentary-by-george-magnus.html; y b) Alberto Rabilotta, "Cuando se invoca a Marx para salvar el capitalismo", http://www.alainet.org/es/active/49095.

de los beneficios y la productividad, lleva de forma natural a la creación de un «ejército industrial de reserva» de los pobres y los desempleados: «Por lo tanto, la acumulación de riqueza en un polo es, al mismo tiempo, acumulación de miseria en otro».

El proceso que Marx describe es visible en todo el mundo desarrollado, particularmente en Estados Unidos, donde los esfuerzos de las grandes compañías para recortar los costes y evitar la contratación de empleados han hecho aumentar las ganancias hasta el más alto nivel de las últimas seis décadas, mientras la tasa de desempleo se mantiene en el 9,1% y los salarios reales están estancados.

[...]

Marx también señaló la paradoja de la sobreproducción y el subconsumo: Cuantos más trabajadores queden relegados a la pobreza, menor será la capacidad de consumir todos los bienes y servicios que las empresas producen. [...] «La razón última de todas las crisis reales sigue siendo la pobreza y el consumo restringido de las masas».

Hechas estas reflexiones marxistas, Magnus se pregunta: ¿Cómo afrontar la crisis? Y se responde aconsejando a los dirigentes políticos que, siguiendo el espíritu de Marx, pongan el empleo en la cabecera de la agenda económica, y consideren otras medidas poco ortodoxas, porque «esta crisis no es temporal y ciertamente no será curada por la pasión ideológica que los Gobiernos tienen por la austeridad». En concreto, recomienda que los Gobiernos estructuren una estrategia cuyos ejes principales sean: (i) sostener la demanda agregada y el crecimiento del ingreso; (ii) aligerar la carga de deuda de los hogares mediante reestructuraciones y, en su caso, condonaciones; (iii) recapitalizar urgentemente los bancos y mejorar la funcionalidad del sistema crediticio; (iv) aliviar la carga de la deuda soberana en la zona euro, reduciendo las tasas de interés y alargando los plazos de devolución, todo ello con el apoyo de un muy ampliado Fondo Europeo de Estabilidad Financiera; y (v) construir defensas contra el riesgo de caer en la deflación y el estancamiento.

Magnus cierra su artículo advirtiendo que «no podemos saber cómo pueden funcionar estas propuestas o cuáles pueden ser sus consecuencias».

Lo que sí sabe, como ha comentado en una entrevista posterior[21], es que:

21 Andy Robinson, artículo publicado en *La Vanguardia* el 5 de abril de 2015 bajo el título "Marx ayudó a rescatar el capitalismo".

Tenemos que ir reinventando el marco social. Se hizo en el siglo XX y habrá que hacerlo otra vez. Gracias en parte a Marx y los problemas que destacó, creamos la enseñanza secundaria, se prohibió el uso de mano de obra infantil, se crearon redes de protección social, pensiones, sindicatos. Creamos universidades maravillosas. *Hubo una revolución social. Y esto rescató el capitalismo.*

c) David Harvey
Es profesor de Antropología y Geografía Histórica en la City University de Nueva York y prolífico autor de ideología marxista.

Harvey sostiene en su obra *El enigma del capital y las crisis del capitalismo*[22] que «en tiempos de crisis queda más clara para todos la irracionalidad del capitalismo». Y añade: «las crisis son los racionalizadores irracionales de un sistema irracional»[23].

Harvey, sin morderse la lengua, hace en esta obra una llamada al derrocamiento del capitalismo. Considera que el capitalismo es capaz de sobrevivir al presente trauma, pero[24]

> eso requerirá que la mayoría de la gente ceda generosamente los frutos de su trabajo a los poderosos, que renuncie a muchos de sus derechos y valores duramente ganados, desde una vivienda más o menos digna hasta la pensión de jubilación, y acepte la desbordada degradación ambiental, por no hablar de la serie de "recortes" en su nivel de vida que significarán hambre para muchos de los que ya se debaten por sobrevivir en el último peldaño de la escalera. Para sofocar los inevitables disturbios, se requerirá algo más que un poco de represión política, violencia policial y control militarizado del Estado; también habrá desgarros y dislocamientos dolorosos, geográficos y sectoriales, entre quienes disfrutan del poder capitalista de clase.

Harvey considera que el derrocamiento del capitalismo exigirá una revolución. Pero no valdrá un intento de reintroducir el «comunismo» en el discurso político; se trata, desgraciadamente, de «un término muy cargado». Lo que postula es su «teoría de la evolución conjunta del cambio social», una suerte de confluencia evolutiva de todas las esferas de la sociedad.

---

22 David Harvey, *El enigma del capital y las crisis del capitalismo*, Ediciones Akal, S. A., 2012.
23 Ibíd., pág. 179.
24 Ibíd., pág. 180.

Harvey cierra su obra diciendo[25]:

Pero entender la necesidad política de esa confluencia requiere en primer lugar descifrar el enigma del capital. Una vez que se le arranca la máscara y sus misterios quedan al desnudo, es más fácil ver qué es lo que hay que hacer y por qué, y cómo empezar a hacerlo. El capitalismo nunca caerá por sí solo. Habrá que derribarlo. La acumulación de capital no cesa nunca de por sí, sino que habrá que interrumpirla. La clase capitalista nunca cederá voluntariamente su poder, sino que habrá que arrebatárselo.

Hacer lo que hoy hay que hacer requerirá tenacidad y determinación, paciencia y astucia, así como compromisos políticos firmes nacidos de la indignación moral por lo que el crecimiento exponencial explotador le está haciendo a todas las facetas de la vida humana y de otro tipo sobre el planeta Tierra. Ya en el pasado han tenido lugar movilizaciones políticas que afrontaban esa tarea, y seguramente pueden resurgir. En mi opinión, hace tiempo que llegó la hora de hacerlo.

Roubini y Magnus vienen a decir que se deben abandonar las políticas de austeridad y poner en marcha políticas expansivas y de gasto.

Las consideraciones de Roubini («Llegado a cierto punto, el capitalismo puede destruirse a sí mismo») y de Magnus («Se necesita una revolución social para rescatar el capitalismo»), aunque son puramente conjeturales, dan mucho que pensar.

La que da poco que pensar es la obra de Harvey, por cuanto se trata de ideología izquierdista en estado puro. Escribir un libro así, tan contundente como ambiguo, es sin duda una forma de desfogarse, un «elegante entretenimiento de capa y espada» (John Gapper, *Financial Times*). Pero, a mi juicio, su contenido no hay que tomarlo a broma por cuanto está en línea con las transformaciones sociales y políticas que se están produciendo en la Comunidad Europea y en otros muchos sitios.

Otras opiniones

Mucho más comedidas son las opiniones de Jürgen Kocka, notable figura de la nueva historia social, y de Geoffrey Ingham, profesor de Economía Política y Sociología en la Universidad de Cambridge.

Kocka, en su obra *Historia del capitalismo* dice[26]:

25 Ibíd., pág. 214.

26 Jürgen Kocka, *Historia del capitalismo*, Editorial Planeta S. A., 2014, págs. 177-178.

> La crítica al capitalismo es tan antigua como el propio capitalismo. [...] El capitalismo vive de sus enraizamientos sociales, culturales y políticos, por mucho que, al mismo tiempo, los amenace y desintegre. Es capaz de aprender. Coincide en esa ventaja con la democracia. Es capaz de transformarse bajo los efectos de las herramientas de la política y la sociedad civil si estas son lo suficientemente fuertes y decididas. La perspectiva histórica así lo demuestra. En cierto modo, cada época y cada civilización tienen el capitalismo que se merecen. En nuestros días, no se aprecian alternativas superiores *frente al* capitalismo. Pero sí que son concebibles (y, en parte, ya se observan) variantes muy diversas *dentro del* capitalismo. Lo que está en juego es su evolución. La reforma del capitalismo es una tarea permanente. Y en ella, el papel de la crítica es fundamental.

Por su parte, Ingham concluye su obra *Capitalismo* en los siguientes términos[27]:

> A finales del siglo XX el capital financiero reclamó su posición hegemónica y logró que los Estados eliminaran los frenos y controles impuestos a sus actividades durante y después de la Segunda Guerra Mundial. El resultado de esto ha sido un incremento de la frecuencia, intensidad y alcance de las crisis. Incluso el sociólogo Max Weber, quien se reconocía a sí mismo como un sociólogo burgués, creía que el poder privado de las clases capitalistas lo debían restringir y equilibrar los representantes del interés público para impedir la despiadada búsqueda de beneficios y la feroz explotación de los recursos. Si esto no se lograba, afirmaba él, la profecía marxista del hundimiento del capitalismo podría hacerse realidad no ya debido a las contradicciones inherentes e inevitables del capitalismo, sino del caos y el descontento popular. En la actualidad hay un vacío intelectual y político ante esta posibilidad. Los tres remedios posibles están en cierta medida desacreditados o no son convincentes. La fe en la interpretación del neoliberalismo de la teoría de la autorregulación y la eficiencia del mercado enmarcada en la economía clásica se ha debilitado seriamente, pero hay cierto entusiasmo por volver al consenso keynesiano a la que desplazó. Con el hundimiento del socialismo de Estado y el fracaso de una versión más democrática de una economía de propiedad y control públicos, parece que la única alternativa al frágil sistema existente es una reparación a base de parches. Los eventos futuros y nuestras respuestas son, como siempre, inciertos. La confusión intelectual y política reina en los centros del poder capitalista. Esto podría señalar el declive definitivo del capital financiero de Wall Street y de la City de Londres, y quizá sus sustitución por la reorganización de las relaciones entre el dinero-capital, la producción y el consumo que China es capaz de hacer. La crisis actual aún no ha terminado.

27 Geoffrey Ingham, *Capitalismo*, Alianza Editorial, S. A., 2010, págs. 311-312.

Se trata, ciertamente, de dos consideraciones comedidas y poco ideologizadas. La de Kocka es la más *light*. La de Ingham me parece que está mejor construida, aunque su idea de reorganizar las relaciones entre el dinero-capital, la producción y el consumo de acuerdo con el modelo chino me desconcierta un poco.

Una opinión personal

John Steinbeck, en su novela *El invierno de mi desazón*, escrita en 1961[28], sentenció que la prosperidad de Estados Unidos está hecha con las armas de la vista gorda, la delación y el cohecho. Lo ocurrido durante el período 2001-2008 (la gran avalancha de escándalos corporativos tras el pinchazo de la burbuja tecnológica y la cuasi quiebra del sistema financiero tras el reventón de la burbuja inmobiliaria) vino a dar una vez más la razón al célebre autor de *Las uvas de la ira*. Quienes provocaron tan inmensos desastres no fueron enemigos externos al sistema económico sino la propia flor y nata de las élites corporativas y de Wall Street, una pléyade de amos del universo, unas cuadrillas de auténticos terroristas económico-financieros, cuyo único móvil fue la codicia. Y no actuaron solos; contaron con la complicidad de instituciones públicas y privadas de primer nivel que hicieron la vista gorda.

¿Quiere esto decir que el capitalismo —la economía de mercado— está, merecidamente, en grave peligro de extinción?

En absoluto.

Es lógico que la ciudadanía esté sumamente enfadada y pida las cabezas de quienes abusaron de su poder, una banda de delincuentes de cuello blanco y alma negra, de indeseables que denigran al sistema capitalista. También es comprensible que los medios de comunicación (prensa, radio y televisión), muy propensos a tirar al alto, pongan en cuestión al capitalismo, que las redes sociales (Facebook, Twitter y demás compañeros mártires) echen chispas, que los políticos de la emergente extrema izquierda estén empeñados en conseguir poder bastante, a cualquier precio, para reformar tan inmoral sistema...

Pero ¿está justificada tanta inquina?

A mi juicio, no lo está. Y ello por los motivos que voy a intentar explicar.

En el capítulo 9, he dicho que «el soporte conceptual del capitalismo, en cuanto sistema espontáneo, viene a ser algo así como —valga la metáfora— una pistola, artefacto que no es ni bueno ni malo; solo puede provocar daño cuando alguien lo dispara en dirección prohibida». Mucho más comedido

28 John Steinbeck, *El invierno de mi desazón*, El Aleph, Barcelona, 2002.

fue Adam Smith quien, expresándose en sentido figurado, dijo, como hemos visto en el capítulo 7:

> Por regla general [el agente, al interaccionar de forma espontánea en un mercado libre] ni intenta promover el interés general ni sabe en qué medida lo está promoviendo. [...] Él solo persigue su propia seguridad [y] busca solo su propio beneficio, pero en este caso como en otros *una mano invisible* lo conduce a promover un objetivo que no estaba en sus propósitos.

Esta genial paradoja, tan alabada como menospreciada, permite comprender cómo funciona un mercado.

En cualquier mercado intervienen una alegórica mano invisible y una miríada de manos bien visibles (presentes o representadas). Cada mano visible va a lo suyo, dentro de un orden. Pero, de forma misteriosa y a una velocidad pasmosa, todos los precios de los oferentes y de los demandantes se integran en un todo que viene a conformar el precio de intercambio del bien de que se trate (acciones, algodón, petróleo, oro...).

Si los mercados fuesen perfectos, es decir, si todos los agentes tuvieran idéntica información sobre cantidades disponibles, calidades y precios anteriores, los precios nuevos serían perfectos, en el sentido de justos y equitativos. Todas las manos y almas serían blancas, y la mano invisible operaría, misteriosamente, de forma perfecta.

Pero los mercados no son perfectos. La principal causa de imperfección es, tal vez, la información privilegiada, a la que algunos agentes tienen acceso, lo que les da una indudable ventaja sobre los demás (por ejemplo, cuando el CEO de una gran empresa sabe que esta va a quebrar y se apresura, junto con sus hombres de confianza, a vender sus acciones y *stock options*). En este caso, algunas manos y almas son negras, y la mano invisible opera de forma imperfecta, en el sentido de que los precios espontáneamente fijados no son los que en condiciones normales se hubieran conformado.

Por supuesto, los mercados son capaces de detectar estas contingentes desviaciones conductuales y restablecer *a posteriori* los desequilibrios.

Dicho todo esto, creo que resulta evidente que quienes cometen tropelías son seres humanos de conducta torcida y no el sistema, el cual se limita exclusivamente a casar ofertas y demandas. La metafórica mano invisible smithiana no tiene la culpa de nada; los criminales son los agentes que juegan sucio, violando las normas de comportamiento, tanto expresas como tácitas. Dicho de otra forma, la no menos metafórica pistola no es mala; los malos son quienes la utilizan para acrecer su beneficio, en perjuicio del de los demás.

La economía de mercado o capitalismo no es la pieza de caza que hay que abatir. La culpa no la tiene *el* capitalismo sino *los* capitalistas (solo algunos capitalistas, por supuesto). Para arreglar los desaguisados que generan no es necesario retocar el sistema. Lo que hay que hacer es identificar a los culpables, detenerlos, juzgarlos, condenarlos y exigirles la devolución de lo robado a la sociedad. Eso devendrá en fortalecimiento del sistema capitalista.

¿Surge de nuevo el problema de connotación lingüística?

Pues, desde luego que sí. Es obvio que, como ya dije en el capítulo 9, la palabra «capitalismo» conlleva, además de un significado propio o específico, otro de tipo expresivo o apelativo.

Yo utilizo siempre la palabra «capitalismo» desde un punto de vista teórico, propio del orden tecno-científico.

Por el contrario, y por ejemplo, algunos cronistas de lo efímero suelen utilizar la palabra «capitalismo» desde un punto de vista puramente divulgativo, dándole a la misma un significado apelativo, es decir, que pretende influir en el receptor. No se meten en cuestiones teóricas; van al grano, y además suelen hacerlo de forma muy esquemática, contundente e ideologizada. Lo que cuenta es el impacto, no la precisión tecno-científica; para eso ya están las universidades... y los ensayistas.

A mi juicio, esta connotación, este conllevar dos significados muy distintos, da a la palabra «capitalismo» un sentido equívoco y engañoso.

Por ello, quienes usamos tan delicada palabra deberíamos hacerlo con mucho tino y tiento, pues no es correcto decir que «el capitalismo es bla-bla-bla», cuando lo que deberíamos decir es que «los capitalistas —algunos capitalistas— son bla-bla-bla».

Sí, el capitalismo sobrevivirá

En coherencia con todo lo que vengo sosteniendo en esta obra, no puedo sino conjeturar que el capitalismo sobrevivirá. Y lo hará siguiendo el sendero que lo ha llevado hasta nuestros días.

La polémica Ayn Rand dejó escrito que «el capitalismo no es un sistema del pasado; es el sistema del futuro, si es que la humanidad va a tener algún futuro». Huyendo de conjeturas apocalípticas diré que el capitalismo hoy al uso no solo es presente sino, también, la base del futuro.

Cabría pensar que, dado el desprestigio del hodierno capitalismo financiero, surgirá otra versión de capitalismo que, al igual que las que le han precedido, será hija del mismo vientre pero no del mismo soplo.

No creo que en este siglo se produzca el alumbramiento una nueva versión de capitalismo. Y ello porque las finanzas ya no son una simple pieza del sistema de economía de mercado sino que se han transformado en centro y arquitectura del mismo.

Considero que el capitalismo financiero está siendo injustamente denostado. Aunque son muchos los indignados que abominan de él, el sistema financiero no es *el* culpable de lo que nos ha ocurrido. Existen muchas posibles causas y presuntos culpables, como hemos visto a lo largo de esta obra. Y unos culpables más que evidentes, pero no decisivos, son esa manada de arrogantes y temerarios profesionales de las finanzas que manipularon de forma imprudente y delictiva notables innovaciones financieras como son los derivados de crédito y, en especial, las *synthetic collateralized debt obligations* (SCDO) y los *credit default swaps* (CDS).

Tras esta reiterativa consideración, debo reconocer que ignoro cuál pueda ser ese *soplo* al que me he referido en ocasiones. Pero sí me atrevo a conjeturar (una vez más) que el proceso evolutivo, en el que competirán las más diversas variedades culturales y geográficas de la acción humana, estará inevitablemente influido por cuestiones relativas a la justicia social y, en especial, a la erradicación de la pobreza extrema. Cosa distinta es el que tales influencias no acaben siendo arteriales, sino simplemente venosas o, en el peor de los casos, capilares.

Lo que sí puedo es bosquejar cómo tendrá lugar el proceso de desarrollo evolutivo del capitalismo. Recordemos lo que Hayek dice en *Derecho, legislación y libertad, volumen 1, "Normas y orden"* (capítulo 7):

> El medio cultural heredado en el que el hombre nace se compone de un complejo de normas de conducta y prácticas que han prevalecido porque permitieron a determinados grupos humanos avanzar hacia las metas que ellos mismos se habían planteado. Dichas normas, sin embargo, no fueron adoptadas porque se tuviera conciencia de que lograrían producir los deseados efectos. El hombre obró antes de pensar y solo más tarde llegó a comprender. Lo que llamamos entendimiento no es, en último extremo, sino la capacidad del ser humano de reaccionar ante el medio con un tipo de comportamiento que contribuye a facilitar su supervivencia.

Pues así discurren y discurrirán las cosas. El hombre nunca se queda quieto, sino que, por el contrario, va corrigiendo las normas, prácticas e instituciones que ha heredado e inventando otras nuevas. Y lo hace en el marco de un proceso de prueba y de fracaso, de descarte. Muchas invenciones no llegarán ni siquiera a aplicarse, otras irán decayendo con el transcurso del tiempo, y otras se consolidarán dado su buen resultado. En todo caso, no esperemos revoluciones. El proceso evolutivo no será un torrente que rompa entre peñascos sino un rio de aguas relativamente mansas.

Quien sí puede dar una buena orientación sobre lo que le puede ocurrir al capitalismo financiero es el tantas veces citado en este libro Robert Shiller quien, en el preámbulo de su obra *Finance and the Good Society*, traducida al español bajo el título *Las finanzas en una sociedad justa*[29], dice que el propósito de su libro es «ayudar [a nuestros jóvenes] a entender el sistema moderno del capitalismo financiero en el que han de vivir, ahora y en las décadas que vendrán, sea cual sea la profesión que elijan»; y añade, entre otras muchas cosas[30]:

> Nuestras vidas se desarrollan en un mundo de capitalismo financiero, un sistema económico que está guiado cada vez más por instituciones financieras y que, como consecuencia de la grave crisis económica iniciada en 2007, muchos consideran agotado. Todos debemos plantearnos si esta sociedad está siquiera un poco bien encaminada, tanto para nuestra generación como para la de nuestros hijos.
>
> *El capitalismo financiero es una invención, y el proceso de inventarlo no ha terminado en absoluto.* El sistema ha de guiarse cuidadosamente hacia el futuro. Y, lo más importante, ha de extenderse, democratizarse y humanizarse, de modo que seamos capaces de llegar a un momento en el que las instituciones financieras tengan un impacto todavía más omnipresente y positivo.
>
> [...]
>
> *Las finanzas no deben considerarse como algo intrínsecamente o exclusivamente elitista, ni como un motor de la injusticia económica. Las finanzas, con todos sus defectos y excesos, son una fuerza que posee el potencial de ayudarnos a crear una sociedad mejor, más próspera y equitativa.* De hecho, las finanzas han sido fundamentales para la pujanza de las prósperas economías de mercado de la era moderna, y, desde luego, esta subida hubiera sido inimaginable sin ellas. Más allá de los titulares que incriminan a banqueros y financieros como los egoístas perpetradores del descalabro y del sufrimiento económicos, las finanzas siguen siendo una institución social esencial, necesaria para gestionar los riesgos que permiten a la sociedad transformar los impulsos creativos en productos y servicios vitales. [...] La mejor manera de proceder para la sociedad no es restringir la innovación financiera, sino, al contrario, dejarle el camino libre.
>
> [...]
>
> La hostilidad social generada por la crisis puede provocar el desgraciado efecto de inhibir el progreso financiero. Irónicamente, lo que nece-

29 Robert Shiller, *Las finanzas en una sociedad justa. Dejemos de condenar el sistema financiero y, por el bien común, recuperémoslo*, Ediciones Deusto, 2012.

30 Ibíd., págs. 9-17.

> sitamos para reducir la posibilidad de crisis financieras en el futuro no es reducir la actividad financiera, sino mejorar los instrumentos financieros. Hay un elevado nivel de indignación entre la ciudadanía contra lo que se percibe como las fortunas que han estado ganado las gentes de las finanzas, y esta indignación inhibe la innovación: cualquier novedad es recibida con desconfianza. El clima político podría acabar asfixiando la innovación e impidiendo que el capitalismo financiero progresase hacia lo que podría ser beneficioso para todos los ciudadanos. [...] En este libro defiendo que la crisis financiera no se debió simplemente a la avaricia o a la falta de honestidad de algunos actores en el mundo de las finanzas, sino que, al final, se debió a defectos estructurales fundamentales de nuestras instituciones financieras [que todavía no se han corregido].

Shiller viene a decirnos que «dejemos de condenar el sistema financiero y, por el bien común, recuperémoslo». Creo que tiene razón.

De toda esta dilatada argumentación cabe colegir que el mal comportamiento de algunos capitalistas nunca podrá acabar con el capitalismo.

Pero, ¿podría hacerlo un cambio radical de sistema político?

El capitalismo y sus enemigos

El capitalismo, en todas las muchas variantes y peculiaridades que exhibe por todo el mundo, no tiene hoy por hoy rivales, opositores, competidores, adversarios... No existe una vía alternativa. El fatal intento comunista de socializarlo ya sabemos cómo terminó y qué inmenso sufrimiento generó.

Quienes pretendiesen hoy «refundarlo», a base de suministrarle dosis crecientes de regulación, acabarían desubicándolo «a la soviética», desterrándolo solo de forma temporal. Se trataría de un fatal ejercicio de repetición de la historia. Porque, *de facto*, nadie ha logrado destruir el capitalismo. El comunismo soviético, su peor enemigo, no lo consiguió; lo que hizo fue sustituirlo por un sistema de socialismo extremo que devino en catástrofe. Pero el capitalismo ni siquiera pudo ser deportado, sino que, refugiado en las catacumbas de la ilegalidad, mutó a mercado negro, y así sobrevivió tras el Telón de Acero durante el período 1917 (revolución soviética)-1991 (disolución de la Unión Soviética). Y, apenas caído el comunismo, el capitalismo resucitó por ensalmo, como si nada hubiera ocurrido. Quienes un día se acostaron comunistas, se levantaron al día siguiente capitalistas, y no pocos de ellos, capitalistas en grado extremo; los aspirantes a milmillonarios, los capos del mercado negro, empezaron a actuar abiertamente.

Algo parecido a la resurrección de la economía de mercado ocurrió con la simultánea liberación de la cristiandad ortodoxa rusa. Capitalismo y religión, ubicados en los diferentes ámbitos que les corresponden, son verdades de destino, capaces de sobrevivir a las contingencias más devastadoras y rebrotar, como lo hacen las flores en el árido desierto de Atacama.

¿Quiere esto decir que el capitalismo es invulnerable?

En absoluto. Aunque el capitalismo no tiene rivales, sí tiene enemigos, tanto políticos como sociales, que han ido aumentando en número desde la crisis tecnológica de 2000-2002, y que desde 2008 crecen de forma epidémica.

¿Qué está pasando? Pues, sencillamente, que la Gran Recesión va dejando tras de sí a un sinnúmero de damnificados, procedentes sobre todo de las clases media y proletaria. Y, como es del todo lógico, se han ido gestando protestas populares contra las instituciones financieras (Movimiento 15-M en Madrid —15 de mayo de 2011—, Occupy Wall Street en Nueva York —17 de septiembre de 2011—, y otras muchas Occupy), protestas que pueden devenir en revueltas que fuercen a los políticos a hacer reajustes sociales.

Pero la historia nos enseña que el capitalismo, no solo ha acabado con su peor enemigo, el comunismo soviético, sino que ha enraizado a lo largo y ancho de la Tierra. Aunque habrá, sin duda alguna, conmociones que afecten al sistema capitalista en zonas muy concretas, no me imagino una revolución universal.

Sí, el capitalismo sobrevivirá. Y lo hará en su calidad de orden espontáneo, del que no cabe predicar ni moralidad ni inmoralidad, ni bondad ni maldad, ni justicia ni injusticia... solo naturalidad.

Creo que tenemos capitalismo de por vida; pero un capitalismo sin alharaca, con su discreto encanto.

Cuarta reflexión
¿CUÁNDO ACABARÁ LA NOCHE?

Oráculo sobre Duma.
11 Alguien me grita desde Seír:
«Centinela, ¿qué hay de la noche?
centinela, ¿qué hay de la noche?»
12 Dice el centinela:
«Se hizo de mañana y también de noche.
Si queréis preguntar,
volveos, retornad.»

ISAÍAS, Sobre Edom, 21, 11-12

Ayer se fue; mañana no ha llegado;
hoy se está yendo sin parar un punto:
soy un fue, y un será, y un es cansado.

FRANCISCO DE QUEVEDO, *Parnaso*, 63, a

Alguien me grita desde Seír: ¿Cuándo acabará la Gran Recesión? Y este «centinela» no sabe qué contestar.

Pero después de tan larga caminata por tierras de penumbra, no puedo decirle al lector que la noche acabará y el sol volverá a brillar, pero que no pregunte cuándo... porque nadie lo sabe.

Lo que sí puedo hacer es darle al lector algunas pistas que le ayuden a pergeñar sus propias conjeturas.

Tales pistas están relacionadas con la teoría de los ciclos de la Escuela Austriaca de economía y con mi bosquejo de nuevo paradigma económico.

¿QUÉ SE HA HECHO... Y SE SIGUE HACIENDO?

No son pocos quienes han acusado a la Fed de ser la responsable de la generación de la burbuja inmobiliaria y, en consecuencia, del desencadenamiento de la Gran Recesión. Según ellos, el culpable de todo habría sido

Alan Greenspan, quien, tras el pinchazo de la burbuja tecnológica, siguió una política monetaria equivocada, consistente en ir bajando de forma brusca y significativa los tipos de interés de los fondos federales. Esto puso en marcha toda una serie de procesos no deseables que, concatenados, inflaron una nueva burbuja. Si la Fed hubiera mantenido unos tipos de interés a corto plazo sensiblemente más altos, nada de esto habría ocurrido.

A los efectos de mi discurso, solo haré sobre esta cuestión los siguientes comentarios:

a) Parece que lo que estaba ocurriendo en los mercados de bonos hipotecarios le importaba muy poco a Greenspan, quien creía firmemente en la capacidad de autorregulación de los mercados en general, y hasta llegó a oponerse frontalmente a que los muy sofisticados (y sumamente peligrosos) derivados de crédito fuesen objeto de regulación externa. Además, cuando abandonó su cargo de *chairman* de la Fed en enero de 2006, su penetrante mirada no veía una burbuja inmobiliaria; solo percibía espuma irregularmente esparcida por todo el mapa de Estados Unidos[31].

b) Tampoco su sucesor, Ben Bernanke, dio mucha importancia a lo que ocurría en el sector inmobiliario. No se dio cuenta de que se estaba gestando una catástrofe económica, como algunos le advertían; pensaba —o, al menos, eso decía— que, como mucho, la economía norteamericana, un tanto recalentada, tendría que realizar un «aterrizaje suave». Pues de suave, nada; al cabo de ocho años aún se sigue buscando y retirando cadáveres; financieros, por supuesto.

   Lo que sí hay que reconocerle a Bernanke es coherencia entre su pensamiento y su modo de actuar. Estudioso de la Gran Depresión, se sumó a la explicación monetarista de Milton Friedman[32], y sostuvo que «la Gran Depresión fue causada por la contracción monetaria, consecuencia de las malas prácticas de la Fed, y la continua crisis en el sistema bancario, lo que permitió que la liquidez se redujese en un tercio desde 1929 a 1933»[33].

   Así, ante la tremenda crisis de liquidez que ya se había producido, Bernanke pensó que lo que tenía que hacer estaba muy claro:

31 Alan Greenspan, *La era de las turbulencias*, Ciro Ediciones, S.A. 2011, pág. 269.

32 Economista liberal de alma libertaria, que creía firmemente en la plena libertad de mercado, y que había manifestado, sin empacho, que lo mejor que podía hacerse con la Fed era disolverla. En 1976 le fue concedido el Premio Nobel de Economía «por sus logros en los campos del análisis del consumo, teoría e historia monetaria, y por su demostración acerca de la complejidad de la política de estabilización».

33 *Cfr*. www.grandepresion.com.

bajar cuanto fuera preciso el tipo de interés de los fondos federales. En un año, hizo que tal tipo de referencia se desplomase desde el 4,25% (diciembre de 2007) al 0,00-0,25% (diciembre de 2008).

No cabe duda de que tal bajada supuso una enorme inyección de liquidez a la banca. Pero lo malo es que, prácticamente, sirvió para poco; detuvo la sangría, pero no cerró la herida. En efecto, la liquidez no fluyó de forma significativa hacia los destinatarios últimos a los que se suponía que tenía que llegar para evitar la depresión. ¿Y adónde fue a parar la liquidez? Pues la verdad es que, en general, hizo un camino muy corto: los bancos la utilizaron, fundamentalmente, para refinanciar sus deudas, comprar bonos del Tesoro, o, sencillamente, depositarla en la propia Fed a un tipo de interés superior.

c) Y, ¿qué tendría que haber hecho Bernanke desde la Fed para ayudar a su país a salir de forma eficaz de la recesión? Pues la pura verdad es que no lo sé; el problema del ciclo económico es sumamente enigmático. Pero sí tengo *una* opinión.

Hay tres grandes corrientes económicas que pretenden explicarlo: la monetarista (Friedman), la keynesiana, y la de la Escuela Austriaca de economía (Mises y Hayek).

La teoría económica ortodoxa en Estados Unidos es, como hemos visto (capítulo 3), la síntesis neoclásica, una suerte de hermanamiento —caritativa forma de decir «mezcolanza»— de la teoría neoclásica y de las teorías monetaria y fiscal keynesianas. Perpetrada esta académica y políticamente conveniente coyunda, la ortodoxia económica, progresivamente atiborrada de matemáticas de altos vuelos, solo tiene un problema: es falsa (como ya he defendido en la Segunda parte), o, si no se quiere ser tan áspero, es «totalmente estéril, errónea y perjudicial»[34]. No cabe esperar, pues, que semejante teoría, devenida canónica por ucase del *establishment* económico-financiero, dé una explicación certera de los ciclos económicos por un motivo muy simple: considera, como ya vengo diciendo, que son simples anomalías que no merecen especial atención.

La explicación más atinada, lógica, realista y confiable de los ciclos económicos es, a mi juicio, la dada por la Escuela Austriaca de economía; y ello por razones de mucho peso, como hemos visto en el capítulo 7.

Creo que hay motivos sobrados para desconfiar de que sean las intervenciones de la Fed las que saquen a la economía norteamericana de la crisis,

---

34 Jesús Huerta de Soto, *Estudios de economía política*, 1994, pág. 160.

de forma consistente y duradera. Porque la gente de la Fed no sabe lo que hay que hacer; ni ellos ni nadie, según parece. En realidad se suele limitar a dar palos de ciego, echando mano discrecionalmente de las herramientas clásicas de la política monetaria, a saber: (i) las operaciones de mercado abierto (*open-market operations*), es decir, la compraventa a los bancos de títulos del Tesoro en los mercados financieros; (ii) la variación del tipo de descuento (*discount rate*) al que se prestan a corto plazo fondos federales a los bancos (normalmente, algo inferior a la *federal funds rate*, es decir, al tipo de interés de los fondos federales, parámetro monetario fundamental); y (iii) los requisitos de reserva (*reserve requirements*), es decir, requisitos relativos a la cantidad de fondos que los bancos deben mantener en reserva (en sus propias cámaras acorazadas o en el banco de Reserva Federal más próximo) contra los depósitos realizados por sus clientes.

Y la razón de que no lo sepan no es la falta de preparación o de medios, sino la extrema complejidad de los mercados, cuyo comportamiento es absolutamente impredecible. En efecto, no entendemos —ni, posiblemente, nunca llegaremos a entender— porqué funciona el mercado como lo hace; lo hemos visto claramente en la Segunda parte y en la primera reflexión de este Epílogo. Así las cosas, cualquier bienintencionada decisión de intervención, orientada a controlar un comportamiento aleatorio salvaje, puede provocar de facto una inestabilidad aún más violenta con efectos tal vez desastrosos.

De hecho, las decisiones de la Fed han sido hasta ahora muy poco eficaces. Desde diciembre de 2008, el tipo de interés de los fondos federales ha estado hasta hace pocos meses dentro del rango 0,00%-0,25%. De esa forma, la Fed ha ido inyectando artificialmente a lo largo de más de seis años una liquidez inmensa, que lo único que ha hecho ha sido impedir que muchas instituciones financieras «*too big to fail*» se vinieran abajo, lo cual no es poco, pero que no ha llegado de forma significativa a la empresa pequeña, mediana o grande por la vía del crédito. ¿Qué se ha conseguido? Pues, sencillamente, que la riqueza, puramente virtual que «generaron» las instituciones financieras (riqueza *subprime*) no se haya traducido ya en una pérdida catastrófica para la totalidad del sistema económico-financiero. Pero, se quiera o no, esa pérdida acabará aflorando más pronto que tarde; y, además, incrementada. Porque el poder de la inyección de liquidez artificial no es alquímico, no puede transformar en oro lo que no es sino basura que se mantiene oculta en un cuarto recóndito y oscuro (valga como ejemplo esa especie de «bancos malos», es decir, basureros que acumulan la porquería financiera con cargo al contribuyente).

Ante el fracaso de las herramientas clásicas de la política monetaria, la Fed, gobernada por Bernanke, dio un paso un tanto temerario a comienzos de 2009. Y tal paso no fue otro que iniciar una nueva política monetaria no convencional —nunca aplicada en Estados Unidos— basada en: (i) las LSAP (Large-scale asset purchases), es decir, las compras a gran escala de valores MBS con garantía de agencia; y (ii) el *quantitative easing* (flexibilización o expansión cuantitativa), es decir, las compras masivas de valores del Tesoro (deuda pública) a los bancos. Dichas actuaciones, de volumen desquiciado, no tuvieron los efectos esperados. La economía crecía lentamente, y la Fed no cesaba de echar cada vez más combustible a la caldera. En septiembre de 2012 la compra de valores alcanzó un monto mareante: 85.000 millones de dólares cada mes. Pero, en diciembre de 2013, consciente ya de la inutilidad de su esfuerzo, puso la marcha atrás y encadenó una serie de recorte de 10.000 millones de dólares mensuales, lo que redujo los 85.000 millones a prácticamente cero a finales de 2014. ¿Realmente había merecido la pena tan fenomenal esfuerzo de la Fed? Vista la debilidad del crecimiento de la economía que presuntamente propició, cabe ponerlo seriamente en duda; aunque también es cierto que el desenlace podría haber sido mucho peor. Su sucesora, Janet Yellen, inició una política de recorte de 10.000 millones de dólares mensuales. A finales de octubre de 2015 la Fed dio por cerrado el *quantitative easing*, y retornó a la política monetaria convencional, anunciando subidas próximas de los tipos de interés de referencia. Y, a mediados de diciembre, Janet Yellen consideró superada la crisis y elevó el tipo de interés de los fondos federales de 0%-0,25% a 0,25%-0,50%, primer paso hacia la normalización de los tipos de interés.

¿Qué se debería hacer?

Si aceptamos las teorías del ciclo económico de la Escuela Austriaca de economía, lo que se debería hacer está muy claro: permitir y propiciar que el tipo de interés a corto plazo no lo imponga algún comité de iluminados de gran talento, sino que sea el resultado espontáneo de la actuación de las siempre eficaces fuerzas del libre mercado, capaces de corregir los lamentables episodios de expansión crediticia y de fomento del consumo que fueron artificialmente provocados en los pasados años (última década del siglo XX y primera del XXI). Actuando así, se desencadenaría un proceso que, paulatinamente, iría reajustando la economía de forma espontánea, y creando una estructura productiva más acorde con los verdaderos deseos de los ciudadanos.

El decir esto pone los pelos de punta a la gente de Wall Street, porque, dentro del marco de semejante escenario, en el mundillo de la banca cada palo tendría necesariamente que aguantar su vela, y los bancos artificialmente mantenidos por el Gobierno con respiración asistida, por grandes que fueran, deberían quebrar de forma inexorable. Y esto, ciertamente, arruinaría a sus accionistas, y heriría gravemente a los impositores poco avisados, pero, en contrapartida, se libraría de una carga ya insoportable a los contribuyentes, y se activaría espontáneamente el consumo.

Pero así no se actuará; ni en broma. Lo que se seguirá haciendo, probablemente, es defender a ultranza la imperiosa necesidad de una banca central independiente que gobierne la política monetaria y actúe como prestamista de último recurso.

De todas formas, aún hay lugar para la esperanza. Roubini, en su ya citada obra *Cómo salimos de ésta* sostiene, al hablar de los teóricos de los ciclos económicos, que[35]:

> En la actualidad, ser economista austriaco equivale a tener creencias económicas libertarias. De hecho, *uno de los pilares de la Escuela Austriaca es el profundo escepticismo en torno a la intervención del Gobierno en la economía.* [...] La mayoría de los economistas austriacos [Carl Menger, Ludwig von Mises, Friedrich Hayek y Joseph Schumpeter] realizan *una firme distinción entre la expansión económica sostenible financiada por los ahorros privados y la infausta expansión inestable financiada por los créditos de un banco central.* [...]
>
> [...] Joseph Schumpeter desarrolló una potente teoría de la capacidad emprendedora que a menudo se destila hasta quedar reducida a un par de potentes palabras: *destrucción creativa.* Según la cosmovisión de Schumpeter, el capitalismo consta de oleadas de innovación en épocas de prosperidad seguidas de un brutal zarandeo en períodos de depresión. [...]
>
> Para quienes comparten la visión austriaca, *la Gran Depresión no es una lección objetiva sobre los riesgos de hacer demasiado poco ante una crisis, sino de hacer demasiado.* [...]
>
> [...] *La Escuela Austriaca defiende históricamente que la respuesta política a la reciente crisis creará finalmente el peor de los mundos.* En vez de dejar a los bancos, las empresas e incluso los hogares débiles y sobre-apalancados perecer en un estallido de la destrucción creativa, los Gobiernos de todo el mundo se han metido por medio, creando *una economía de muertos vivientes: bancos zombis que se aferran a la vida con incesantes líneas de crédito procedentes de los bancos centrales; empresas zombis como General Motors y Chrysler que dependen de la nacionalización para seguir sobreviviendo; y familias zombis por todo Estados Unidos, mantenidas con vida por la legislación que mantiene a raya a los acreedores y que evita que pierdan sus casas, que no podían permitirse desde el principio.* [...]

35 *Cómo salimos de ésta*, op. cit, págs. 95-103.

Gran parte del punto de vista austriaco parece extremo, o como mínimo despiadado. Es la antítesis del pensamiento keynesiano, tal como indica que Joseph Schumpeter fuera el principal rival de Keynes cuando ambos vivían[36]. *Si Keynes proponía una visión de un capitalismo que podía desequilibrarse en algún momento (pero podía estabilizarse rápidamente gracias a la intervención gubernamental), Schumpeter creía que la inestabilidad era la consecuencia necesaria del tipo de innovación que, de entrada, hacía posible el capitalismo.* [...]

[...] *El enfoque austriaco está desencaminado en lo que concierne a las políticas a corto plazo.* [...] Una crisis causada por los excesos financieros puede convertirse en una indiscutible depresión, y lo que empieza con una retirada sensata del riesgo puede convertirse en una huida desordenada. Si desaparece la «energía animal» del capitalismo, la «destrucción creativa» proclamada por los austriacos puede convertirse rápidamente en una caída de la demanda agregada privada que se va retroalimentando. En consecuencia, las empresas, los bancos y los hogares que han quedado trastocados, aunque siguen siendo solventes, ya no pueden acceder al crédito necesario para seguir sobreviviendo. Una cosa es que se hundan los bancos, las empresas y los hogares realmente insolventes, pero otra muy distinta es cuando se obliga a quebrar a testigos inocentes de una crisis económica porque se cierra el grifo del crédito.

Para evitar este tipo de daños colaterales, *tiene sentido seguir la estrategia de acción ideada por Keynes a corto plazo*, incluso cuando los fundamentos subyacentes indican que una parte significativa de la economía no solo sufre una falta de liquidez, sino también insolvencia. *A corto plazo, es mejor prevenir un hundimiento desordenado de todo el sistema financiero mediante la expansión monetaria* [...] [Así] se evitará que la crisis financiera se convierta en algo comparable a la Década Perdida de Japón o, peor aún, a la Gran Depresión.

Sin embargo, en lo que concierne al medio y largo plazo, los austriacos tienen algo que enseñarnos. [...] *Resolver una crisis financiera a medio y largo plazo exige que todos (familias, empresas y bancos) reduzcan su endeudamiento. Postergar esta medida es un craso error.* Al no reducirse el endeudamiento privado, los bancos, las empresas y los hogares se ahogan en la deuda, incapaces de prestar dinero, gastar, consumir o invertir. [...]

Los seguidores de Keynes y los de Schumpeter no se hablan entre sí. Es una pena porque ambos pensadores (y las escuelas de pensamiento económico que representan) tienen algo que decir con respecto a lo que

36 En realidad, quienes sostuvieron un gran combate fueron Keynes y Hayek. *Cfr.* Nicholas Wapshott, *Keynes vs Hayek*, Deusto, 2013. Las relaciones entre Keynes y Schumpeter no fueron tan tensas. En todo caso, Schumpeter mantuvo notables diferencias doctrinales con Mises y Hayek, y no se le identifica como miembro de la Escuela Austriaca.

> debería hacerse. Los puntos de vista de ambas escuelas pueden sintetizarse y hacer un buen uso de ellos para abordar los problemas a los que nos enfrentamos en la actualidad; de hecho, la resolución con éxito de la reciente crisis depende de un enfoque pragmático que incorpore lo mejor de ambos grupos, *admitiendo que aunque el estímulo del gasto, los planes de rescate, la ayuda del prestamista de último recurso y la política monetaria pueden ayudar a corto plazo, debe considerarse necesariamente lo que sucederá a largo plazo con el fin de conseguir que vuelva la prosperidad.*
>
> *Lo que aconsejamos es una especie de «destrucción creativa» controlada.* Las crisis financieras se parecen un poco a la energía nuclear: son sumamente destructivas si se libera toda la energía de golpe, pero mucho menos destructivas si se canalizan y controlan. Las considerables intervenciones de la Reserva Federal y de los Gobiernos de todo el planeta lograron controlar la crisis financiera. Sin embargo, *queda mucho por hacer: los activos radiactivos del mundo entero deben identificarse, sellarse en contenedores y eliminarse...*

Estoy fundamentalmente de acuerdo con Roubini. Pasada la inevitable etapa keynesiana de tratamiento de la crisis (¡llevamos ocho años de «corto plazo»!), ya se debería estar tomando la «medicina» recetada por los economistas austriacos para situaciones de crisis de larga duración y, en concreto, esa especie de «destrucción creativa» controlada que Roubini aconseja; pero no se está tomando. ¿Se tomará algún día? No lo creo; si hay algo radicalmente institucionalizado *urbi et orbi* es la banca central. Me atrevo a conjeturar que seguirán malviviendo familias, empresas y bancos zombis... hasta que se desate otra tempestad, y luego otra, y otra... *C'est la vie.*

Y la peor tempestad que cabe imaginar sería el pinchazo de la inmensa burbuja de liquidez que la política de expansión crediticia de la Fed ha generado. En los gráficos I.1, I.2 y I.3, que he mostrado en Preliminares, se pueden observar tres versiones de un ochomil vertiginoso que bate todos los record históricos del mercado de valores de renta variable. ¿Es justificable y sostenible tan descomunal escalada de los índices bursátiles? ¿No se estará gestando la segunda Gran Depresión de la historia económica de Occidente? El responder a tales preguntas sería temerario. Más vale, pues, callar... y cruzar los dedos.

En todo caso, la salida de la crisis va a ser, en la mejor de las situaciones, cuestión de tiempo; y a lo ya llorado vendrá a sumarse lo mucho que queda por llorar.

Pero mantengamos la esperanza. En el Libro de los Salmos se lee (Salmo 29):

al atardecer nos visita el llanto; por la mañana el júbilo.

No sé cuándo llegaré al júbilo mañanero. Pero, llegue o no llegue, si sé lo que debemos hacer: resistir, ser resilientes.

Y ¿qué hay de mi bosquejo de nuevo paradigma financiero, al que he dedicado tanto espacio? ¿Puede ser de alguna ayuda? ¿No convendría el ir aparcando las teorías económicas ya falsadas, por mucho caché que tengan, e ir sustituyéndolas por otras nuevas que llevan ya mucho tiempo pidiendo paso?

¿SOLO UN SUEÑO?

Vivimos, como no me canso de repetir, el cuestionamiento del paradigma económico neoclásico, que aún prevalece a pesar de sus evidentes errores y carencias, pero que no quiere abismarse en el ocaso, como hace el Sol al acabar el día.

Y es lógico que así sea. Con gran sabiduría dejó escrito Michel de Montaigne en sus inmortales *Ensayos*[37]:

> No todo lo que se agita cae. La contextura de un cuerpo tan grande depende de más de un clavo. Sostiénese incluso por su antigüedad, como los viejos edificios a los que la edad ha privado de base, dejándolos sin fachada ni cimientos, y que aun así viven y se mantienen por su propio peso.

En nuestra situación, con un paradigma económico al que ya no le aferran al suelo fuertes y profundas raíces, sino que solo lo mantiene en pie, a duras penas, su propio peso, me pregunto: ¿Cuándo amanecerá el nuevo paradigma que, en un ejercicio de anticipación no exento de temeridad, he bosquejado o, mejor, conjeturado, de forma un tanto tosca y claramente sesgada hacia la econofísica?

Pues, como no puede ser de otra manera, no tengo ni idea de cuándo se producirá semejante acontecimiento. Al ser humano no le ha sido dado el don de la presciencia. Solo puede conjeturar.

Y hasta el conjeturar se hace en extremo difícil estando, como estamos, inmersos en una crisis histórica: el tránsito de la modernidad a la posmodernidad. En efecto, la economía no es, al fin y al cabo, sino una provincia del vasto universo de la acción y del pensamiento humanos, y el cambio de

---

37 Michel de Montaigne, *Ensayos*, Ediciones Cátedra, 2002, Libro III, capítulo IX ("De la vanidad"), pág. 203. Esta cita está inspirada en la *Farsalia* de Lucano, Libro I, 182: *...nec iam validis radicibus haerens pondere fixa suo est,...* (...y sin que la aferren al suelo sólidas raíces, solo la mantiene fija su propio peso,...).

paradigma económico no se producirá de forma autónoma, sino que será una parte del sumamente complejo paradigma general que se está gestando[38]. Y tal gestación, como ya ha ocurrido en otras crisis históricas, no será producto de una revolución, sino, más bien, de un largo proceso evolutivo que incluye la prueba y el error, el éxito y el fracaso, la supervivencia y la extinción... El tránsito de la Edad Media a la Edad Moderna requirió casi doscientos años (siglos XV y XVI).

De todas formas, no creo que éste sea nuestro caso. El espectacular avance de la tecnología, que permite, entre otras muchas la cosas, información instantánea de lo que ocurre en el mundo —o, mejor, de lo que Internet y los medios digitales nos dicen que ocurre—, constituye un factor decisivo de aceleración de los procesos políticos, económicos, sociales, científicos y culturales. Los plazos se acortan mucho, para bien y para mal.

Es probable que antes de mediar este siglo se disponga ya de una estructuración suficientemente satisfactoria de un nuevo paradigma económico. Porque los grandes protagonistas del drama histórico que vivimos son los mismos de siempre: las aristocracias del poder y del dinero; las cuales ni se pierden ni se olvidan, solo cambian de mano o de memoria. Y ambas tienen mucha prisa, así como la capacidad financiera necesaria para acelerar el proceso de cambio. Además, a la academia neoclásica cada vez le va a resultar más difícil sostener hipótesis y sensibilidades ya fenecidas, y no le quedará otro remedio que reconocer que los mercados libres —hasta cierto punto— no son ni eficientes ni ineficientes, así como tampoco se comportan ni bien ni mal; los mercados son como son, sistemas adaptativos sumamente complejos u órdenes extensos de cooperación humana, que se comportan de acuerdo con su cuasi inaprehensible naturaleza (enésima y última vez que repito esta consideración).

En todo caso, el nuevo modelo de pensamiento y acción no nos conducirá al corazón de las inmensas tinieblas de las finanzas; únicamente nos acercará algo más —o, tal vez, bastante más— a él, si es que realmente es accesible al conocimiento humano.

Lo que sí nos dará tal paradigma es una visión más certera de la actividad económica del hombre, y nos proporcionará: modelos de simulación más poderosos; sistemas de gestión del dinero y de la economía mundiales más eficaces; y mecanismos de defensa, regulación y control más fuertes y resolutivos, capaces de impedir que se erosione o desmorone la confianza del inversor mediante acciones concretas encaminadas a la limitación del

38 *Perplejidad*, págs. 307-329.

riesgo de los productos financieros, la promoción de la prudencia y la detección y represión de las conductas impropias.

El poeta León Felipe escribió, en su poema "Revolución",

> Siempre habrá nieve altanera
> que vista el monte de armiño
> y agua humilde que trabaje
> en la presa del molino.
> Y siempre habrá un sol también
> —un sol verdugo y amigo—
> que trueque en llanto la nieve
> y en nube el agua del río.

Para que el nuevo paradigma amanezca, la nieve altanera tiene que fundirse mientras el agua humilde sigue trabajando en la presa del molino. Ojalá caliente con fuerza el sol de la cordura, para que el proceso de fusión de la nieve —ya iniciado— se acelere, y el agua humilde devenga en nube.

Los mayores no viviremos para verlo; como dejó escrito Bertolt Brecht en *Poemas y canciones*,

> La barca nuestros padres arrastraron
> un poco más arriba de donde muere el río.
> Alcanzarán la fuente nuestros hijos.
> Nosotros somos los de en medio.

No lo veremos, es cierto; pero ocurrirá. Porque «las cosas grandes se abaten sobre ellas mismas; tal es el límite que asignaron los dioses al crecimiento de lo que prospera»[39].

Doy aquí por terminada la obra, antes de que mi vida se desintegre «en el mar del tiempo inexorable»[40].

Sant Pere de Ribes a 11 de julio de 2016, festividad *Novus ordo* de San Benito de Nursia, patrón de Europa

39 The Latin Library, Marcus Annaeus Lucanus, *Farsalia*, Liber I, 81-82, *In se magna ruunt: laetis hunc numina rebus crescendi posuere modum.*

40 Joseph Conrad, *El corazón de las tinieblas*, fragmento de texto.

ÍNDICE ONOMÁSTICO